Schriftenreihe
der Juristischen Schulung

Geschäftsführender Herausgeber
Rechtsanwalt Dr. Hermann Weber

Heft 81

Einführung in die juristische Arbeitstechnik

unter besonderer Berücksichtigung öffentlich-rechtlicher Fragestellungen

von

Dr. Peter J. Tettinger

Professor an der Ruhr-Universität Bochum

2., vollständig neubearbeitete Auflage

C. H. BECK'SCHE VERLAGSBUCHHANDLUNG

MÜNCHEN 1992

Die Deutsche Bibliothek – CIP-Einheitsaufnahme

Tettinger, Peter J.:
Einführung in die juristische Arbeitstechnik unter besonderer Berücksichtigung öffentlich-rechtlicher Fragestellungen / von Peter J. Tettinger. – 2. Aufl. – München : Beck, 1992
(Schriftenreihe der Juristischen Schulung ; H. 81)
ISBN 3 406 35629 X
NE: GT

ISBN 3 406 35629 X

Druck der Druckerei Wagner, Nördlingen
Gedruckt auf alterungsbeständigem (säurefreiem) Papier
gemäß der ANSI-Norm für Bibliotheken

Vorwort zur 2. Auflage

Die Beherrschung des juristischen Handwerkszeugs ist bei der Beschäftigung mit allen Rechtsgebieten gleichermaßen vonnöten und wird nicht erst im ersten Staatsexamen als unabdingbar vorausgesetzt, stellt sie doch gleichsam nicht mehr, aber auch nicht weniger als die Vorbedingung für überzeugendes juristisches Argumentieren dar. Der Student der Rechtswissenschaft muß sich ebenso wie auch der Absolvent von Studiengängen an Fachhochschulen und Verwaltungs- und Wirtschaftsakademien, der sich mit juristischem Stoff auseinanderzusetzen hat, die Grundelemente dieser für ihn ungewohnten Arbeitstechnik mühsam schrittweise aneignen. Die vorliegende Schrift, die aufgrund praktischer Erfahrungen bei der Durchführung von Vorlesungen und Übungen entstanden ist, versteht sich insoweit als arbeitstechnischer Leitfaden nicht nur für den Studienanfänger, sondern zugleich als Begleiter für den Studenten in mittleren und höheren Semestern, der mit der Anfertigung schriftlicher Fallösungen und themenbezogener Arbeiten befaßt ist, sowie auch als Ratgeber für den geprüften Rechtskandidaten, der die Erstellung einer Dissertation ins Auge gefaßt hat.

Für engagierte Unterstützung bei dieser seit langem ins Auge gefaßten Neuauflage danke ich meinen Mitarbeitern, namentlich Frau *Annette Kleinschnittger* und den Herren *Thomas Mann*, *Christian Pielow* und *Norbert Zimmermann*.

Für die umsichtige Textverarbeitung bin ich wiederum meiner Sekretärin, Frau *Brigitta Knust*, zu besonderem Dank verpflichtet.

Bochum, im Oktober 1991 *Peter J. Tettinger*

Inhaltsverzeichnis

3. Teil. Hinweise zur Anfertigung von Klausuren und Hausarbeiten

§ 5. Zur Aufgabenstellung: Lösung eines konkreten Falles nach Maßgabe der vorhandenen Rechtsnormen

§ 6. Klausurentechnik

§ 7. Die Hausarbeit

4. Teil. Hinweise zur Themenarbeit

Abkürzungsverzeichnis

a. F. . . . . . . alte Fassung
aaO. . . . . . . am angegebenen Ort
AbfG . . . . . . Abfallgesetz
Abg. . . . . . . Abgeordneter
ABl. . . . . . . Amtsblatt
AfK . . . . . . Archiv für Kommunalwissenschaften
AfP. . . . . . . Archiv für Presserecht
AG VwGO . . . Gesetz zur Ausführung der Verwaltungsgerichtsordnung
Anm. . . . . . Anmerkung
AöR . . . . . . Archiv des öffentlichen Rechts
AsylVfG . . . . Gesetz über das Asylverfahren
AT . . . . Allgemeiner Teil
AuslG . . . . . Ausländergesetz
BAG . . . . . . Bundesarbeitsgericht
BauGB . . . . . Baugesetzbuch
BauNVO . . . . Baunutzungsverordnung
BayVBl. . . . . Bayerische Verwaltungsblätter
BB . . . . Betriebs-Berater
BBG . . . . . . Bundesbeamtengesetz
BDH . . . . . . Bundesdisziplinarhof
BFH . . . . . . Bundesfinanzhof
BGBl. . . . . . Bundesgesetzblatt
BGH . . . . . . Bundesgerichtshof
BGHZ . . . . . Entscheidungen des Bundesgerichtshofs in Zivilsachen
BLG . . . . . . Bundesleistungsgesetz
Bln . . . . Berlin
BMI . . . . . . Bundesminister des Innern
BRAK . . . . . Bundesrechtsanwaltskammer
Brem. . . . . . Bremen
BRRG . . . . . Beamtenrechtsrahmengesetz
BSG . . . . . . Bundessozialgericht
BT . . . . Deutscher Bundestag
BVerfG . . . . . Bundesverfassungsgericht
BVerfGE . . . . Entscheidungen des Bundesverfassungsgerichts
BVerfGG . . . . Bundesverfassungsgerichtsgesetz
BVerwG . . . . Bundesverwaltungsgericht
BVerwGE. . . . Entscheidungen des Bundesverwaltungsgerichts
CoR . . . . . . NJW-COMPUTERREPORT
ders. . . . . . . derselbe
Diss. . . . . . . Dissertation
DJT . . . . . . Deutscher Juristentag
DNotZ . . . . . Deutsche Notar-Zeitschrift
DÖD . . . . . . Der öffentliche Dienst
DÖV . . . . . . Die öffentliche Verwaltung
DRiG. . . . . . Deutsches Richtergesetz
DRiZ. . . . . . Deutsche Richterzeitung

DStR	Zeitschrift für Praxis und Wissenschaft des gesamten Steuerrechts
DStZ	Deutsche Steuer-Zeitung
DtZ.	Deutsch-Deutsche Rechts-Zeitschrift
DVBl.	Deutsches Verwaltungsblatt
EGGVG	Einführungsgesetz zum Gerichtsverfassungsgesetz
EnWG	Energiewirtschaftsgesetz
EStG	Einkommensteuergesetz
ESVGH	Entscheidungssammlung des Hessischen und des Baden-Württembergischen Verwaltungsgerichtshofs
EuGRZ	Europäische Grundrechtszeitschrift
EuR	Europarecht
EvStL.	Evangelisches Staatslexikon
EWG	Europäische Wirtschaftsgemeinschaft
GastG	Gaststättengesetz
GeschO BR	Geschäftsordnung des Bundesrats
GeschO BT	Geschäftsordnung des Deutschen Bundestags
GewArch.	Gewerbearchiv
GewO	Gewerbeordnung
GGO	Gemeinsame Geschäftsordnung für die Bundesministerien
GMBl.	Gemeinsames Ministerialblatt
GO	Gemeindeordnung
GVBl.	Gesetz- und Verordnungsblatt
GVG	Gerichtsverfassungsgesetz
Hamb.	Hamburg
HdUR	Handwörterbuch des Umweltrechts
HdV	Handwörterbuch der Volkswirtschaft
HdwO	Handwerksordnung
HdWW	Handwörterbuch der Wirtschaftswissenschaften
Hess.	Hessen
HGB	Handelsgesetzbuch
HwStR	Handwörterbuch des Steuerrechts
i.d.F.	in der Fassung
JA	Juristische Arbeitsblätter
JAG	Juristenausbildungsgesetz
JAO	Juristenausbildungsordnung
JöR	Jahrbuch des öffentlichen Rechts der Gegenwart
JPA	Justizprüfungsamt
JR	Juristische Rundschau
JuS	Juristische Schulung
JZ.	Juristenzeitung
KJB	Karlsruher Juristische Bibliographie
Komm.	Kommentar
LBauO	Landesbauordnung
LImSchG	Landesimmissionsschutzgesetz
LPresseG	Landespressegesetz
LReg.	Landesregierung
LSG	Landessozialgericht
LT	Landtag
LVwVfG	Landesverwaltungsverfahrensgesetz
MBl.	Ministerialblatt
MDR	Monatsschrift für Deutsches Recht
MedR.	Medizinrecht
Nds.	Niedersachsen

NJW	Neue Juristische Wochenschrift
NStZ	Neue Zeitschrift für Strafrecht
NuR	Natur und Recht
NVwZ	Neue Zeitschrift für Verwaltungsrecht
NW.	Nordrhein-Westfalen
NWVBL	Nordrhein-Westfälische Verwaltungsblätter
NZA	Neue Zeitschrift für Arbeitsrecht
NZV	Neue Zeitschrift für Verkehrsrecht
OBG	Ordnungsbehördengesetz
OLG	Oberlandesgericht
OVG	Oberverwaltungsgericht
OWiG	Gesetz über Ordnungswidrigkeiten
PolG	Polizeigesetz
PrALR	Preußisches Allgemeines Landrecht
RdA	Recht der Arbeit
RelKErzG . . .	Gesetz über die religiöse Kindererziehung
RGBl.	Reichsgesetzblatt
RR	Rechtsprechungs-Report
Rspr.nachw. . .	Rechtsprechungsnachweis
Schl.-H.	Schleswig-Holstein
Schw.BGE . . .	Entscheidungen des Schweizerischen Bundesgerichts
SGB	Die Sozialgerichtsbarkeit
SKV	Staats- und Kommunalverwaltung
SozSich	Soziale Sicherheit
Sten.Ber.	Stenographischer Bericht
StrWG	Sraßen- und Wegegesetz
StuW	Steuer und Wirtschaft
StVG	Straßenverkehrsgesetz
UPR	Umwelt- und Planungsrecht
VA	Verwaltungsakt
VBlBW	Verwaltungsblätter für Baden-Württemberg
VerfGH.	Verfassungsgerichtshof
VersG.	Versammlungsgesetz
VerwArch. . . .	Verwaltungsarchiv
VGH	Verwaltungsgerichtshof
VO	Verordnung
VSSR	Vierteljahresschrift für Sozialrecht
VVDStRL . . .	Veröffentlichungen der Vereinigung der Deutschen Staatsrechtslehrer
VwGO	Verwaltungsgerichtsordnung
VwVfG	Verwaltungsverfahrensgesetz
WPflG	Wehrpflichtgesetz
WuV	Wirtschaft und Verwaltung
ZaöRV	Zeitschrift für ausländisches öffentliches Recht und Völkerrecht
ZBR	Zeitschrift für Beamtenrecht
ZfS	Zentralblatt für Sozialversicherung, Sozialhilfe und Versorgung
ZGB	Schweizerisches Zivilgesetzbuch
ZHR	Zeitschrift für das gesamte Handelsrecht und Wirtschaftsrecht
ZParl	Zeitschrift für Parlamentsfragen
ZPO	Zivilprozeßordnung
ZRP	Zeitschrift für Rechtspolitik
ZSR	Zeitschrift für Sozialreform

1. Teil. Einleitung

§ 1. Allgemeine arbeitstechnische Hinweise für das juristische Studium

Die Zahl derjenigen, welche sich nach Abschluß ihrer schulischen Ausbildung für ein Jurastudium entscheiden, wächst mit frappierender Regelmäßigkeit. Nach den vom Deutschen Anwaltsverein publizierten Zahlen haben sich allein in den alten Bundesländern für das Wintersemester 1989/90 ca. 12000 Bewerber für ein Studium der Rechtswissenschaften gemeldet. Die durchschnittliche Studiendauer der zur ersten Staatsprüfung zugelassenen Studenten beträgt derzeit 10,96 (mit Wiederholern 11,76) Semester. Nach den Erfahrungen der Justizprüfungsämter erreicht jedoch ein erheblicher Prozentsatz der Jurastudenten das angestrebte Studienziel nicht, sei es, daß der Student schon die recht niedrige Hürde der Leistungskontrollklausuren nicht überwindet oder vor der Examensmeldung „aussteigt“ (sog. Schwundquote), sei es, daß der Kandidat das juristische Staatsexamen nicht erfolgreich absolviert hat. Aus einer letztens vom Bundesminister der Justiz vorgelegten Statistik ergibt sich, daß im Jahre 1989 25,22% der Kandidaten das erste und 10,7% das zweite juristische Staatsexamen nicht bestanden haben. Die Zahl der eingestellten Referendare hat im Jahre 1989 freilich ihren bisherigen Höchststand erreicht, nachdem bereits im vorhergehenden Jahr 1988 ein „Rekord“ vermeldet werden mußte. Im gesamten alten Bundesgebiet wurden nämlich 7783 Referendare und Referendarinnen in den Vorbereitungsdienst übernommen. In den alten Bundesländern waren nach dem Stand vom 1. 1. 1989 etwa 17000 Richter, 3700 Staatsanwälte, mehr als 46000 Rechtsanwälte und ca. 1000 Notare tätig.[1] Die meisten Studienanfänger dürften daher auch in Zukunft zur Anwaltschaft streben. Von besonderem Interesse ist daher die Zahl der im bisherigen Bundesgebiet zugelassenen Rechtsanwälte. Während 1981 immerhin schon 39000 Rechtsanwälte statistisch erfaßt waren, so hat sich diese Zahl nun nochmals erheblich gesteigert. Im Jahre 1989 sind insgesamt über 57000 Rechtsanwälte zugelassen.[2] Angesichts der zu erwartenden Auswirkungen des Europäischen Binnenmarktes und der weiterhin ansteigenden Zahl von Studien-

---

[1] Vgl. Statistisches Jahrbuch 1989 für die Bundesrepublik Deutschland, 1989, S. 321.

[2] Zum Nachweis der Mitglieder der Rechtsanwaltskammern am 1. 1. 1990 siehe BRAK-Mitteilungen 2/1990, S. 87.

anfängern dürfte überdies zu erwarten sein, daß sich die Zahl der zugelassenen Rechtsanwälte nochmals erheblich vergrößert. Diese eher düstere Erkenntnis, die freilich konterkariert wird durch einen erheblichen Bedarf an Juristen in den neuen Bundesländern, sollte den Studienanfänger nicht generell abschrecken oder verunsichern, sondern ihm lediglich als Mahnung dienen, selbstkritisch seine Interessen und seine Eignung für dieses Studienfach zu überprüfen, zu erkunden, was Studieninhalte und -ziele sind[3] und ob die individuellen Neigungen mit diesen Anforderungen in Deckung zu bringen sind. Wer Jura nur studiert, um überhaupt zu studieren und später ein möglichst sicheres Auskommen zu haben, wird kaum das nötige Engagement und den erforderlichen Arbeitseinsatz zur Bewältigung der an ihn gestellten Anforderungen an den Tag legen. Vor Beginn eines Jurastudiums sollte der Abiturient sich möglichst frühzeitig bemühen,

(1) sich Einblicke in das Arbeitsfeld eines Studienanfängers zu verschaffen,

Die meisten Universitäten bieten Abiturienten die Möglichkeit, sich über das Jurastudium vorab zu informieren (Beratungsstellen in den Dekanaten) und Anfängervorlesungen zu besuchen. Des weiteren sei nach wie vor die Lektüre einer engagierten Schrift wie der *Radbruch*schen Einführung in die Rechtswissenschaft (1. Aufl. [1909], 12. Aufl., hrsg. v. *Zweigert* [1969]) empfohlen, die es in hervorragender Weise unternimmt, einen Eindruck sowohl von rechtsphilosophischen Grundlagen als auch von den Stoffgebieten und der Methodik der Rechtswissenschaft zu vermitteln. Hinzuweisen ist in diesem Zusammenhang auch auf den Band von *Baumann*, Einführung in die Rechtswissenschaft, 1989.

(2) einen Überblick über den Ablauf der universitären Juristenausbildung zu gewinnen

Vgl. namentlich *Rinken*, Einführung in das juristische Studium, Heft 9 der Schriftenreihe der Juristischen Schulung, 1977, S. 6 ff.; *Köbler*, Wie werde ich Jurist? – Eine Einführung in das Studium des Rechts, 4. Aufl. 1986.

und (3) die Arbeitstechnik des Juristen kennenzulernen.

In letzterer Hinsicht sollen die folgenden Darlegungen eine Hilfestellung bieten, die dem Basismaterial für die juristische Arbeit (Gesetze, Rechtsprechung, Literatur), der Fallösungstechnik beim schriftlichen Rechtsgutachten und der rechtswissenschaftlichen Themenarbeit gewidmet sind.

Zwar lassen sich gerade Studienanfänger eher für die in den Juristenausbildungsgesetzen angesprochenen „geschichtlichen, gesellschaftlichen, wirtschaftlichen, politischen und rechtsphilosophischen Bezüge" des Rechts[4] begeistern, um hier alsbald auf der Basis ihrer bisherigen

[3] Dazu nähere Hinweise etwa bei *Kauffmann*, Bayerische Ausbildungs- und Prüfungsordnung für Juristen, 9. Aufl. 1986; *Eggensperger/Hammel*, Die Juristenausbildung in Baden-Württemberg, 1986; *Rehborn/Schäfer/ Tettinger*, Die Juristenausbildung in Nordrhein-Westfalen, 6. Aufl. 1986.

[4] So etwa die Formulierung in § 2 II 1 nw.JAG.

„Allgemeinbildung" mehr oder weniger tiefschürfende Diskussionen zu führen, das harte Brot des Erlernens der erforderlichen Rechtskenntnisse und der Technik der Rechtsanwendung darf jedoch auch und gerade in den ersten Semestern nicht gemieden werden. Schließlich bedarf es zunächst eines Mindestmaßes an Kenntnissen, um in adäquater Weise wissenschaftlich argumentieren zu können, und diese gilt es, sich möglichst rasch anzueignen. Erst danach kommt die Zeit, die den eigentlichen Reiz des Jurastudiums ausmacht. Manche Studenten erreichen diese Phase freilich nie, weil sie die vorangehende Lernarbeit scheuen.

I. Zur wissenschaftlichen Arbeitstechnik im allgemeinen

Als Hochschullehrer sollte man eigentlich voraussetzen dürfen, daß die Studienanfänger nach mindestens neunjährigem Besuch einer höheren Schule und der Erlangung des Abiturzeugnisses, in dem Hochschulreife amtlich bestätigt wird, die Grundzüge der wissenschaftlichen Arbeistechnik beherrschen und damit – vereinfacht ausgedrückt – in der Lage sind, effizient zu lernen, d. h. Gedanken Dritter zur Kenntnis zu nehmen, sie zu verstehen, sie wiedergeben, in andere Gedanken einordnen und sich mit ihnen kritisch auseinandersetzen zu können. Dies ist jedoch anscheinend eine von den Realitäten weit entfernte Erwartungshaltung, da schon die ersten Arbeitsschritte (Lesen, Verstehen, Festhalten) dem Studienanfänger ungeahnte Schwierigkeiten bereiten.

Kurzgefaßte Hinweise zum wissenschaftlichen Lernen finden sich etwa bei *Meurer/Rennig*, JuS-Lernbogen 1/90, L 1 ff., 9 ff.

Die für ein wissenschaftliches Studium generell erforderliche Treffsicherheit und Schnelligkeit der Informationsgewinnung, die im Laufe der Schulzeit eigentlich bereits hätten zur Routine werden sollen, müssen in den Anfangssemestern mühsam eingeübt werden. Dem Ziel einer allgemeinen Einführung in Lern- und Arbeitstechniken widmet sich eine Vielzahl von Schriften, auf die hier nur verwiesen werden kann:

Theisen, Wissenschaftliches Arbeiten, 3. Aufl. 1989. – *Greschat/Haendler/Rietzschel/Suhl/Weigandt*, Studium und wissenschaftliches Arbeiten, 1970. – *Hülshoff/Kaldewey*, Mit Erfolg studieren, 2. Aufl. 1984. – *Seiffert*, Einführung in das wissenschaftliche Arbeiten, 2. Aufl. 1976. – *Zielke* (Hrsg.), Schneller lesen – selbst trainiert, 1970.

Als fächerübergreifende Lernziele sollten dabei neben der vorstehend angesprochenen effizienten Lesetechnik namentlich die folgenden Zielsetzungen beherzigt werden:

(1) von passiver Rezeption zur vermehrten aktiv-kritischen Mitarbeit,
(2) Eigenverantwortlichkeit der Studienarbeit,
(3) vermehrte fachbezogene Kommunikation und Zusammenarbeit mit Kollegen,
(4) zielstrebige und realistische Studienplanung.

II. Effektive Nutzung universitärer Lehrveranstaltungen

Der Studienanfänger wird zunächst mit Eifer die im Studienplan der rechtswissenschaftlichen Fakultät seiner Hochschule angegebenen Lehrveranstaltungen besuchen und dabei möglicherweise schon alsbald feststellen, daß der von ihm hieraus gezogene individuelle Nutzen je nach Sachgebiet, didaktischer Fähigkeit des Dozenten, Zahl und Interesse der Hörer durchaus unterschiedlich ist. Diese Einsicht dürfte jedoch schon von der Schulzeit her geläufig sein und sollte nicht entmutigen. Wenn man aber kontinuierlich den Eindruck hat, daß die etwa beim Besuch einer Vorlesung gewonnenen Erkenntnisse den zeitlichen Aufwand nicht lohnen, sollte man selbstverantwortlich bemüht sein, sich den Stoff anhand von Lehrbüchern anzueignen, anstatt nur die Zeit im Hörsaal „abzusitzen“, geistig abzuschalten oder gar andere Hörer zu stören.[5] Im folgenden sollen einige Hinweise zur effektiven Nutzung universitärer Lehrveranstaltungen – in Verbindung mit entsprechender Organisation des Selbststudiums – gegeben werden.

1. Die *Vorlesung* erfüllt in der Gestalt der Einführungs- oder Grundvorlesung die Funktion der systematischen Darstellung des Rechtsstoffes eines Pflicht- oder Wahlfachs und ist daher der Vorbereitung zugänglich und jedenfalls der Nachbereitung bedürftig. Zur Erhöhung des Nutzens eines Vorlesungsbesuchs trägt es sicher bei, wenn vorab Schriften zur Einführung, auf die vielfach Dozenten in der Vorlesungsankündigung zur Vorbereitung besonders hinweisen, gelesen werden. Beim Verfolgen des mündlich Vorgetragenen ist es kaum ratsam, mitzustenographieren – sofern diese ansonsten höchst brauchbare Kunst überhaupt beherrscht wird –, da diese mechanische Tätigkeit vom Mitdenken abhält und für die Verständnisbildung so kaum Zeit verbleibt. Sinnvoll ist jedoch das Anfertigen kurzer Notizen als Grundlage der Nachbereitung und des späteren Repetierens sowie das Festhalten von Fragestellungen und Problemen, die nicht verstanden wurden, zur Nacharbeit und ggfls. zur Rückfrage beim Dozenten in der nächsten Vorlesungsstunde. Den wichtigsten Arbeitsschritt stellt die Nachbereitung der Vorlesung und Vertiefung durch Selbststudium dar. Neben der Durcharbeit eventuell ausgegebener Vorlesungsskripten geht es vor allem um die Durchsicht, das Verständnis und gegebenenfalls die Ergänzung der in der Vorlesung angefertigten Notizen, um das Lesen der zitierten Rechtsvorschriften

Merke: Nicht nur ein Satz oder ein Absatz, sondern die *gesamte* Rechtsvorschrift, sinnvollerweise auch diejenigen im Umfeld der Norm (Gesetzesabschnitt) getreu der alten Repetitorweisheit: „immer eins vor und eins zurück“.

und der angegebenen Gerichtsentscheidungen,

---

[5] Ebenso deutlich *F.Chr. Schroeder*, JuS 1981, 703.

Aber nicht ein Leitsatz oder ein Abschnitt, sondern sinnvollerweise die gesamten Entscheidungsgründe, soweit sie das einschlägige Rechtsproblem behandeln, und *vorab* den Tatbestand, um ggfls. signifikante Abweichungen des entschiedenen Falles von dem in der Vorlesung behandelten erkennen zu können.

um die Durcharbeit eines vorlesungsbegleitenden Lehrbuchs zur Intensivierung des Verständnisses

Dabei sollte im wesentlichen auf ein Kurzlehrbuch zurückgegriffen werden; zumeist wird der Dozent eine diesbezügliche Empfehlung geben.

und um schwerpunktmäßige Problemvertiefung anhand anderer Lehrbücher und weiterer Spezialliteratur. Als Grundlage späterer Wiederholung sollten Begriffsdefinitionen sowie zusammenfassende Merksätze zu Rechtsinstituten, Problemfeldern und Fallösungen auf Karteikarten, Einzelblättern oder mit Hilfe einer rechnergestützten Dateiverwaltung[6] gesondert gesammelt werden. Nachdrücklich ist weiterhin auf den besonderen Nutzen privater Arbeitsgemeinschaften hinzuweisen, in denen mehrere (3–5) Kommilitonen Informationen austauschen, gemeinsam Vorlesungen nachbereiten und Fallösungen diskutieren. Bei der Organisation des Selbststudiums kommt solchen Arbeitsgemeinschaften ein hoher Stellenwert zu, da der Student auf solche Weise kontinuierlich zur Rechenschaft über seinen Arbeitseinsatz gezwungen wird, unbefangener rechtswissenschaftliche Kommunikation erlernt und zudem einen gewissen Aufschluß über seinen Leistungsstand im Vergleich mit den Kollegen erhält.

2. Einem ähnlichen Zweck dienen auch universitäre *Pflichtarbeitsgemeinschaften,* die einem zentralen Rechtsgebiet (Zivilrecht, Strafrecht, öffentliches Recht) gewidmet und in Absprache mit dem jeweiligen Dozenten auf die entsprechende Vorlesung abgestimmt sind. Dort soll der Student unter Anleitung eines erfahrenen Tutors im kleinen Kreise (möglichst nicht mehr als 20–30 Personen) lernen, Fälle aus dem in der Vorlesung behandelten Stoffgebiet zu lösen, dabei die wesentlichen Elemente der Norminterpretation und der Rechtsanwendung einzuüben und sich zu strittigen Fragen eine eigene Meinung zu bilden.

3. In den *Übungen* sind Rechtsfälle mit Hilfe des in der Vorlesung und beim Selbststudium erworbenen Sachwissens zu lösen.[7] Daraus ergibt sich, daß Voraussetzung für eine erfolgreiche Teilnahme neben materiellrechtlichen Kenntnissen auch die Beherrschung der Grundelemente der juristischen Klausurentechnik ist (dazu im einzelnen 3. Teil). Da letzteres aber ständige Übung voraussetzt, kann nur mit Nachdruck dazu ermuntert werden, in Universitätsübungen dann auch alle Klausuren mitzuschreiben. Demgegenüber herrscht in studentischen Kreisen die Auffas-

---

[6] Siehe dazu unten V.

[7] An einigen Universitäten werden auch Vorlesungen und Anfängerübungen zu einer Lehrveranstaltung integriert.

sung vor, es reiche zur Erlangung des Übungsscheines ja die Bearbeitung einer mit (noch) ausreichend bewerteten Klausur aus, folglich seien weitere Anläufe unrationell. Angesichts der Mißerfolgsquoten gerade bei Examensklausuren ist eine solche Einstellung unverständlich. Jede Klausur sollte als Test für den eigenen Wissensstand mitgeschrieben werden, wobei Klausurbesprechung und Randkorrekturen Aufschluß über Wissenslücken, Aufbau- und Interpretationsfehler geben.

4. In *Seminaren* erfolgt auf der Grundlage des in Vorlesungen zu erwerbenden Basiswissens eine wissenschaftliche Vertiefung hinsichtlich spezieller Rechtsprobleme. In (mündlich vorzutragendem) Referat und (schriftlicher) Seminararbeit soll der Student nachweisen, daß er in der Lage ist, zu wissenschaftlichen Streitfragen unter Einbeziehung der unterschiedlichsten Rechtsauffassungen und in Anwendung juristischer Argumentationstechnik eigenständig Stellung zu beziehen. Über die Besonderheiten der rechtswissenschaftlichen Themenarbeit orientiert Teil 4 dieser Schrift.

5. Der Vollständigkeit halber ist noch auf weitere Lehrveranstaltungen hinzuweisen, die sich allerdings durchweg speziell an fortgeschrittene Studenten wenden, wie Vertiefungsvorlesungen, Kolloquien, Repetitorien, Examinatorien und Klausurenkurse.

III. Inanspruchnahme außeruniversitärer Lehrangebote

Getreu der Devise vieler Juristengenerationen besitzt der private Repetitor in den Studienplänen manches Studenten auch heute noch hohen Stellenwert. Dazu sei hier vermerkt, daß seine Hilfe, wenn, dann auch wirklich zum Zwecke des Repetierens in Anspruch genommen werden sollte, nicht dagegen bereits zum Aneignen von Grundkenntnissen. Im übrigen aber bieten heute die juristischen Fakultäten, angefangen von Vorlesungsskripten und sonstigem Begleitmaterial über die erwähnten (kostenlosen) Repetitorien und Examinatorien bis hin zu speziellen Examensklausurenkursen, eine so breite Palette von Veranstaltungen zur Examensvorbereitung an, daß zusätzliche – mit Kosten verbundene – Dienstleistungen kaum erforderlich erscheinen.

Inwieweit der Student bei der Nacharbeit von Vorlesungen oder allgemein beim Repetieren des Stoffs der Pflichtfächer auf Lehrbücher anerkannter Wissenschaftler oder schriftliches Material privater Repetitoren (sog. Fernrepetitorien) zurückgreift, muß der jeweiligen individuellen Einschätzung überlassen bleiben. Zu warnen ist jedoch vor der ausschließlichen, nur vermeintlich beruhigenden Abstützung auf solche Lernprogramme, die nach eigenem Bekunden lediglich Basiswissen bieten und allenfalls Minimalstandards zu genügen vermögen.

IV. Benutzung von Bibliotheken[8]

Für den Studienanfänger sollte neben dem Besuch der universitären Lehrveranstaltungen die Arbeit in den Bibliotheken schon bald zur Selbstverständlichkeit werden. Längere Pausen zwischen den Vorlesungen können so sinnvoll genutzt werden. Vor allem aber in der vorlesungsfreien Zeit bietet die Bibliothek, weil weniger frequentiert, hervorragende Arbeitsmöglichkeiten. Dieser Zeitraum, der gerade für die eigenständige Durcharbeitung des Lernstoffes im Anschluß an oder zur Vorbereitung auf universitäre Lehrveranstaltungen prädestiniert ist, wird freilich von Studenten häufig mißverstanden im Sinne totaler „Semesterferien", in denen primär Sicherung des Lebensstandards oder der Lebensqualität (ausgedehnter Urlaub in südlicher Sonne, Aushilfsarbeiten zur Finanzierung desselben oder eines fahrbaren Untersatzes, musische Aktivitäten u. dgl.) die Losung ist. Auch wenn die gesteigerte zeitliche Indeterminiertheit im Dasein des Studenten eine erfreuliche Annehmlichkeit ist, die es durchaus wohldosiert zu nutzen gilt, so sollte doch stets mit ins Kalkül gezogen werden, daß der Studienerfolg nicht unbedingt primär eine Frage der intellektuellen Kapazität, sondern mindestens in gleichem Maße eine Konsequenz von Fleiß und Beharrlichkeit ist. Insofern erscheint die Arbeit in der Bibliothek während der vorlesungsfreien Zeit als kaum ersetzbar. Zur Anfertigung von Haus-, Seminar- und Examensarbeiten, aber auch zur Wiederholung und Vertiefung des Vorlesungsstoffes ist man auf Literatur, Rechtsprechung und spezielle Gesetzessammlungen angewiesen, die unter vertretbarem Zeit- und Kostenaufwand regelmäßig nur in den Bibliotheken erschlossen werden können. Die Bibliotheksnutzung sollte darum so effektiv wie möglich gestaltet werden. Nur allzu häufig werden Übungs-, aber auch Examenshausarbeiten nur deshalb nicht abgegeben, weil die Bearbeiter zu lange mit der Literatursuche und -beschaffung beschäftigt waren. Für die eigentliche Ausarbeitung fehlte dann die Zeit. Insbesondere Anfänger-Hausarbeiten lassen durchweg eine nur mangelhafte Literaturverarbeitung erkennen, ein Indiz dafür, daß die Kandidaten mit den zahlreichen Möglichkeiten, eine Bibliothek zu nutzen, noch nicht hinreichend vertraut sind.

1. Zur erfolgreichen und zweckmäßigen Nutzung von Bibliotheken muß man sich zunächst einmal einen Überblick über die für Juristen überhaupt in Betracht kommenden Bibliotheken des Hochschulortes verschaffen. Nicht selten wird nämlich der Student einen Kommentar oder Aufsatz in der zentralen Universitätsbibliothek nicht auffinden können, sei es, daß das entsprechende Werk nicht angeschafft, daß es verlie-

---

[8] Literatur: *Hacker*, Bibliothekarisches Grundwissen, 5. Aufl. 1989; *Kluth*, Handbuch der Bibliothekspraxis, 1979; *Busse/Ernestus/Plassmann*, Das Bibliothekswesen der Bundesrepublik Deutschland, 1983.

hen ist oder sich angesichts der Vielzahl von Übungsteilnehmern gerade in anderen Händen befindet. Hier hat einen Vorteil, wer über entsprechende Ausweichmöglichkeiten Bescheid weiß. Folgende Grobskizze zeigt das für den Juristen interessante *Bibliothekssystem* auf.

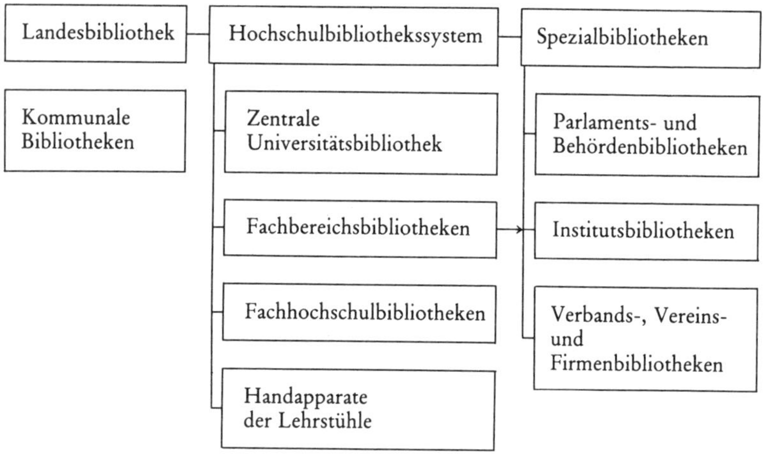

Die *Fachbibliotheken*, oftmals als Abteilungs-, Hauptbibliotheken oder Rechtswissenschaftliches Seminar bezeichnet, bilden heute in der Regel das Rückgrat der rechtswissenschaftlichen Arbeit für den Studenten. Diese Bibliotheken sind im allgemeinen um möglichst vollständigen Besitz der für den Fachbereich einschlägigen Literatur bemüht. Hier findet der Student im Idealfall alle für seine Arbeiten benötigten Gesetzesblätter und -materialien, Entscheidungssammlungen, Zeitschriften, Kommentare, Monographien, Festschriften und die übrige, in § 4 näher aufgeführte juristische Literatur. Die Fachbereichsbibliothek ist freilich durchweg eine Präsenzbibliothek, aus der nur in ganz beschränktem Umfange ausgeliehen wird, was aber umgekehrt den unbestreitbaren Vorteil hat, daß die gewünschte Literatur während der gesamten Woche von morgens bis abends, oft auch sonnabends, durchgehend zugänglich und verfügbar ist.

Die *zentrale Universitätsbibliothek* ist im Gegensatz zur Fachbereichsbibliothek eine wissenschaftliche Universalbibliothek. Sie sammelt auf breiter Basis Literatur aller an der Hochschule vertretenen Fachgebiete. Ihre Ausstattung im Fachbereich Rechtswissenschaft steht an manchen Universitäten, sieht man einmal von spezielleren Werken und Dissertationen ab, den Fachbereichsbibliotheken kaum nach. Nicht selten sind diese Bibliotheken auch im Besitz neuester Auflagen von Lehrbüchern und Kommentaren, für deren Anschaffung der Fachbereichsbibliothek wegen der unterschiedlichen etatmäßigen Ausstattung und Schwerpunktsetzung heute manchmal bereits das Geld fehlt. Aus der Universitätsbibliothek kann – abgesehen von kleineren Präsenzbeständen und Loseblattsammlungen – unbeschränkt ausgeliehen werden. Interessant ist für Studenten vor allem der Zugriff auf die hier vielfach unterhaltene Lehrbuchsammlung, in deren Rahmen den Benutzern Lehrbücher, manchmal auch gängige Kommentare, in Mehrfachexemplaren zur Ausleihe zur Verfügung gestellt werden. Aus dem Aufgabenbereich der Universitätsbibliothek sei des weiteren noch auf die Führung der zentralen Kataloge für die gesamte Hochschule sowie auf die Beschaffung von Literatur im Wege des auswärtigen Leihverkehrs hingewiesen.

Von den *Fachhochschulbibliotheken* sind für den Juristen regelmäßig nur die wirtschaftswissenschaftlichen Abteilungen interessant, da diese stets einen gewissen Bestand juristischer Standardwerke aufweisen und damit eine vielleicht schnell zu nutzende Ausweichmöglichkeit darstellen.

Als *Handapparate* bezeichnet man die bei den Professoren, Dozenten und Assistenten in den Dienstzimmern befindliche, vornehmlich zu speziellen Forschungszwecken angeschaffte Literatur, die der allgemeinen Benutzung entzogen und somit vielfach auch nicht in den zentralen Katalogen der Hochschule erfaßt ist. Schwerpunktmäßig sind die Handapparate den jeweiligen wissenschaftlichen Interessengebieten der Lehrstuhlinhaber angepaßt. Zwischen mehreren Lehrstühlen eines Fachgebietes ist allerdings zur Vermeidung von Doppelanschaffungen eine Koordination und Erfassung des Bestandes die Regel. Der Handapparat wird Seminarteilnehmern meist ohne weiteres zur Verfügung gestellt. Andere Personen können nur in begründeten Ausnahmefällen auf ihn zurückgreifen. Eine Ausleihe ist freilich durchweg nicht möglich.

Von den *Spezialbibliotheken* sind zunächst die Institutsbibliotheken im engeren Sinne zu nennen. Diese sind speziellen Forschungsgebieten gewidmeten Instituten zugeordnete verselbständigte bibliothekarische Einrichtungen innerhalb der Fachbereiche oder auf der zentralen Ebene der Universitäten und haben eigene Arbeitsräume, die von Studenten benutzt werden können. Oft herrschen dort noch recht idyllische Zustände, die es bei entsprechenden Themen in Übungsarbeiten geraten scheinen lassen, dort die Bearbeitung von Hausarbeiten vorzunehmen.

Beachtung verdienen diesbezüglich auch *Parlaments- und Behördenbibliotheken*; des weiteren seien insbesondere die *Gerichtsbibliotheken* erwähnt, deren Ausstattung freilich unterschiedlich ist; während der Bibliotheksbestand der Bundesgerichte und Oberlandesgerichte bedeutend ist, wird derjenige der Amtsgerichte nicht selten beschränkt sein. Allerdings kann man schon in den Landgerichtsbibliotheken die für eine Anfänger- und Fortgeschrittenen-Hausarbeit erforderliche Literatur und Rechtsprechung finden. Vielfach dürfen auch Studenten die Gerichtsbibliotheken benutzen. Daneben besteht für Referendare in beschränktem Ausmaß die Möglichkeit, Mehrfachexemplare auszuleihen.

Zu nennen sind noch *Verbands-, Vereins- und Firmenbibliotheken*. Diese sind zwar vorrangig für ihre Mitglieder bzw. Arbeitnehmer bestimmt. Nicht selten wird jedoch eine liberale Benutzungspolitik betrieben. Beispiele solcher auch juristisch interessanter Bibliotheken sind diejenigen von Arbeitgeberverbänden und Gewerkschaften, örtlichen Mieterschutzvereinen oder größeren juristischen Verlagen. Bei den kommunalen Spitzenverbänden etwa findet man umfassende Bibliotheksbestände zum Kommunalrecht.

Die deutschen *Landesbibliotheken* sind ihrer Struktur nach geschlossene Bibliotheken und daher häufig nicht leicht benutzbar. Mit ihren Beständen stellen sie insgesamt ein beachtliches Reservoir dar, insbesondere auf dem Gebiet der Geisteswissenschaften. Da die Nachfrage nach juristischer Literatur nicht allzu groß ist, bestehen gute Chancen, hier die an den Universitätsbibliotheken vergriffenen Lehrbücher und Kommentare zu erhalten. Mit der am Ort oder in der näheren Umgebung befindlichen Landesbibliothek sollte man sich daher ebenfalls vertraut machen.

Sofern am Hochschulort eine *Verwaltungs- und Wirtschaftsakademie* besteht[9], deren Zielsetzung die hochschulmäßige berufliche Fortbildung von Angehörigen der öffentlichen Verwaltungen und der Wirtschaft im Abendstudium ist, empfiehlt es sich u.U., auch an die dortige Bibliothek heranzutreten, da zumeist rechts- und wirtschaftswissenschaftliches Schrifttum in erstaunlicher Breite zur Verfügung steht.

Auch *kommunale Bibliotheken* wie Kreis- und Stadtbüchereien haben stets einen gewissen Bestand an juristischer Literatur, der durchaus für das Studium verwendbar ist. Ein kurzer Blick auf das dort vorhandene Material kann lohnenswert sein.

Um alle diese Bibliotheken zum Zwecke der Literaturbeschaffung im Bedarfsfalle effizient einsetzen zu können, sollte sich der Student schon in den ersten Semestern einen Überblick über die für ihn in Frage kommenden Bibliotheken verschaffen. In den meisten Universitätsstädten leistet ein Bibliotheksführer wertvolle Hilfe. Daneben gibt es vielfach Bibliotheksadressbücher in Hochschul- oder Stadtbibliotheken. Oft sind die universitären Bibliotheken auch im Vorlesungsverzeichnis oder einem speziellen Studienführer des Fachbereichs mit Sammelschwerpunkten und Öffnungszeiten zusammengestellt.

2. Neben der Kenntnis der einschlägigen Bibliotheken kommt es auf ein möglichst systematisches und rationelles Verfahren der Literaturermittlung und -beschaffung an. Dies setzt zunächst voraus, daß dem Studenten die individuellen Besonderheiten der jeweils in Anspruch genommenen Bibliothek bekannt sind. Zur ersten Orientierung sind die zumeist bei größeren Bibliotheken vorhandenen Bibliotheks- bzw. Benutzungsführer zu Rate zu ziehen. Falls dies nicht weiterhilft, kann man sich an den Bibliothekar oder die Bibliotheksaufsicht wenden, die bereitwillig Auskunft geben (sollten) oder sich von einem Studenten älteren Semesters in die Eigenarten der Bibliothek einführen lassen. In manchen Universitätsstädten werden auch von der Universitätsbibliothek in Zusammenarbeit

---

[9] In Nordrhein-Westfalen existieren beispielsweise derzeit 14 Verwaltungs- und Wirtschaftsakademien, so daß deren Bibliotheken für nahezu jeden Studenten erreichbar sind (Münster, Detmold, Bochum, Recklinghausen, Dortmund, Hagen, Oberhausen, Essen, Duisburg, Düsseldorf, Wuppertal, Köln, Bonn, Aachen).

mit der studentischen Fachschaft eigens Bibliotheksführungen für Erstsemester angeboten.

Ist dem Benutzer die konkrete Bibliotheksorganisation vertraut, so dürfte die Literaturermittlung und -beschaffung kaum mehr Schwierigkeiten bereiten, wobei im Vordergrund der folgenden Darlegungen die Informationsrecherche steht, die Suche nach der einschlägigen Literatur. Daneben sind die Bibliotheken zu benutzen zum Zwecke der Überprüfung anderweitig erlangter Informationen (Fundstellenkontrolle, Nachprüfung wörtlicher Zitate) sowie zur laufenden, projektunabhängigen Information über neueste Literatur (insbesondere Zeitschriftensaal).

Es ist immer wieder erstaunlich, wie selten Studenten auf die letztgenannte Einrichtung Rückgriff nehmen. Das stetige Studium der laufenden, wichtigsten Periodika versetzt den Studenten jedoch nicht nur in die Lage, neueste Entwicklungen der höchstrichterlichen Judikatur und der wissenschaftlichen Lehre frühzeitig zu erkennen, sondern es erscheint gerade auch mit Blick auf die den Übungs- und Examensarbeiten oft zugrundeliegenden aktuellen Sachverhalte und Fallkonstellationen als ein nahezu grob fahrlässiges Versäumnis, verfügbare Informationen nicht zu nutzen.[10]

Eine recht schnelle Literaturerschließung gelingt dem Benutzer, wenn die Bibliotheksbestände *systematisch aufgestellt* sind und freier Zugang zu den Regalen ermöglicht wird (Freihandsystem), was im Zuge der modernen Entwicklung immer häufiger anzutreffen und bei Instituts- und Fachbereichsbibliotheken wohl der Regelfall ist. Bei systematischer Aufstellungsweise werden die Bestände nach einem bestimmten System geordnet; meist werden Fächer in Fächergruppen zusammengefaßt und innerhalb dieser Großgruppen wiederum Untergruppen gebildet. Die Aufteilung der Großgruppen (teilweise auch der Untergruppen) kann dann der Standortübersicht entnommen werden, im übrigen existieren gesonderte *Untergruppenverzeichnisse*. Hat man sich mit deren Hilfe ein Sachgebiet, z. B. Gewerberecht, Allgemeiner Teil, erschlossen, so zeigt ein Blick in die Regale, welche Bücher aus diesem Bereich vorhanden sind, eine Vorgehensweise, die besonders dann zu empfehlen ist, wenn der Student die benötigten Standardwerke bereits kennt.

In geschlossenen Magazinen ist der Benutzer dagegen auf den *systematischen Katalog* angewiesen, der entsprechend der systematischen Aufstellung die *einzelnen* Wissensgebiete in einer sachlich logischen Reihenfolge anordnet. Er eignet sich deshalb vor allem dazu, eine umfassende Übersicht über das in der Bibliothek vorhandene Schrifttum eines bestimmten Fachgebietes zu gewinnen. In den Bibliotheken, in denen die Bücher in systematischer Reihenfolge aufgestellt sind, ist der *Standortka-*

---

[10] Vgl. statt vieler nur die Examensfälle von *Ronellenfitsch* in NWVBL 1988, 253 f., 283 ff. (in Anlehnung an Bd. Wtt. StGH, VBlBW 1988, 211) und von *J. Schwarz* in NWVBL 1989, 258, 293 f., letzteres eine der Entscheidung des OLG Hamm vom 7. 10. 1987, NWVBL 1988, 119 = NJW 1988, 1096 nachgebildete Aufsichtsarbeit aus dem Ersten Juristischen Staatsexamen.

talog, der die Aufstellung des Buchbestandes widerspiegelt, gleichzeitig ein systematischer Katalog.

Nur ein begrenzt einsetzbares Hilfsmittel zur Literaturerschließung ist dagegen für den Juristen der *Schlag- oder Stichwortkatalog*, in dem man die Titel der Bücher nach Schlagwörtern eingeordnet findet, die wiederum zentrale Aspekte aus dem Inhalt der Bücher wiedergeben und in alphabetischer Reihenfolge eingetragen sind. Der wesentliche Nachteil besteht in der beschränkten Anzahl der Schlagworte, ihrer Mißdeutbarkeit und darin, daß über den Schlagwortkatalog (gleiches gilt für den systematischen Katalog) durchweg weder Zeitschriftenaufsätze noch Gerichtsentscheidungen ermittelt werden können. Dazu muß man sich vielmehr eines umfangreichen *bibliographischen Apparates* bedienen. Genannt seien hier zunächst die Bibliographien im eigentlichen Sinne, verstanden als nach bestimmten Gesichtspunkten geordnete Verzeichnisse von Druckschriften, unabhängig von deren Vorhandensein in einer Bibliothek.[11]

Wichtig für die praktische juristische Arbeit sind die Bibliographien im weiteren Sinne, zu denen etwa die NJW-Fundhefte, die Karlsruher Juristische Bibliographie, Zeitschriftenregister sowie die in Festschriften, Kommentaren, Lehrbüchern und Dissertationen enthaltenen umfangreichen Schrifttums- und Rechtsprechungsnachweise zu zählen sind. Um die neueste Literatur und Rechtsprechung ausfindig zu machen, ist ein Einblick in die letzten Zeitschriftenregister unumgänglich.[12] Sind solche noch nicht erschienen, müssen die Einzelhefte anhand der Übersicht nach ihrem Inhalt befragt werden. Möglicherweise wird man dabei herausfinden, daß der zu bearbeitende Fall an eine kurz zuvor veröffentlichte Entscheidung angelehnt ist oder – genauso wichtig – sich zwischenzeitlich eine Gesetzesänderung vollzogen hat.

Großkommentare und Lehrbücher mit ihren oft bedeutenden Schrifttums- und Rechtsprechungsnachweisen stellen ein weiteres Hilfsmittel zur Literaturerschließung dar. Der Vorteil bei der Benutzung solcher Werke liegt in der sach- und problemspezifischen Zuordnung dieser Nachweise, womit die Gefahr reduziert wird, nach letztlich für die Fallösung nicht ergiebigen Entscheidungen und Aufsätzen zu suchen.

Hat der Bearbeiter sich auf vorbezeichnete Weise einen Überblick über die von ihm benötigte Literatur und Rechtsprechung verschafft, so kann er deren Standort über den *Alphabetischen Katalog* ermitteln. Gleichzeitig informiert dieser über die bisher erschienenen Auflagen und die in der Bibliothek vorhandene Stückzahl einer Schrift. Ihm läßt sich etwa auch entnehmen, wie viele Werke eines Verfassers im Bibliotheksbestand vorhanden sind. Der Alphabetische Katalog verzeichnet getreu den traditionellen „Preußischen Instruktionen" die in der Bibliothek vorhandenen

---

[11] Zu den rechtswissenschaftlichen Bibliographien näher unten § 4 XI.
[12] Für die NJW sei zudem noch auf die Fünfjahresregister hingewiesen.

Bücher nach formalen Gesichtspunkten in alphabetischer Reihenfolge.[13] Die Ordnungswörter, unter denen die Titel im Alphabetischen Katalog verzeichnet werden, können sein:

a) *Namen von Personen.* Als sogenannte Verfasserwerke gelten alle Schriften mit bis zu drei Verfassern. Bei modernen Personennamen im europäischen Sprachraum besteht der Name im allgemeinen aus zwei Ordnungsgruppen, nämlich der des Familiennamens und der des Vornamens. Für die Ordnung maßgebend ist der Familienname.

b) *Namen von Körperschaften*

c) *Sachtitel* bei anonym erschienenen Werken oder solchen mit mehr als drei Verfassern, aber auch *Zeitschriftentitel,* sofern gesonderte Zeitschriftenkataloge nicht bestehen. Beim Ordnungswort „Sachtitel" entfallen der bestimmte oder unbestimmte Artikel am Anfang des Titels.

Beispiel:

Demokratie moderne Recht
Die moderne Demokratie und ihr Recht (Festschrift für Gerhard Leibholz), 1966

Zu den Alphabetischen Katalogen gehört neben dem bereits erwähnten Zeitschriftenkatalog noch der sog. Interimskatalog,[14] der die seit dem Erscheinen des letzten Alphabetischen Kataloges neu angeschafften Titel erfaßt.

Ist man endlich mit Hilfe des Alphabetischen Kataloges und der Übersicht zum Standort vorgedrungen, so kann es vorkommen, daß das gesuchte Buch bereits verliehen ist. Dann darf von der Möglichkeit der *Vormerkung* Gebrauch gemacht werden. Leider geschieht die Aushändigung des vorgemerkten Buches häufig erst, wenn die Bearbeiter ihre korrigierte Hausarbeit schon wieder in Händen haben. Die Vormerkung wird ins Leere gehen. Hier hilft nur der folgende Rat: Wer weiß, daß er im nächsten Semester die Anfängerhausarbeit im öffentlichen Recht schreiben will, die erfahrungsgemäß Probleme des Verfassungsrechts beinhaltet, der sollte sich rechtzeitig vorher die einschlägigen Lehrbücher und Kommentare vormerken lassen, damit diese dann bei der Hausarbeitsausgabe auch wirklich zur Verfügung stehen.

Bücher, die im universitären und örtlichen Bibliothekssystem nicht nachgewiesen sind, kann sich der Benutzer über die *Fernleihe* (Auswärtiger Leihverkehr) beschaffen lassen. Der Auswärtige Leihverkehr der wissenschaftlichen Bibliotheken der Bundesrepublik Deutschland, dem teilweise ein regionaler Leihverkehr vorgeschaltet ist und der durch einen Internationalen Leihverkehr ergänzt wird, ist durch eine von den Kultusministern der Länder erlassene Leihverkehrsordnung[15] geregelt. Ausgenommen vom Leihverkehr sind allerdings solche Werke, die im Buchhandel zu einem geringen Preis erhältlich sind.[16]

---

[13] Maßgebend ist die Buchstabenfolge des deutschen Alphabetes. Die Umlaute ä, ö und ü werden als ae, oe und ue geordnet. Der Buchstabe ß wird wie ss behandelt.

[14] Nur dort vorhanden, wo die Kataloge auf Mikrofilm oder Microfiche gefaßt sind.

[15] Vgl. nw.MBl. 1979, 1312 ff.

[16] Die Preisgrenze liegt heute bei ca. 15,00 DM.

Die Literaturbeschaffung ist – noch(!?) – kostenlos, nur für Sonderaufträge oder Portoauslagen hat man bisweilen geringe Gebühren zu bezahlen. Zeitschriftenaufsätze werden nach Möglichkeit als Fotokopie geliefert (in der Regel bis zu 20 Kopien kostenlos). Kopien aus Büchern stellt der Leihverkehr nicht zur Verfügung (Ausnahme bei seltenen Nachschlagewerken, Handbüchern oder anderen Präsenzbeständen). – Den Leihverkehr von der Bestellung bis zur Ausleihe wickelt stets die Fernleihstelle der Heimatbibliothek ab; im allgemeinen hat nur eine Bibliothek am Ort eine solche Einrichtung.

Man darf nur solche Bücher und Zeitschriften über den Fernleihverkehr beschaffen lassen, die am Ort nicht vorhanden sind (keine lediglich ausgeliehene Literatur!). Der vom Benutzer bei der Fernleihstelle seiner Heimatbibliothek abgegebene rote Leihschein wird – nach Prüfung sowie gegebenenfalls Ergänzung und Korrektur – an den regionalen Zentralkatalog gesandt. Der hier ermittelten Bibliothek (oft sind es mehrere) geht die Bestellung auf einem festgelegten Leitweg zu. Ist das gewünschte Buch dort nicht greifbar – z. B. ausgeliehen –, so wandert der Leihschein weiter, bis eine „gebende" Bibliothek die verlangte Literatur an die bestellende Bibliothek senden und diese wiederum ihren Benutzer über den Eingang des Buches informieren kann.

Im Fernleihverkehr ist mit durchschnittlichen Wartezeiten von 3–6 Wochen – manchmal auch länger – zu rechnen.[17] Wer jemals an einer Hochschule in den USA Bücher bestellt hat, denkt – nach Deutschland zurückgekehrt – mit Wehmut an die Effizienz dieses amerikanischen Nachweis- und Ausleihsystems zurück.

Besonders schwierig ist im allgemeinen die Beschaffung von Literatur neueren Datums. Kann man sich bei universitären Übungsarbeiten oftmals noch ohne größere Schäden mit Altlauflagen begnügen, gilt für die Examenshausarbeit, daß der Kandidat die Fallösung stets anhand der neuesten Rechtsprechung und Literatur erarbeiten muß.

So heißt es beispielsweise in dem vom Justizprüfungsamt beim OLG Hamm herausgegebenen, in der Anlage abgedruckten Merkblatt zur Anfertigung der Examensarbeit:

„Wenn möglich, sind die neuesten Auflagen eines Werkes zu benutzen. Ein Rückgriff auf ältere Auflagen ist nur ausnahmsweise angebracht, etwa dann, wenn dort eine von der neuesten Auflage abweichende Auffassung vertreten wurde und der Prüfling sich dieser anschließen will."

Erwartet wird dies regelmäßig auch bei der Anfertigung einer Seminararbeit. Sind Neuauflagen weder über Bibliotheken noch über Fernleihe zu erhalten, bleibt – sofern es sich um zentrale Werke handelt – nur noch der Weg zum Buchhandel.

3. Zu den wichtigsten Benutzungseinrichtungen einer Universitätsbibliothek gehört ein leistungsfähiger und für Studenten preisgünstiger Kopierdienst. Diese eigentlich lobenswerte Errungenschaft hat aber zu der gerade bei jüngeren Studenten verbreiteten Unsitte geführt, ganze Lehrbücher oder Skripten zu vervielfältigen. Die durch solches Verhalten bedingten Wartezeiten anderer Kommilitionen vor den Kopiergeräten gehören zu den vermeidbaren Negativa der Arbeitsbedingungen in einer Bibliothek.

---

[17] So der Überblick bei *Heidtmann*, Grundkurs Bibliothekswesen, Uni-Plus, Heft 1/79, S. 21.

Das Kopieren sollte sich zum einen auf das Notwendigste beschränken. Mit der Anfertigung vieler, teilweise für die Fallbearbeitung letztlich unbrauchbarer Kopien verlieren die Bearbeiter nicht nur kostbare Zeit, sondern wegen der Überfülle des Materials oftmals auch die Übersicht. Es empfiehlt sich des weiteren, die angefertigten Kopien problemspezifisch zu ordnen, die entscheidenden Aussagen der Verfasser oder des Gerichts zum leichteren Auffinden und Verwerten mit Farbstiften zu markieren und bei Aufsätzen aus Fachzeitschriften oder Passagen von Monographien sofort Verfasser und Titel, bei Aufsätzen und Gerichtsentscheidungen auch die Anfangsseitenzahl des Originals auf den Kopien zu vermerken. Nur so begegnet man der Gefahr, beim späteren Zitieren die Original-Fundstelle noch einmal mühevoll nachschlagen zu müssen.

V. Nutzung neuer Informationstechniken

Noch vor wenigen Jahren war der Einsatz von Informationstechnik in der Rechtswissenschaft mehr oder minder Gegenstand von Spekulationen. Die *klassische Arbeitsweise* des Juristen, nämlich die Anwendung einer Rechtsnorm auf einen konkreten und in seinen spezifischen Eigenarten wohl einmaligen Lebenssachverhalt, werde es nämlich, so dachte man, auch in der Zukunft verhindern, daß die neuen Techniken in diesen Bereich entscheidend vordringen könnten. Diese Sichtweise muß heutzutage als verkürzt betrachtet werden: moderne Informationstechnik prägt in immer stärkerem Maße die Arbeitsplätze auch der Juristen; sie wird damit zugleich zu einer Herausforderung der universitären Juristenausbildung. An den Universitäten werden denn auch zunehmend Personal-Computer (PC) in der Juristenausbildung eingesetzt, eine Entwicklung, die durch das Computer-Investitions-Programm (CIP) des Bundesministers für Bildung und Wissenschaft gefördert wird. Mit Hilfe dieses Programms sind an vielen Universitäten vernetzte PC angeschafft worden. An ihnen sollen Studenten der Rechtswissenschaft Anwendungen der Informationstechnik kennenlernen, um sich auf den eigenverantwortlichen Einsatz in Studium und Beruf vorzubereiten.

Siehe dazu *Eberle* (Hrsg.), Informationstechnik in der Juristenausbildung, 1989; *ders.*, JuS 1987, 771 ff.; *Fiedler/Oppenhorst* (Hrsg.), COMPUTER in der Juristenausbildung, 1989.

Im folgenden können nur kurz die Möglichkeiten einer sinnvollen Anwendung der Computertechnik, aber auch die damit zwangsläufig einhergehenden Gefahren skizziert werden.

1. Textverarbeitung am PC

Juristische Arbeit ist in erster Linie Arbeit am Text. Im Gegensatz zur Situation in einigen anderen Studienrichtungen muß der Student der Rechtswissenschaft während seiner Ausbildung eine Vielzahl schriftlicher Prüfungen bestehen. Es handelt sich hierbei um die in dieser Schrift näher in den Blick genommenen Klausuren, Haus- und Themenarbeiten. Auch als Bestandteil der Ersten Juristischen Staatsprüfung wird in einigen Bundesländern[18] die Anfertigung einer häuslichen Arbeit vorgeschrieben, die ein rechtswissenschaftliches Gutachten zum Gegenstand hat und mit einem Anteil von 30% in die Gesamtnote eingeht. Damit bildet wie kaum für einen anderen Bereich die Textverarbeitung das Zentrum jedes EDV-Einsatzes. Es kann daher nicht erstaunen, wenn in jüngster Zeit immer mehr Studenten mit einem eigenen PC arbeiten und diesen insbesondere auch bei der Anfertigung von Haus-, Seminar- und Examensarbeiten zu Hilfe nehmen. Neben finanziellen Erwägungen (Einsparung der Schreibkosten durch Dritte) wird als besonders positive Begleiterscheinung immer wieder die Unabhängigkeit von äußeren Einflüssen betont. Dem ist grundsätzlich auch beizupflichten. Schon manche Abgabe häuslicher Prüfungsarbeiten ist weniger an der mangelnden Fertigstellung des Manuskripts als vielmehr an einer plötzlich auftretenden Erkrankung der vorab angeheuerten Schreibkraft gescheitert. Indes auch der Einsatz eines PC's hat nicht nur Vorteile. Allzu häufig wird bekannt, daß mühsam eingegebene Texte in den letzten Tagen vor dem Abgabetermin „abgestürzt" sind oder daß Textteile in der falschen Reihenfolge standen. In solchen Fällen ist es für den unmittelbar Betroffenen dann nur ein schwacher Trost, daß derartige Fehler selbstverschuldet und nicht auf Nachlässigkeit Dritter oder gar auf Fehler des Computers zurückzuführen sind.

Dabei wird der Grundstein für das Scheitern zum Teil bereits lange vor Beginn der eigentlichen Arbeit gelegt. So kann nämlich schon der erste Mißgriff bei der Anschaffung der Hardware, also des Computers – bzw. des Rechners – und des Druckers entscheidend für später auftretende Komplikationen sein. Allzu häufig wird übersehen, daß die endgültige Fertigstellung der jeweiligen Arbeit fast immer unter erheblichem Zeitdruck geschieht und es dementsprechend einen großen Unterschied macht, ob der Rechner für das Trennen eines Textes 5 Minuten oder eine halbe Stunde benötigt oder ob der Endausdruck in „Schönschrift" von bspw. 100 Seiten nur 1 Stunde oder gar einen ganzen Tag dauert. Auch die Anschaffung des richtigen, d. h. des für den individuellen Gebrauch nützlichen Textverarbeitungsprogramms ist entscheidend für den Grad der erreichbaren Erleichterungen. Juristische Arbeitsweise ist beispielsweise nicht so sehr auf Benutzung komplizierter Graphikprogramme angewiesen, bei ihr müssen naturgemäß stärker die textgestaltenden Funktionen (z. B. Fettdruck, kursive Darstellung u.a.) im Vordergrund stehen.

Es kann und soll an dieser Stelle kein allgemeingültiger Ratschlag gege-

---

[18] Vgl. nur §§ 10 II, 15 IV Nr. 1 nw.JAG; § 6 II nw.JAO.

ben werden, welches Textverarbeitungsprogramm bzw. welche Computerconfiguration für den studentischen Gebrauch am nützlichsten erscheint. Hier wird sich jeder Studierende individuell beraten lassen und eigenständig – unter Berücksichtigung auch finanzieller Gesichtspunkte – eine Entscheidung treffen müssen. Speziell im Bereich der Textverarbeitung haben sich im universitären Arbeitseinsatz allerdings zwei Programme als besonders geeignet erwiesen, nämlich einerseits das von Microsoft hergestellte WORD 5,0, andererseits das von WordPerfect angebotene WORDPERFECT 5.1. Diese beiden Programme[19] dürften im hier relevanten Bereich wohl als maßstabbildend zu betrachten sein und bieten außerdem auch noch preislich stark verbilligte Hochschulversionen (für Ausbildungszwecke) an.

Ein besonderer Vorzug dieser beiden Programme liegt insbesondere in der automatischen Erstellung einer Sicherungskopie[20] und dem Umstand, daß bei diesen Programmen eine sogenannte Layoutkontrolle eingearbeitet wurde, d. h. der Bearbeiter hat jederzeit die Möglichkeit, sich bis zu zwei Seiten so auf dem Bildschirm anzeigen zu lassen, wie sie später auf dem Ausdruck erscheinen.

2. *Verfügbare juristische Datenbanken*

Studenten scheinen sich häufig in einer Art „Informationskrise" zu befinden, freilich nicht in dem Sinne, daß ihnen nur ungenügende Informationsmöglichkeiten zur Verfügung stehen. Im Gegenteil: Die Flut rechtlich relevanter Informationen, von neuen Gesetzen und Rechtsverordnungen über die Rechtsprechung der Verfassungsgerichte, der obersten Bundesgerichte und der übrigen Fachgerichte bis hin zur fast unüberschaubaren Fülle von Beiträgen der rechtswissenschaftlichen Lehre führt vielmehr dazu, daß es selbst in einem eng umgrenzten Rechtsgebiet häufig nur unter erheblichem zeitlichen Aufwand gelingt, einen umfassenden Überblick zu erlangen. Schließlich setzt die Auswahl unter verfügbaren Informationen eine an der Relevanz orientierte Vorabbewertung voraus, für Studenten ein äußerst schwieriges Unterfangen. Hier können Datenbanken hilfreich sein. Der Computer kann aber niemals die juristische Arbeit ersetzen oder sie dem Studenten abnehmen. Datenbanken sind nämlich keine Expertensysteme, sondern schlichte Informationssysteme.

---

[19] Zu diesen beiden Programmen vgl. nur *Scheidt*, WordPerfect – ein überzeugendes Textverarbeitungssystem, iur (Information und Recht) 1987, 196 ff.; *Hauptmann*, Juristisches Arbeiten auf dem PC, Jura 1989, 291 ff.; *Dechsling*, Word 5 im Praxistest, NJW CoR 4/90, 13. Umfassend zu den Anforderungen an Textverarbeitungsprogramme zuletzt *Birgkit/Neske*, Über das Verfertigen von Texten, NJW CoR 2/90, 6 ff.; siehe auch *Hauptmann*, Soft- und Hardwareauswahl bei der juristischen Textverarbeitung, Jura 1990, 237 ff.

[20] Diese schützt insbesondere vor häufig vorkommendem Datenverlust und hat schon manchem Studenten wertvolle Dienste geleistet.

Sie bieten Informationen für den Experten, ersetzen aber nicht juristisches Denken und Gewichtung. Allzu leicht wird übersehen, daß der Einstieg in ein Problem nach der Sachverhaltserfassung über die Suche nach einschlägigen Normen (dazu unten § 6 II u. IV 1) geschieht. Datenbankrecherchen sind daher erst nach einer ersten gedanklichen Skizzierung und Problemfindung sinnvoll. Häufig hat sich das Problem auf dem Weg zur Datenbank schon gelöst – nach dem bekannten Motto: „Ein Blick ins Gesetz erleichtert die Rechtsfindung".

Datenbanken kann man je nach ihrer Benutzung in „online-Datenbanken" und stationäre Datenbanken einteilen. Während die Vorteile der online-Datenbank (z. B. Juris) auf der Hand liegen (Stichwort: Aktualität), wurde mit der Einführung der CD-ROM ein neuer, vielversprechender Weg beschritten. Mit der CD-ROM steht dem PC-Benutzer nämlich ein erst vor wenigen Jahren entwickeltes äußerst leistungsfähiges Speichermedium zur Verfügung. Die Daten sind mittels Laserstrahl auf einer kleinen Compact-Disc eingebrannt und können mit einem Zusatzgerät gelesen werden. Gegenüber der Recherche per Datenfernübertragung bietet diese Variante einige entscheidende Vorteile. Die erheblich höhere Zugriffsgeschwindigkeit sowie der Umstand, daß sämtliche Kosten einmalig anfallen und sodann die einzelne Abfrage kostenfrei ist, wiegen die geringere Aktualität (jährliche Neuauflage) bei weitem auf.[21]

a) Als wohl umfangreichste juristische Datenbank mit derzeit 600 000 Dokumenten aus Rechtsprechung und Rechtslehre ist „Juris" zu nennen. Die Juris GmbH Juristisches Informationssystem der Bundesrepublik Deutschland wurde im Herbst 1985 gegründet und nahm Anfang 1986 ihre Geschäftstätigkeit auf. Mittlerweile dürften die meisten der in den westlichen Teilen der Bundesrepublik vorhandenen Universitäten an diese Datenbank angeschlossen sein, für den Bereich der östlichen Bundesländer ist zu erwarten, daß eine Einbeziehung alsbald erfolgt.

Die Juris-Datenbank (online) wertet praktisch alle juristisch relevanten Zeitschriften der Nachkriegszeit systematisch aus und umfaßte außerdem im Februar 1990

- 139 000 Entscheidungen der ordentlichen Gerichtsbarkeit,
- 24 566 Entscheidungen der Arbeitsgerichte,
- 45 555 Entscheidungen der Finanzgerichte,
- 38 828 Entscheidungen der Sozialgerichte,
- 54 743 Entscheidungen der Verwaltungsgerichte und
- 5 386 Entscheidungen der Verfassungsgerichtsbarkeit.

Daneben bietet die Juris GmbH auch sog. „offline-Datenbanken" im CD-ROM Verfahren an. Der Vorteil besteht darin, daß auf den einzelnen Juris data discs nur Informationen aus einem Fachgebiet angeboten wer-

[21] Dazu näher etwa *Gall*, BRAK-Mitteilungen 1990, 159.

den. Bei Bedarf können die gefundenen Informationen ausgedruckt oder auf der Festplatte eines PC abgespeichert und mit einem gängigen Textverarbeitungsprogramm weiter verarbeitet werden. Derzeit bietet die Juris GmbH vier verschiedene Discs an.

Es sind namentlich die Juris disc 1 mit der Rechtsprechung der Finanzgerichtsbarkeit, die mehr als 45 000 Entscheidungen aus der Finanzgerichtsbarkeit nachweist. Sie enthält die wichtigste veröffentlichte und zum Teil unveröffentlichte Rechtsprechung des Bundesfinanzhofs seit 1950 mit mehr als 27 000 Entscheidungen, von denen mehr als 21 000 im vollen Text, also mit Tatbestand und Entscheidungsgründen, gespeichert sind. Darüber hinaus sind mehr als 18 000 Nachweise zur Rechtsprechung der Finanzgerichte recherchierbar.

Die Juris data disc 2 mit der Rechtsprechung des Bundesgerichtshofs enthält mit mehr als 34 000 Entscheidungsnachweisen eine vollständige elektronische Sammlung der Rechtsprechung des Bundesgerichtshofs. Bei der Rechtsprechung aus neuerer Zeit – rund 6 000 Dokumente – ist neben Leitsatz und Nachweis der Fundstelle auch der volle Entscheidungstext verfügbar.

Die Juris data disc 3 faßt wichtige Rechtsprechung der Sozialgerichtsbarkeit zusammen, also nicht nur Entscheidungen des Bundessozialgerichts, sondern auch der Instanzgerichte. Von 18 000 Entscheidungen des Bundessozialgerichts stehen circa 5 000 Judikate aus jüngerer Zeit im Volltext zur Verfügung.

Die Juris data disc 4 mit der Rechtsprechung der Arbeitsgerichtsbarkeit enthält mehr als 24 000 Entscheidungsnachweise und –texte aus der Arbeitsgerichtsbarkeit. Mehr als 3 000 Entscheidungen des Bundesarbeitsgerichts aus neuerer Zeit sind im Volltext abrufbar.

In näherer Zukunft wird Juris in Zusammenarbeit mit dem Bundesjustizministerium (BJM) eine CD-ROM mit dem gesamten Bundesrecht anbieten. Neben den aktuellen Fassungen enthält sie zahlreiche Vorschriften auch in früher geltenden Fassungen. Diese CD-ROM wird an die 4 900 Gesetze, Rechtsverordnungen und sonstige Vorschriften mit insgesamt mehr als 90 000 Einzeldokumenten nachweisen. Auch sie ist ein Original-Abzug aus der Juris-Online-Datenbank „Bundesrecht". Für den Aufbau und die Pflege dieser Datenbank ist das BMJ verantwortlich.[22]

b) Neben Juris existieren noch eine Reihe weiterer, zumeist jedoch thematisch enger ausgerichteter Datenbanken. Für den studentischen Gebrauch werden diese in aller Regel nicht in Frage kommen. Anschaffungspreis und Kosten der Aktualisierung dürften zu hoch sein. Erfreulich ist allerdings, daß die Universitäten auch hier verstärkt tätig werden und diese Datenbanken trotz des erhöhten finanziellen Aufwands zumindest an einem zentralen Ort vorhalten. Den Studenten wird dann – wie bei Juris, teilweise gegen Entrichtung einer geringen Gebühr – die Benutzung gestattet. Beispielhaft für derartige Datenbanken mit Bezügen zu öffentlich-rechtlichen Sachgebieten seien hier nur aufgeführt:

---

[22] Vorstehende Angaben laut BRAK-Mitteilungen 1990, 159.

– SEIDL EuroLex-CD-ROM: Sie umfaßt alle Bereiche der Datenbank celex, d. h. das gesamte Gemeinschaftsrecht (Rechtsvorschriften, Gesetzgebungsvorarbeiten und die Rechtsprechung des Europäischen Gerichtshofs).

– NJW Volltext-CD-ROM: gleich der gedruckten Ausgabe enthält die CD-ROM Rechtsprechung und Beiträge zu allen Rechtsgebieten mit Schwerpunkt im Zivilrecht. Der Volltext erschließt Entscheidungen und Literatur im gesamten Textbereich und nicht nur über Schlagworte. Die Suche erstreckt sich beispielsweise auch über den Fußnotentext.

– NJW Leitsatzkartei-CD-ROM: die Datenbank beinhaltet zum einen die Rechtsprechung von BVerfG, BVerwG, BSG, BGH, BAG sowie von Ober- und Instanzgerichten, zum anderen Aufsätze. Komplett ausgewertet werden dafür alle im Verlag C.H. Beck erscheinenden Zeitschriften wie NJW, NJW-RR, NStZ, NVwZ, NVwZ-RR, MedR, RdA, NZA, NZV, DNotZ. Daneben werden rund 60 juristische Zeitschriften partiell ausgewertet. Jedes sinntragende Wort aus dem Leitsatz, aber auch das Gericht, Aktenzeichen, Datum, Autor oder Fundstelle werden zum Suchbegriff.

c) Im Rahmen der Anfertigung einer Seminar- oder Hausarbeit, bei der eine umfangreichere Verarbeitung von Schrifttum und Rechtsprechung notwendig ist, stehen auch fortgeschrittene Studenten immer wieder vor dem Problem, ein und denselben Text bei jeder einzelnen Streitfage stets aufs neue lesen zu müssen und dadurch wertvolle Zeit zu verlieren. Ursache eines solchen Mankos sind zumeist Fehler im Zuge des Systematisierens verwendeter Literatur und Rechtsprechung.[23] Auch in diesem Bereich kann der Computer hilfreich sein. Mittels spezieller, für den rechtswissenschaftlichen Bereich entwickelte Daten- und Literaturverwaltungsprogramme kann eine faktisch unbegrenzte Zahl von Datensätzen, also bspw. Fundstelle, Autorenname, Titel, Erscheinungsjahr, Sachinhalte und Angaben über die Verwertbarkeit der Schrift in beliebig vielen Datenbanken gespeichert werden. Die Daten können anschließend durch indizierte Suche nach Namen, Fundstelle und Suchworten gefunden werden. Einige Literaturverwaltungsprogramme bieten überdies die Möglichkeit, gespeicherte Informationen in Karteikartenform über den Drukker ausdrucken zu lassen.

Eine Übersicht über die auf dem Markt angebotenen Literaturverwaltungsprogramme und deren Fähigkeiten bekommt man am einfachsten, wenn man die neuesten Hefte der Zeitschrift CoR (eine Beilage der NJW) kurz durchblättert. Dort finden sich auch Preisangaben und Vertriebsadressen.

Die Benutzung derartiger Datenbanken kann überdies individuell perfektioniert werden, so zum Beispiel, indem in der Vorlesung von dem Dozenten angegebene und später nachgelesene Quellen in diese Datenbank eingearbeitet werden. Neben dem positiven Effekt der mehrmaligen Überarbeitung schafft sich der Student dabei nämlich eine individuelle Datenbank, auf die er auch im fortgeschrittenen Studium stets zurückgreifen kann und dies nach aller Erfahrung auch tun wird. Besonders hilfreich ist es, wenn divergierende Ansichten bei der Eingabe direkt mit eingearbeitet werden, d. h. der jeweilige Autor, seine Argumentation und die Fundstelle genau bezeichnet werden.

---

[23] Siehe dazu ausführlich unten § 9 III.

2. Teil. Das Basismaterial für die juristische Arbeit

Anders als in Ländern des anglo-amerikanischen Rechtskreises ist das Recht in Deutschland durchgängig von vielfältigen gesetzlichen Bestimmungen geprägt. Im Vordergrund der juristischen Tätigkeit steht daher die Arbeit mit dem Gesetz, speziell die Suche nach der einschlägigen Norm und ihre Auslegung. Insofern stellt das *Gesetz* im Rahmen der Juristenausbildung das wichtigste Basismaterial dar. Angesichts einer vielbeklagten, aber in der heutigen Industriegesellschaft trotz vielfältiger und zu intensivierender Anstrengungen hinsichtlich einer dem Bürger mehr Freiheitsräume sichernden Deregulierung letztlich kaum vermeidbaren Normenflut gewinnt neben der Anwendung geltenden Rechts die *Gesetzgebungslehre* im Sinne einer wissenschaftlichen Hilfeleistung für den Gesetzgeber, legislative Zielsetzungen optimal und zugleich verständlich zu realisieren,

Hingewiesen sei in diesem Zusammenhang etwa auf die Direktive in § 35 I der Gemeinsamen Geschäftsordnung für die Bundesministerien, Bes. Teil (GGO II): „Gesetze müssen sprachlich einwandfrei und soweit wie möglich für jedermann verständlich gefaßt sein." In § 33 I GGO II (a.F.) hieß es zudem noch: „Für jede Vorschrift des Gesetzes ist Klarheit des Ausdrucks anzustreben."

zunehmende Bedeutung, was auch auf die universitäre Ausbildung des Juristen durchschlagen sollte.[1]

Die *Judikatur* orientiert sodann über konkrete Entscheidungen praktischer Fälle, zeigt jeweils begründete Lösungswege für die Interpretation der Gesetze auf und bildet so häufig die Grundlage für weiter ausdifferenzierte Entscheidungen in ähnlich gelagerten Fällen.[2]

Die *Literatur* schließlich dient der systematischen Erfassung des Rechtsstoffes, weist auf Zusammenhänge und Unverträglichkeiten hin, beleuchtet gesetzgeberische Aktivitäten und die Judikatur kritisch und zeigt konsequente rechtliche Lösungsmöglichkeiten für neu auftauchende Interessenkonflikte auf.

---

[1] Vgl. etwa *Hill*, Einführung in die Gesetzgebungslehre, 1982; *H. Schneider*, Gesetzgebung, 1982; *Krems*, Grundfragen der Gesetzgebungslehre, 1979. Grundlegend *Noll*, Gesetzgebungslehre, 1973; *Rödig* (Hrsg.), Studien zu einer Theorie der Gesetzgebung, 1976.

[2] Über die Präjudiz-Funktion der Judikatur näher *Kriele*, Theorie der Rechtsgewinnung, 2. Aufl. 1976, S. 243 ff. – Zur Reaktion von Parlament und Exekutive auf „unerwünschte" Urteile vgl. *Kisker*, NJW 1981, 889 ff.

Insofern ist *Oftinger* zuzustimmen, wenn er in den Elementen „Gesetz", „Literatur" und „Judikatur" die die wissenschaftliche und praktische Arbeit des Juristen prägenden Faktoren sieht.[3]

§ 2. Das Gesetz

Für den Studenten kommt es zunächst darauf an, die für die Lösung eines konkreten Falles oder für die Beantwortung einer abstrakten Rechtsfrage einschlägigen Gesetzesvorschriften (in der maßgeblichen Fassung) zu ermitteln. Schwierigkeiten ergeben sich dabei weniger im Strafrecht – hier nur im Bereich des sog. Nebenstrafrechts[4] –, mehr schon im Zivilrecht, soweit es um Spezialregelungen außerhalb von BGB und HGB geht, vor allem aber im öffentlichen Recht mit seinen vielfältigen normativen Regelungen auf Bundes-, Landes- und Kommunalebene und – nicht zu vergessen – zunehmende Bedeutung erlangenden EG-rechtlichen Vorgaben.

Zur Feststellung des Sinngehalts einer Gesetzesvorschrift bedarf es häufig einer Heranziehung der Gesetzesmaterialien, insbesondere dann, wenn die Tatbestandsmerkmale und Rechtsfolgeanordnungen einer konkreten Norm nicht schon durch Rechtsprechung und literarische Stellungnahmen eine differenzierende Aufschlüsselung erfahren haben.

I. Die Suche nach dem einschlägigen Gesetz

1. Einzelausgaben

Für den Vorlesungsbesuch des Anfangssemesters, u. U. auch noch für die Anfängerübung im Zivil- und Strafrecht, wird es ausreichen, neuere Einzelausgaben der Gesetzestexte von BGB und StGB zur Hand zu haben. Wenn aber in einer Klausur auch materielle Bestimmungen in Nebengesetzen oder prozeßrechtliche Vorschriften von Bedeutung sind, genügen solche Einzelausgaben der großen Kodifikationen schon nicht mehr. Insgesamt gesehen ist es insbesondere für den Bereich des öffentlichen Rechts durchaus ratsam, sich sofort die wichtigsten der unter 2 aufgeführten Gesetzessammlungen anzuschaffen, denn man gewöhnt sich auf diese Weise sofort an Aufbau und Schriftbild dieser gängigen Gesetzessammlungen. Der Student lernt alsbald die gesetzliche Verweisungstechnik kennen und wird auf das Problem der Anwendbarkeit von Spezialgesetzen augenfällig hingewiesen. Umstellungsschwierigkeiten beim Umsteigen von den kleinen Einzelausgaben auf die Gesetzessammlungen entfallen.

---

[3] Vom Handwerkszeug des Juristen und von seiner Schriftstellerei, 7. Aufl. 1986, S. 46.

[4] Vgl. dazu die Sammlung *Erbs/Kohlhaas*, Strafrechtliche Nebengesetze, 3 Bände mit Registerband, Stand: Januar 1990.

2. Gesetzessammlungen

Hier wird der Student wie auch der Referendar und der Praktiker auf die bewährten privaten, von Verlagen betreuten Textsammlungen zurückgreifen, in denen für einzelne Rechtsgebiete und -disziplinen die bedeutsamsten Gesetze und Verordnungen zusammengestellt sind. Als wichtigste seien genannt:

Schönfelder, Deutsche Gesetze, Sammlung des Zivil-, Straf- und Verfahrensrechts, 59. Aufl., Stand: Juli 1990. – *Sartorius*, Bd. I, Verfassungs- und Verwaltungsgesetze der Bundesrepublik, 44. Aufl., Stand: Januar 1991. – *Sartorius* Bd. II, Internationale Verträge – Europarecht, 5. Aufl., Stand: Januar 1988. – *Nipperdey*, Arbeitsrecht, 14. Aufl., Stand: August 1990. – *Steuergesetze*, 31. Aufl., Stand: August 1990. – *Wirtschaftsgesetze*, 9. Aufl., Stand: Mai 1990. – *Aichberger*, Sozialgesetzbuch – Reichsversicherungsordnung, 40. Aufl., Stand: Dezember 1990. –

Die Loseblattform zwingt dabei zu häufigerem Einsortieren von Nachtragslieferungen, bietet aber andererseits die Gewähr dafür, daß sich die jeweiligen Gesetzestexte auf neuerem Stand befinden. Der Grad der Aktualität (Stand vom ...) ist in den Ergänzungslieferungen angegeben.

Für das *öffentliche Recht* sind daneben vor allem auch die Textsammlungen des Landesrechts eine wertvolle Stütze. Erwähnt seien hier für

Baden-Württemberg: *Dürig*, Gesetze des Landes Baden-Württemberg, Loseblattausgabe, Stand: April 1990
Bayern: *Ziegler/Tremel*, Verwaltungsgesetze des Freistaates Bayern, Loseblattausgabe, Stand: Januar 1991
Berlin: *Kuhle/Steuerwald*, Berliner Gesetze, Loseblattausgabe, 1./2. Aufl., Stand: April 1990
Bremen: Vom Senat hrsg. Sammlung des bremischen Rechts, 3 Bände, Loseblattausgabe, Stand: April 1990
Hamburg: Vom Senat hrsg. Loseblattausgabe in 4 Bänden: Gesetze und Verordnungen der Freien Hansestadt Hamburg, Stand: Januar 1991
Hessen: *Fuhr/Pfeil*, Hessische Verfassungs- und Verwaltungsgesetze, Loseblattausgabe, Stand: November 1990
Niedersachsen: *März*, Niedersächsische Gesetze, Loseblattausgabe, Stand: Oktober 1990
Nordrhein-Westfalen: *v.Hippel/Rehborn*, Gesetze des Landes Nordrhein-Westfalen, Loseblattausgabe, Stand: Juli 1990
Rheinland-Pfalz: *Rumetsch*, Landesrecht in Rheinland-Pfalz, 4 Bände, Loseblattausgabe, Stand: Juli 1990
Saarland: Von der Regierung des Saarlandes herausgegebene Sammlung des bereinigten saarländischen Landesrechts, Loseblattausgabe, Stand: Oktober 1989; *Hummerich/Kopp*, Saarländische Gesetze, Stand: August 1990
Schleswig-Holstein: *Bausenhart/Guilleaume*, Verfassungs- und Verwaltungsrecht in Schleswig-Holstein, 5 Bände, Loseblattausgabe, Stand: August 1990

Für die neuen Bundesländer dürften entsprechende Gesetzessammlungen sicherlich bald auch auf dem Markt erscheinen. Für das frühere Recht der DDR[5] gibt es die folgenden Textsammlungen:

---

[5] Zu seiner heutigen Bedeutung siehe Art. 9 des Einigungsstaatsvertrags vom 31. 8. 1990 (BGBl. II S. 885).

- Schönfelder II, 2. Aufl. des *„DDR-Schönfelder"*, Zivil-, Wirtschafts- und Justizgesetze, Ergänzungsband für die neuen Bundesländer, Stand: Okt. 1990
- *DDR-Sartorius*, Verfassungs- und Verwaltungsgesetze der Deutschen Demokratischen Republik, Stand: Juli 1990.

Daneben stehen noch Textsammlungen von Verwaltungsvorschriften auf Bundes- und Landesebene. Siehe etwa

Steuerrichtlinien, Textsammlung der Verwaltungsvorschriften des Bundes zum Steuerrecht, Stand: Oktober 1989
Piller/Hermann, Justizverwaltungsvorschriften, 3. Aufl. 1990
Rehborn, Verwaltungsvorschriften des Landes Nordrhein-Westfalen, Stand: März 1990

Schließlich gibt es auch in vielen Großstädten amtliche oder verlegerisch betreute Sammlungen des kommunalen Rechts.

Beispiel:
Kölner Stadtrecht, hrsg. v. d. Stadt Köln, Stand: 58. Lieferung Jan. 1991 (mit jährlich 2 bis 3 Ergänzungslieferungen); Dortmunder Ortsrecht, hrsg. v. d. Stadtverwaltung Dortmund, Loseblattausgabe, Stand: 5. Ergänzungslieferung Juni 1990.

Vorrangig für den Vorlesungsgebrauch bestimmt sind spezielle Sammlungen von Texten wichtiger Gesetze eines Studienfachs.

Beispiel:
Textbuch Deutsches Recht, Staats- und Verwaltungsrecht – Bundesrepublik Deutschland, 13. Aufl. 1991, hrsg. v. *Kirchhof/Püttner/Schmidt-Aßmann*; es enthält u.a. GG, BVerfGG, PartG, VereinsG, VwVfG, VwGO, GeschO BT. – Textbuch Deutsches Recht, Staats- und Verwaltungsrecht Nordrhein-Westfalen, 12. Aufl. 1990, hrsg. von *Achterberg/Erichsen*.

Daneben liegen auch umfänglichere Textsammlungen für einzelne Rechtsgebiete vor.

Beispiel:
Kloepfer, Umweltschutz, Loseblatt-Textsammlung, 2. Aufl. 1990; *Giemulla/Schmid*, Europäisches Luftverkehrsrecht, Loseblattausg., Stand: 1990.

Besondere Beachtung verdient endlich noch die im Nomos-Verlag herausgegebene Sammlung „Das Deutsche Bundesrecht", welche in 30 Bänden mit einem zusätzlichen Registerband (mit Stichwortverzeichnis) in Loseblattform einen umfassenden, systematisch gegliederten Überblick über die auf Bundesebene erlassenen Rechtsvorschriften gibt (I – Staats- und Verwaltungsrecht, II – Rechtspflege, III – Wirtschaftsrecht, IV – Landwirtschaft und Ernährung, V – Arbeits- und Sozialrecht, VI – Verkehrsrecht, VII – Finanzwesen, VIII – Kulturwesen, Sonst. Rechtsgebiete) und überwiegend auch erläuternde Kommentierungen enthält.

Bei diesen Sammlungen handelt es sich aber durchweg um von privater Seite zusammengestellte Texte von Gesetzen und Verordnungen, die als solche keine amtliche Autorität besitzen. Kommt es auf die Ermittlung spezieller, in solchen Sammlungen nicht enthaltener Vorschriften an, treten Divergenzen hinsichtlich des genauen Textes auf oder geht es um die Feststellung der aktuellsten Fassung einer Gesetzesnorm, die in jüngster Zeit geändert wurde, so ist der Blick in die amtlichen Verkündungsblätter unumgänglich.

3. Amtliche Verkündungsblätter

a) Das Bundesgesetzblatt (BGBl.),[6] dessen Schriftleitung in Händen des Bundesministeriums der Justiz liegt,[7] ist ein von der Verfassung (Art. 82 u. 145 III GG) vorausgesetztes amtliches Verkündungsorgan.

Es ist ab Mai 1949 an die Stelle des Reichsgesetzblattes (RGBl.)[8] getreten. Gemäß Art. 82 I 1 GG werden die nach den Vorschriften des Grundgesetzes zustande gekommenen Bundesgesetze im Bundesgesetzblatt verkündet. Gleiches gilt vorbehaltlich anderweitiger gesetzlicher Regelung[9] auch für Rechtsverordnungen (Art. 82 I 2 GG).

Nach § 1 des Gesetzes über die Verkündung von Rechtsverordnungen vom 30. 1. 1950 können Rechtsverordnungen des Bundes auch im Bundesanzeiger[10] verkündet werden. In diesem Falle ist auf sie allerdings unter Angabe der Stelle ihrer Veröffentlichung und des Tages ihres Inkrafttretens nachrichtlich im Bundesgesetzblatt hinzuweisen.

Daneben werden des weiteren im Bundesgesetzblatt noch veröffentlicht:

- Völkerrechtliche Vereinbarungen und Verträge mit der früheren DDR, die zu ihrer Inkraftsetzung oder Durchsetzung erlassenen Rechtsvorschriften sowie damit zusammenhängende Bekanntmachungen,
- Verordnungen von wesentlicher oder dauernder Bedeutung,
- Entscheidungen über die sachliche Zuständigkeit nach Art. 129 I GG,
- die Entscheidungsformeln der Urteile des BVerfG nach § 31 II 1 BVerfGG,
- Anordnungen und Erlasse des Bundespräsidenten,
- Bekanntmachungen über innere Angelegenheiten des Bundestages und des Bundesrates,
- andere Bekanntmachungen im allgemeinen nur dann, wenn es vorgeschrieben ist.[11]

Das Bundesgesetzblatt erscheint in *drei* Teilen.

Teil I enthält alle genannten Veröffentlichungen, soweit sie nicht für Teil II vorgesehen sind; in ihm befindet sich die Großzahl des für den Bürger unmittelbar relevanten Bundesrechts.

---

[6] Zu diesem Publikationsorgan insb. *Maunz*, in: Maunz/Dürig, GG, Art. 82 Rdnr. 3; *Schmidt-Bleibtreu/Klein*, Kommentar zum GG, 7. Aufl. 1990, Art. 82 Rdnr. 4; ferner *Severin*, Das Bundesgesetzblatt, 1962.

[7] Vgl. §§ 58, 62 der Gemeinsamen Geschäftsordnung der Bundesministerien – Besonderer Teil (GGO II) i.d.F. der Bekanntmachung v. 15. 10. 1976 (GMBl S. 550), zuletzt geändert durch Bekanntmachung d. BMI v. 17. 10. 1989 (GMBl. S. 696 u. 697); Abdruck auch in: Bonner Kommentar, Bd. 6, Anhang zu Art. 76.

[8] Dieses erschien in den Jahren 1871–1945 (ab 1922 in zwei Teilen). Preußische Gesetze wurden publiziert in der Preußischen Gesetzessammlung (GS). Für die unmittelbare Nachkriegszeit nach 1945 sind als amtliche Verkündungsblätter vor allem das Amtsblatt der Militärregierung Deutschland (Britisches Kontrollgebiet) und das Gesetzblatt der Verwaltung des Vereinigten Wirtschaftsgebiets zu erwähnen.

[9] Siehe das Gesetz über die Verkündung von Rechtsverordnungen vom 30. 1. 1950 (BGBl. I S. 23), *Sartorius* I Nr. 70; ferner das Gesetz über vereinfachte Verkündungen und Bekanntgaben vom 18. 7. 1985 (BGBl. I S. 1919), *Sartorius* I Nr. 71.

[10] Dabei handelt es sich um ein weiteres Verkündungsblatt, in dem Bekanntmachungen erfolgen, welche aufgrund von Gesetzen, Satzungen oder Verträgen zu veröffentlichen sind (vgl. im einzelnen §§ 1, 4 II des Gesetzes über die Verkündung von Rechtsverordnungen und § 87 IV GGO II).

[11] So die Aufzählung in § 87 I GGO II.

Beispiele:

Neufassung des Bundeskindergeldgesetzes vom 30. 1. 1990 (BGBl. I S. 149); Gesetz zur Umsetzung der Richtlinie des Rates vom 27. Juni 1985 über die Umweltverträglichkeitsprüfung bei bestimmten öffentlichen und privaten Projekten (85/377/EWG) vom 12. 2. 1990 (BGBl. I S. 205); Gesetz zur Änderung der Gewerbeordnung vom 5. 4. 1990 (BGBl. I S. 706); Neuntes Gesetz zur Änderung des Bundeswahlgesetzes vom 11. 6. 1990 (BGBl. I S. 1015).

Teil II enthält die Publikationen zwischenstaatlicher Vereinbarungen (siehe aus der obigen Auflistung den ersten Spiegelstrich) und die entsprechenden Bekanntmachungen sowie Rechtsvorschriften auf dem Gebiet des Zolltarifwesens.[12]

Beispiele:

Gesetz zur Einheitlichen Europäischen Akte vom 28. Februar 1986 vom 19. 11. 1986 (BGBl. II S. 1102); Gesetz zu dem Vertrag vom 18. Mai 1990 über die Schaffung einer Währungs-, Wirtschafts- und Sozialunion zwischen der Bundesrepublik Deutschland und der Deutschen Demokratischen Republik vom 25. 6. 1990 (BGBl. II S. 518).

Ob ein Gesetz im I. oder II. Teil des Bundesgesetzblattes verkündet worden ist, hat für seine Gültigkeit keine Bedeutung.[13]

In Teil III schließlich wird das als (fort)geltend festgestellte Bundesrecht entsprechend dem Gesetz über die Sammlung des Bundesrechts[14] nach Sachgebieten veröffentlicht.

Beispiele:

Sachgebiet 1, Staats- und Verfassungsrecht, Nr. 100-1: Grundgesetz
Sachgebiet 2, Verwaltung Nr. 2170-1: Bundessozialhilfegesetz (BSHG)
Sachgebiet 3, Rechtspflege, Nr. 303-8: Bundesrechtsanwaltsordnung (BRAO)
Die weiteren Sachgebiete sind Zivil- und Strafrecht (4), Verteidigung (5), Finanzwesen (6), Wirtschaftsrecht (7), Arbeits- und Sozialrecht (8) u. Post- und Fernmeldewesen, Verkehrswesen, Bundeswasserstraßen (9).

Dieser Teil des Bundesgesetzblattes dient also der Rechtsbereinigung.[15] In ihm sind alle Rechtsvorschriften erfaßt, die am 31. 12. 1963 gültig waren.[16]

Hinzuweisen ist in diesem Zusammenhang noch auf die vom Bundesminister der Justiz in jährlicher Folge herausgegebenen Fundstellennachweise A und B:

– A – Bundesrecht (ohne völkerrechtliche Vereinbarungen und Verträge mit der früheren DDR), Beilage zum BGBl. I,

---

[12] Vgl. § 87 II 2 GGO II.

[13] Vgl. *Hesse*, Grundzüge des Verfassungsrechts der Bundesrepublik Deutschland, 16. Aufl. 1988, Rdnr. 522.

[14] Vom 10. 7. 1958 (BGBl. I S. 437).

[15] Entsprechende Maßnahmen zur Rechtsbereinigung gibt es auch auf Landesebene; vgl. statt aller nur die Sammlung des bereinigten niedersächsischen Rechts, Bd. I (9. 5. 1945 – 31. 12. 1958) sowie die Sammlung des in Berlin geltenden preußischen Rechts 1806–1945 aus dem Jahre 1966.

[16] Vgl. § 2 des Gesetzes über den Abschluß der Sammlung des Bundesrechts vom 28. 12. 1968 (BGBl. I S. 1451).

– B – Völkerrechtliche Vereinbarungen und Verträge mit der früheren DDR, Beilage zum BGBl. II.

Der Fundstellennachweis A soll dazu dienen, die nach dem 31. 12. 1963 verkündeten Rechtsvorschriften, nach Sachgebieten gegliedert, aufzuführen. Er führt insofern die Sammlung des Bundesrechts in BGBl. III fort, indem er im Anschluß an diese Sammlung die Fundstellen aller nach dem 31. 12. 1963 in BGBl. I und II sowie im Bundesanzeiger verkündeten Vorschriften sowie der in BGBl. III aufgeführten und noch geltenden Vorschriften mit den inzwischen eingetretenen Veränderungen enthält. Parallel dazu weist der Fundstellennachweis B völkerrechtliche Vereinbarungen und Verträge mit der früheren DDR aus.

Anders als das Bundesgesetzblatt enthalten die Amtsblätter der Ministerien

Beispiele:
Verkehrsblatt (Ministerialblatt des Bundesministers für Verkehr); Bundessteuerblatt (Teil I: Veröffentlichungen des Bundesministers der Finanzen und der obersten Finanzbehörden der Länder, Teil II: Entscheidungen des Bundesfinanzhofs).

und das Gemeinsame Ministerialblatt (GMBl.) regelmäßig keine Abdrucke von Gesetzen, sondern nur Verwaltungsvorschriften, Mitteilungen, Bekanntmachungen und andere fachbezogene Beiträge.[17]

b) Entsprechend den Bestimmungen der jeweiligen Landesverfassungen (vgl. nur Art. 71 I, II nw.Verf.) bzw. des einfachen Landesrechts besitzen die Bundesländer ihre eigenen Publikationsorgane für Landesgesetze und -rechtsverordnungen. Es sind dies in den alten Bundesländern die folgenden Verkündungsblätter:

- Gesetzblatt für Baden-Württemberg (GBl. Bd.Wtt.)
- Bayerisches Gesetz- und Verordnungsblatt (Bay.GVBl.)
- Gesetz- und Verordnungsblatt für Berlin (Berl.GVBl.)
- Gesetzblatt der Freien Hansestadt Bremen (Brem. GBl.)
- Hamburgisches Gesetz- und Verordnungsblatt (Hamb.GVBl.)
- Gesetz- und Verordnungsblatt für das Land Hessen (Hess.GVBl.)
- Niedersächsisches Gesetz- und Verordnungsblatt (Nds.GVBl.)
- Gesetz- und Verordnungsblatt für das Land Nordrhein-Westfalen (GV NW oder GVBl.NW)
- Gesetz- und Verordnungsblatt für das Land Rheinland-Pfalz (GVBl. Rh.Pf.)
- Amtsblatt des Saarlandes (ABl. Saarl.)
- Gesetz- und Verordnungsblatt für Schleswig-Holstein (GVOBl. Schl.-H.).

Daneben gibt es für Verwaltungsvorschriften und sonstige Bekanntmachungen auf Landesebene meist noch weitere Publikationsorgane (vgl. für Nordrhein-Westfalen etwa das Justizministerialblatt und das Gemeinsame Amtsblatt des Kultusministeriums und des Ministeriums für Wissenschaft und Forschung).

c) Amtliche Bekanntmachungen und Veröffentlichungen der kommunalen Selbstverwaltungskörperschaften

[17] S. im einzelnen § 87 V GGO II.

Beispiel:
Erschließungsbeitragssatzungen, gemeindliche Gebührenordnungen

werden auf der Grundlage kommunalrechtlicher Bestimmungen[18] üblicherweise in speziellen Amtsblättern, die teilweise neben dem rein amtlichen noch einen redaktionellen Teil enthalten und entweder von dem öffentlichen Aufgabenträger selbst oder in seinem Auftrag durch private Druckereien hergestellt werden,[19] oder auch in lokalen Zeitungen publiziert.

d) Soweit es den Bereich der Europäischen Gemeinschaften angeht, ist auf das Amtsblatt der Europäischen Gemeinschaften hinzuweisen; es publiziert in Teil L (= Legislatio) Rechtsvorschriften (veröffentlichungs- und nichtveröffentlichungsbedürftige Rechtsakte)

Beispiel:
Verordnung (EWG) Nr. 2843/90 der Kommission vom 27. September 1990 über die Lieferung verschiedener Partien Magermilchpulver im Rahmen der Nahrungsmittelhilfe (ABl EG L 270/7 vom 2. 10. 1990).

und in Teil C (= Communicatio) Mitteilungen und Bekanntmachungen aller vier Gemeinschaftsorgane.

Beispiel:
Vorschlag für eine Richtlinie des Rates über die vorläufigen Maßnahmen, die nach der deutschen Einigung vor dem Erlaß der vom Rat in Zusammenarbeit mit dem Europäischen Parlament zu treffenden Übergangsmaßnahmen anwendbar sind (ABl EG C 230/7 vom 15. 9. 1990).

Die Inhaltsverzeichnisse des Amtsblattes werden im Bundesanzeiger jeweils nachrichtlich abgedruckt. Daneben ist zu verweisen auf *Bülow/Langner*, Fundstellennachweis für das Recht der Europäischen Gemeinschaften, Beilage zum Bundesanzeiger.

II. Die maßgebliche Gesetzesfassung

Der rasche gesellschaftliche, ökonomische und technische Wandel bringt es mit sich, daß die Gesetzgebungswerke der Neuzeit vielfach ergänzt, modifiziert, umstrukturiert oder völlig neugefaßt werden müssen. Ein Großteil der Gesetzesproduktion gilt solchen Novellierungen.

Beispiele:
Zehnte Verordnung zur Änderung der VO zur Ausführung des Personenstandsgesetzes v. 28. 6. 1990 (BGBl. I S. 1388); Erste Verordnung zur Änderung der Hebammenhilfe-Gebührenverordnung vom 6. 7. 1990 (BGBl. I S. 1395)

---

[18] Vgl. etwa für Nordrhein-Westfalen § 4 nw.GO i.V. mit § 4 der BekanntmachungsVO v. 7. 4. 1981 (GVBl. S. 224).

[19] Zu den rechtlichen Problemen solcher amtlichen Pressepublikationen vgl. *Ricker*, AfP 1981, 320 ff.

Kommt es nun darauf an, die für einen bestimmten Zeitpunkt maßgebliche Gesetzesfassung[20] zu ermitteln, so bedarf es oft einer zeitraubenden Suche anhand der Register des Bundesgesetzblattes. Immerhin finden sich in den Änderungsvorschriften stets Hinweise auf die letzte vorangegangene Novellierung.

Beispiel:
Art. 1 (Umsatzsteuergesetze) § 1 des Steueränderungsgesetzes 1977 v. 16. 8. 1977 (BGBl. I S. 1586): „Das Umsatzsteuergesetz in der Fassung der Bekanntmachung vom 16. 11. 1973 (BGBl. I S. 1681), zuletzt geändert durch Artikel 17 des Einführungsgesetzes zur Abgabenordnung v. 14. 12. 1976 (BGBl. I S. 3341), wird wie folgt geändert: . . ."

Aus Gründen der Rechtsklarheit und der Übersichtlichkeit werden im Falle häufiger Novellierungen Gesetze in Form einer Neufassung im Bundesgesetzblatt bekanntgemacht.

Beispiel:
Bekanntmachung der Neufassung des Bundes-Immissionsschutzgesetzes vom 14. 5. 1990 (BGBl. I S. 880) auf Grund des Artikels 4 des Dritten Gesetzes zur Änderung des Bundes-Immissionsschutzgesetzes vom 11. 5. 1990 (BGBl. I S. 870).

In der Folgezeit ist dann das Gesetz in dieser Neufassung (mit u. U. neu durchnumerierter Paragraphenfolge) maßgeblich. Die Bezugnahme auf die vorhergehende Fassung ist im Falle eines Zitats kenntlich zu machen,

Beispiel:
Investitionszulagengesetz i.d.F. v. 3. 5. 1977 (BGBl. I S. 669).

sofern es um eine der revidierten Vorschriften geht.

Bei den oben genannten Gesetzessammlungen (*Schönfelder*, *Sartorius* etc) ist man dieser Sorge hinsichtlich der dort aufgenommenen Texte weitgehend enthoben, weil dort die jeweils neueste Fassung entsprechend dem angegebenen Datumsstand der letzten Nachlieferung abgedruckt ist und vor dem Gesetzestext bzw. in Fußnoten die stattgefundenen Änderungen vermerkt sind.

Beispiel:
Sartorius I, Nr. 1 (GG), S. 1 f. betr. Änderungen des Grundgesetzes.

Über den jeweils neuesten Stand der Gesetzgebung orientiert im übrigen auch ein Gesetzesführer in Loseblattform, *Schlegelberger/Friedrich*, Das Recht der Gegenwart, 21. Aufl. (Stand: 1. 1. 1990), der – nach Stichworten und Begriffen geordnet – dem Benutzer ein rasches und zielsicheres

---

[20] Nach Art. 82 II 1 GG soll jedes Gesetz und jede Rechtsverordnung den Tag des Inkrafttretens bestimmen. Hierbei ist darauf zu achten, ob und inwieweit für bestimmte Regelungen oder Gesetzesteile abweichende Geltungsbestimmungen bzw. Übergangsvorschriften bestehen. Im Falle des Fehlens einer Bestimmung über den Tag des Inkrafttretens treten bundesrechtliche Gesetze und Rechtsverordnungen mit dem vierzehnten Tage nach Ablauf des Tages in Kraft, an dem das Bundesgesetzblatt ausgegeben worden ist (Art. 82 II 2 GG).

Auffinden der gesuchten Rechtsnormen (Bund und Länder) ermöglicht.[21]

III. Die Entstehungsgeschichte eines Gesetzes (Bedeutung der Gesetzesmaterialien)

Insbesondere bei jüngeren Gesetzen, zu denen Rechtsprechung und literarische Stellungnahmen noch fehlen, aber auch bei schwierigen Interpretationsfragen im Rahmen älterer Kodifikationen empfiehlt es sich, die Gesetzesgenese (Vorentwürfe, Motive, Verhandlungen, Beratungen, Abänderungen, Streichungen etc.) in die Interpretationsbemühungen einzubeziehen und danach zu forschen, was die „Väter des Gesetzes" mit dem Gesamtwerk und seinen einzelnen Vorschriften denn eigentlich regeln wollten. Nach der Rechtsprechung des Bundesverfassungsgerichts gehört eine solche historische Interpretation zu den anerkannten Auslegungskriterien: „Sie schließen einander nicht aus, sondern ergänzen sich gegenseitig, soweit sie auf den objektiven Gesetzesinhalt schließen lassen."[22]

1. Um Gesetzesmaterialien zielsicher handhaben zu können, bedarf es zunächst einiger Grundkenntnisse hinsichtlich des konstitutionell (im Grundgesetz bzw. in den Landesverfassungen) vorgeschriebenen Gesetzgebungsverfahrens; sodann muß man mit den entsprechenden Dokumenten (Drucksachen, Stenographische Parlamentsprotokolle u.dgl.) umzugehen verstehen.

a) Es würde zu weit führen, an dieser Stelle ausführlich auf den Ablauf des Gesetzgebungsverfahrens in Bund und Ländern einzugehen. Für die im Bundesstaat im Vordergrund des Interesses stehenden Bundes-(Reichs-)Gesetze sei in der historischen Abfolge lediglich auf Art. 2, 5, 7, 16 u. 17 der Reichsverfassung vom 16. 4. 1871 (BGBl. S. 63),[23] auf Art. 68 bis 75 der Weimarer Reichsverfassung vom 11. 8. 1919 (RGBl. S. 1383)[24] und auf Art. 76–78 sowie 82 des Grundgesetzes aufmerksam gemacht. In letzterer Hinsicht sei zur Erläuterung auf einschlägige literarische Dar-

---

[21] Daneben ist noch hinzuweisen auf den vom Bundesminister der Justiz herausgegebenen Fundstellennachweis A – Bundesrecht ohne völkerrechtliche Vereinbarungen und Verträge mit der ehem. DDR – und dem Fundstellennachweis B – völkerrechtliche Vereinbarungen und Verträge mit der ehem. DDR –, die jährlich erscheinen. Vom Deutschen Bundestag und Bundesrat, Gruppe Datenverarbeitung, wurde erstmals zur 7. Wahlperiode (1972–1986) ein Gesamtband: Stand der Gesetzgebung des Bundes, herausgegeben. Dieser liegt von der 10. Wahlperiode in gebundener Form und von der abgelaufenen 11. Wahlperiode als Loseblattwerk vor.

[22] BVerfGE 11, 126 (130); s. auch unten § 6 V 1 a.

[23] Vgl. *Laband*, Deutsches Reichsstaatsrecht, 1907, S. 111 ff. m.w.N.

[24] S. dazu die Kommentierung von *Anschütz*, Die Verfassung des Deutschen Reichs vom 11. August 1919, 14. Aufl. 1933; daneben *W. Jellinek*, in: Anschütz/Thoma, Handbuch des Deutschen Staatsrechts, Bd. II, 1932, S. 163 ff.

stellungen verwiesen.[25] Im übrigen sind neben den verfassungsrechtlichen Vorgaben vor allem die Bestimmungen der parlamentarischen Geschäftsordnungen zu beachten.[26] Es kommt grundsätzlich darauf an, das gesamte Gesetzgebungsverfahren auf Stellungnahmen zu dem einschlägigen Problemkomplex hin abzuklopfen und ihre Stringenz im Hinblick auf die spätere Gesetzesformulierung zu ermitteln.

Dies beginnt mit der Gesetzesvorlage bei der zuständigen parlamentarischen Körperschaft.[27] Der durchweg mit Begründung versehene Gesetzesentwurf wird sich vielfach auf Vorentwürfe stützen oder gegenüber Alternativentwürfen um Abgrenzung bemüht sein. Im Laufe der parlamentarischen Beratungen im Plenum und in den Ausschüssen werden vor allem zur Grundkonzeption des Entwurfs und zu einzelnen besonders umstrittenen Vorschriften häufig Stellungnahmen abgegeben sowie Zusatz-, Änderungs- oder Streichungsanträge gestellt, wodurch gegebenenfalls der ursprüngliche Entwurf erhebliche Modifizierungen erfährt.

Beispiel:

Es ist zu prüfen, ob für ein bestimmtes, bereits seit längerem in der Planung befindliches Bergbauvorhaben eine Umweltverträglichkeitsprüfung erforderlich ist.

Maßgebliche Rechtsgrundlage hierfür ist § 57c des Bundesberggesetzes (BBergG) i.d.F. des Änderungsgesetzes v. 12. 2. 1990 (BGBl. I S. 215) in Verbindung mit der Verordnung über die Umweltverträglichkeitsprüfung bergbaulicher Vorhaben (UVP-V Bergbau) vom 13. 7. 1990 (BGBl. I S. 1420).

Das Änderungsgesetz vom 12. 2. 1990 enthält in Art. 2 eine Überleitungsvorschrift, deren endgültiger Text im Gesetzentwurf der BReg. (BT-Drucks. 11/4015, S. 6) so noch nicht formuliert war, vielmehr auf einer Beschlußempfehlung des Wirtschaftsausschusses des Bundestages (BT-Drucks. 11/5601, S. 12) basiert. Nähere Hinweise zu den damit verknüpften Intentionen finden sich im Bericht des Abg. Gerstein (BT-Drucks. 11/5601, S. 15), wo auf die entsprechende Übergangsvorschrift im UVP-Gesetz (dazu BT-Drucks. 11/3919, S. 8, 31, 45 u. 53) verwiesen wird.

Gleiches kann auf Bundesebene auch durch entsprechende Aktionen im Bundesrat und seinen Ausschüssen geschehen. Schließlich ist hier noch auf eventuelle Beratungen im Vermittlungsausschuß[28] zu verweisen, in dem in strittigen Fragen Kompromißformeln gefunden werden können.

b) Fundstellen zum Nachweis entsprechender Entwürfe, Stellungnahmen, Hearings, Diskussionsbeiträge, Anträge und Abstimmungen sind zum einen die *Drucksachen* als schriftlich niedergelegte Vorlagen, zum

---

[25] S. zum geltenden Bundesrecht etwa *Stern*, Staatsrecht, Bd. II (1980), S. 613 ff.; *Hesse* (o. Fußn. 13), Rdnrn. 510 ff.; *H.P. Schneider/ Zeh* (Hrsg.), Parlamentsrecht und Parlamentspraxis in der Bundesrepublik Deutschland, 1989.

[26] Auf Bundesebene die Geschäftsordnungen des Deutschen Bundestages (Sart. I Nr. 35) und des Bundesrates (Sart. I Nr. 37), auf Landesebene z. B. die Geschäftsordnung des niedersächsischen Landtags (*März*, Niedersächsische Gesetze, Nr. 100a). – Zur BT-Geschäftsordnung s. *Troßmann/Roll*, Parlamentsrecht des Deutschen Bundestages, 1977, mit einem Ergänzungsband von *Troßmann/Roll*, 1981.

[27] Vgl. für Bundesgesetze Art. 76 GG.

[28] S. Art. 77 II 2 GG und die Geschäftsordnung des Vermittlungsausschusses (Sart. I Nr. 36).

anderen die *Protokolle* als auf stenographischer Mitschrift beruhende Wiedergabe der Verhandlungen in Plenum und Ausschüssen. Die Einsichtnahme in die oft sehr materialreichen Ausschußprotokolle kann allerdings, da die Beratungen der Bundestagsausschüsse grundsätzlich (vgl. § 73 II 1 GeschO BT) und die der Bundesratsausschüsse generell (vgl. § 37 II GeschO BR) nicht öffentlich sind, im Falle eines entsprechenden Sperrvermerks (bei Bundestagsausschüssen, vgl. § 73 II 2 GeschO BT) u.U. gewissen Schwierigkeiten begegnen.

Auf Bundesebene sind an Materialien vor allem zu erwähnen:

Bundestags-Drucksachen (BT-Drucks.). Sie erscheinen innerhalb einer Legislaturperiode fortlaufend durchnumeriert, wobei jeweils die Angabe der Legislaturperiode (I–VI, 7–11) vorangestellt wird.

Beispiel:
BT-Drucks. 7/910 v. 18. 7. 1973: Gesetzentwurf der Bundesregierung, Entwurf eines Verwaltungsverfahrensgesetzes (VwVfG).

Bundestags-Plenarprotokolle (BT-Sten.Ber.). Sie erscheinen nach Sitzungstagen innerhalb einer Legislaturperiode durchnumeriert.

Beispiel:
BT, 7. Wahlperiode (Wp), 212. Sitzung v. 15. 1. 1976, Sten.Ber. S. 14960 ff.: Zweite und dritte Lesung des Entwurfs eines Verwaltungsverfahrensgesetzes.

Bundesrats-Drucksachen (BR-Drucks.). Sie werden jährlich neu durchnumeriert. Dabei ist es üblich, die fortlaufende Nummer der Drucksache zuerst zu nennen; danach folgt die Angabe der Jahreszahl.

Beispiel:
BR-Drucks. 45/76 v. 30. 1. 1976: Gesetzesbeschluß des Deutschen Bundestages zum Entwurf eines Verwaltungsverfahrensgesetzes (VwVfG) in der 212. Sitzung am 15. 1. 1976; in der Anlage der Entwurf in der vom BT angenommenen – abgeänderten – Fassung.

Bundesrats-Plenarprotokolle (BR-Sten.Ber.). Sie sind nach der Gesamtzahl der BR-Sitzungen, beginnend mit der 1. Sitzung am 10. 9. 1949, fortlaufend durchnumeriert.

Beispiel:
BR, 431. Sitzung v. 20. 2. 1976, Sten.Ber. S. 35, 61 ff.: Anrufung des Vermittlungsausschusses betr. VwVfG – BR, 433. Sitzung v. 9. 4. 1976, Sten.Ber. S. 138 f.: Zustimmung zum Gesetz in der aufgrund des Einigungsvorschlages des Vermittlungsausschusses geänderten Fassung.

Drucksachen bzw. Sitzungsberichte des Bundestages und des Bundesrates können über den Verlag Dr. Hans Heger, 5300 Bonn-Bad Godesberg, Postfach, bezogen werden. Auskünfte über Nummer und Datum von Drucksachen und Sitzungsberichten erteilt der Deutsche Bundestag (Sachregister) bzw. der Bundesrat (Sachregister).

Auch hinsichtlich des Gesetzgebungsverfahrens bei den Landtagen läßt sich die Entstehungsgeschichte eines Gesetzes anhand der Drucksachen und Protokolle (geordnet wiederum nach Legislaturperioden) verfolgen.

Beispiele:

Nordrhein-westfälisches Gesetz zur Änderung des Landesplanungsgesetzes vom 7. 12. 1976 (GVBl. S. 416): Gesetzentwurf der Landesregierung vom 8. 6. 1976, LT-Drucks. 8/1046; Erste Lesung vom 24. 6. 1976, LT-Plenarprot. 8/25, S. 1253 ff.; Beschlußempfehlung und Bericht des Ausschusses für Landesplanung und Verwaltungsreform v. 15. 11. 1976, LT-Drucks. 11/1486; Zweite Lesung v. 24. 11. 1976, LT-Plenarprot. 8/33, S. 1750 ff.

c) Für bedeutsame Gesetze publizieren die Wissenschaftlichen Dienste der Parlamente oft die Gesetzesmaterialien oder geben Fundstellennachweise zu den Gesetzesmaterialien heraus,[29] bei denen übersichtlich und nach Paragraphen geordnet die im Laufe des Gesetzgebungsverfahrens abgegebenen Stellungnahmen zusammengestellt sind.

Beispiel:

BT, Abt. Wissenschaftliche Dokumentation, Referat Parlamentsarchiv: – Verwaltungsverfahrensgesetz – VwVfG – v. 25. 5. 1976; Sozialgesetzbuch (SGB) – Verwaltungsverfahren – v. 18. 8. 1980; Asylverfahrensgesetz vom 16. 7. 1982; Bundesarchivgesetz vom 6. 1. 1988

d) Besondere Hilfestellung bei der Erforschung der Gesetzesmaterialien gibt die vom Landtag Nordrhein-Westfalen herausgegebene, jahrgangsweise erscheinende Dokumentation „Parlamentsspiegel", zuletzt 30. Jahrgang 1988. Diese erfaßt nicht nur die Arbeit der Bundes- und Landesparlamente der Bundesrepublik Deutschland, sondern darüber hinaus auch diejenige des Europäischen Parlaments, der Parlamentarischen Versammlung des Europarats sowie der Versammlung der Westeuropäischen Union.

Durch sog. Haupt- und Unterschlagwörter läßt sich leicht anhand eines zentralen Stichwortes die Entstehungsgeschichte eines Gesetzeswerkes nachverfolgen.

Beispiele:

Verwaltungsverfahrensgesetz
– VerwaltungsverfahrensGes (VwVfG) – Bay. VerwaltungsverfahrensGes (BayVwVfG) – Ges. über das Verfahren der BLN Verwaltung – BRE VerwaltungsverfahrensGes (BremVwVfG) (Parlamentsspiegel 1976, S. 991 f.)

Juristische Person
– Niedersächsisches Gesetz über die Konkursunfähigkeit juristischer Personen des öffentlichen Rechts NDS – GesEntw. LRg 19. 12. 1986 – Drucks. 11/470; PlPr 11/11 S. 969–970 28. 1. 1987; BeschlEmpf 4. 3. 1987 Drucks. 11/751; PlPr 11/18 S. 1740–1743 18. 3. 1987; Ges. vom 27. 3. 1987 – GVBl. 1987 Nr. 11 31. 3. 1987 S. 67 (Parlamentsspiegel 1987, S. 336 f.)

2. Für einige der in Studium und praktischer Ausbildung bedeutsamsten Gesetzgebungswerke seien im folgenden weiterführende Hinweise zu den Gesetzesmaterialien gegeben.

---

[29] Weitere Veröffentlichungen gelten den Materialien zu parlamentsrechtlichen und sonstigen gesellschaftspolitisch zentralen Themen (wie Parlamentsreform, Frauenwahlrecht einerseits, Umweltpolitik, berufliche Bildung andererseits) sowie speziellen Bibliographien (etwa zum Notstandsrecht, Wettbewerbsrecht und Gesundheitswesen).

a) Grundgesetz

- Verfassungsausschuß der Ministerpräsidenten-Konferenz der westlichen Besatzungszonen, Bericht über den Verfassungskonvent auf Herrenchiemsee v. 10. bis 23. 8. 1948, o.J. (1948)
- *v. Doemming/Füßlein/Matz*, Entstehungsgeschichte des Grundgesetzes (auf Grund der Verhandlungen des Parlamentarischen Rates), Jahrbuch des öffentlichen Rechts der Gegenwart (JöR) Neue Folge/Bd. 1 (1951)
- Der Parlamentarische Rat 1948–1949, Akten und Protokolle, Bd. 1: Vorgeschichte, 1975, bearb. v. *Wagner*; Bd. 2: Der Verfassungskonvent auf Herrenchiemsee, 1981, bearb. v. *Bucher*; Bd. 3: Ausschuß für Zuständigkeitsabgrenzung, 1986, bearb. v. *Werner*.

b) BGB

- Erster Entwurf (E I) von 1888,
- Zweiter Entwurf – Bundesratsvorlage – (E II) von 1895,
- Reichstagsvorlage (E III) von 1896,
- Motive zu dem Entwurf eines BGB, 5 Bde. 1897–1899,
- Protokolle der Kommissionen zur Ausarbeitung eines BGB (I), 1881 ff., und für die zweite Lesung des Entwurfs eines BGB (II), 1890–1896,
- *Mugdan*, Die gesamten Materialien zum BGB, 5 Bde. u. Reg., 1899,
- *Jakobs/Schubert*, Materialien zur Entstehungsgeschichte des BGB, Bd. 1, 1978, S. 27 ff.

Zum Gang der Gesetzgebungsarbeiten ausführlich *Coing*, in: Staudinger, BGB, Komm., 12. Aufl. 1978, Einl. Rdnrn. 74 ff.

Hinweise zur Weiterentwicklung des BGB bei *Palandt/Heinrichs*, BGB, 49. Aufl. 1990, Einleitung IV, und bei *Coing*, aaO, Rdnrn. 105 ff.

IV. Gesetzeskollisionen

Hat sich, wie dies bei der Bearbeitung von Rechtsproblemen üblicherweise der Fall sein dürfte, gezeigt, daß nicht nur *eine* Gesetzesvorschrift für die rechtliche Beurteilung von Bedeutung ist, sondern mehrere, die nach ihrem zeitlichen, räumlichen und personellen Geltungsbereich nach erster Durchsicht in gleicher Weise in Frage kommen, so ist zu untersuchen, in welchem Verhältnis diese als einschlägig erkannten Normen zueinander stehen und in welcher Reihenfolge man sinnvollerweise bei seiner rechtlichen Prüfung vorgeht. Hier sind normative, logische und praktikabilitätsorientierte Vorgaben zu beachten, auf die im Zusammenhang mit der Klausurentechnik (unten Teil 3, § 6 IV, V 4) näher einzugehen sein wird. Im vorliegenden Kontext soll lediglich das Augenmerk darauf gerichtet werden, wie zu verfahren ist, wenn Widersprüche zwischen verschiedenen Normen auftreten. Bei potentiellen Normkollisionen ist freilich vorab zu untersuchen, ob wirklich eine Unvereinbarkeit der normativen Aussagen vorliegt oder ob diese nicht doch interpretatorisch harmonisierbar sind.

Beispiel:

§ 55 II nw.GO bestimmt: „Vertreter der Gemeinde, die Mitgliedschaftsrechte in Organen, Beiräten oder Ausschüssen von juristischen Personen oder Personenvereinigungen wahrnehmen, werden vom Rat bestellt oder vorgeschlagen. Die Vertreter der Gemeinde sind an die Beschlüsse des Rates und seiner Ausschüsse gebunden." Demgegenüber bestimmt das Aktiengesetz (AktG) in § 76 I: „Der Vorstand hat unter eigener Verantwortung die Gesellschaft zu leiten." Sofern eine Gemeinde sich zulässigerweise an einer Aktiengesellschaft beteiligt und einen Vertreter als Mitglied des Vorstands entsandt hat, entsteht somit auf den ersten Blick eine Unvereinbarkeit der normativen Vorgaben, da die genannten Regelungen hinsichtlich der Weisungsbefugnis divergierende Aussagen treffen. Dieser scheinbare Widerspruch ist freilich nicht einfach über den Vorbehalt anderweitiger gesetzlicher Regelung in § 55 II 4 nw.GO zu lösen. In Wirklichkeit liegt nämlich ein Widerspruch nicht vor, da mit dem Begriff der Eigenverantwortlichkeit im Aktiengesetz lediglich festgestellt wird, daß diese Verantwortung nicht delegierbar ist, weder nach unten (Angestellte), noch nach oben (Aufsichtsrat), noch an Dritte (z. B. an eine andere Gesellschaft). Eine Aussage hinsichtlich der Frage der Weisungsabhängigkeit des einzelnen Vorstandsmitgliedes wird hier indes nicht getroffen (vgl. dazu *Henn*, Aktienrecht, 3. Aufl. 1987, S. 197 f.; *Erichsen*, Die Vertretung der Kommunen in den Mitgliederorganen von juristischen Personen des Privatrechts, 1990, S. 27 ff.).

Wenn allerdings in der Tat ein im Wege der Interpretation nicht behebbarer Widerspruch zwischen zwei Normen auftritt, so sind drei traditionelle Grundeinsichten als Regeln zu beachten:

(1) *Lex superior derogat legi inferiori* (Das ranghöhere Gesetz geht dem rangniedrigeren vor). Dieser Grundsatz basiert auf der Erkenntnis der Normenhierarchie im Rahmen eines Stufenbaus der Rechtsordnung. Ohne hier normtheoretische Einzelheiten zu dieser Terminologie abhandeln zu müssen,[30] sei lediglich auf Art. 1 III, 20 III, 31 und 80 I des Grundgesetzes verwiesen. Danach sind die Verfassungsvorschriften höchstrangig, sodann folgen die (einfachen) formellen Gesetze. Auf Grund gesetzlicher Ermächtigung und in deren Rahmen können Rechtsverordnungen ergehen.[31] In dieser hierarchischen Ordnung müssen weiterhin auch völkerrechtliche Bestimmungen (vgl. Art. 25 GG), Europäisches Gemeinschaftsrecht[32] (vgl. Art. 24 I GG), Satzungsrecht von Selbstverwaltungskörperschaften[33] (vgl. zum kommunalen Bereich Art. 28 II GG), Recht aus der Zeit vor dem Inkrafttreten des Grundgesetzes (Art. 123 ff. GG), Sätze des Gewohnheitsrechts[34], richterrechtliche Di-

[30] Vgl. insoweit namentlich die Lehren *Hans Kelsens* und der Wiener Rechtsschule; dazu etwa *Merkl*, in: Festgabe Kelsen, 1931, S. 252 ff.; *Walter*, Der Aufbau der Rechtsordnung, 1964; *Öhlinger*, Der Stufenbau der Rechtsordnung, 1975.

[31] Zur Rangordnung der Rechtsquellen im Überblick *Ossenbühl*, in: Erichsen/Martens, Allgemeines Verwaltungsrecht, 8. Aufl. 1988, S. 128 ff. – Zum Vorrang der Verfassung speziell *Stern*, Staatsrecht, Bd. I, 2. Aufl. 1984, § 4 I 3a.

[32] Zum „Anwendungsvorrang" des Gemeinschaftsrechts siehe zuletzt *Schweitzer/Hummer*, Europarecht, 3. Aufl. 1990, S. 223 ff.

[33] Dazu grdl. BVerfGE 33, 125 (157 ff.).

[34] Zu seinen Voraussetzungen und seiner Geltungskraft vgl. *Maurer*, Allgemeines Verwaltungsrecht, 6. Aufl. 1988, S. 51 ff.; s. auch BayObLG, NJW 1979, 1371 zum Züchtigungsrecht an bayerischen Volksschulen. Örtlich begrenztes Gewohnheitsrecht wird als Observanz bezeichnet.

rektiven[35] und Verwaltungsvorschriften[36] ihren angemessenen Platz finden.

Die Kollisionsnorm des Art. 31 GG bestimmt des weiteren für den Fall, daß zwei verschiedene Gesetzgeber innerhalb der Bundesrepublik (Bund und Land) zum gleichen Thema legislatorisch tätig geworden sind, daß (verfassungsgemäß zustande gekommenes) Bundesrecht Landesrecht bricht.[37] Über die Einhaltung der Verfassungsvorschriften im Rahmen der einfachgesetzlichen Ordnung und bei der exekutivischen Rechtsanwendung wacht als speziell hierzu institutionalisiertes Verfassungsorgan das Bundesverfassungsgericht (zu seinem Kompetenzbereich vgl. Art. 93 GG).

(2) *Lex specialis derogat legi generali* (Die spezielle Norm geht der allgemeinen vor). Sobald Normkollisionen auf der gleichen Rangstufe, also etwa zwischen zwei Gesetzen oder zwei Rechtsverordnungen auf Bundesebene oder u.U. auch zwischen einem Bundes- und einem Landesgesetz auftauchen, bildet die „*lex specialis*"-Regel durchweg das entscheidende Kriterium,

Beispiele:

Die Bestimmungen der Handwerksordnung, die dem selbständigen Betrieb eines Handwerks als stehendes Gewerbe gelten (vgl. § 1 I HdwO), gehen, soweit sie einschlägig sind, den allgemeinen gewerberechtlichen Vorschriften, die in der Gewerbeordnung (GewO) enthalten sind, vor. Ähnliches gilt im Verhältnis von GaststättenG (vgl. die Definition des Gaststättengewerbes in § 1 GaststättenG) und GewO.

Das Versammlungsgesetz des Bundes (VersammlG) enthält sondergesetzliche Regelungen sowohl für öffentliche Versammlungen unter freiem Himmel als auch für öffentliche Versammlungen in geschlossenen Räumen. Die Rechtmäßigkeit von polizeilichen Maßnahmen, die einen unmittelbaren Eingriff in solche öffentliche Versammlungen bedeuten, richtet sich demnach ausschließlich nach den Normen des VersammlG, eine Abstützung auf Ermächtigungsgrundlagen im landesrechtlich geregelten Polizeirecht scheidet insoweit aus.[38]

sofern es nicht gelingt, unterschiedliche, auf den ersten Blick widerstreitende Ansatzpunkte – namentlich auf der Verfassungsebene im Geiste der „Einheit der Verfassung" – im Wege praktischer Konkordanz zu harmonisieren.[39]

(3) *Lex posterior derogat legi priori* (Das spätere Gesetz geht dem

---

[35] Dazu etwa *Thomas*, Richterrecht, 1986; *J. Ipsen*, Richterrecht und Verfassung, 1975; *Coing*, JuS 1975, 277 ff.; *Wank*, Grenzen richterlicher Rechtsfortbildung, 1978.

[36] Dazu *Weyreuther*, DVBl. 1976, 853 ff.; *Ossenbühl* (o. Fußn. 31), S. 89 ff. mit Nachw. zum Streitstand.

[37] Vgl. für den Grundrechtsbereich aber die Sondervorschrift des Art. 142 GG; zur Konkurrenz von Bundes- und Landesgrundrechten *Gallwas*, JA 1981, 536 ff.; *Tilch*, in: Starck/Stern (Hrsg.), Landesverfassungsgerichtsbarkeit, Teilbd. II, 1983, S. 551 ff.

[38] Dazu näher *Tettinger*, Besonderes Verwaltungsrecht, 2. Aufl. 1990, Rdnrn. 322 f.

[39] Dazu insb. *Hesse* (o. Fußn. 13), Rdnr. 72.

früheren vor).[40] Danach hat der Rechtsanwendende, wie bereits im Zusammenhang mit der Suche nach der maßgeblichen Gesetzesfassung betont, die für einen rechtlich zu bewertenden Vorgang in der zeitlichen Abfolge einschlägige Fassung einer Norm heranzuziehen. Wurde eine Rechtsvorschrift geändert, so ist in Ermangelung abweichender Bestimmungen vom Inkrafttreten der Neufassung an diese der Beurteilung zugrunde zu legen.

Beispiele:

Bauherr B in T beantragt zwei Baugenehmigungen. Sowohl in der X-Straße als auch in der Y-Straße möchte er jeweils ein Altenpflegeheim errichten. Der für das Gebiet der X-Straße maßgebliche Bebauungsplan wurde 1987, derjenige für das Gebiet der Y-Straße Ende 1990 erlassen, wobei die relevanten Flächen jeweils als reines Wohngebiet ausgewiesen sind. Damit ist die Zulässigkeit beider Bauvorhaben anhand von § 3 der Baunutzungsverordnung des Bundes (BauNVO) zu beurteilen. Durch die Vierte VO zur Änderung dieser BauNVO vom 23. 1. 1990 (BGBl. I S. 127) wurde der Abs. 4 des § 3 modifiziert. Entgegen der alten Rechtslage legt er nunmehr fest, daß zu den nach Abs. 2 zulässigen Wohngebäuden auch solche gehören, „die ganz oder teilweise der Betreuung und Pflege ihrer Bewohner dienen." Damit ist im Bereich des im B-Plan von 1990 als reines Wohngebiet ausgewiesenen Gebietes die Errichtung eines Altenpflegeheims genehmigungsfähig. Für das Gebiet um die X-Straße gilt jedoch die alte Fassung des § 3 BauNVO gemäß § 25c I BauNVO 1990 fort. Dementsprechend ist die Errichtung eines Altenpflegeheims in der X-Straße wegen der Fortgeltung des alten § 3 i.d.F. der BauNVO 1986 nicht genehmigungsfähig (dazu näher *Müller/Weiss*, Die Baunutzungsverordnung, 6. Aufl. 1990, § 3, S. 82; *Schlez*, Baunutzungsverordnung, 2. Aufl. 1990, § 3 Rdnr. 3).

Unternehmer U beantragte im Jahre 1980 für die sukzessive Erweiterung seiner Fabrik, durch die neue Arbeitsplätze geschaffen werden sollten, Investitionszulagen nach dem InvZulG. Dieses wurde mehrfach geändert (1973, 1975, 1977, 1979, 1980), so daß die zeitliche Geltungskraft der jeweiligen Novellierung maßgeblich war; vgl. etwa BVerwGE 48, 211 (212f.).

Umgekehrt enthält Art. 103 II GG eine Absicherung dagegen, daß bei der strafrechtlichen Bewertung einer Tat zum Nachteil des Delinquenten ein Strafgesetz zugrunde gelegt wird, das bei Tatbegehung noch nicht galt, sondern erst später erlassen wurde.

(4) Vorstehend beschriebene Normanwendungs- oder Kollisionsregeln sind jedoch nur als generelle Direktiven zu begreifen, die durchaus einer jeweils normzweckorientierten Verfeinerung bedürfen.

So basiert der Vorrang der jüngeren Norm (siehe oben 3) auf der regelmäßig naheliegenden Vorstellung, daß der Gesetzgeber seinen Regelungen entgegenstehende ältere Vorschriften aufheben wollte.

Diese Grundregel muß jedoch zurücktreten, wenn zwischen den divergierenden Normen ein Spezialitätsverhältnis besteht (dazu oben 2). Eine ältere Spezialvorschrift setzt sich auch gegen eine jüngere allgemeine Norm durch, sofern nicht die jüngere

[40] BVerwG, DVBl. 1990, 1182 (1183) sieht hierin einen gewohnheitsrechtlich (Nachweise dazu oben Fn. 34) anerkannten Rechtssatz.

Regelung als umfassend angelegte Kodifikation zu verstehen ist („lex posterior generalis non derogat legi priori speciali").[41]

§ 3. Rechtsprechung

Nach Art. 92 GG ist die rechtsprechende Gewalt den Richtern anvertraut; sie wird durch das Bundesverfassungsgericht, durch die im Grundgesetz vorgesehenen Bundesgerichte und durch die Gerichte der Länder ausgeübt.[42]

Gemäß Art. 97 I GG sind die Richter unabhängig und nur dem Gesetz unterworfen. Wenngleich richterliche Entscheidungen lediglich auf einen konkreten Streitfall bezogen sind und ihre Bindungswirkung (Rechtskraft) sich nur auf die Parteien dieses Rechtsstreits erstreckt (vgl. § 235 I ZPO),

Ausnahme:
Gesetzeskräftige Entscheidungen des Bundesverfassungsgerichts gemäß § 31 II BVerfGG.[43]

so übersteigt ihre faktische Bedeutung diesen Rahmen doch beträchtlich.[44] Insbesondere höchstrichterliche Entscheidungen sichern die Einheitlichkeit der Rechtsprechung (vgl. § 137 GVG und § 1 des Gesetzes zur Wahrung der Einheitlichkeit der Rechtsprechung der obersten Gerichtshöfe des Bundes [Schönfelder Nr. 95b]) durch sog. Grundsatzentscheidungen. Es ist jedoch verfehlt, die „Leitsätze" solcher Urteile als quasinormative Formeln aufzufassen und mit ihnen leichthin wie mit gesetzlichen Vorschriften umzugehen. Vielmehr ist stets zu bedenken, daß jene grundsätzlichen Statements zutreffend nur dann zu verstehen sind, wenn sie im Zusammenhang mit dem konkreten Tatbestand und den vollständigen Urteilsgründen gesehen werden. Der junge Jurist kann daher nur nachdrücklich davor gewarnt werden, sich bloß pauschal auf Leitsätze der Rechtsprechung zu berufen, ohne zumindest die Parallelität des entschiedenen Falles mit dem zur Entscheidung anstehenden in allen zentralen Aspekten nachgewiesen zu haben.[45]

---

[41] Dazu etwa *Larenz*, Methodenlehre der Rechtswissenschaft, 5. Aufl. 1983, S. 256.

[42] Dazu ausführlich *Stern* (o. Fußn. 25), S. 330ff., 373ff., 889ff. u. 936ff. – Zum Überblick siehe nachstehend zunächst zwei Schaubilder aus: Legislative – Exekutive – Rechtsprechung, hrsg. v. d. Landeszentrale für politische Bildung des Landes Nordrhein-Westfalen, 9. Aufl. 1979, S. 52f., sodann eine graphische Darstellung in Anlehnung an *Habermehl*, NWVBL Beilage zu Heft 11/89.

[43] Zur Bindungswirkung bundesverfassungsgerichtlicher Entscheidungen im übrigen siehe § 31 I BVerfGG; dazu *Lange*, JuS 1978, 1ff.

[44] So sind etwa Verwaltungsbehörden hinsichtlich der Gesetzesauslegung an die höchstrichterliche Rechtsprechung gebunden; vgl. BVerwGE 13, 28 (31f.). Dazu näher *Ossenbühl*, AöR 92 (1967), S. 478ff.

[45] Vgl. auch *Oftinger* (o. Fußn. 3), S. 146f.

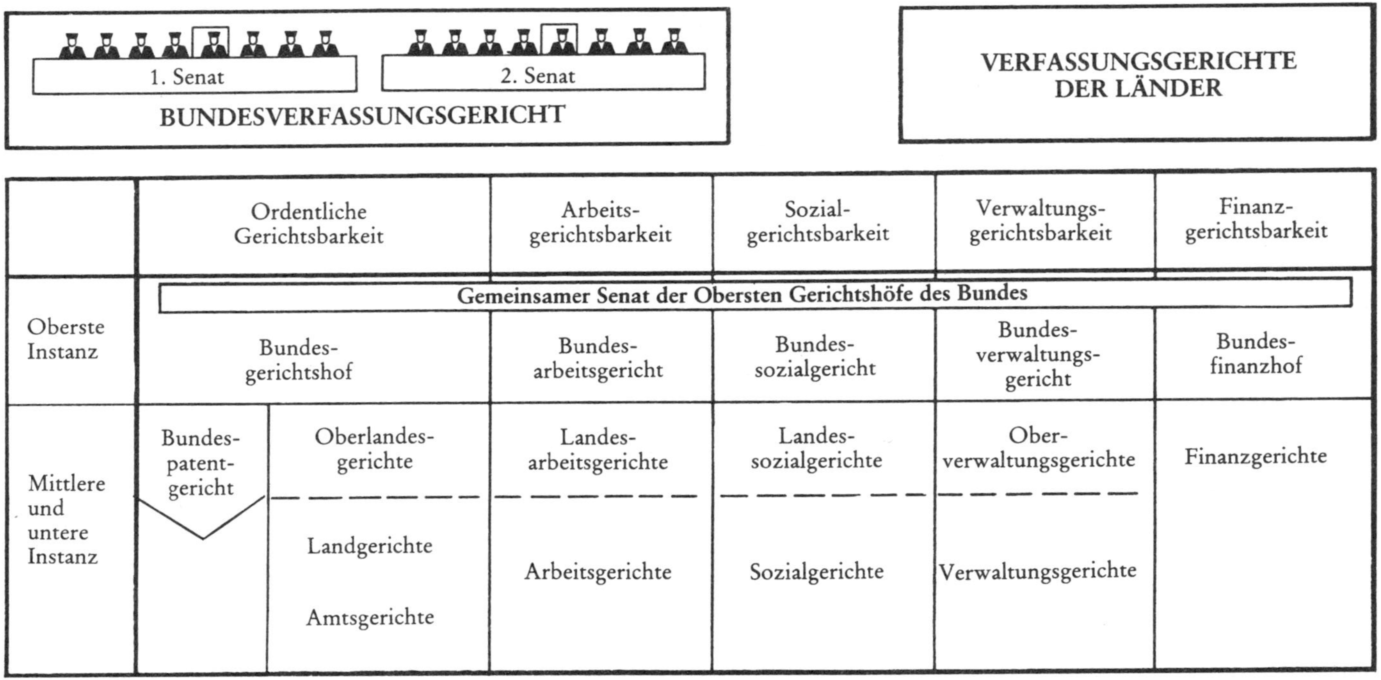
1. Senat
2. Senat
BUNDESVERFASSUNGSGERICHT
VERFASSUNGSGERICHTE DER LÄNDER
Ordentliche Gerichtsbarkeit
Arbeits-gerichtsbarkeit
Sozial-gerichtsbarkeit
Verwaltungs-gerichtsbarkeit
Finanz-gerichtsbarkeit
Oberste Instanz
Gemeinsamer Senat der Obersten Gerichtshöfe des Bundes
Bundes-gerichtshof
Bundes-arbeitsgericht
Bundes-sozialgericht
Bundes-verwaltungs-gericht
Bundes-finanzhof
Mittlere und untere Instanz
Bundes-patent-gericht
Oberlandes-gerichte
Landgerichte
Amtsgerichte
Landes-arbeitsgerichte
Arbeitsgerichte
Landes-sozialgerichte
Sozialgerichte
Ober-verwaltungsgerichte
Verwaltungsgerichte
Finanzgerichte

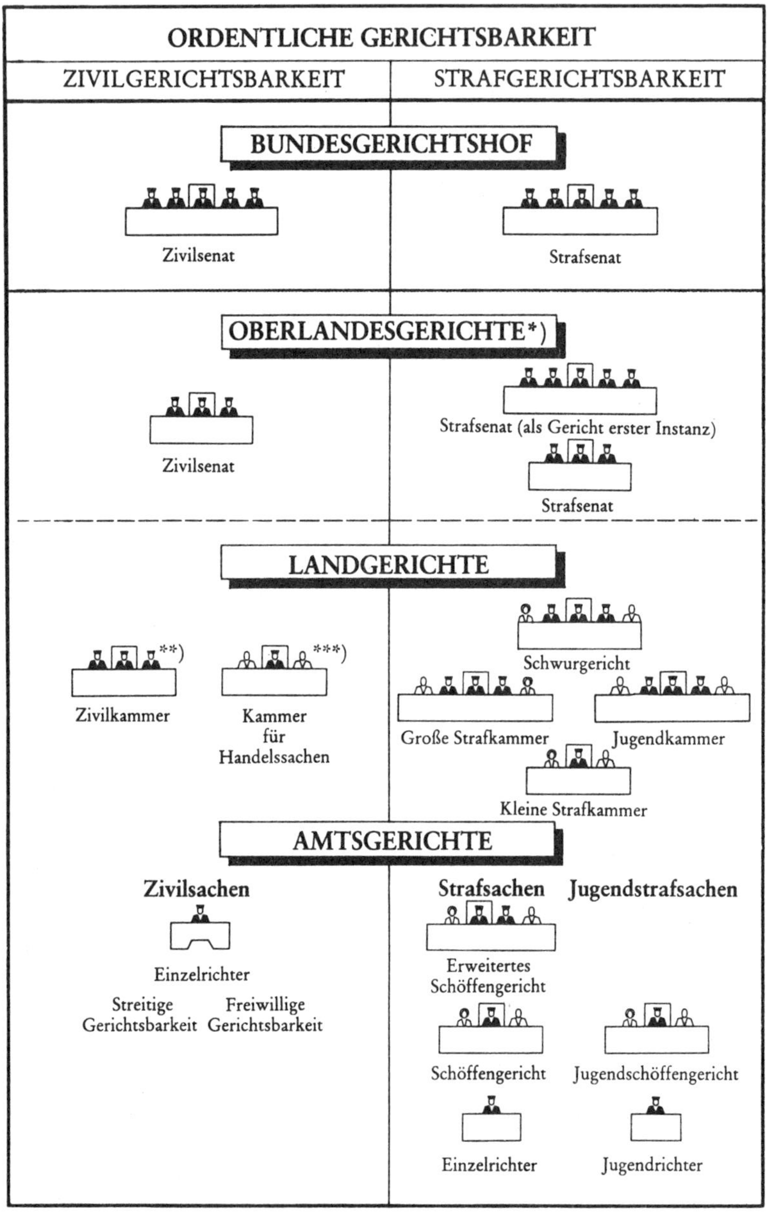

*) Zum Kompetenzbereich des Bayerischen Obersten Landesgerichts siehe § 8 EGGVG und Art. 18ff. bay. AGGVG.
**) Personen mit Robe = Berufsrichter
***) Ehrenamtliche Richter (Laienrichter)

Verwaltungsgerichtsbarkeit

Bundesverwaltungsgericht

Besetzung:

Senate

Funktion:
- Rechtskontrolle nur in den Grenzen der §§ 137, 138 VwGO

● Verletzung von Bundesrecht oder wortgleichem LVwVfG

● absolutem Revisionsgrund

- Ausnahmsweise erstinstanzliche Zuständigkeit (§ 50 VwGO)

Oberverwaltungsgerichte/Verwaltungsgerichtshöfe

Besetzung:

oder

Senate

oder falls Landesrecht es vorschreibt

z.B. in Nordrhein-Westfalen bei Berufungsverfahren § 9 III 2 VwGO i.v.m. § 10 AG VwGO NW

oder

z.B. in Normenkontrollverfahren nach § 47 VwGO in Nordrhein-Westfalen

§ 9 III 2 VwGO i.V.m. § 10 II AG VwGO NW

oder

§ 9 IV 2 VwGO i.v.m. Landesrecht

Funktion:
- Berufung, § 124

Ausschluß:

● § 131 II VwGO

● § 32 AsylVfG

- Revision aufgrund besonderer Zulassung, § 145 VwGO
- Normenkontrollverfahren (§ 47 VwGO)

- Erstinstanzliche Zuständigkeit bei Großvorhaben i.S. v. § 48 I VwGO

Verwaltungsgerichte

Bestzung:

Funktion:
Erstinstanzliche zuständigkeit (§ 45 VwVGO), sofern nicht ausnahmsweise das OVG/der VGH (§ 48 VwGO) oder das BVerwG (§ 50 VwGO) zuständig ist.

Dazu ausführlich: *Habermehl,* Die Verwaltungsgerichtsordnung in einer graphischen Übersicht, in: NWVBL Beilage zu Heft 11/89.

I. Hilfestellung durch Rechtsprechung

1. Im Hinblick auf die Durchstrukturierung der Rechtsordnung erfüllt die Judikatur immerhin bedeutsame Funktionen, insbesondere durch

(1) *Konkretisierung und Spezifizierung von Normgehalten:* Die Rechtsprechung kann Normaussagen konkretisieren und durch Bildung von Fallgruppen typisieren.

Beispiele:

1. Anwendungsfelder des § 242 BGB:

- Anerkennung von vertraglichen oder vorvertraglichen Nebenpflichten (Verhaltens-, Schutz-, Aufklärungspflichten u. dgl.) wie → Treuepflicht als Verhaltenspflicht bei genehmigungsbedürftigem Verpflichtungsgeschäft; vgl. BVerwG, NJW-RR 1986, 756 (758). → Schutzpflichten bei der Abwicklung eines Vertrages: Jede Partei hat sich dabei so zu verhalten, daß Person, Eigentum und sonstige Rechtsgüter – auch das Vermögen – des anderen Teils nicht verletzt werden; vgl. BGH, NJW 1983, 2813 (2814). → Aufklärungspflicht, etwa beim Verkauf einer Arztpraxis; vgl. BGH, NJW 1989, 763 (764)
- Verbot unzulässiger Rechtsausübung; zur Geltendmachung eines vertraglichen Anspruchs, der unter erkanntem Mißbrauch der Vertretungsmacht zustande gekommen ist, BGHZ 94, 132 (138)
- Verwirkung von Rechten. Die Illoyalität besteht in der verspäteten Geltendmachung eines Anspruchs, wenn der Vertragspartner aufgrund besonderer Umstände darauf vertrauen durfte, daß dieser Anspruch nicht mehr geltend gemacht wird; vgl. BGH, NJW 1984, 1684
- Wegfall der Geschäftsgrundlage (clausula rebus sic stantibus). Zur Frage, wie ein Vergleich, der über Schadensersatzansprüche eines iranischen Bierimporteurs gegen einen deutschen Lieferanten vor der islamischen Revolution geschlossen wurde, nach den Grundsätzen über den Wegfall der Geschäftsgrundlage anzupassen ist, vgl. BGH, NJW 1984, 1746 ff.
- Der Grundsatz von Treu und Glauben gilt anerkanntermaßen auch bei Schuldverhältnissen im öffentlichen Recht. So besteht etwa ein Verbot widersprüchlichen Tuns (venire contra factum proprium) mit der Folge einer Verwirkung von Rechten, wenn ein Anspruchsberechtigter durch sein Verhalten beim Verpflichteten einen derartigen Vertrauenstatbestand geschaffen hat, daß nach Ablauf einer gewissen Zeit eine Geltendmachung jenes Anspruchs als unzulässige Rechtsausübung empfunden werden muß; vgl. BVerwGE 44, 339 (343 f.); 48, 247 (251); OVG Münster, OVGE 30, 133 (136); siehe auch BVerfGE 37, 305 (308 ff.) zur Verwirkung der Klagebefugnis. Erläuternd *P. Stelkens*, in: Stelkens/Bonk/Leonhardt, VwVfG, 3. Aufl. 1990, § 53 Rdnrn. 10 ff. Sein Widerspruchsrecht verwirkt, wer eine seinem Nachbarn erteilte Baugenehmigung nach Fertigstellung der betreffenden Anlage anficht, obwohl er trotz fehlender förmlicher Bekanntgabe sichere Kenntnis von der Erteilung der Bauerlaubnis erlangt hatte; vgl. BVerwG, NJW 1974, 1260 (1261); eingehend hierzu auch VGH Mannheim, VBlBW 1988, 143 (145).

2. Konkretisierung des für eine Gewerbeuntersagung nach § 35 I GewO maßgeblichen Begriffs der „Unzuverlässigkeit" durch Fallgruppenbildung wie

- Begehung von Straftaten und Ordnungswidrigkeiten,
- Verletzung steuerrechtlicher Pflichten,
- Verstoß gegen sozialversicherungsrechtliche Pflichten,
- mangelnde wirtschaftliche Leistungsfähigkeit,
- mangelnde Sachkunde,
- hartnäckiger Verstoß gegen zivilrechtliche Pflichten (wie Wettbewerbsverstöße) und schließlich noch

– sonstige beharrliche Verstöße gegen Rechtspflichten.[46]

(2) Aktualisierung des Normverständnisses

Beispiel:

Fernsehen als Rundfunk i.S. von Art. 5 I 2 GG: BVerfGE 12, 205 (226 ff.); Fernmeldeanlagen i.S. von Art. 73 Nr. 7 GG: BVerfGE 46, 120 (143 f.)

(3) Zusammenschau verschiedener Vorschriften: Die Rechtsprechung ist dazu berufen, gesetzliche Regelungen, die einander in wesentlichen Punkten zunächst zu widersprechen scheinen, zu möglichst breiter Konkordanz zu bringen und auf diese Weise dem jeweiligen Normziel weitestgehend Rechnung zu tragen.

Beispiele:

Art. 33 V GG (hergebrachte Grundsätze des Berufsbeamtentums) und Art. 21 II GG (Parteienprivileg); vgl. BVerfGE 39, 334 (357 ff.) – Radikale im öffentlichen Dienst –; Art. 2 I i.V.m. Art. 1 I GG („Grundrecht auf informationelle Selbstbestimmung"); dazu BVerfGE 65, 1 (44 ff.); BVerfG, DVBl. 1990, 1041 ff.

Daß dieses Ziel nicht immer optimal erreicht wird, sondern entsprechende Harmonisierungsversuche der Rechtsprechung oft kritisch beleuchtet werden,[47] ist angesichts unterschiedlichster Interessenstandpunkte in einer pluralistischen Gesellschaft nicht verwunderlich.

(4) Ausfüllung von Gesetzeslücken: Die Gerichte müssen, da sie infolge des Rechtsverweigerungsverbots unter einem Entscheidungszwang stehen, Rechtsfälle auch dann entscheiden, wenn eine einschlägige Norm nicht unmittelbar auf der Hand liegt. Ohne auf die rechtsmethodischen Probleme einer Lückenfüllung per analogiam oder argumentum e contrario an dieser Stelle eingehen zu wollen,[48] sei nur darauf verwiesen, daß hier ein Schwerpunkt der Herausbildung richterrechtlicher Grundsätze liegt.[49]

Beispiel:

§ 113 I 4 VwGO regelt den verwaltungsgerichtlichen Urteilsausspruch im Falle einer Erledigung des Verwaltungsaktes nach Erhebung der Anfechtungsklage. Der Rechtsgedanke dieser Vorschrift, nämlich die Sicherung der Prozeßökonomie, legt es nahe, eine Klage auf Feststellung der Rechtswidrigkeit eines erledigten Verwaltungsaktes (Fortsetzungsfeststellungsklage) auch für den Fall zuzulassen, daß sich der Verwaltungsakt

---

[46] Dazu näher *Sieg/Leifermann/Tettinger*, GewO, Komm., 5. Aufl. 1988, § 35 Rdnrn. 10 ff. m.w.N.

[47] Hingewiesen sei hier nur auf die Reaktionen auf das Abtreibungsurteil BVerfGE 39, 1 ff.; vgl. etwa die Anmerkungen von *Kriele*, JZ 1975, 205 ff.; *Finkelnburg*, EuGRZ 1975, 177 f. u. *Menger*, VerwArch. 66 (1975), S. 397 ff.; ferner *Roth*, JuS 1975, 617 ff.; *F. Vogel*, ZRP 1976, 214 ff., 216; *Arndt/Erhard/Funke*, Der § 218 StGB vor dem BVerfG, 1979; zuletzt *Schlingensiepen/Brysch*, Schwangerschaftsabbruch – Versuch einer Bestandsaufnahme, ZRP 1990, 224 ff.

[48] Dazu näher unten § 6 V 3.

[49] Zum Richterrecht und seiner umstrittenen Qualifizierung als Rechtsquelle s. o. Fußn. 35, ferner *Ossenbühl* (o. Fußn. 31), S. 114 ff.; *Tettinger*, Rechtsanwendung und gerichtliche Kontrolle im Wirtschaftsverwaltungsrecht, 1980, S. 37 ff., jeweils m.w.N.

bereits *vor* Klageerhebung erledigt hat, sofern der Verwaltungsakt im Zeitpunkt seiner Erledigung noch sachlich überprüft werden konnte. Mehrere Fallgestaltungen sind dabei zu unterscheiden:
- Erledigung des VA vor Klageerhebung: § 113 I 4 VwGO wird entsprechend angewendet; eines Vorverfahrens bedarf es nicht[50].
- Erledigung bei Ablehnung oder Unterlassung eines beantragten Verwaltungsaktes, also im Zusammenhang mit einer Verpflichtungsklage. Hier werden die zu § 113 I 4 VwGO entwickelten Grundsätze ebenfalls analog angewendet[51] und zwar auch dann, wenn die Erledigung vor Klageerhebung eingetreten ist.[52] Insoweit spricht man dann gar vor einer doppelt analogen Anwendung.[53]

(5) Realisierung der Ausstrahlungswirkung von Verfassungsaussagen: Die Gerichte sind dazu aufgerufen, den verfassungsrechtlichen Wertentscheidungen auch in der einfachen Rechtsordnung zur Durchsetzung zu verhelfen. Zwar ist eine unmittelbare Drittwirkung der Grundrechte im Privatrechtsverkehr nur bei ausdrücklicher Anordnung in der Verfassung anzuerkennen, wie dies etwa in Art. 9 III 2 GG geschehen ist, eine mittelbare Drittwirkung ist jedoch nach der Rechtsprechung des Bundesverfassungsgerichts zu bejahen.[54] Für das bürgerliche Recht wurde dabei konstatiert, daß sich der Rechtsgehalt der Grundrechte mittelbar durch die privatrechtlichen Vorschriften entfaltet. Er ergreift vor allem Bestimmungen zwingenden Charakters und ist für den Richter vornehmlich realisierbar über eine entsprechende Auslegung von Generalklauseln.[55]

Beispiel:

Kommunikationsfreiheiten (Meinungsfreiheit gemäß Art. 5 I 1 GG, Pressefreiheit gemäß Art. 5 I 2 GG) und Persönlichkeitsschutz, namentlich Ehrenschutz. Vgl. dazu etwa BVerfGE 24, 278 (282f., 286); 42, 143 (152f.); 54, 129 (138f.); 68, 226 (232); zuletzt BVerfG, EuGRZ 1990, 280 u. JZ 1990, 1072 (mit Anm. *Tettinger*); kritisch *Schmitt Glaeser*, JZ 1983, 95 u. *Tettinger*, JZ 1983, 317ff.

In letzter Zeit wächst zunehmend die Bereitschaft, die Lösung unterschiedlichster Rechtsstreitigkeiten unmittelbar in Verfassungsaussagen zu suchen. Trotz des hohen Respektes vor den Wertentscheidungen der Verfassung scheint insofern allerdings Zurückhaltung geboten, als Verfassungsnormen häufig doch nur recht abstrakte Direktiven enthalten (können), welche nicht leichthin in konkrete Aussagen zu Einzelfragen ummünzbar sind.[56]

---

[50] BVerwGE 26, 161; OVG Koblenz, AS 6, 391; VGH Mannheim, DVBl. 1970, 511ff.

[51] BVerwGE 16, 194; 52, 316; 61, 134; 69, 110.

[52] VGH Mannheim, NVwZ 1984, 251.

[53] Dazu umfassend *Stern*, Verwaltungsprozessuale Probleme in der öffentlich-rechtlichen Arbeit, 6. Aufl. 1987, S. 90f.

[54] Vgl. BVerfGE 7, 198ff. (Lüth-Urteil) und 25, 256ff. (Blinkfüer).

[55] Vgl. BVerfGE 7, 198 (205f.).

[56] Vgl. etwa die Schwierigkeiten der Rechtsprechung, die Frage der rechtlichen Gebotenheit eines Rauchverbots in Amts- und Arbeitsräumen ohne gesetzgeberische Regelung allein im Rückgriff auf Art. 2 I und 2 II GG zu entscheiden. S. dazu etwa OVG Münster, OVGE 36, 154ff. und NWVBL 1991, 16ff.; OVG Lüneburg, DVBl.

2. Unter didaktischen Gesichtspunkten erscheint eine frühe Beschäftigung mit gerichtlichen Entscheidungen gleichfalls sinnvoll. Gemeint sind hier vor allem nützliche Einsichten in bezug auf

(1) Verdeutlichung der Fallösungsmethodik

Anders als etwa in den Wirtschaftswissenschaften geht es bei rechtlichen Regeln nicht nur um eine Aufstellung von der Optimierung festgestellter Interessen dienenden generellen Ordnungsmodellen, sondern Rechtsnormen müssen ihre Qualität zugleich durch ihre Brauchbarkeit zur Entscheidung pathologischer Fälle erweisen. Die Technik der Anwendung solcher Rechtsnormen auf konkrete Fälle läßt sich anhand einzelner Judikate am besten nachverfolgen.

(2) Verdeutlichung juristischer Argumentationstechniken

Beispiele:
- Zum Verhältnis von EG-Recht und nationalem Verfassungsrecht BVerfGE 73, 339 (387 ff.) – „Solange II" –.
- Zur Anwendbarkeit von Grundrechten auf juristische Personen des öffentlichen Rechts gemäß Art. 19 III GG BVerfGE 61, 82 ff. („Saßbach").
- Zu den verfassungsrechtlichen Anforderungen an eine Enteignung zugunsten von Privatunternehmen BVerfGE 74, 264 ff. („Boxberg").
- Zur teleologischen Reduktion[57] des § 181 BGB BGHZ 56, 97 (100 ff.). Die Restriktionen dieser Vorschrift sollen danach nicht gelten für Rechtsgeschäfte des geschäftsführenden Alleingesellschafters einer GmbH mit sich selbst.

(3) Verdeutlichung von Abwägungsvorgängen

Beispiele:
- Abtreibungs-Urteil, BVerfGE 39, 1 ff.
- Verhältnis von Presse- und Rundfunkfreiheit zum Persönlichkeitsschutz; dazu BVerfGE 54, 129 ff., 148 ff. u. 208 ff. sowie obige Nachweise.

Eine Gefahr für den Studenten besteht allerdings dann, wenn er den bei Gerichtsentscheidungen vorherrschenden Urteilsstil nachahmen will, der die Argumentationsbreite durch seine speziellen Begründungstechniken (so ist es . . ., denn . . .) verkürzt. Aufgabe des Studenten in der Übungsarbeit hingegen ist es, einen ihm vorliegenden Sachverhalt unter allen sinnvoll in Betracht zu ziehenden rechtlichen Aspekten gutachtlich zu würdigen.[58]

1989, 935 (936 f.); LSG Schleswig, NJW 1987, 2958. Siehe auch BGH, NJW 1981, 569 f. zum Rauchverbot auf Bahnsteigen der U-Bahn.

[57] Zum teleologischen Auslegungskriterium siehe unten § 6 V 1a, zur am Normzweck ausgerichteten restriktiven Auslegung § 6 V 1b.

[58] Zum Erfordernis der Einhaltung des Gutachtenstils in der studentischen Arbeit näher unten § 6 IV.

II. Fundstellen

Für die wissenschaftliche Arbeit kommen im Regelfall allein solche Judikate in Betracht, welche veröffentlicht worden und daher der interessierten juristischen Öffentlichkeit zugänglich sind. Nur wenn es um die Bearbeitung speziellster Sachkomplexe – etwa im Rahmen einer Dissertation – geht, wird es sich manchmal als erforderlich erweisen, auch auf unveröffentlichte Entscheidungen zurückzugreifen.[59]

Beispiel:
Die umfangreiche Judikatur zur für die Studienplatzvergabe bei numerus-clausus-Fächern maßgeblichen Kapazitätsermittlung ist nur zu einem geringen Teil in Fachzeitschriften publiziert; eine Orientierungshilfe bietet aber die vom Sekretariat der Kultusministerkonferenz herausgegebene Entscheidungssammlung zum Hochschulrecht (KMK-HSchR).

1. Die wichtigsten Entscheidungen des *BVerfG* und der obersten Gerichtshöfe des Bundes sind (jeweils mit vollständigen Entscheidungsgründen) in amtlichen Sammlungen publiziert:

- Entscheidungen des Bundesverfassungsgerichts (BVerfGE). Siehe daneben auch das vom BVerfG hrsg. Nachschlagewerk der Rechtsprechung des Bundesverfassungsgerichts, Bd. I und Bd. II (Grundgesetz, BVerfGG), Bd. III (Bundesrecht, Landesrecht, Zonales Recht, Besatzungsrecht, Völkerrecht, Europarecht, Kirchenrecht), Loseblattausgabe 1978 ff. (Stand: Mai 1990), welches den systematischen Zugriff auf diese Rechtsprechung dadurch erleichtert, daß die wichtigsten Passagen aller bisher veröffentlichten Entscheidungen möglichst wortgetreu den einzelnen Artikeln des Grundgesetzes und den jeweils behandelten Gesetzen zugeordnet werden (*Benda*, Geleitwort, S. V).
- Entscheidungen des Bundesgerichtshofs in Zivilsachen (BGHZ),
- Entscheidungen des Bundesgerichtshofs in Strafsachen (BGHSt),
- Entscheidungen des Bundesarbeitsgerichts (BAGE),
- Entscheidungen des Bundesverwaltungsgerichts (BVerwGE),
- Entscheidungen des Bundessozialgerichts (BSGE),
- Sammlung der Entscheidungen des Bundesfinanzhofes (BFHE).

Siehe auf Bundesebene ferner noch:

- Entscheidungen des Bundespatentgerichts (BPatGE),
- Entscheidungen des Bundesdisziplinarhofes (BDHE).

2. Soweit es um ältere Entscheidungen aus vorkonstitutioneller Zeit geht, sind vor allem folgende Entscheidungssammlungen zu beachten:

- Entscheidungen des Reichsgerichts in Zivilsachen (RGZ),
- Entscheidungen des Reichsgerichts in Strafsachen (RGSt),
- Entscheidungen des Preußischen Oberverwaltungsgerichts (Pr.OVGE).

3. Von den Entscheidungsssammlungen der Gerichte der Länder sei vor allem auf die folgenden hingewiesen:

- Entscheidungen des Oberverwaltungsgerichts Berlin (OVGE Bln.),
- Entscheidungen der Oberverwaltungsgerichte für das Land Nordrhein-Westfalen in Münster sowie für die Länder Niedersachsen und Schleswig- Holstein in Lüneburg

[59] Vgl. *Oftinger* (o. Fußn. 3), S. 146.

mit Entscheidungen des Verfassungsgerichtshofes Nordrhein-Westfalen und des Niedersächsischen Staatsgerichtshofes (OVGE) (Beispiel: OVG NW oder OVG Münster, OVGE 19, 1 ff.),
- Amtliche Sammlung von Entscheidungen der Oberverwaltungsgerichte Rheinland-Pfalz und Saarland (AS). Ab Bd. 6 (1959); vorher nur Entscheidungen des OVG Rheinland-Pfalz (AS Rh.Pf.),
- Entscheidungen des Hessischen Verwaltungsgerichtshofs und des Verwaltungsgerichtshofs Baden-Württemberg mit Entscheidungen der Staatsgerichtshöfe beider Länder (ESVGH),
- Sammlung von Entscheidungen des Bayerischen Verwaltungsgerichtshofes mit Entscheidungen des Bayerischen Verfassungsgerichtshofs, des Bayerischen Dienstgerichtshofs für Richter und des Bayerischen Gerichtshofs für Kompetenzkonflikte (VGH n.F.),
- Entscheidungen der Oberlandesgerichte in Zivilsachen (OLGZ),
- Entscheidungen der Oberlandesgerichte zum Straf- und Strafverfahrensrecht (OLGSt),
- Entscheidungen des Bayerischen Obersten Landesgerichts in Strafsachen (BayObLGSt),
- Entscheidungen der Finanzgerichte (EFG).

4. Bei schwierigen Rechtsfragen spezieller Rechtsgebiete wird man sich oft auch weiterer (nichtamtlicher) Entscheidungssammlungen und Nachschlagewerke bedienen müssen. Als wichtigste seien hier für den Bereich des öffentlichen Rechts genannt:

Sammel- und Nachschlagewerk der Rechtsprechung des Bundesverwaltungsgerichts (*Buchholz* BVerwG), mehrbändige Loseblattausgabe. In die mittlerweile fünfte Folge gelangen nur Entscheidungen, die nach dem 1. Januar 1987 ergangen sind. In der vorhergehenden vierten Folge finden sich Entscheidungen aus dem Zeitraum vom 1. 1. 1981 – 31. 12. 1986 (Dritte Folge: 1. 1. 1975 – 31. 12. 1980). Entscheidungen aus den Jahren 1969–1974 befinden sich nur in der zweiten Ausgabe, während ältere Entscheidungen in der Regel in der ersten Ausgabe, ausnahmsweise aber auch in der zweiten Ausgabe zu finden sind. Es handelt sich um eine umfassende und aktuelle Unterrichtung über die Rechtsprechung des Bundesverwaltungsgerichts, gegliedert nach den verschiedenen Rechtsmaterien, Gesetzen, Vorschriftengruppen und Paragraphen innerhalb einer sechsteiligen Hauptgliederung: 1 – Staat und Verfassung (insbes. Grundgesetz), 2 – Öffentlicher Dienst, 3 – Verfahrensrecht, 4 – Einzelne Verwaltungszweige, 5 – Lastenausgleich, 6 – Wehrwesen. Die Entscheidungen des Gerichts werden denjenigen Normen zugeordnet, auf die sie sich beziehen. Die jeweilige Entscheidung findet sich häufig – wegen der nicht immer eindeutigen Zuordnung – aber auch bei mehreren Normen aufgeführt, wobei die Entscheidungen dann bei der jeweiligen Norm abgedruckt sind, die im Mittelpunkt der Entscheidung stand. Gerade die mehrfache Aufführung einer Entscheidung im Zusammenhang mit verschiedenen rechtlichen Regelungs- und Problembereichen vermittelt einen guten Überblick über die Fülle der jeweils angesprochenen rechtlichen Zusammenhänge. Die Handhabbarkeit des vielbändigen Werkes wird durch Register-Bände zu den jeweiligen Ausgaben unterstützt, die außer einem ausführlichen Stichwortkatalog noch zwei Verzeichnisse der aufgenommenen Entscheidungen (geordnet nach Aktenzeichen und nach der Zeitfolge) enthalten.

Lammers/Simons, Die Rechtsprechung des Staatsgerichtshofs für das Deutsche Reich und des Reichsgerichts auf Grund Artikel 13 Abs. 2 der Reichsverfassung, Bd. I (1929) – V (1933)

Verwaltungsrechtsprechung in Deutschland (VerwRspr.), Sammlung obergerichtlicher Entscheidungen aus dem Verfassungs- und Verwaltungsrecht, Bd. I (1949) bis Bd. 32 (1981); seither integriert in NVwZ – Neue Zeitschrift für Verwaltungsrecht.

Entscheidungen in Kirchensachen, Bd. 1 (1946–1952), 1963, bis Bd. 22 (1982), 1990

Thiel/Gelzer, Baurechtssammlung (BRS), Bd. 1 (1945/50) bis Bd. 50 (1990)
Sammlung Lebensmittelrechtlicher Entscheidungen (LRE), bislang 23 Bände
Höchstrichterliche Finanzrechtsprechung (HFR) mit Entscheidungen des Bundesfinanzhofs, des Bundesverfassungsgerichts, anderer oberster Bundesgerichte und des Gerichtshofs der Europäischen Gemeinschaften (außerdem Berichte über schwebende Verfahren beim Bundesfinanzhof und bei anderen Bundesgerichten); 1. Jahrgang 1961 bis 30. Jahrgang 1990 und fortlaufend.
Sozialrecht, Entscheidungssammlung (SozR), bearb. von Richtern des Bundessozialgerichts, Loseblattausg., Stand: Juli 1990
Ergänzbare Sammlung schul- und prüfungsrechtlicher Entscheidungen (SPE n.F.), Loseblatt, Stand: Mai 1990
In der anwaltlichen Praxis verbreitet ist auch die Sammlung „Deutsche Rechtsprechung", die in 12-bändigem Hauptwerk (mit Ergänzungslieferungen) knappe und kommentierende Informationen über die Judikatur in den zentralen Rechtsgebieten liefert.

5. Auf europäischer Ebene sind zu erwähnen:

- Gerichtshof der Europäischen Gemeinschaften, Sammlung der Rechtsprechung des Gerichtshofs (EuGH Slg.), Bd. I (1954/55) bis Bd. XXX (1984) und fortlaufend.
- Entscheidungen des Europäischen Gerichtshofes für Menschenrechte (EGMR).

6. Zur Vereinfachung der Ermittlung einschlägiger Judikate werden zu den Rechtsprechungssammlungen zumeist Register (am Ende eines jeden Bandes) sowie Generalregister (für mehrere Bände zusammen) herausgegeben.

Beispiele:

Registerband zu den Entscheidungen des Bundesverfassungsgerichts (BVerfGE) 61–70, 1987. – Registerband zu den Entscheidungen des Bundesverwaltungsgerichts (BVerwGE) Band 71–80, 1990. – Registerband zu den Entscheidungen des Bundesverwaltungsgerichts in Disziplinar- und Wehrdienstsachen, BVerwGE Bände 33/43/46 und BDH Bände 1–7, 1980.

Die dort enthaltenen Gesetzesregister und alphabetischen Sachregister führen vielfach rascher zu einer gesuchten Entscheidung hin.

7. Aktuelle gerichtliche Entscheidungen werden auch in Fachzeitschriften (hier manchmal mit kritischen oder zustimmenden Anmerkungen) abgedruckt.

Beispiel:

Zur Frage der Zulassung eines Volksbegehrens über den Entwurf eines bay. Abfallwirtschaftsgesetzes BayVerfGH, BayVBl. 1990, 367 ff., 398 ff. (mit einer abweichenden Meinung und mit krit. Anm. *Tettinger*).

Es ist jedoch zu beachten, daß es sich dort um redaktionelle Bearbeitungen handelt, bei denen der Tatbestand allenfalls in knapper Zusammenfassung und die Entscheidungsgründe nur in gedrängter Form, auf die rechtlich wesentlichen Aussagen beschränkt, dargestellt sind. In Zweifelsfällen ist mithin stets auf die amtlichen Sammlungen zu rekurrieren.

Im vorliegenden Beispielsfall: Bay.VerfGHE 43, 36 ff.

Für den Studenten besonders attraktiv dürfte die Entscheidungswiedergabe in Ausbildungszeitschriften sein, wo die jeweilige Fallproblematik durch eine allgemeine Problemeinführung vor der komprimierten Entscheidungswiedergabe sofort in einen klar überschaubaren dogmatischen Zusammenhang gebracht wird.

Beispiele:

Zum BVerwG-Urteil vom 15. 2. 1990 Anmerkung *Ossenbühl*: Zur Zulässigkeit salvatorischer Entschädigungsklauseln, JZ 1991, 86 ff. – Zu BVerfGE 80, 190 Anmerkung *Ziekow*: Der Status des fraktionslosen Abgeordneten, JuS 1991, 28 ff.

Damit wird dem Leser die durch die konkrete Entscheidung erfolgte Bestätigung bzw. Fortentwicklung der bisherigen Rechtslage deutlich vor Augen geführt.

8. Darüber hinaus werden speziell auf Studenten zugeschnittene Entscheidungssammlungen herausgegeben, die jeweils eine nach didaktischen Grundsätzen zusammengestellte und thematisch geordnete Auswahl an Judikaten enthalten:

- Entscheidungssammlung für junge Juristen (ESJ)
  Beispiel: ESJ Grundrechte, 1986
- *H. Weber*, Rechtsprechung zum Verfassungsrecht, Bd. I: Die Grundrechte (Art. 1–6 GG) und Bd. II: Die Grundrechte (Art. 7 – 19 GG), JuS- Schriftenreihe Hefte 47 und 48, 1977.
- *Richter/Schuppert*, Casebook Verfassungsrecht, 1987; *dies.*, Casebook Verwaltungsrecht, 1991
- *J. Schwabe*, Entscheidungen des Bundesverfassungsgerichts, Studienauswahl Bd. 1–74, 2. Aufl. 1988
- Rechtsprechungskarteien in JuS und Jura: aktuelle Darstellung der neuesten Rechtsprechung zu für die Ausbildung wichtigen Rechtsfragen. Wegen ihres geringen Umfangs zum ständigen Verfolgen der Rechtsprechungsentwicklung nach dem Grundstudium der zentralen Rechtsgebiete als archivarische Basis für ergänzende Lektüre durchaus geeignet (s. unten X 1).

§ 4. Literatur

Um die juristische Literatur sachgerecht und ökonomisch handhaben zu können, bedarf es einiger Grundkenntnisse hinsichtlich der herkömmlichen Gestaltungsformen schriftstellerischer Äußerungen. Die unterschiedlichen Ambitionen und Zielsetzungen literarischer Stellungnahmen spiegeln sich nämlich meist bereits in der gewählten Form der Artikulation wieder. Freilich ist vorab darauf hinzuweisen, daß sich in den letzten Jahren die bis dato eingängigen Typen juristisch-literarischer Darstellungsweise mehr und mehr verwischt haben. Während früher die Abgrenzung von Kommentar, Lehrbuch und Fallsammlung kaum Mühe bereitete und für die meisten Fachgebiete sich im übrigen jeweils ein „Standardkommentar“ und ein „Standardlehrbuch“ durchgesetzt hatten, findet der Student heute eine wahre Schwemme von Studienmaterial vor, das sich zudem vielfach ohne nähere Befassung kaum einordnen läßt, stattdessen blumige Kennzeichnungen erfährt wie „Problemkommentar", „Alternativ-Kommentar", „Grundriß", „Lehrheft", „Lernbuch" und dergleichen oder gar noch nichtssagendere Anpreisungen wie „Kurs", „Skript" oder „Lernprogramm".[60] Welche inhaltlichen Kriterien zur idealtypischen Kennzeichnung einer juristischen Darstellung überhaupt angelegt werden können, hat *F.-Chr. Schroeder* vor Jahren bereits aufgezeigt,[61] worauf hier lediglich verwiesen sei. Was die Darstellungs*typen* angeht, so wird man ohne spezielle Vorkenntnisse, die man entweder durch die neuerdings im Vordringen befindlichen Hilfsmittel der Sammelrezension[62] und der Literaturschau[63] oder durch eigene Eindrücke erlangt, jedenfalls allein von der Nomenklatur her oft kaum mehr treffende Rückschlüsse auf den zu erwartenden Inhalt der Darlegung ziehen können. Nachfolgend sei zur Erleichterung des Verständnisses für Anfangssemester darum lediglich auf die „klassischen" Typenbezeichnungen zurückgegriffen.

I. Kommentare

Die Darstellungsform des Kommentars ist engstens angelehnt an Aufbau und Gliederung des kommentierten Gesetzes, wobei jeweils dessen Artikel oder Paragraphen in der numerischen Folge abgedruckt und sodann erläutert werden. Im Rahmen dieser Erläuterungen werden dann alle Tatbestandsmerkmale und Rechtsfolgenanordnungen der jeweiligen Vorschrift, namentlich die im einzelnen verwendeten Rechtsbegriffe, interpretiert; des weiteren finden sich regelmäßig weiterführende Hinweise auf Rechtsprechung und Schrifttum. Insofern eignen sich Kommentare durchweg nicht zur zusammenhängenden Durcharbeitung eines Rechtsstoffes,

Etwas anderes gilt allenfalls partiell für zusammenschauende Kommentierungen zu ganzen Gesetzesabschnitten, etwa in Form einer Vorbemerkung, oder für allgemeine einleitende Bemerkungen.

Beispiele:

Ernst/Zinkahn/Bielenberg, Baugesetzbuch, Kommentar, Band IV, Vorbemerkungen zur BauNVO, Stand: Mai 1990; Berliner Kommentar zum Baugesetzbuch, Erster Halbband, 1988, Vorbemerkung zu §§ 29–38 BauGB (zum Drittschutz im Baurecht); *Stern/Münch/ Hansmeyer*, Stabilitätsgesetz, Komm., 2. Aufl. 1972, Einf. C (Staatsrechtliche Bedeutung des StabG), S. 65 ff.; *Sieg/ Leifermann/Tettinger*, GewO, Komm., 5. Aufl. 1988, Einl. (III. Verfassungsrechtlicher Hintergrund); *Kunig/Schwermer/Versteyl*, AbfG, Komm., 1988, Anh. zu § 10 („Altlasten")

---

[60] Dazu näher *F.-Chr. Schroeder*, JA 1981, 397 ff.

[61] JuS 1981, 700 ff.

[62] Vgl. etwa die Sammelrezension von *Peine* zu Erbguth, Bauplanungsrecht, und Finkelnburg/Ortloff, Öffentliches Baurecht, 2. Aufl. 1990, in: JZ 1990, 861; *Henneke* zu Erichsen/Martens, Allg. Verwaltungsrecht, 8. Aufl. 1988 und v. Münch, Besonderes Verwaltungsrecht, 8. Aufl. 1988, in: Jura 1989, 55 f.

[63] Siehe etwa zur Verwaltungslehre *Lohsen*, JuS 1986, 86 ff.; zum Umweltrecht *Hennecke*, Jura 1990, 461 ff.

sondern nur zum Einstieg in konkrete Auslegungsprobleme. Insbesondere bei Hausarbeiten sind sie zur Gewinnung eines raschen Überblicks über den Streitstand bei kontroversen Rechtsfragen wertvoll.

Einige allgemeine Hinweise zur Kommentarbenutzung sind angezeigt: Der erstrebte Überblick wird kaum dadurch erreicht, daß man umfängliche Kommentierungen zu einer Norm, die man zur Beantwortung der Fallfrage für irgendwie relevant hält, vollständig liest. Dies verwirrt vielfach mehr, als es nutzt, denn in Kommentaren sind Stellungnahmen zu so vielen Einzelfragen zusammengetragen, daß eine Gesamtlektüre u.U. vom konkreten Fallproblem eher ablenkt.

Beispiel:

In einer öffentlich-rechtlichen Hausarbeit kommt ein Abwehranspruch aus Art. 14 I GG in Betracht. Hier läßt sich die gesamte Kommentierung von *Papier*, in: Maunz/Dürig, beim Durchlesen kaum gedanklich verarbeiten.

Man sollte zunächst überlegen, auf welche Detailfrage es nach dem Sachverhalt ankommt, und dann gezielt den Kommentar aufschlagen, um hierzu weitere Nachweise zu erlangen. Ohne solche Vorüberlegungen kommt es in Übungshausarbeiten sehr häufig zu äußerst abstrakt gehaltenen Problemdarstellungen, die vom Sachverhalt her gar nicht verlangt werden.

Einen raschen Überblick schon zu Beginn der Aufarbeitung der Rechtslage vermitteln freilich – wie bereits betont – häufig die Vorbemerkungen zu einer bestimmten Vorschriftengruppe, die die Einzelnorm in einen erweiterten systematischen Zusammenhang stellen.

Beispiel:

Schmidt-Bleibtreu/Klein, Grundgesetz, 7. Aufl. 1990, Vorb. vor Art. 70; *Landmann/Rohmer*, Gewerbeordnung und ergänzende Vorschriften, Loseblattausgabe, Vorbemerkung zu Titel VII = §§ 105 ff. GewO

1. Von der Dimensionierung und der Zielsetzung her zu unterscheiden sind einerseits umfassende, breit angelegte, oft mehrbändige Kommentierungen, welche eine vertiefte wissenschaftliche Durchdringung eines Rechtsstoffes anstreben,

Beispiele:

Bonner Kommentar (BK), Kommentar zum Bonner Grundgesetz, Loseblattausgabe, 1950 ff.; *Landmann/Rohmer*, Gewerbeordnung und ergänzende Vorschriften, Loseblattausgabe

und sog. Kurzkommentare andererseits; diese wollen vor allem dem Praktiker Entscheidungshilfe leisten, indem sie eine rasche und sichere Orientierung über den Stand der Rechtsprechung und der herrschenden Lehre zu zentralen Problemfragen vermitteln.

Beispiele:

Schmidt-Bleibtreu/Klein, Grundgesetz, Komm., 7. Aufl. 1990; *Sieg/Leifermann/Tettinger*, Gewerbeordnung, 5. Aufl. 1988; *Kunig/Schwermer/Versteyl*, AbfG, 1988.

Eine besondere Kategorie stellen die sog. Präjudizienkommentare[64] dar, welche unter Verzicht auf Einbeziehung literarischer Stellungnahmen die zu den einzelnen Normen ergangene Rechtsprechung eines Gerichts zusammenstellen und zum Abdruck bringen.

Beispiel:
Leibholz/Rinck, Grundgesetz für die Bundesrepublik Deutschland, Komm., 6. Aufl. 1979ff., Loseblattsammlung (Stand: März 1990).

2. Zu einem Kommentar sollte man ferner bevorzugt dann greifen, wenn es um die Erörterung prozessualer Fragen geht. Die bewährten Kommentierungen zu den Prozeßgesetzen enthalten häufig zugleich auch wichtige Informationen zum materiellen Recht.

Beispiele:
Eyermann/Fröhler, Verwaltungsgerichtsordnung, Komm., 9. Aufl. 1988; *Redeker/v.Oertzen*, Verwaltungsgerichtsordnung, Komm., 9. Aufl. 1988.

3. Vornehmlich zu Studienzwecken, etwa als ständige Vorlesungsbegleitung, empfehlenswert sind sog. Erläuterungsbücher oder Taschenkommentare, die auf knappstem Raum die für Studium und Ausbildung wichtigsten Rechtsfragen vereinfacht kommentieren.

Siehe etwa *Kopp*, Verwaltungsverfahrensgesetz, 4. Aufl. 1986; *ders.*, Verwaltungsgerichtsordnung, 8. Aufl. 1989.

II. Lehrbücher

Lehrbücher bezwecken üblicherweise die systematische Gesamtdarstellung eines Rechtsgebietes. Von der konkreten Zielsetzung, der Ausführlichkeit der Darstellung und dem anvisierten wissenschaftlichen Level her bestehen jedoch auch bei dieser Literaturgattung erhebliche Unterschiede. Bei grober Einteilung läßt sich differenzieren nach

- handbuchartigen Lehrbüchern als Gesamtdarstellung auf hohem wissenschaftlichen Niveau; diese sind als Lernbücher für den Studienanfänger regelmäßig ungeeignet und sollten von ihm nur zur Vertiefung einzelner Rechtsfragen herangezogen werden.

Beispiele:
Stern, Das Staatsrecht der Bundesrepublik Deutschland (5 Bde.); bisher erschienen: Bd. I, 2. Aufl. 1984; Bd. II, 1980; Band III/1, 1988; *Drews/Wacke/Vogel/Martens*, Gefahrenabwehr, 9. Aufl. 1986; *Büdenbender*, Energierecht, 1982; *Thieme*, Deutsches Hochschulrecht, 2. Aufl. 1986; *Forsthoff*, Lehrbuch des Verwaltungsrechts, 10. Aufl. 1973; *Kloepfer*, Umweltrecht, 1989.

- systematischen Darstellungen, die in ähnlicher Weise, aber schon komprimierter und durchaus praxisorientiert einen breit gefächerten Überblick über den Rechtsstoff geben;

---

[64] *Oftinger* (o. Fußn. 3), S. 90.

Beispiele:

Erichsen/Martens (Hrsg.), Besonderes Verwaltungsrecht, 8. Aufl. 1988; *Steiner* (Hrsg.), Besonderes Verwaltungsrecht, 3. Aufl. 1988; *Püttner*, Wirtschaftsverwaltungsrecht, 1989.

– Kurzlehrbüchern, die vor allem auf Studienzwecke abstellen und vorzugsweise als Begleitlektüre zur Vorlesung geeignet sind;

Beispiele:

Hesse, Grundzüge des Verfassungsrechts, 17. Aufl. 1990; *Schmitt Glaeser*, Verwaltungsprozeßrecht, 10. Aufl. 1990; *Maurer*, Allgemeines Verwaltungsrecht, 7. Aufl. 1990; *Götz*, Allgemeines Polizei- und Ordnungsrecht, 9. Aufl. 1988.

– Grundrissen oder Einführungen, die zunächst einen knappen Überblick über eine Rechtsmaterie, einen ersten Orientierungsrahmen geben wollen und dabei Unvollständigkeit bewußt in Kauf nehmen. Auf sie sollte man namentlich zurückgreifen, um *vor* intensiverer Beschäftigung mit einem Rechtsgebiet erste Eindrücke zu gewinnen bzw. um bereits erlerntes Wissen neu aufzufrischen.

Beispiele:

Degenhart, Staatsrecht I, 6. Aufl. 1990; *Tettinger*, Besonderes Verwaltungsrecht (Kommunalrecht, Polizei- und Ordnungsrecht), 2. Aufl. 1990.

Der Student, der zur Einarbeitung, zur Vorlesungsbegleitung oder zur Nacharbeit nach dem für seine Zwecke am ehesten geeigneten Lehrbuch Ausschau hält, steht angesichts der heutigen Materialfülle vor erheblichen Schwierigkeiten. Er kann sich bei der Auswahl auf eine Literaturschau oder Sammelrezension in einer Ausbildungszeitschrift stützen, dem Rat des Dozenten oder seiner Kollegen folgen oder auch eigenständig seine Entscheidung treffen, indem er in mehreren in Frage kommenden Schriften jeweils ein „Testkapitel" liest und dabei das ihm von der Präsentation des Stoffes her vergleichsweise eingängigste Werk ermittelt.[65]

III. Monographien

Als Monographien bezeichnet man selbständige systematische Darstellungen eines spezifischen Problemkreises durch einen Autor, wobei der Umfang als solcher für diese Charakterisierung unerheblich ist. Es kann sich um sehr umfangreiche, thematisch weit aufgegliederte und tiefgehende Untersuchungen wie etwa Habilitationsschriften handeln,

Beispiel:

Kunig, Das Rechtsstaatsprinzip, 1986; *Streinz*, Bundesverfassungsgerichtlicher Grundrechtsschutz und Europäisches Gemeinschaftsrecht, 1989.

um eingehende literarische Abhandlungen zu enger eingegrenzten Fragenbereichen

---

[65] Dies empfiehlt auch *Schroeder* (o. Fußn. 61), S. 793.

Beispiele:

v. Arnim, Wirtschaftlichkeit als Rechtsprinzip, 1986; *Weyreuther*, Über die Verfassungswidrigkeit salvatorischer Entschädigungsregeln im Enteignungsrecht, 1980; *Tettinger*, Zum Tätigkeitsfeld der Bundesrechtsanwaltskammer, 1985; *Püttner*, Die öffentlichen Unternehmen, 2. Aufl. 1985

oder auch nur um kurze und gezielte Stellungnahmen zu einem aktuellen Rechtsproblem, etwa auf der Grundlage eines Vortragsmanuskripts.

Beispiel:

Müller-Graff, Binnenmarktziel und Rechtsordnung, Kölner Juristische Gesellschaft, Schriftenreihe, Bd. 8, 1989; *Häberle*, Der Sonntag als Verfassungsprinzip, Schriften zum Öffentlichen Recht, Bd. 551, 1988; *Püttner*, Toleranz als Verfassungsprinzip, Schriftenreihe der Hochschule Speyer, Bd. 62, 1977.

Anders als das Lehrbuch behandelt die Monographie jedoch üblicherweise nicht ein Rechtsgebiet insgesamt, sondern widmet sich nur einer bestimmten Fragestellung, die allerdings durchaus breit dimensioniert und fächerübergreifend sein kann.

Dissertationen sind zu den Monographien zu zählen. In weiterem Sinne gehört hierzu auch die Aufsatzliteratur in Fachzeitschriften (dazu unten VIII), wenngleich es sich bei dieser nur um eine unselbständige Veröffentlichungsform handelt.

Als zusammenhängende Erörterung eines einzelnen Sach- oder Problembereichs ist die Monographie geeignet, den Leser über die Implikationen einer bestimmten Rechtsauffassung umfassend zu unterrichten; insofern muß der Student auf sie bei der Untersuchung von Spezialfragen, etwa bei einer Themenarbeit (dazu unten Teil 4) oder auch bei Hausarbeiten zu Übungsfällen, zur Vertiefung zurückgreifen. Außerdem enthalten größere Monographien regelmäßig ein ausführliches Literaturverzeichnis, welches eine umfassende Orientierung über den Streitstand zum Zeitpunkt des Abschlusses der Monographie erlaubt und die Ausgangsbasis für weitere Forschungen bietet.

Beispiel:

Löwer, Energieversorgung zwischen Staat, Gemeinde und Wirtschaft, 1989 (mit umfassendem Literaturverzeichnis, S. XIX ff.)

IV. Schriftenreihen

Juristische Monographien erscheinen häufig im Rahmen einer Schriftenreihe. Auf einigen Sachgebieten erfassen Schriftenreihen einen ganz erheblichen Anteil an der gesamten monographischen Literatur. Sie werden von Hochschulinstituten, wissenschaftlichen Vereinigungen, einzelnen Hochschullehrern oder auch von Verlagen herausgegeben und bieten vielfach eine gute Chance, überdurchschnittliche Dissertationen zum Abdruck zu bringen. Einen – allerdings nicht mehr ganz aktuellen – Überblick über die kaum mehr überschaubare Anzahl der Schriftenreihen gibt die Bibliographie rechtswissenschaftlicher Schriftenreihen von *Schwerin* aus dem Jahre 1978.[66]

1. Eine erste Gruppe deckt von ihrer Thematik her entweder ein Studienfach in seiner vollen Breite ab,

Beispiele:

Schriften zum Öffentlichen Recht, Bd. 561: *Kämper*, Der Sachverständigenrat zur Begutachtung der gesamtwirtschaftlichen Entwicklung, 1989. – Schriften zum Sozial- und Arbeitsrecht (beide im Verlag Duncker & Humblot), Bd. 87: *Becking*, Der verfassungsrechtliche Schutz von Altersrentenansprüchen und -anwartschaften in Italien und in der Bundesrepublik Deutschland sowie im Rahmen der Europäischen Menschenrechtskonvention, 1987. – *Stern* (Hrsg.), Studien zum öffentlichen Recht und zur Verwaltungslehre, Bd. 40: *Dechsling*, Das Verhältnismäßigkeitsgebot, 1989. – Schriften zur Rechtstheorie, Bd. 123: *Tsatsos*, Von der Würde des Staats zur Glaubwürdigkeit der Politik, 1987. – Schriften zum Völkerrecht, Bd. 81: *Bülck*, Völkerrecht und Europäisches Recht, 1984.

oder ist spezielleren Themenbereichen gewidmet.

Beispiele:

Bettermann/Hirsch/Lerche (Hrsg.), Berliner Abhandlungen zum Presserecht, Heft 22: *Scholz*, Audiovisuelle Medien und bundesstaatliche Gesetzgebungskompetenz, 1976. – *Hüffer/Ipsen/Tettinger* (Hrsg.), Bochumer Beiträge zum Berg- und Energierecht, Bd. 9: *Hantke*, Bundesstaatliche Fragen des Energierechts, 1990. – *Friauf* (Hrsg.), Wirtschaftsverfassungsrecht und Wirtschaftsverwaltungsrecht, Band 3: *Selmer*, Steuerinterventionismus und Verfassungsrecht, 1972. – *Kloepfer* (Hrsg.), Schriften zum Umweltrecht, Bd. 15: *Brandner*, Gefahrerkennbarkeit und polizeirechtliche Verhaltensverantwortlichkeit, 1990. – *Hadding/Schneider* (Hrsg.), Untersuchungen über das Spar-, Giro- und Kreditwesen, Bd. 31: *Hauschka*, Die Dienstrechtsstellung der Vorstandsmitglieder der öffentlich-rechtlichen Sparkassen, 1981

2. Andere Schriftenreihen sind im Themenbereich nicht auf bestimmte Rechtsgebiete festgelegt. Hierzu gehören namentlich von rechtswissenschaftlichen Fachbereichen

Beispiele:

Erlanger juristische Abhandlungen, hrsg. v. d. Juristischen Fakultät der Universität Erlangen-Nürnberg, Band 19: *Kohl*, Die Lehre von der Unrechtsfähigkeit des Staates, 1977. – Neue Kölner Rechtswissenschaftliche Abhandlungen, hrsg. v. d. Rechtswissenschaftlichen Fakultät der Universität zu Köln, Heft 82: *Siekmann*, Die Bestimmungen der akademischen Lehre durch hochschulfremde Einrichtungen, 1978. – Münchener Universitätsschriften, hrsg. im Auftrag der Juristischen Fakultät der Universität München von *Lerche/Lorenz/Roxin*, Band 31: *Jarass*, Politik und Bürokratie als Elemente der Gewaltenteilung, 1975.

sowie von wissenschaftlichen Vereinigungen,

Beispiele:

Püttner, Staatsverschuldung als Rechtsproblem, Heft 66 der Schriftenreihe der Juristischen Gesellschaft e.V. Berlin, 1980. – *Vogel*, Finanzverfassung und politisches Ermessen, Heft 108 der Schriftenreihe der Juristischen Studiengesellschaft, Karlsruhe, 1972.

---

[66] S. dazu auch *R.-E. Walter*, Wie finde ich juristische Literatur, 1980, S. 152ff., sowie unten XI (Bibliographien).

öffentlich-rechtlichen Institutionen,

Beispiel:
Schriftenreihe der Bundesrechtsanwaltskammer, Bd. 1: *Stern*, Anwaltschaft und Verfassungsstaat, 1980.

Verbänden

Beispiel:
Schriftenreihe des Deutschen Industrie- und Handelstages (DIHT), Heft 169: Kammer und Kabel, Vorträge und Ergebnisse eines Seminars zur Kabelkommunikation, 1978. – *Göb/Laux/Salzwedel/Breuer*, Kreisentwicklungsplanung, Bd. 1 der Kommunalwissenschaftlichen Schriften des Deutschen Landkreistages, 1974.

oder juristischen Fachverlagen

Beispiele:
Recht und Staat: In dieser Schriftenreihe finden sich Schriften geringeren Umfangs zu aktuellen juristischen Fragen, wobei der Schwerpunkt bei öffentlich-rechtlichen Themen liegt; vgl. *Soell*, Der Grundsatz der wirtschaftlichen Vertretbarkeit im Bundesimmissionsschutzgesetz, Recht und Staat (in Geschichte und Gegenwart), Heft 496/497, 1980. *NJW-Schriftenreihe*: Die seit 1969 erscheinende NJW-Schriftenreihe ergänzt und erweitert praxisrelevante Themenbereiche in einer Ausführlichkeit, wie dies in Einzelbeiträgen in der „Neuen Juristischen Wochenschrift" nicht geschehen kann, bei denen aber ein Bedürfnis auf Seiten der Richter, Anwälte sowie der in Wirtschaft und Verwaltung tätigen Juristen nach umfassender Darstellung besteht. Die genannten Personen stellen daher den Hauptadressatenkreis der Zeitschrift wie der Schriftenreihe dar. Einzelne Bände enthalten auch für juristische Laien wichtige Informationen (vgl. *Schmalzl*, Die Haftung der Architekten und des Bauunternehmers, Heft 4, 4. Aufl. 1980; *Laufs*, Arztrecht, Heft 29, 4. Aufl. 1988; *Niehues*, Schul- und Prüfungsrecht, Heft 27, 2. Aufl. 1983). Mit Rücksicht auf die praktische Handhabbarkeit wird vielfach bewußt darauf verzichtet, streitige Rechtsfragen in wissenschaftlicher Breite abzuhandeln, um so zielgerichtet die den Praktiker interessierende schnelle und gezielte Information zu erreichen (vgl. *Göppinger*, Vereinbarungen anläßlich der Eheschließung [Die vertragliche Regelung der zivil-, steuer- und sozialrechtlichen Folgen], Heft 1, 6. Aufl. 1988). Auch der Student kann, etwa im Rahmen von Themenarbeiten, mit Gewinn auf solche Bände zurückgreifen, die ihm zu einem Problembereich einen raschen Überblick über die geltende Rechtslage und die bestehende Rechtspraxis geben (vgl. *Finkelnburg/Jank*, Vorläufiger Rechtsschutz im Verwaltungsstreitverfahren, Heft 12, 3. Aufl. 1986). *Europäische Hochschulschriften*, Reihe II: Rechtswissenschaft (Verlag Lang, Bern und Frankfurt), Bd. 70: *Stahl*, Die Bindung der Staatsgewalten an die höchstrichterliche Rechtsprechung, 1973; Bd. 685: *Dörries*, Zur Rechtsstellung von Landesbanken, 1988.

herausgegebenen Schriftenreihen.

3. Gesondert aufzuführen sind noch Schriftenreihen, die speziell auf Studium und Ausbildung sowie auf Fragen der Didaktik und Methodik des Rechtsunterrichts und der Juristenausbildung ausgerichtet sind. Als wohl wichtigste innerhalb dieser Gruppe ist die JuS-Schriftenreihe aufzuführen, deren Bände sich von ihrer Konzeption her an den Anforderungen der juristischen Ausbildung orientieren und somit der Studienliteratur zuzuordnen sind.[67] Die jeweiligen Darstellungen beschränken sich

---

[67] Vgl. dazu näher unten X.

auf das für die Ausbildung Wesentliche; schwierige Sachverhalte werden dem Studenten in aufbereiteter, verständlicher Form nahegebracht.

Die JuS-Schriftenreihe umfaßt: (1) Einführende Literatur zur Juristenausbildung und zu Randgebieten der Juristenausbildung (vgl. *Rinken*, Einführung in das juristische Studium, Band 9, 1977; *Kröger*, Einführung in die jüngere deutsche Verfassungsgeschichte, Bd. 102, 1988),

(2) Fälle und Erläuterungen für Anfangssemester (vgl. *Löwisch/Denck*, Vertragliche Schuldverhältnisse, Band 21, 2. Aufl. 1990; *Zuleeg*, Fälle zum Allgemeinen Verwaltungsrecht, Bd. 54, 2. Aufl. 1991; *W. Schmidt*, Einführung in die Probleme des Verwaltungsrechts, Bd. 82, 1982).

(3) Anleitungsbücher zur Klausurbearbeitung (vgl. *Schwerdtfeger*, Öffentliches Recht in der Fallbearbeitung, Band 5, 8. Aufl. 1986).

(4) Fallsammlungen für fortgeschrittene Semester und Examenssemester zum Hauptfachstoff (vgl. *Gubelt*, Fälle zum Bau- und Raumordnungsrecht, Bd. 26, 3. Aufl. 1987; *Kisker*, Fälle zum Staatsorganisationsrecht, Bd. 92, 1985; *Pappermann/Löhr/Andriske*, Recht der öffentlichen Sachen, Bd. 96, 1987).

(5) Zusammenfassende Darstellungen examenswichtiger Probleme (vgl. *Püttner/Kretschmar*, Die Staatsorganisation, Bd. 62, 1978; *Götz*, Allgemeines Verwaltungsrecht, Bd. 43, 3. Aufl. 1985; *Stern*, Verwaltungsprozessuale Probleme in der öffentlich-rechtlichen Arbeit, 6. Aufl. 1987).

(6) Klausursammlungen und Anleitungsbände für das Wahlfachstudium (vgl. *Schlosser/Sturm/Weber*, Die rechtsgeschichtliche Exegese, Band 10, 1972; *Papier*, Fälle zum Wahlfach Wirtschaftsverwaltungsrecht, Band 44, 2. Aufl. 1984; *R. Schmidt*, Einführung in das Umweltrecht, Bd. 98, 2. Aufl. 1989; *Frotscher*, Wirtschaftsverfassungs- und Wirtschaftsverwaltungsrecht, Bd. 103, 1988; *Finkelnburg/Ortloff*, Öffentliches Baurecht – Bd. 1: Bauplanungsrecht, Bd. 2: Bauordnungsrecht, Nachbarschutz, Rechtsschutz – Bd. 107/108, 2. Aufl. 1990).

Daneben besteht eine gesonderte Schriftenreihe JuS-Didaktik – Schriften zur Didaktik und Methodik des Rechtsunterrichts und zur Juristenausbildung – (vgl. *Hoffmann-Riem*, Sozialwissenschaften im Studium des Rechts, Bd. II: Verfassungs- und Verwaltungsrecht, 1977).

Des weiteren ist auf die Reihe Jura-Studienbuch hinzuweisen; vgl. etwa *Papier*, Recht der öffentlichen Sachen, 2. Aufl. 1984.

Als Schriften zur Intensivierung der juristischen Ausbildung sind schließlich noch die JA-Sonderhefte zu erwähnen (vgl. *Baumgärtel/Mes*, Einführung in das Zivilprozeßrecht mit Examinatorium, 7. Aufl. 1986).

V. Festschriften

Festgaben oder Festschriften stellen Sammlungen kürzerer Monographien verschiedener Autoren aus Anlaß eines bestimmten festlichen Ereignisses dar, so etwa beim 70. Geburtstag eines anerkannten Wissenschaftlers oder bei bedeutsamen Jahrestagen der Tätigkeit von Institutionen.[68]

Beispiele:

Wirtschaftsordnung und Rechtsordnung, Festschrift zum 70. Geburtstag von Franz Böhm, 1965. – Bundesverfassungsgericht und Grundgesetz, Festgabe aus Anlaß des 25-jährigen Bestehens des Bundesverfassungsgerichts, 2 Bände, 1976. – Festschrift zum

[68] Zur zunehmenden Festschriften-Hausse kritisch *Kaiser*, DÖV 1980, 460; *P. Ulmer*, ZHR 143 (1979), 455f.

125-jährigen Bestehen der Juristischen Gesellschaft zu Berlin, 1984. – Verwaltung im Rechtsstaat, Festschrift zum 80. Geburtstag von C.H. Ule, 1987.

In ihnen finden sich Darlegungen zu Fachfragen, denen das besondere Interesse des Jubilars galt bzw. die den Aufgabenbereich der Institution betreffen.

Beispiele:

E. Klein, Nation und Demokratie – Sachzusammenhänge und deutsche Frage –, in: Recht, Wirtschaft, Politik im geteilten Deutschland, Festschrift S. Mampel, 1983, S. 345 ff. – *K. Vogel*, Begrenzung von Subventionen durch ihren Zweck, in: Hamburg-Deutschland-Europa, Festschrift für H.P. Ipsen, 1977, S. 539 ff. – *Wagener*, Neugliederung des Bundesgebietes und Bundesrat, in: Der Bundesrat als Verfassungsorgan und politische Kraft, 1974, S. 421 ff.

Ein spezielles Genre stellen dabei Gedächtnisschriften dar. Diesbezüglich sind verschiedene Kategorien zu unterscheiden, nämlich zum einen die besondere Ehrung eines früh verstorbenen Wissenschaftlers,

Beispiel:

Gesetzgebungstheorie, Juristische Logik, Zivil- und Prozeßrecht, Gedächtnisschrift für J. Rödig, 1978

zum zweiten als Festschriften konzipierte Bände, wenn der zu Ehrende plötzlich verstarb,

Beispiel:

Forschungen und Berichte aus dem öffentlichen Recht, Gedächtnisschrift für W. Jellinek, 1955; Gedächtnisschrift Hans Peters, 1967.

und schließlich Werke, die Jahre oder Jahrzehnte nach dem Tode eines Wissenschaftlers Respekt vor dem Weiterwirken seiner Gedanken bezeugen sollen.

Beispiele:

A. Kaufmann (Hrsg.), Gedächtnisschrift für Gustav Radbruch, 1968; R. Walter (Hrsg.), Adolf J. Merkl, Werk und Wirksamkeit, Schriftenreihe des Hans-Kelsen-Instituts, Bd. 14, 1990.

Beiträge in Festschriften zeichnen sich nicht immer durch die Aktualität ihrer Thematik aus. Dies wird aber zumeist dort der Fall sein, wo die Festschrift von der Anlage her deutliche thematische Schwerpunkte erkennen läßt und eine Präsentation aktueller Forschungsergebnisse bereits vom Sachtitel her indiziert ist. Die Berücksichtigung entsprechender Beiträge lohnt sich vor allem bei der Anfertigung von Themenarbeiten im Rahmen von Seminarveranstaltungen. Hilfreich können solche Darlegungen aber auch bei der Anfertigung einer Examensarbeit und – bei spezieller Problematik – bereits bei der Hausarbeit in einer Übung für Fortgeschrittene sein.

Beispiele:

Schmidt-Aßmann, Kommunen und örtliche Energieversorgung, in: Berg- und Energierecht vor den Fragen der Gegenwart, Festschrift für Fritz Fabricius, 1989, S. 251 ff. –

Sendler, Rechtswidrige Anstragsablehnung und verschlechternde Rechtsänderung, in: Verwaltung im Dienste von Wirtschaft und Gesellschaft, Festschrift für Ludwig Fröhler zum 60. Geburtstag, 1980, S. 209 ff. – *Friauf*, Bestandsschutz bei gewerblichen Anlagen, in: Verwaltungsrecht zwischen Freiheit, Teilhabe und Bindung, Festgabe aus Anlaß des 25jährigen Bestehens des Bundesverwaltungsgerichts, 1978, S. 217 ff.

Bei Festschriften zu Ehren eines verdienten Wissenschaftlers befindet sich am Ende jeweils ein bibliographischer Nachweis seiner Schriften.

VI. Handbücher und Enzyklopädien

Eine hervorragende Informationsquelle, die in studentischen Kreisen oft schon aus Furcht vor dem optischen Gewicht der teilweise vielbändigen Werke vernachlässigt bleibt, sind Handbücher, Enzyklopädien, Lexika und Nachschlagewerke. Letztere enthalten alphabetisch nach Stichworten geordnete Einzeldarstellungen – meist unterschiedlicher Verfasser –, die in ihrer Summierung den Gesamtkomplex eines Rechtsgebietes bzw. – weiter noch – der gesamten Rechtsordnung oder der Staats- und Gesellschaftsordnung umgreifen. Handbücher sind insbesondere auf solchen Rechtsgebieten unverzichtbar, wo eine Vielzahl von Gesetzen und anderen Rechtsvorschriften die Gewinnung eines systematischen Überblicks erschwert.

Beispiel:
Hummel/Liljegren, Lebensmittelrechts-Handbuch, 1988.

Diese Informationsquellen verschaffen somit das oft unerläßliche Hintergrundwissen, das für eine Entscheidung konkreter Rechtsfragen unter Einbeziehung ihrer gesellschaftlichen Bedeutung notwendig ist. Hervorgehoben seien hier von den umfassenderen Werken vor allem:

Staatslexikon, Recht-Wirtschaft-Gesellschaft (Staatslex.), hrsg. v. d. Görres-Gesellschaft, 7. Aufl., 5 Bde., 1985 – 1989. – Evangelisches Staatslexikon (Ev. StL), 3. Aufl. 1987. – Handwörterbuch des Steuerrechts (HwStR), 2 Bde., 2. Aufl. 1981. – Handwörterbuch zur deutschen Rechtsgeschichte, hrsg. v. *Erler/Kaufmann*, 1971 ff. – Handwörterbuch des Umweltrechts (HdUR), hrsg. v. *Kimminich/v.Lersner/Storm*, Bd. 1: 1986, Bd. 2: 1988.

Die in diesen Werken enthaltenen Beiträge sind nicht für spezifisch rechtswissenschaftlich vorgebildete Adressaten geschrieben, sondern wollen in auch für Laien verständlicher Form Informationen über einen bestimmten Sachkomplex liefern. Da diese Artikel zudem auch Literaturhinweise enthalten, bilden sie oft für abstraktere Themenarbeiten, die nicht auf Einzelrechtsprobleme der Anwendung bestimmter Gesetze abzielen, sondern den Hintergrund staatlicher Institutionen oder Ordnungskomplexe beleuchten und problematisieren wollen, einen geeigneten „Einstieg“.[69]

---

[69] *Rinken*, Einführung in das juristische Studium, 1977, S. 276 f.

Beispiele:

Ballerstedt, Art. Wirtschaftsverfassung, in: EvStL, 3. Aufl. 1987, Sp. 4065 ff.; *Hesse*, Staatsnotstand und Staatsnotrecht, in: Staatslex. Bd. 5, 1989, Sp. 201 ff.; *Sellner*, Umweltprozeßrecht, in: HdUR, Bd. 2, 1988, Sp. 717 ff.

Als juristische Lexika seien genannt: Münchener Rechtslexikon, 3 Bde., 1987; *Creifelds*, Rechtswörterbuch, 9. Aufl. 1988; *Model/Creifelds/Lichtenberger*, Staatsbürger-Taschenbuch, 25. Aufl. 1990.

Weitere juristische Werke sind bei *Oftinger*[70] aufgeführt, weitere sozialwissenschaftliche bei *Rinken*.[71]

Soweit es darum geht, wirtschaftswissenschaftliche Erkenntnisse zu verwerten, bieten sich namentlich folgende Nachschlagewerke an: Gabler, Wirtschaftslexikon, 2 Bde., 12. Aufl. 1988; Vahlens Großes Wirtschaftslexikon, 2 Bde., 1987; Handwörterbuch der Wirtschaftswissenschaften (HdWW), 9 Bde., 1977–1982; Handwörterbuch der Volkswirtschaft (HDV), 2. Aufl. 1980; Handwörterbuch der Finanzwissenschaft, 3. Aufl. 1975 ff.; Handwörterbuch der Betriebswirtschaft, 3 Bde., 4. Aufl. 1974/76.

Werke zu anderen nichtjuristischen Bereichen, zu denen auch engere Verbindungslinien bestehen, sind bei *Oftinger*[72] genannt. Hier aufgeführt seien lediglich *Grochla* (Hrsg.), Handwörterbuch der Organisation, 2. Aufl. 1980; *Bernsdorff* (Hrsg.), Wörterbuch der Soziologie, 2. Aufl. 1969; *R. König* (Hrsg.), Handbuch der empirischen Sozialforschung, 14 Bde., 1973 ff.; *Görlitz* (Hrsg.), Handlexikon zur Politikwissenschaft, 2. Aufl. 1972.

VII. Dokumentationen und Sammelbände

Als Dokumentation im bibliographischen Sinne versteht man Zusammenstellungen und Nachweise von Belegstellen.[73] Gemeint sind ganz allgemein zusammengefaßte Berichte von Tagungen, Kongressen und dgl., die bestimmten juristischen Fragen gewidmet sind. Auf sie wird vor allem in der Themenarbeit, vornehmlich dann, wenn sie aktuelle Probleme des geltenden Rechts oder rechtspolitische Bereiche betrifft, zurückzugreifen sein.

Beispiele:

Verhandlungen des 58. Deutschen Juristentages 1990, Bd. I (Gutachten), Teil A: *Stürner*, Empfiehlt es sich, die Rechte und Pflichten der Medien präziser zu regeln und dabei den Rechtsschutz des einzelnen zu verbessern? – Veröffentlichungen der Vereinigung der Deutschen Staatsrechtslehrer (VVDStRL) Heft 44, 1986: Die öffentlichrechtliche Anstalt, Referate von *Lange* (S. 169 ff.) und *Breuer* (S. 221 ff.) und anschl. Aussprache (S. 248 ff.). – Dokumentation zum 9. Deutschen Verwaltungsrichtertag 1989, herausgegeben vom Bund Deutscher Verwaltungsrichter, 1989.

---

[70] AaO (o. Fußn. 3), S. 91 f.
[71] AaO (o. Fußn. 69), S. 276.
[72] AaO (o. Fußn. 3), S. 92 ff.
[73] S. *Oftinger*, aaO (o. Fußn. 3), S. 69.

Daneben stehen Sammelbände, in denen entweder Beiträge mehrerer Autoren zu einem Themenkreis wiedergegeben sind

Beispiele:

Grimm (Hrsg.), Rechtswissenschaft und Nachbarwissenschaften, 2 Bde., 1973/76. – *Scheuner* (Hrsg.), Die staatliche Einwirkung auf die Wirtschaft, 1971. – *v.Münch* (Hrsg.), Besonderes Verwaltungsrecht, 8. Aufl. 1988. – *Grabitz* (Hrsg.), Grundrechte in Europa und USA, 1986. – *Brede/von Loesch* (Hrsg.), Die Unternehmen der öffentlichen Wirtschaft in der Bundesrepublik Deutschland, 1986.

oder mehrere thematisch zusammenhängende Aufsätze eines Autors gemeinsam abgedruckt werden.

Beispiele:

Mestmäcker, Recht und ökonomisches Gesetz, 1978. – *Ule*, Verwaltung und Verwaltungsgerichtsbarkeit (Gesammelte Aufsätze und Vorträge 1949 – 1979), 1979. – *Hesse*, Ausgewählte Schriften, hrsg. v. Häberle und Hollerbach, 1984.

Auch sie sind vornehmlich für Themenarbeiten von Interesse.

VIII. Aufsatzliteratur

In Gestalt unselbständiger Veröffentlichungen monographischen Charakters nimmt die Aufsatzliteratur im modernen Wissenschaftsbetrieb einen breiten Raum ein. Der Aufsatz ist die geeignete Gestaltungsform, Gedanken zu Einzelproblemen der Rechtsordnung zeitnah auf gedrängtem Raum einem breiten Publikum nahezubringen. Von der Wahl des Publikationsorgans hängen dabei Breite und Struktur des Adressatenkreises ab. Eine optimale Verbreitung garantieren vor allem die nachgenannten juristischen Fachzeitschriften (sub IX). Der Student wird sowohl bei der häuslichen Bearbeitung von Übungsfällen wie auch bei der Themenarbeit häufig Aufsatzliteratur einbeziehen müssen. Kommentare, Lehrbücher und oft auch Gerichtsentscheidungen enthalten entsprechende Hinweise. Soweit es erforderlich ist, etwa im Rahmen spezieller Themenarbeiten, wird man zur weiteren Erfassung ergänzend auf Bibliographien (dazu unten XI) zurückgreifen.

Für den Studenten stellt sich nicht selten die Frage der Gewichtung der in Aufsätzen dargelegten Thesen, [74] insbesondere wenn sie von in der Rechtsprechung vertretenen Rechtsauffassungen abweichen. Hier ist stets kritische Distanz angebracht, insbesondere dann, wenn aus den Ausführungen hervorgeht, daß mehr oder weniger einseitig bestimmte Interessenstandpunkte vertreten werden.

Schließlich kann man etwa von Gewerkschaftsfunktionären oder anderen Verbandsvertretern kaum erwarten, daß sie eine von der „in ihrem Haus" üblichen abweichende Rechtsauffassung vertreten. Dies gilt namentlich für Stellungnahmen in politisch brisanten Angelegenheiten wie etwa in Sachen Mitbestimmung oder Arbeitskampfrecht.

---

[74] Dazu unter methodischen Gesichtspunkten näher unten § 7 II.

In der Auseinandersetzung mit einem breiten Meinungsspektrum wird der Student in solchen Fällen allerdings schon früh gezwungen, sich über die Stringenz und Überzeugungskraft divergierender Auffassungen Gedanken zu machen und eine sachorientierte Abwägung vorzunehmen – ein für seinen Ausbildungsgang eminent wichtiger Schritt.

IX. Fachzeitschriften

Die gängigen juristischen Fachzeitschriften lassen sich nur schwer einheitlich klassifizieren, da sie sehr unterschiedliche Funktionen erfüllen. Dies hat seinen Grund vor allem darin, daß die jeweilige Fachzeitschrift einen ganz bestimmten Adressenatenkreis, ein ganz bestimmtes Publikum, ansprechen will. Hiervon hängt es auch ab, ob eine mehr praktische oder eine mehr wissenschaftliche Ausrichtung gegeben ist. Größter Vorteil der Fachzeitschriften ist deren Chance zur Aktualität. Sie können rasch auf Neuerungen in der Rechtsentwicklung und neueste Rechtsprechung aufmerksam machen, ja sogar Hinweise auf Gerichtsentscheidungen geben, die gerade erst wenige Tage vorher verkündet wurden, und diese erläutern und kommentieren.

Im folgenden soll – ohne Anspruch auf Vollständigkeit – eine Auswahl wichtiger Fachzeitschriften unter Angabe des jeweiligen Adressatenkreises vorgestellt werden, woraus sich jeweils der mögliche Nutzen für den Studenten ermitteln läßt.

1. Standardfachzeitschriften für alle Rechtsgebiete

a) NJW – Neue Juristische Wochenschrift: Sie wendet sich bei wöchentlicher Erscheinungsweise mit umfangreichem aktuellem Rechtsprechungsteil, allerdings vornehmlich zum Zivilrecht, namentlich an den Praktiker, den Rechtsanwalt, den Richter und den Justitiar in Wirtschaftsunternehmen und Verbänden.

Der spezielle Nutzen der Lektüre dieser Zeitschrift für den Studenten besteht in der Gewährleistung umfassender aktueller Information über neueste Rechtsprechung, vor allem auf dem Gebiet des Bürgerlichen Rechts.

Abgesehen vom Rechtsprechungsteil enthält die NJW folgende Sparten: Aufsätze, Kurze Beiträge, Mitteilungen, Buchbesprechungen sowie zusätzliche Umschlaginformationen mit Stellenanzeigen und aktuellen Nachrichten. Die Beachtung des Aufsatzteils, in dem sich häufig einführende Aufsätze zu durch eine neue Gesetzgebung herbeigeführten Veränderungen der Rechtslage

Beispiele:
Weber/Hellmann, Das Gesetz über die Umweltverträglichkeitsprüfung (UVP-Gesetz), NJW 1990, 1625 ff.; *Lüderitz*, Verbot von Kinderhandel und Leihmuttervermittlung durch Änderung des Adoptionsvermittlungsgesetzes, NJW 1990, 1633 ff.

sowie kontinuierliche Übersichten über die Rechtsentwicklung in bestimmten Rechtsbereichen

Beispiele:
Battis, Die Entwicklung des Beamtenrechts im Jahre 1988, NJW 1989, 1258ff. – *Laufs*, Die Entwicklung des Arztrechts 1988/89, NJW 1989, 1521ff. – *Maaß*, Die Entwicklung des Kassenarztrechts seit dem Jahr 1979, NJW 1989, 2926ff.

befinden, wird namentlich dem fortgeschrittenen Studenten Gewinn bringen.

Gerade diese Darstellungen sind bei aktuellen Fragen sehr nützlich, da Lehrbücher und Kommentare nicht immer auf dem neuesten Stand sein können und solche zusammenfassenden Aufsätze die Einzelfalljudikatur sofort in einen systematischen Zusammenhang einzuordnen bemüht sind. Auch in der Spalte „Kurze Beiträge" finden sich überwiegend Stellungnahmen zu aktuellen Einzelproblemen, die für Studenten höheren Semesters die Lektüre lohnen.[75]

Beispiel:
Schulz, Die Parteifähigkeit nichtrechtsfähiger Vereine, NJW 1990, 1983f.

Die Spalte Mitteilungen enthält Hinweise auf Fachtagungen mit einer kurzen Zusammenfassung der dort behandelten Problematik.

Beispiel:
Gefahren für die Effektivität des Rechts – Richter und Bürokratisierung. Ein Arbeitspapier des Arbeitskreises für Rechtsprechung der Gesellschaft zur Förderung der Entbürokratisierung, in: NJW 1990, 1834ff.

Buchbesprechungen zur Lehrbuch- und Studienliteratur können eine Hilfe bei der Literaturnutzung sein, dies vor allem deshalb, weil die meisten Besprechungen neben einer knappen Inhaltsangabe auch Hinweise zu dem von der Schrift angesprochenen Adressatenkreis enthalten. Eine Fundgrube aktueller Informationen stellen darüber hinaus die Umschlagseiten der NJW dar. In der Spalte NJW-aktuell werden vorab Leitsätze neuester Urteile mitgeteilt, deren Entscheidungsgründe erst später in den Fachzeitschriften detailliert wiedergegeben werden. Daneben finden sich Hinweise auf Veranstaltungen, den Stand der Bundesgesetzgebung, gerade erschienene Literatur sowie eine Bücherschau zu verschiedenen Rechtsgebieten, die aus der Karlsruher Juristischen Bibliographie (KJB) entnommen ist. Weiterhin informiert die Spalte „Bundesgesetzgebung" im Turnus der Sitzungswochen des Bundestages und des Bundesrates über den aktuellen Stand der Bundesgesetzgebung.

Beispiel:
Gesetz zu dem Vertrag v. 3. 8. 1990 zur Vorbereitung und Durchführung der ersten

[75] Die ständige Lektüre der NJW ist für den fortgeschrittenen Jurastudenten, namentlich vor der mündlichen Prüfung im ersten Staatsexamen, wohl unerläßlich.

gesamtdeutschen Wahl des Deutschen Bundestages zwischen der Bundesrepublik Deutschland und der DDR (BR-Drucks. 570/90).

In Ergänzung hierzu geht der Bericht aus Bonn in der als Beilage zur NJW erscheinenden Zeitschrift für Rechtspolitik (ZRP) gezielt auf rechtspolitische Entwicklungen und in diesem Rahmen auf den Inhalt konkreter Gesetzesentwürfe ein.

Beispiel:
Rahner, Hat der Bundesgesetzgeber die Gesetzgebungskompetenz für ein Gentechnikgesetz?, in: ZRP 1990, 63 ff.

Seit April 1990 erscheint als weitere monatliche Beilage die „Deutsch-Deutsche Rechts-Zeitschrift" (DtZ). Sie widmet sich vorwiegend der Rechtsentwicklung in den neuen Bundesländern, Problemen der Rechtsangleichung der beiden bisherigen deutschen Staaten sowie Sachbereichen, in denen sich besondere Überschneidungsprobleme stellen. Im Rechtsprechungsteil finden sich zunehmend Urteile von Gerichten in den neuen Bundesländern.

b) MDR – Monatsschrift für Deutsches Recht: Diese – wie bereits der Titel besagt – monatlich erscheinende Zeitschrift bietet neben einem auf die juristische Praxis bezogenen Aufsatzteil einen breiten Überblick über die Judikatur unter besonderer Berücksichtigung der BGH-Rechtsprechung. Zusätzlich bringt sie Rechtsprechungsübersichten zu Spezialgebieten,

Beispiele:
Louven, Die höchstrichterliche Rechtsprechung zum Sozialrecht, MDR 1988, 1 ff., 445 ff., 820 ff. – *Hardt*, Aus der Rechtsprechung des Bundesfinanzhofs, MDR 1989, 500 ff.

wobei ein besonderer Schwerpunkt auf der Spruchpraxis des BGH in Strafsachen mit der Erörterung überwiegend unveröffentlichter Urteile liegt.

Beispiel:
Holtz, Aus der Rechtsprechung des Bundesgerichtshofs in Strafsachen, MDR 1989, 109 ff., 305 ff., 491 ff. usw.

Unter der Rubrik „Blick in die Zeit" werden kritische Aspekte zur Rechts- und Justizpolitik aufgezeigt.

Beispiel:
Zuck, Blick in die Zeit – Wir: sind: das Volk!, MDR 1990, 504 f.

Die Zeitschrift ist insgesamt praxisnah, aber durchaus wissenschaftlich fundiert. Für den Studenten ist sie als Informationsquelle wohl eher für den zivil- und strafrechtlichen Bereich empfehlenswert.

c) JR – Juristische Rundschau: Im Vordergrund dieser Zeitschrift steht die aktuelle Information über zentrale Rechtsprechung. Die JR als Monatsschrift verschafft vielfach Zugang zu BGH-Entscheidungen, die nicht in der amtlichen Sammlung veröffentlicht werden. Wichtig für den öffentlich-rechtlichen Bereich sind vor allem Übersichten zur Entscheidungspraxis des BVerfG und des BVerwG, wobei teilweise Judikate mitgeteilt werden, die an anderer Stelle überhaupt nicht publiziert wurden.

Beispiele:

Berkemann, Aus der Rechtsprechung des Bundesverfassungsgerichts, JR 1989, 177, 451 ff.; *Gielen*, Aus der neueren Rechtsprechung des Bundesverwaltungsgerichts, JR 1989, 7, 139, 273, 410.

d) JZ – Juristenzeitung: Die Lektüre dieser zweimal im Monat erscheinenden Zeitschrift ist weniger zum Zwecke der kontinuierlichen Information über die Judikatur angezeigt, sondern im Vordergrund stehen hier aktuelle Probleme der Rechtspolitik sowie der Rechtsentwicklung durch neue Gesetzgebung und Rechtsprechung. Es finden sich auch Beiträge zu Studium und Ausbildung sowie zu den Berufsaussichten für junge Juristen. Darüber hinaus haben dort Abhandlungen aus den Bereichen Rechtsgeschichte, Rechtsphilosophie, Rechtstheorie, Rechtssoziologie und Methodenlehre ihren festen Platz. Der Aufsatzteil enthält vielfach Darlegungen, die über die konkrete Behandlung einer eng begrenzten juristischen Streitfrage hinausgehen und ganze Problembereiche in ihren rechtsdogmatischen und rechtspolitischen Zusammenhängen erörtern.

Beispiele:

P. Kirchhof, Gegenwartsfragen an das Grundgesetz, JZ 1989, 453 ff. – *Zuck*, Berufsrecht und Berufsmoral, JZ 1989, 353 ff. – *Meier-Hayoz*, Strategische und taktische Aspekte der Fortbildung des Rechts, JZ 1981, 417 ff.

Der Student wird auf diese Zeitschrift vor allem im Rahmen von Themenarbeiten mit Gewinn zurückgreifen können.

e) DRiZ – Deutsche Richterzeitung (Organ des Deutschen Richterbundes): Diese Monatsschrift befaßt sich mit für Richter und Staatsanwälte zentralen Rechtsfragen einschließlich rechtspolitischer Überlegungen und Problemen der Juristenausbildung.

Beispiel:

D. Simon, Rechtsprechung und Bürokratie, DRiZ 1980, 90 ff.

f) BB – Betriebsberater (Zeitschrift für Recht und Wirtschaft): Adressaten dieser dreimal im Monat erscheinenden Zeitschrift sind vor allem die in der Privatwirtschaft tätigen Juristen, Justitiare, Verbandsgeschäftsführer, Wirtschaftsanwälte, Steuerberater sowie Richter der Zivil-, Arbeits- und Sozialgerichtsbarkeit. Die angebotene Informationsfülle auf den Gebieten Wirtschaftsrecht, Bilanz- und Steuerrecht sowie Arbeits- und Sozialrecht kann von Studenten, die nicht gerade Spezialisten auf diesen Gebieten werden wollen, kaum ständig verarbeitet werden. Wer sich allerdings frühzeitig auf wirtschaftsrechtlichem Gebiet unter Einbeziehung der Praxis und in Ansehung der unverzichtbaren Querverbindungen zwischen Recht und Wirtschaft gediegene Kenntnisse erwerben will, hat hier eine sichere und umfassende Informationsbasis. Der BB bringt in seinen Spalten Wirtschaftsrecht, Bilanz- und Steuerrecht, Arbeits- und Sozialrecht jeweils Gerichtsentscheidungen, weitere Informationen sowie Abhandlungen. Die Beilagen des BB behandeln in intensiver Form aktuelle Themen aus den genannten Rechtsgebieten.

Beispiele:

v. Bornhaupt, Lohnsteuer-Außenprüfung und Lohnsteuerhaftungsbescheid – Entwicklung der jüngsten Rechtsprechung, BB Beilage 1 zu Heft 1/1990; *Schmidt-Aßmann*, Der Grundrechtsschutz gemischt-wirtschaftlicher Unternehmen nach Art. 19 Abs. 3 GG, BB Beilage 34 zu Heft 27/1990.

2. *Fachzeitschriften für das öffentliche Recht*

Da gerade das Verwaltungsrecht in kompetentieller Hinsicht wesentlich stärker als die bislang genannten Rechtsgebiete durch eine Aufteilung in Bundesrecht und Landesrecht gekennzeichnet ist, tragen die Fachzeitschriften dem durch unterschiedliche Schwerpunktsetzung Rechnung. Aufgeführt seien hier insbesondere:

a) DVBl. – Deutsches Verwaltungsblatt: Die zweimal im Monat erscheinende Zeitschrift informiert über den gesamten Bereich des öffentlichen Rechts durch Abhandlungen, Darstellungen zur Entwicklung des öffentlichen Rechts, Wiedergabe der Rechtsprechung der Verfassungs- und Verwaltungsgerichte, Literaturrezensionen und eine Zeitschriftenübersicht. Oft ist ein Heft einer speziellen Thematik gewidmet, wobei Abhandlungen und Rechtsprechung miteinander in enger Verbindung stehen.

Beispiele:

1981, Heft 15/16: Zum Preußenjahr 1981. – 1990, Heft 23: Zur Herstellung der Einheit Deutschlands.

Die Zeitschrift erscheint für den Studenten als unverzichtbare Informationsquelle, denn gerade im öffentlich-rechtlichen Bereich ist wegen der Vielzahl der relevanten Normen und den weitverzweigten Problemstellungen eine kontinuierliche, breit angelegte Information erforderlich.

b) DÖV – Die öffentliche Verwaltung: Zeitschrift für öffentliches Recht und Verwaltungswissenschaft (Erscheinungsweise: monatlich zweimal). Die Zeitschrift informiert in vergleichbarer Weise über den gesamten Bereich des öffentlichen Rechts (mit den Teilen: Abhandlungen, Forum, Berichte, Stellungnahmen, Rechtsprechung, Buchbesprechungen, Zeitschriftenschau), wobei neben Darstellungen zum Bundes- und Landesverfassungsrecht vor allem auch die Diskussion über Themen aus dem Bereich der Verwaltungslehre einen breiteren Raum einnimmt.

Beispiel:

Siedentopf/Hauschild, Europäische Integration und die öffentlichen Verwaltungen der Mitgliedstaaten, DÖV 1990, 445 ff.

c) NVwZ – Neue Zeitschrift für Verwaltungsrecht: Ab 1982 erscheinende Zeitschrift für den Bereich des gesamten Verwaltungsrechts. Es handelt sich um eine Fachzeitschrift, die sich dem gesamten Spektrum des öffentlichen Rechts widmet. Sie entspricht in ihrer Darstellungsweise der NJW und wird ergänzt durch den NVwZ-Rechtsprechungs-Report (NVwZ-RR) zum Verwaltungsrecht.

d) BayVBl. – Bayerische Verwaltungsblätter (Zeitschrift für öffentliches Recht und öffentliche Verwaltung): Die Bayerischen Verwaltungsblätter, die gleichfalls monatlich zweimal erscheinen, enthalten durchweg Abhandlungen, die auch über das bayerische Landesrecht hinaus von Interesse sind. Im Rechtsprechungsteil überwiegen freilich Entscheidungen des Bayerischen Verwaltungsgerichtshofs. Die Zeitschrift verdient dessen ungeachtet die Beachtung durch jeden speziell am öffentlichen Recht interessierten Studenten, auch außerhalb Bayerns.

e) VBlBW – Verwaltungsblätter für Baden-Württemberg (Zeitschrift für öffentliches Recht und öffentliche Verwaltung). Diese monatlich erscheinende Zeitschrift widmet sich vorwiegend Fragen des baden-württembergischen Landesrechts. Es finden sich hier ebenfalls Abhandlungen zu bundesrechtlichen Themen des Verwaltungsrechts. Bemerkenswert ist der besonders umfängliche Rechtsprechungsteil dieser Zeitschrift, der sich ausführlich mit der Judikatur namentlich des Verwaltungsgerichtshofs Baden-Württemberg befaßt.

f) NWVBL – Nordrhein-Westfälische Verwaltungsblätter (Zeitschrift für öffentliches Recht und öffentliche Verwaltung). Im Abhandlungsteil dieser monatlich erscheinenden Zeitschrift werden aktuelle Fragen des öffentlichen Rechts und der öffentlichen Verwaltung erörtert.

Beispiele:

Erichsen, Aktuelle Probleme der Kommunalverfassung, NWVBL 1990, 37 ff.; *Papier*, Entwicklung der Rechtsprechung zur Eigentumsgarantie des Art. 14 GG, NWVBL 1990, 397 ff.

Damit wendet sich die Zeitschrift gleichermaßen an Wissenschaft und Praxis. Ein umfänglicher Rechtsprechungsteil informiert schwerpunktmäßig über die Judikatur des Verfassungsgerichtshofs, des Oberverwaltungsgerichts und der Verwaltungsgerichte des Landes NW. Der regelmäßige Abdruck von Prüfungsfällen mit methodischen Anleitungen und Lösungsskizzen bietet namentlich Studenten in der Phase der Examensvorbereitung besondere Hilfestellung.

Beispiel:

„Zwielichtige Geschäfte"; Klausuraufgabe von *Grawert*, NWVBL 1989, 71, 103 ff.

g) VerwArch – Verwaltungsarchiv (Zeitschrift für Verwaltungslehre, Verwaltungsrecht und Verwaltungspolitik): Diese vierteljährlich erscheinende Beilage zum DVBl. enthält die Spalten Abhandlungen, Aus der Praxis der Verwaltung und der Verwaltungsgerichtsbarkeit sowie Höchstrichterliche Rechtsprechung zum Verwaltungsrecht. Die behandelten Themen sind für den fortgeschrittenen Studenten mit besonderem Interesse am öffentlichen Recht, speziell für diejenigen, die die Wahlfachgruppe Besonderes Verwaltungsrecht mit Einschluß der Verwaltungslehre gewählt haben, von gesteigertem Interesse. Die „Höchstrichterliche Rechtsprechung zum Verwaltungsrecht" enthält ausführliche Besprechungen wichtiger Urteile aus den Bereichen Staatsrecht, Allgemeines Verwaltungsrecht und Besonderes Verwaltungsrecht, deren Lektüre wegen der dort unternommenen Einbindung der konkreten Fallproblematik in die allgemeine staats- und verwaltungsrechtliche Dogmatik sich für den Studenten als besonders gewinnbringend erweist.

h) AöR – Archiv des öffentlichen Rechts: Die Zeitschrift, die pro Jahr in 4 jeweils am Ende des Quartals erscheinenden Heften herausgegeben wird, ist auf langfristigere Entwicklungen im Verfassungs- und Verwaltungsrecht ausgerichtet, wobei auch die Rechtslage in anderen Staaten und das Europarecht Berücksichtigung finden. Die jeweiligen Hefte enthalten ausführliche Abhandlungen und Berichte

Beispiele:
H.P. Ipsen, Deutsche Staatsrechtswissenschaft im Spiegel der Lehrbücher, AöR 106 (1981), S. 161 ff. – *Lerche*, Der Föderalismus vor den Anforderungen der Gegenwart, AöR 115 (1990), S. 212 ff. – *Pieroth*, Materiale Rechtsfolgen grundgesetzlicher Kompetenz- und Organisationsnormen, AöR 114 (1989), S. 422 ff.

sowie Rezensionsabhandlungen, Literaturübersichten, Buchbesprechungen und -anzeigen.

Beispiele:
Rüthers, Richterrecht – rechtswidrig oder notwendig?, AöR 113 (1988), S. 268 ff. – *Zuleeg*, Neuere Literatur zum Europarecht: Allgemeine Werke, AöR 106 (1981), S. 136 ff.

i) Der Staat (Zeitschrift für Staatslehre, Öffentliches Recht und Verfassungsgeschichte): Die viermal jährlich erscheinende Zeitschrift erfaßt unter den angegebenen Themenbereichen zugleich nationales und internationales Recht. Sie enthält die Spalten „Abhandlungen und Aufsätze", „Berichte und Kritik" und „Buchbesprechungen". Der Student wird vor allem im Rahmen von Themenarbeiten von den ausführlichen Abhandlungen zum geltenden Recht

Beispiel:
Böckenförde, Grundrechte als Grundsatznormen. Zur gegenwärtigen Lage der Grundrechtsdogmatik, Der Staat 29 (1990), S. 1 ff.

und verfassungsgeschichtlichen Darstellungen

Beispiel:

Grawert, Reich und Republik – Die Form des Staates von Weimar. Ein Rückblick auf die Verfassungsberatungen von 1919, Der Staat 28 (1989), S. 481 ff.

profitieren können.

j) Die Verwaltung: Diese viermal jährlich erscheinende Zeitschrift für Verwaltungswissenschaft hat ebenfalls eine über das nationale Recht hinausgehende Zielsetzung. Organisations-, verwaltungs- und wirtschaftswissenschaftliche Ansatzpunkte dominieren. Für den an den Verwaltungswissenschaften auf Grund der Wahlfachgruppe „Verwaltungslehre, Besonderes Verwaltungsrecht" interessierten Studenten ist die regelmäßige Lektüre angezeigt. Darüber hinaus erweisen sich oft aktuelle Abhandlungen im Rahmen von Themenarbeiten als lohnend.

Beispiel:

Mengel, Akteneinsicht in Verwaltungsverfahren, Die Verwaltung 23 (1990), S. 377 ff.

k) EuGRZ – Europäische Grundrechte Zeitschrift: Von Bedeutung für den Studenten vor allem deshalb, weil diese monatlich zweimal erscheinende Zeitschrift meist als erste die neuesten Entscheidungen des Bundesverfassungsgerichts zum Grundrechtsteil des Grundgesetzes abdruckt.

l) JöR – Jahrbuch des öffentlichen Rechts der Gegenwart: Den Schwerpunkt dieser jährlich erscheinenden Zeitschrift bilden Berichte über die Entwicklungen des Verfassungsrechts im europäischen und außereuropäischen Raum.

Beispiele:

Holzinger, Grundrechtsreform in Österreich, JöR n.F. 38 (1989), S. 325 ff. – *Krause*, Verfassungsentwicklung im Saarland 1958–1979, JöR n.F. 29 (1980), S. 393 ff. – *Wilke/Ziekow*, Die Entwicklung von Status und Verfassung des Landes Berlin, JöR n.F. 37 (1988), S. 167 ff.

m) ZParl – Zeitschrift für Parlamentsfragen: Die vierteljährlich erscheinende Zeitschrift behandelt in Dokumentationen, Kurzanalysen, Aufsätzen sowie Diskussionsberichten politische und rechtliche Aspekte des parlamentarischen Lebens. Studenten werden bei Übungsarbeiten und Themenarbeiten, die den Bereich des Parlamentsrechts betreffen, auf diese Zeitschrift zurückgreifen.

3. Fachzeitschriften für Teilgebiete des öffentlichen Rechts

Weitere Fachzeitschriften widmen sich speziellen Rechtsgebieten und richten sich dabei vor allem an diejenigen, die sich beruflich auf eben jene Rechtsgebiete spezialisiert haben und hier praktisch tätig sind. Für den Studenten und seine Ausbildungsinteressen können diese Zeitschriften am Ende des Studiums von gewisser Bedeutung sein, wenn es um die Examenshausarbeit oder um die Gewinnung aktueller Informationen innerhalb der jeweils gewählten Wahlfachgruppe geht. Gerade für solche Gebiete, die nicht im Zentrum des Studiums stehen, haben Zeitschriften als zentrales Forum große Bedeutung, denn in ihnen werden aktuelle Probleme und Fortentwicklungen des jeweiligen Rechtsgebietes mitgeteilt und zur Diskussion gestellt. Außerdem findet man thematisch einschlägige Gerichtsentscheidungen, die sonst nur schwer zugänglich sind, abgedruckt. Exemplarisch seien hier lediglich folgende Zeitschriften erwähnt:

a) Zum Pflichtfachbereich: Da das Kommunalrecht in jedem Bundesland einen Schwerpunkt im Rahmen der Ausbildung im öffentlichen Recht darstellt, seien hier als bedeutsame kommunalrechtliche Zeitschriften genannt: Der Städtetag, Zeitschrift für kommunale Praxis und Wissenschaft (Hrsg.: Deutscher Städtetag). – Städte- und Gemeindebund (Hrsg.: Deutscher Städte- und Gemeindebund, Düsseldorf). – Der Landkreis – Zeitschrift für kommunale Selbstverwaltung (Hrsg.: Deutscher Landkreistag). – Verwaltungsrundschau (vormals: Staats- und Kommunalverwaltung). – AfK – Archiv für Kommunalwissenschaften.

b) Zum Wahlfachkomplex Verwaltungslehre und Besonderes Verwaltungsrecht: Neben den bereits genannten Zeitschriften zum öffentlichen Recht namentlich: Gewerbearchiv – Zeitschrift für Gewerbe- und Wirtschaftsverwaltungsrecht (Abhandlungen, Berichte, aktuelle Rechtsprechung) mit Vierteljahresbeilage WuV – Wirtschaft und Verwaltung, wobei die einzelnen Hefte mit mehreren Beiträgen einer speziellen Thematik gewidmet sind (z. B. Heft 1/1990: Zu Fragen der Wirtschaftslenkung); Baurecht – Zeitschrift für das gesamte öffentliche und zivile Baurecht (Abhandlungen, aktuelle Rechtsprechung); UPR – Umwelt- und Planungsrecht (Zeitschrift für Wissenschaft und Praxis); NuR – Natur und Recht; ZBR – Zeitschrift für Beamtenrecht (Abhandlungen, aktuelle Rechtsprechung zum Bundes- und Landesbeamtenrecht); DöD – Der öffentliche Dienst (Fachzeitschrift für Angehörige des öffentlichen Dienstes); AfP – Archiv für Presserecht.

c) Zu Allgemeiner Staatslehre, Völkerrecht, Europarecht: Archiv des Völkerrechts; ZaöRV – Zeitschrift für ausländisches öffentliches Recht und Völkerrecht; EuR – Europarecht; EuGRZ – Europäische Grundrechte Zeitschrift; Europäische Zeitschrift für Wirtschaftsrecht (ab April 1990).

d) Zum Steuerrecht: StuW – Steuer und Wirtschaft (Zeitschrift für die gesamte Steuerwissenschaft); Finanzrundschau; DStZ – Deutsche Steuer Zeitung (mit Eildienst); DStR – Zeitschrift für Praxis und Wissenschaft des gesamten Steuerrechts.

e) Zum Sozialrecht: SGB – Die Sozialgerichtsbarkeit; VSSR – Vierteljahresschrift für Sozialrecht; ZfS – Zentralblatt für Sozialversicherung,

Sozialhilfe und Versorgung; ZfSH/SGB – Zeitschrift für Sozialhilfe/Sozialgesetzbuch; ZSR – Zeitschrift für Sozialreform; SozSich. – Soziale Sicherheit.

X. Spezifische Ausbildungsliteratur

Die Ausbildungsliteratur im juristischen Bereich ist schon fast unüberschaubar geworden. Alle juristischen Fachverlage sind augenscheinlich um eine umfassende Erschließung dieses speziellen Marktes bemüht. An dieser Stelle kann darum gleichfalls wieder nur ein Überblick über die wichtigsten Erscheinungsformen gegeben werden.

1. Fachzeitschriften für die Ausbildung

Als wichtige monatlich erscheinende juristische Ausbildungszeitschriften sind zu nennen:

(1) JuS – Juristische Schulung (Zeitschrift für Studium und Ausbildung): Sie publiziert in regelmäßiger Folge Aufsätze, Entscheidungsrezensionen, speziell für Studienzwecke konzipierte Darstellungen zur Einarbeitung und zur Vertiefung, Beiträge zur Methodik der Fallbearbeitung, Rechtsprechungsübersichten, Berichte und Dokumente. Hinzu treten noch Umschlaginformationen (Veranstaltungshinweise, Pressemitteilungen, Aktuelles zur Ausbildungsförderung, Prüfung und Praxis). Der JuS ist auch eine Rechtsprechungskartei beigefügt, mit der sich der Student sukzessiv ein am Ausbildungsziel orientiertes Rechtsprechungsarchiv aufbauen kann.

(2) Jura – Juristische Ausbildung: Auch hier gliedert sich der Aufsatzteil in Abhandlungen „Zur Einführung“ und „Zur Vertiefung“. Weitere Spalten der Zeitschrift sind Jura-Repetitorium, Jura-Methodik und Jura-Forum. Diese Ausbildungszeitschrift verfügt zwar nicht über einen gesonderten Rechtsprechungsteil, informiert aber über die in der neueren Rechtsprechung behandelten Probleme anhand der sog. Jura-Kartei. Jede der jeweils 16 Karteikarten pro Heft gibt in gedrängter Kürze nach schlagwortartiger Umschreibung der jeweiligen Problemstellung der Gerichtsentscheidung den Sachverhalt und erläuternde Ausführungen zur Problemlösung mit weiteren Hinweisen wieder.

(3) JA – Juristische Arbeitsblätter: Neben ausbildungsorientierten Beiträgen zu den einzelnen Rechtsgebieten enthält diese Zeitschrift jeweils Berichte aus der Rechtsprechung, einen Überblick über Aufsätze in Zeitschriften, deren zentrale Thesen in knapper Zusammenfassung wiedergegeben werden, und erläuterte Gerichtsentscheidungen. Als besonderer Teil eingeheftet sind die JA-Übungsblätter mit Übersichten über Rechtsgebiete, Übungs- und Klausurfällen sowie Berichten aus mündlichen Prüfungen.

a) In ihren Aufsatzteilen bringen die vorgenannten Ausbildungszeitschriften zunächst regelmäßig Abhandlungen, die zur Einführung in ein Rechtsgebiet oder Rechtsproblem geeignet sind.

Beispiel:
Groß, Europa 1992 – Einwirkungen des Europäischen Rechts in den innerstaatlichen Bereich der Bundesrepublik Deutschland, in: JuS 1990, 522 ff.

Daben finden sich weitere Darlegungen zur Vertiefung vorhandener Grundkenntnisse. Auf Verständlichkeit und Übersichtlichkeit in der Darstellung wird regelmäßig besonders geachtet.

Zur Examensvorbereitung eignen sich vor allem die zum Zwecke des Repetierens abgefaßten Beiträge.

Beispiel:
Kunig, Das Grundrecht auf Freizügigkeit, Jura 1990, 306 ff.

b) Die Entscheidungsrezensionen behandeln zumeist auf der Grundlage einer höchstrichterlichen Entscheidung Zentralprobleme des Prüfungsstoffes, wobei nach einer Problemeinführung im Rahmen der Problembehandlung die Bedeutung und die Konsequenzen der jeweiligen Gerichtsentscheidung im Rahmen der juristischen Dogmatik herausgearbeitet werden.

Beispiel:
Meyn, Warnung der Bundesregierung vor Jugendsekten – BVerwG, NJW 1989, 2272 und BVerfG, NJW 1989, 3269, in: JuS 1990, 630 ff.

c) Unter der Rubrik „Methodik der Fallbearbeitung" findet man Klausuren (vereinzelt auch Hausarbeiten) zu allen Rechtsgebieten in verschiedenen Schwierigkeitsgraden, die sich an Anfänger, Fortgeschrittene bzw. Examenskandidaten richten. Von besonderer Bedeutung sind solche Musterfallbearbeitungen deshalb, weil sie die gängigen Fehlerquellen bei der Anfertigung juristischer Gutachten aufzeigen und schon dadurch für den Studenten wertvolle Hinweise geben.

Beispiele:
Franzke, Öffentliches Recht – „Gesetzentwurf zur Steuerung der Ausbildungskapazitäten", JA-Übungsblätter 1979, 94, 110 ff. – *Pieper*, Die nicht verlängerte Aufenthaltserlaubnis, JA-Übungsblätter 1989, 23. – *Weber/Eschmann*, Der eigenwillige Abgeordnete, JuS 1990, 659 ff. – *Köbele/Zimmermann*, Übungshausarbeit öffentliches Recht: Reformen des Beamtenrechts, Jura 1990, 436 ff.

Daneben werden allgemeine Tips zur Anfertigung von Klausuren oder Themenarbeiten offeriert.

Beispiele:
Puppe, Juristische Methodenlehre für die Strafrechtshausarbeit, JA 1989, 345 ff.; *Erichsen*, Hinweise für die Übungen im Öffentlichen Recht, Jura 1979, 35 ff.; *Rollmann*, Die juristische Hausarbeit, JuS 1988, 42 ff.

d) Durchgängig sind im Rechtsprechungsteil nur die für den Ausbildungszweck wichtigsten Entscheidungen abgedruckt. Dabei wird zunächst die Problemstellung als solche aufgegriffen und sodann aufgezeigt, wie das Gericht zu dem jeweiligen Problem Stellung bezogen hat. Weiterführende Hinweise gelten der Einordnung der betreffenden Entscheidung in die bisherige Judikatur unter Berücksichtigung literarischer Ansätze.

2. *Fallanleitungsbücher*

Eine erste hier vorzustellende Gruppe sieht nicht so sehr die Methodik der Fallbearbeitung im Vordergrund, sondern ist im Zuge der Präsentation von Fällen und Lösungen (vielfach in enger Anlehnung an höchstrichterliche Entscheidungen) auf die Vermittlung eines möglichst breiten und soliden Sachwissens in einem Studienfach bedacht.

Beispiele:
Zuleeg, Fälle zum Allgemeinen Verwaltungsrecht, 2. Aufl. 1991. – *Achterberg*, Fälle und Lösungen nach höchstrichterlichen Entscheidungen – Allgemeines Verwaltungsrecht, 4. Aufl. 1982.

Hierzu zählen namentlich die Reihen „Grundbegriffe", „Schwerpunkte" und „Juristische Texte (JUTEX)".

Beispiele:
Degenhart, Staatszielbestimmungen, Staatsorgane, Staatsfunktionen – Staatsrecht I, 6. Aufl. 1990. – *Pieroth/Schlink*, Grundrechte – Staatsrecht II, 6. Aufl. 1990. – *Tettinger*, Besonderes Verwaltungsrecht, 2. Aufl. 1990. – *Battis/Gusy*, Einführung in das Staatsrecht, 1981. –

Eine zweite Gruppe stellt schwerpunktmäßig gezielt auf methodische Probleme und Grundfragen der Klausurenlehre ab.

Beispiele:
Schwerdtfeger, Öffentliches Recht in der Fallbearbeitung (Grundfallsystematik, Methodik, Fehlerquellen), 8. Aufl. 1986. – *Stern*, Verwaltungsprozessuale Probleme in der öffentlich-rechtlichen Arbeit, 6. Aufl. 1987. – *Broß/Ronellenfitsch*, Besonderes Verwaltungsrecht und Verwaltungsprozeßrecht, 4. Aufl. 1991. – *Schramm*, Klausurentechnik, Anleitung zum Abfassen von Universitäts- und Examensklausuren für die erste juristische Staatsprüfung auf dem Gebiet des Bürgerlichen, des Straf- und des Öffentlichen Rechts, 5. Aufl. 1980.

3. *Studien-, Wiederholungs- und Vertiefungskurse*

Spezielle Studien-, Wiederholungs- und Vertiefungskurse sind vor allem in der Hauptphase des Studiums und bei der Repetition nützlich, um den Stoff der Hauptstudienfächer bei vorhandenem Grundwissen aufzuarbeiten. Der Vorteil solcher Publikationen liegt in der schulmäßigen Darstellungsform unter Beherzigung des Gutachtenstils, wodurch zugleich die

Methodik juristischer Argumentation eingeübt wird. Erwähnt seien[76] namentlich aus der Reihe der Studienkurse:

Erichsen: Verwaltungsrecht und Verwaltungsgerichtsbarkeit I, 2. Aufl. 1984; Staatsrecht und Verfassungsgerichtsbarkeit I, 2. Aufl. 1976; Staatsrecht und Verfassungsgerichtsbarkeit II, 3. Aufl. 1982.

und von den WuV Wiederholungs- und Vertiefungskursen (hrsg. v. *Harms)*:

Rüfner/v. Unruh/Borchert: Öffentliches Recht I, 5. Aufl. 1983; Öffentliches Recht II, 5. Aufl. 1988.

XI. Bibliographien

1. Die wichtigste, seit 1965 in monatlicher Folge erscheinende und darum stets aktuelle juristische Bibliographie ist die KJB – Karlsruher Juristische Bibliographie. Sie enthält systematische Nachweise neuer Bücher und Aufsätze aus Recht, Staat und Gesellschaft. Der Literaturnachweis ist umfassend. Alle Arten von Publikationen finden Berücksichtigung, insbesondere auch solche, die außerhalb des Buchhandels vertrieben werden – wie Denkschriften, Dissertationen, Tagungsprotokolle-, wohingegen Rezensionen im allgemeinen ausgeklammert bleiben. Loseblattsammlungen und Zeitschriften werden nur beim ersten Erscheinen sowie bei Titeländerungen, Fortsetzungs- und Lieferungswerke jeweils bei Vorliegen eines kompletten (Teil-)Bandes und nach Abschluß aufgeführt. Die Bibliographie ist nach folgenden Sachgebieten gegliedert:

1. Recht und Rechtswissenschaft
2. Rechts- und Verfassungsgeschichte
3. Privatrecht
4. Gerichtsverfassung. Allgemeines Prozeßrecht und Zivilprozeß
5. Strafrecht und Strafverfahren
6. Staats- und Gesellschaftslehre. Politik
7. Staats- und Verfassungsrecht
8. Allgemeines Verwaltungsrecht
9. Besonderes Verwaltungsrecht
10. Wirtschaftsrecht
11. Verkehrsrecht (darunter: Straßenverkehr; Wasserstraßen, Binnen- und Seeschiffahrt; Post- und Fernmeldewesen; Eisenbahnen; Luftverkehr)
12. Finanz- und Steuerrecht
13. Arbeitsrecht
14. Sozialrecht
15. Völkerrecht und internationales Recht
16. Kirchenrecht
17. Rechtsinformatik und juristische Informationswissenschaft
18. Anhang: Zeitgeschichte

Im Rahmen dieser Sachgebiete sind die Titel innerhalb einzelner Gruppen alphabetisch nach Verfassern, bei Sachtiteln nach der Wortfolge ge-

[76] Daneben sei noch auf folgende Publikationsreihen hingewiesen: JUREP – das juritische Repetitorium (*G. Scholz* u.a.); Studienreihe Jura (*Köbler* u.a.).

ordnet. Zur Erleichterung der Handhabung hinsichtlich der systematischen Einordnung werden durch ein alphabetisches Stichwortverzeichnis zusätzliche Hinweise gegeben.

2. Eine weitere beachtliche Informationsquelle stellen auch die NJW-Fundhefte dar. Sie enthalten nicht nur Nachweise zur Literatur, sondern auch zur gesamten Rechtsprechung, und zwar geordnet nach Sachgebieten und Gesetzen bzw. Paragraphen. Die Fundhefte bieten insbesondere durch Zurückverweisungen auf die Fundstellen der letzten fünf Jahre den Vorteil des schnellen und recht umfassenden Überblicks. Sie erscheinen jährlich im Herbst für den Zeitraum des vorangegangenen Jahres. Die Literaturnachweise sind auf wesentliche Publikationen beschränkt, daher nicht so umfangreich wie in der KJB und infolge der jährlichen Erscheinungsweise auch weniger aktuell. NJW-Fundhefte gibt es für die folgenden Rechtsgebiete:

- Fundhefte für Zivilrecht, zuletzt erschienen Bd. 35: 1989 (1990). Wiedergegeben sind wichtige Entscheidungsleitsätze und Publikationsnachweise.
- Fundhefte für öffentliches Recht, zuletzt erschienen Bd. 40: 1989 (1990). Sie enthalten die in den wichtigsten Zeitschriften (vgl. oben IX) publizierten für den Sektor des öffentlichen Rechts einschlägigen Entscheidungen sowie Nachweise der in der Fachpresse veröffentlichten Aufsätze auf dem Gebiet des öffentlichen Rechts (unter Einbeziehung des Völker- und Europarechts). Außerdem werden die selbständigen Schriften des öffentlichen Rechts einschließlich der Rezensionsnachweise aufgeführt.
- Fundhefte für Steuerrecht, zuletzt erschienen Bd. 37: 1989 (1990). Sie umfassen Leitsätze von Entscheidungen, Literaturübersichten und Nachweise zu den Steuergesetzen und Steuerrichtlinien.
- Fundhefte für Arbeits- und Sozialrecht, zuletzt erschienen Bd. 25: 1989 (1990) mit systematischem Nachweis der diesbezüglich einschlägigen deutschen Rechtsprechung sowie von Zeitschriftenaufsätzen und selbständigen Schriften.

3. Von den speziellen Bibliographien seien hier nur einige exemplarisch aufgeführt:

Köbler/Kampf, Bibliographie der deutschen Hochschulschriften zur Rechtsgeschichte (1885–1945), 1975; (1945–1964), 2. Aufl. 1972

Lansky, Grundliteratur Recht, 2. Aufl. 1978

Costa, Bibliographie der Deutschen Rechtsgeschichte, 1969

Soyke/Wehser, Bibliographie des deutschen Schrifttums zum internationalen und ausländischen Privatrecht, 1945–1970, 1978

Badenhoop, Bibliographie zur Organisation von Staat, Verwaltung, Wirtschaft, Band 1 (1966); Band 2 (1967); Band 3 (1968)

Mackert/Schneider, Bibliographie zur Verfassungsgerichtsbarkeit des Bundes und der Länder, 1971, 1976, 1982

Gesellschaft für Rechtsvergleichung, Bibliographie des Deutschen Rechts bis Dez. 1963 (1964), Ergänzungsband 1964–1968 (1969), Ergänzungsband 1969–1973 (1975), Ergänzungsband 1974–1978 (1981)

Scupin/Scheuner/Wyduckel, Althusius-Bibliographie. Bibliographie zur politischen Ideengeschichte und Staatslehre, zum Staatsrecht und zur Verfassungsgeschichte des 16. – 18. Jahrhunderts (1973)

Bernbach (Hrsg.), Hamburger Bibliographie. Zum Parlamentarischen System der Bundesrepublik Deutschland 1945–1970 (1973); 1. Ergänzungslieferung 1971–1972 (1975); 2. Erg.lfg. 1973–1974 (1976); 3. Erg.lfg. 1975–1976 (1978); 4. Erg.lfg. 1977–1978 (1981); 5. Erg.-lfg. 1979–1980 (1982); 6. Erg.lfg. 1981–1984 (1990)

Dau, Bibliographie juristischer Festschriften und Festschriftenbeiträge, 1864–1944 (1984); 1945–1961 (1962/1982); 1962–1966 (1977/1984); 1967–1974 (1977); 1975–1979 (1981); 1980–1984 (1987); 1985–1987 (1989)

H. Schneider, Bibliographie zum öffentlichen Recht in der Bundesrepublik Deutschland, 2. Aufl. 1964

Schwerin, Bibliographie rechtswissenschaftlicher Schriftenreihen, 1978

Hecker, Bibliographie zum Staatsangehörigkeitsrecht in Deutschland in Vergangenheit und Gegenwart, 1976

Hecker, Materialien zum Staatsangehörigkeitsrecht in Deutschland 1970–1985 (1985)

M. Rehbinder, Bibliographie der deutschsprachigen Literatur zum Recht der Bühne, 1977

M. Rehbinder, Internationale Bibliographie des Film- und Fernsehrechts, 1979

Kroeschell/Winkler (Hrsg.), Bibliographie des deutschen Agrarrechts 1945–1965 (1968)

Winkler, Bibliographie des deutschen Agrarrechts 1966–1977 (1977)

Max Planck Institute for Comparative Public Law and International Law, Public International Law, 1975 ff.

Bibliographie Verlag C.H. Beck 1913–1988, Biederstein Verlag 1946–1988, Verlag Franz Vahlen 1970–1988, bearbeitet von *A. Heinrich*, 1988

Eine umfassende und weit ausgreifende Orientierung über nationale und internationale Allgemeinbibliographien sowie Spezialbibliographien einschließlich der rechtswissenschaftlichen bietet das Werk von *Koppitz*, Grundzüge der Bibliographie, 1977.

3. Teil. Hinweise zur Anfertigung von Klausuren und Hausarbeiten

Den Kern der juristischen Staatsexamina bildet ein schriftlicher Teil, der aus Aufsichtsarbeiten und (nicht in allen, aber in einigen Bundesländern)[1] aus einer häuslichen Arbeit besteht, die ein rechtswissenschaftliches Gutachten zum Gegenstand hat. Angesichts dessen ist es selbstverständlich, daß der Jurastudent schon frühzeitig bemüht sein sollte, sich neben dem erforderlichen Sachwissen in den zentralen Studienfächern und im Wahlfach auch Grundkenntnisse der rechtswissenschaftlichen Arbeitstechnik, speziell mit Blick auf die Anfertigung von Klausuren und Hausarbeiten, anzueignen. Der Studienanfänger sieht sich auch hier indes inzwischen einer wahren Flut von literarischen Hilfen gegenüber, die nach Inhalt, Umfang, didaktischer Zielsetzung und wissenschaftlicher Ambition ganz erheblich voneinander abweichen.

Exemplarisch seien folgende Darstellungen aufgeführt:

1. *Rechtswissenschaftliche Grundlehren*
Diederichsen, Einführung in das wissenschaftliche Denken, 3. Aufl. 1981
Engisch, Einführung in das juristische Denken, 8. Aufl. 1983
Fikentscher, Methoden des Rechts, Bd. I–V, 1975–1977
Koch/Rüßmann, Juristische Begründungslehre, 1982
Larenz, Methodenlehre der Rechtswissenschaft, 5. Aufl. 1983
Pawlowski, Einführung in die juristische Methodenlehre, 1986
Rehbinder, Einführung in die Rechtswissenschaft, 6. Aufl. 1988
Zippelius, Juristische Methodenlehre, 4. Aufl. 1985

2. *Juristische Klausurentechnik (allg.)*
Brühl, Die juristische Fallbearbeitung in Klausur, Hausarbeit und Vortrag, 2. Aufl. 1989
Berg/Zimmermann, Gutachten und Urteil, 14. Aufl. 1988
Gerhards, Seminar-, Diplom- und Doktorarbeit, 6. Aufl. 1987
Köbler, Die Anfängerübung im Bürgerlichen Recht, Strafrecht und Öffentlichen Recht, 5. Aufl. 1986
Schramm, Klausurentechnik, 8. Aufl. 1990
Teubner, Die Examens- und Übungsklausur im Bürgerlichen Recht, Strafrecht und Öffentlichen Recht einschl. der Verfahrensrechte, 2. Aufl. 1987

3. *Speziell zur Lösung von Zivilrechtsfällen*
Baumgärtel, Der Zivilprozeßrechtsfall, 7. Aufl. 1987
Belke, Prüfungstraining Zivilrecht, 2 Bände, 1988

---

[1] So in Nordrhein-Westfalen (vgl. § 10 II nw.JAG) und Hessen (§ 12 hess.JAG), anders in Baden-Württemberg, Bayern, Rheinland-Pfalz und im Saarland. – Zur Erläuterung der Vorschriften des nw.JAG siehe *Rehborn/Schäfer/Tettinger*, Die Juristenausbildung in Nordrhein-Westfalen, 6. Aufl. 1986.

Berg, Übungen im Bürgerlichen Recht, 12. Aufl. 1976
Brox, Zur Methode der Bearbeitung eines zivilrechtlichen Falles, JA 1987, 169
Diederichsen, Die BGB-Klausur, 7. Aufl. 1988
Fahse/Hansen, Übungen für Anfänger im Zivil- und Strafrecht, 6. Aufl. 1987
Fabricius, Der Rechtsfall im Privatrecht, 3. Aufl. 1976
Schmelzeisen/Thümmel, Übungen im bürgerlichen Recht für Anfänger und Studenten der Wirtschaftswissenschaft, 4. Aufl. 1981
Schneider, Zivilrechtliche Klausuren, 4. Aufl. 1984
Wörlen, Anleitung zur Lösung von Zivilrechtsfällen, 2. Aufl. 1987

4. *Speziell zur Lösung von Strafrechtsfällen*
Arzt, Die Strafrechtsklausur, 4. Aufl. 1984
Baumann/Arzt/Weber, Strafrechtsfälle und Lösungen, 5. Aufl. 1981
Geerds, Über das strafrechtliche Gutachten, JuS 1961, 360 ff., 394 ff.; JuS 1962, 24 f., 70 ff., 106 ff., 142 ff.
Geilen, Methodische Hinweise zur Bearbeitung von Strafrechtsfällen, Jura 1979, 536 ff.
Kern, Anleitung zur Bearbeitung von Strafrechtsfällen, 7. Aufl. 1970
Kienapfel, Strafrechtsfälle, 6. Aufl. 1982
Puppe, Juristische Methodenlehre für die Strafrechtshausarbeit, JA 1989, 345
Roxin/Schünemann/Haffke, Strafrechtliche Klausurenlehre mit Fallrepetitorium, 4. Aufl. 1982

5. *Speziell zur Lösung von öffentlich-rechtlichen Klausuren*
Achterberg, Fälle und Lösungen nach höchstrichterlichen Entscheidungen, 4. Aufl. 1982
Arndt/Rudolf, Öffentliches Recht, 8. Aufl. 1990, S. 267 ff.
Broß/Ronellenfitsch, Besonderes Verwaltungsrecht und Verwaltungsprozeßrecht. Mit einer Anleitung zur Fallbearbeitung für Studenten und Referendare, 4. Aufl. 1991
Erbel, Öffentlich-rechtliche Klausurenlehre mit Fallrepetitorium – Bd. I: Staatsrecht; Bd. II: Verwaltungsrecht, 2. Aufl. 1983
Erichsen, Hinweise für die Übungen im Öffentlichen Recht, Jura 1979, 35 ff.
Klein, Gutachten und Urteil im Verwaltungsprozeß, 3. Aufl. 1987
Pieper, Die Zwischenprüfung im öffentlichen Recht, 1988
Schramm/Strunk, Staatsrechtliche Klausuren und Hausarbeiten, 5. Aufl. 1989
Schwerdtfeger, Öffentliches Recht in der Fallbearbeitung, 8. Aufl. 1986
Stern, Verwaltungsprozessuale Probleme in der öffentlich-rechtlichen Arbeit, 6. Aufl. 1987
Vogel, Der Verwaltungsrechtsfall, 8. Aufl. 1980

Es wäre völlig verfehlt, nun etwa das Gros oder gar alle der genannten Schriften und Aufsätze durcharbeiten zu wollen. Der Student sollte freilich bemüht sein, sich bereits in den ersten Semestern durch Lektüre einer einschlägigen Schrift sowie den Besuch einer entsprechenden Einführungsvorlesung und/oder -arbeitsgemeinschaft methodische Grundkenntnisse zu erwerben (vgl. dazu namentlich die sub 1 genannten Schriften) und auf dieser Basis im Laufe seines Studiums eine allgemeine Darstellung der Klausurentechnik durchzuarbeiten und bei Bedarf, etwa vor und während einer Übung, dann nochmals vor dem Besuch eines Examensklausurenkurses, spezielle Leitfäden für Klausuren im Zivil-, Straf- und Öffentlichen Recht heranzuziehen. Schließlich ist es kein Geheimnis, daß in allen Rechtsgebieten „klassische" Klausurthemen in unterschiedlichsten Gewändern immer wieder auftauchen, so daß es lohnt, sich mit den dort wiedergegebenen Standardproblemen und typischen

Fallkonstellationen vertraut zu machen.[2] Auch das Erlernen der Technik der Fallbearbeitung gelingt am ehesten unter Rückgriff auf Musterbearbeitungen, wie sie in diesen Leitfäden und den Ausbildungszeitschriften präsentiert werden. Einige Fachzeitschriften veröffentlichen darüber hinaus auch Original-Examensklausuren mit den amtlichen Lösungshinweisen, so etwa kontinuierlich die Nordrhein-Westfälischen Verwaltungsblätter (NWVBL) in Nordrhein-Westfalen gestellte Aufsichtsarbeiten aus dem öffentlichen Recht. Im folgenden seien pointiert einige generell gültige Hinweise zur Anfertigung von Klausuren und Hausarbeiten zusammengestellt.

§ 5. Zur Aufgabenstellung: Lösung eines konkreten Falles nach Maßgabe der vorhandenen Rechtsnormen

Wenn der Studienanfänger sich erstmals in die Nähe des juristischen Haupt- oder Zentralseminars begibt, wird er zunächst verwundert betrachten, wie jeweils Gruppen von Studienkollegen zusammenstehen und engagiert, vielfach kontrovers über Rechtsfälle diskutieren. Die Lösung von Rechtsfragen nach Maßgabe eines vorgegebenen Sachverhalts stellt denn auch angesichts der vorstehend genannten geltenden Prüfungsbestimmungen die zentrale Aufgabe des Jurastudenten dar, die eben auch formale Fertigkeiten voraussetzt, nämlich das Beherrschen der Technik der Fallösung. Um nicht mißverstanden zu werden: Es ist nicht etwa so, daß diese Formaltechnik im Vordergrund der juristischen Studien zu stehen hat, auch wenn entsprechende Vorurteile gegenüber der Arbeit des Juristen schlechthin propagiert werden, sondern es handelt sich hierbei – dies sei deutlich betont – lediglich um ein (allerdings unverzichtbares) **Hilfsmittel**, um alle einschlägigen normativen Regelungen und Entscheidungsaspekte zu sammeln und die für die Fallösung und ihre Qualität letztlich entscheidenden Rechtsausführungen nach Maßgabe zwingender rechtlicher Direktiven, logischer Zusammenhänge und praktischer Überlegungen zu ordnen.

Erst wer diese Technik souverän beherrscht und ihre Grundelemente erkennt, ist in der Lage, sich bei gegebenem Anlaß aus triftigen Gründen auch einmal über vermeintlich starre Regeln hinwegsetzen zu können.

Die folgenden Hinweise unterscheiden dabei zwischen Klausur und Hausarbeit. Die im Rahmen einer häuslichen Bearbeitung von Rechtsfällen zu handhabende Fallösungstechnik entspricht zwar in den wesentlichen Schritten der klausurmäßigen Bearbeitung, durch die notwendige Einbeziehung von Schrifttum und Rechtsprechung ergeben sich jedoch spezifische Probleme, die der gesonderten Behandlung bedürfen.

---

[2] Vgl. *Diederichsen*, Die BGB-Klausur, 7. Aufl. 1988, S. 2f.; *Erbel*, Öffentlichrechtliche Klausurenlehre mit Fallrepetitorium, Bd. I, 2. Aufl. 1983, S. 1f.

§ 6. Klausurentechnik

In der Klausur, sei es in der Anfänger- oder Fortgeschrittenen-Übung, sei es im Staatsexamen, ist der Jurastudent gezwungen, innerhalb eines genau bemessenen Zeitraumes (der meist von seiten des Probanden als zu kurz empfunden wird) und nur auf den Gesetzestext gestützt, sein Sachwissen in einer Weise zu präsentieren, daß möglichst alle im Sachverhalt direkt oder indirekt angesprochenen Rechtsprobleme mit überzeugender Begründung einer zutreffenden Lösung zugeführt werden. Streßsymptomen bei Examensklausuren ist zunächst dadurch vorzubeugen, daß der Student sich schon frühzeitig darum bemüht, durch vermehrtes Klausurenschreiben sich eine gewisse handwerkliche Routine zu erwerben.

Tip: Bei Übungen darum nicht nur **eine**, sondern **alle** angebotenen Klausuren mitschreiben.

I. Die Grundschritte

Die Erreichung des vorbezeichneten Zieles einer Klausurbearbeitung setzt die Erfüllung folgender Grundanforderungen voraus:
- richtige und vollständige Erfassung des Sachverhalts (dazu unten II),
- korrektes Verständnis der gestellten Fallfrage(n) (dazu unten III),
- Prüfung aller als relevant erkannten Rechtsfragen (dazu unten IV),

wobei letztere Anforderung neben der Beherrschung des Gutachtenstils im wesentlichen als hier gesondert hervorgehobene Prüfungselemente
- überzeugende Gesetzesinterpretationen und korrekte Subsumtionen (dazu unten V)

voraussetzt. Daneben gilt es noch, spezifische Probleme der Darstellungsweise im Rahmen einer Klausur anzusprechen (unten VI).

Was die zeitliche Abfolge der Arbeitsschritte während der Klausur betrifft, so versteht es sich von selbst, daß entsprechend vorstehenden Anforderungen es zunächst um die Sachverhaltserfassung, sodann um das korrekte Verständnis der Fallfrage(n) und schließlich um die Prüfung der relevanten Rechtsfragen geht. *Diederichsen* gliedert den letzten Punkt weiter auf und empfiehlt als sukzessive Schritte

(1) Einkreisen der Fallprobleme,
(2) Anfertigung der Lösungsgliederung,
(3) Nochmalige Überprüfung der Lösung,
(4) Schriftliche Fallösung.[3]

Dem kann insofern zugestimmt werden, als in der Tat nicht sofort nach der ersten Ausarbeitung des für richtig erachteten Lösungsweges mit der Niederschrift begonnen werden sollte. Es ist stets ein Kontrollgang ratsam, der sich sowohl auf die Sachverhaltserfassung und das korrekte Verständnis der Fallfrage(n) als auch auf die Prüfung

---

[3] *Diederichsen* (o. Fußn. 2), S. 16.

der relevanten Rechtsfragen zu beziehen hat. Da die Einteilung der für die Klausurbearbeitung vorhandenen Zeit aber von den unterschiedlichsten Faktoren abhängt (Länge und Kompliziertheit des Sachverhalts, Anzahl der gestellten Fragen, Sachgebiet, Menge und Schwierigkeitsgrad der anzusprechenden Probleme etc.), sei hier diesbezüglich auf detailliertere Vorschläge verzichtet.[4]

II. Richtige und vollständige Erfassung des Sachverhalts

Nach der Entgegennahme des „Fall-Textes" – er besteht aus den dem Bearbeiter mitgeteilten Tatsachen, die es rechtlich zu würdigen gilt (Sachverhalt), sowie der daran anknüpfenden, möglicherweise verdeckten und noch aufzuklärenden Fragestellung (Fallfrage) – beginnt die erste wichtige Arbeitsphase bei der Anfertigung von Klausuren. Grundvoraussetzung für eine richtige Lösung ist zunächst einmal das Verstehen des „Sachverhalts" in tatsächlicher Hinsicht. Denn eine Lösung kann naturgemäß nicht richtig sein, wenn bereits der Sachverhalt falsch aufgefaßt wird. Die Fallbearbeitung hat daher mit dem Bemühen um die richtige und vollständige Erfassung des Sachverhalts zu beginnen.[5] Erstaunlich viele Fehler resultieren erfahrungsgemäß nicht nur aus der falschen Anwendung von Rechtsnormen oder aus dem Verkennen ihrer rechtlichen Bedeutung, sondern bereits aus dem mangelhaften Verstehen und Verarbeiten des Sachverhalts. Unverhältnismäßig viele Bearbeiter scheitern daran, daß dieser ersten Station bei den Überlegungen in der Klausur zu wenig Beachtung geschenkt wird. Ihnen ist deshalb zu empfehlen, gerade dieser Arbeitsphase während der universitären Ausbildungszeit erhöhte Aufmerksamkeit zu widmen. So wird es ihnen gelingen, bei späteren Prüfungsarbeiten den „Blick auf das Wesentliche" richten zu können.

Gelegentlich wird der „Sachverhalt" auch „Tatbestand" genannt. Das entspricht zwar einem verbreiteten – auch juristischen – Sprachgebrauch, die Begriffe sollten aber zur Vermeidung von Mißverständnissen unterschieden werden. Als „Sachverhalt" bezeichnet man die gestellte Aufgabe, eine aus dem Leben gegriffene Schilderung, die sich abgespielt hat bzw. abspielen könnte. Auf diesen Lebens-Sachverhalt soll der Bearbeiter das Recht anwenden. Mit „Tatbestand" bezeichnet man dagegen die Summe der Merkmale einer Rechtsnorm, den in der Rechtsnorm typisierten Lebenssachverhalt, an den das Eintreten einer Rechtsfolge geknüpft ist.[6]

---

[4] *Erbel* (o. Fußn. 2), S. 24 empfiehlt, für die Erarbeitung der Lösungsskizze ca. ein Drittel der Bearbeitungszeit zu verwenden; *Schramm/Strunk*, Staatsrechtliche Klausuren und Hausarbeiten, 2. Aufl. 1989, S. 11 raten an, bei einer fünfstündigen Klausur eine halbe Stunde für die Sachverhaltserfassung, eineinhalb Stunden für die Lösungsskizze und drei Stunden für die Ausarbeitung und Niederschrift zu verwenden.

[5] *Belke*, Prüfungstraining Zivilrecht, Bd. 1, 1988, S. 35.

[6] *Engisch*, Einführung in das juristische Denken, 8. Aufl. 1983, S. 34. – Dieser Begriff des Tatbestandes darf nicht verwechselt werden mit dem – nach rechtlichen Gesichtspunkten gefilterten – Urteilstatbestand, der notwendiger Bestandteil von zivilgerichtlichen und verwaltungsgerichtlichen Urteilen ist, vgl. §§ 313 I Nr. 5 ZPO, 117 II Nr. 4 VwGO; welchen Inhalt der Tatbestand in zivilgerichtlichen und verwaltungsgerichtlichen Urteilen haben soll, ist in § 313 II ZPO bzw. in § 117 III VwGO normiert. Die Abfassung von Urteilstatbeständen wird erst während des juristischen Vorberei-

Den – so beschriebenen – „Sachverhalt“ hat der Bearbeiter, abgesehen von dem höchst seltenen Fall eines unbewußten Fehlers in den mitgeteilten Tatsachen,

Beispiel:
Tippfehler bei Datenangaben oder Personenbezeichnungen

als für ihn verbindlich anzunehmen und nicht in Frage zu stellen.

Beispiel:
Geht es in einem Fall um eine Subvention und ist im Aufgabentext mitgeteilt, daß der Landeshaushaltsplan einen entsprechenden Titel enthält, so hat es keinen Sinn nachzuforschen, ob dies nach der dem Studenten bekannten Gliederungssystematik des Landeshaushaltsplans zutreffen kann und – bei einem negativen Ergebnis – daran die Folgerung zu knüpfen, es fehle für die Subvention an einer Ermächtigungsgrundlage. Vielmehr ist davon auszugehen, daß ein entsprechender Titel besteht.[7]

Auch wenn der Bearbeiter die Sachverhaltsangaben für wenig wahrscheinlich oder gar lebensfremd hält, hat er diese als wahr zu unterstellen und nicht die Richtigkeit einzelner Angaben in Zweifel zu ziehen; denn er soll ja einen zu Übungs- oder Examenszwecken speziell ausgedachten Fall nach Maßgabe der geltenden Rechtsnormen lösen; für den Nachweis dieser Fähigkeiten spielen Spekulationen um die Lebensnähe des Aufgabentextes keine Rolle.

Beispiel:
Heißt es in einem Fall: „Der zweijährige A wirft einen Ball gegen ein Auto des B. Dadurch zersplittert die Frontscheibe des Wagens ...“, so ist im Gutachten keinesfalls anzuzweifeln, daß durch den Ballwurf die Frontscheibe zerstört worden ist. Erörterungen darüber, ob durch den Ballwurf eines Zweijährigen überhaupt die Sicherheitsglasscheibe eines modernen Pkw zerstört werden kann, sind in einer juristischen Klausur (anders möglicherweise in einer naturwissenschaftlichen oder technischen Studie) fehl am Platz.[8]

Gleichwohl ist zuweilen zu beobachten, daß die Verfasser insbesondere von Hausarbeiten die unglaublichsten Spekulationen mit dem Sachverhalt anstellen.[9]

---

tungsdienstes erlernt; vgl. dazu *Anders/Gehle*, Das Assessorexamen im Zivilrecht, 2. Aufl. 1988, S. 120 ff.; *Berg/Zimmermann*, Gutachten und Urteil, 14. Aufl. 1988, S. 116 ff.; *E. Schneider*, Der Zivilrechtsfall in Prüfung und Praxis, 7. Aufl. 1988, Rdnrn. 632 ff.; *Sattelmacher/Sirp*, Bericht, Gutachten und Urteil, 31. Aufl. 1989, S. 215 ff.; *Schellhammer*, Die Arbeitsmethode des Zivilrichters, 10. Aufl. 1990, S. 189 ff.; *Siegburg*, Einführung in die Urteils- und Relationstechnik, 4. Aufl. 1989, S. 33 ff.; *Klein*, Gutachten und Urteil im Verwaltungsprozeß, 3. Aufl. 1987, S. 221 ff.; *Pietzner/Ronellenfitsch*, Das Assessorexamen im öffentlichen Recht, 6. Aufl. 1987, S. 136 ff.; *Wahrendorf*, Urteil, Beschluß und Widerspruchsbescheid im öffentlichen Recht, 2. Aufl. 1990, S. 26 ff.

[7] Ebenso *Achterberg*, Allgemeines Verwaltungsrecht, 6. Aufl. 1986, S. 24.

[8] So richtig *Fahse/Hansen*, Übungen für Anfänger im Zivil- und Strafrecht, 5. Aufl. 1983, S. 29 f.

[9] Vgl. bereits die Beobachtungen von *Schwerdtfeger*, Öffentliches Recht in der Fallbearbeitung, 8. Aufl. 1986, Rdnr. 907.

Beispiel:

E. Schneider[10] berichtet von einem Fall, in dem ein dressierter Hase vorkam. Anstatt nun daran keinen überflüssigen Gedanken zu verschwenden, stellte ein Bearbeiter ausgedehnte Ermittlungen darüber an, ob es möglich sei, Hasen zu dressieren. Experten versicherten ihm glaubhaft, dies sei nicht möglich. Der Gedanke, bei seiner Bearbeitung etwas derart Unmögliches zugrundelegen zu müssen, hielt den Kandidaten von einer konzentrierten Arbeit ab.

Wenig sinnvoll, weil für die Lösung nicht förderlich, ist auch eine zuweilen zu beobachtende polemische Kritik des Bearbeiters am Sachverhalt.

Beispiel:

„Man sollte eigentlich erwarten dürfen, daß hierzu nähere Angaben erfolgen."

Stattdessen sollten besser sachliche Feststellungen getroffen werden, wie: „Da der Sachverhalt hierzu schweigt, ist nicht anzunehmen, daß ...", oder „Obwohl der Sachverhalt dies nicht ausdrücklich sagt, muß davon ausgegangen werden, daß ...".[11] Juristisches Harakiri stellt es gar dar, den Sachverhalt nach eigenem Gutdünken willkürlich abzuändern; aus der Sicht des Prüfers werden solche Sachverhaltskreativisten nicht selten als Klausurquerulanten eingestuft.[12]

Beispiel:

Richtet sich – nach dem Sachverhalt – eine Ordnungsverfügung an den Mieter eines Pkw, so darf der Bearbeiter aus dem Mieter keinen Eigentümer machen. Fristen dürfen nicht abgeändert werden, weil dann vielleicht die Zulässigkeit eines Rechtsbehelfs anders zu bewerten ist. Eine kreisfreie Stadt darf nicht in eine kreisangehörige Gemeinde „umgewandelt" werden.

Wird der Sachverhalt willkürlich verändert, ist das Gutachten schon deshalb unzulänglich, weil eben nicht die gestellte Aufgabe gelöst, sondern eine andere, wenngleich möglicherweise auch „hochinteressante" Aufgabe bearbeitet worden ist. Die Sachverhaltsabänderung kann weder durch ein wissenschaftliches Interesse noch durch die Qualität der späteren Fallösung gerechtfertigt werden.[13] Der Bearbeiter darf ausschließlich den ihm vorgelegten Sachverhalt zum Gegenstand seiner rechtlichen Prüfung machen. Er hat ihn so zu nehmen und zu würdigen, wie er vorgegeben ist, ohne Sachverhaltselemente zurechtzurücken, wegzulassen, abzuwandeln oder zu unterstellen, mit der Folge, daß die einzige oder eine wesentliche Schwierigkeit der Aufgabe beseitigt oder der Fall unnötig kompliziert wird.

Wichtig ist, daß sich der Bearbeiter hinreichend Zeit läßt, um sich mit

---

[10] Zivilrechtliche Klausuren und Hausarbeiten, 2. Aufl. 1963, S. 24.

[11] *v. Münch*, Übungsfälle Staatsrecht, Verwaltungsrecht, Völkerrecht, 4. Aufl. 1972, S. 24; *Belke* (o. Fußn. 5), S. 36.

[12] *Schroeder*, JuS 1984, 699.

[13] *Horn*, Zivilrechtliche Fälle, Methodische Vorschläge, Einführung in die juristische Syntax, 1969, S. 11.

dem Sachverhalt vertraut zu machen.[14] Insbesondere die Zeitknappheit bei Klausuren – jede Minute ist oft wichtig und sollte daher nicht verschenkt werden – und die dadurch entstehende Streßsituation, die ein im Vergleich zu einer Hausarbeit wesentlich höheres Maß an konzentriertem Arbeiten verlangt, darf ihn, auch wenn es schwerfällt und die Verlokkung, schnell die rechtlichen Probleme anzugehen, verständlich ist, nicht dazu verleiten, sich nach einem nur flüchtigen (diagonalen) Studium des Sachverhalts in die vermeintliche rechtliche Lösung des Falles zu stürzen. Um zur richtigen Lösung zu gelangen, muß der Sachverhalt vielmehr sorgfältig durchgearbeitet und bis ins kleinste beherrscht werden. Die gründliche Kenntnis des Sachverhalts ist das Fundament jeder Fallösung;[15] wer hier Zeit zu sparen versucht, tut das an der falschen Stelle. Gerade bei Klausuren ist eine einmal vollzogene Sachverhaltsfehlinterpretation angesichts der Kürze der zur Verfügung stehenden Zeit wohl kaum mehr korrigierbar.

1. Zu Beginn der Bearbeitung ist es deshalb erforderlich, den Sachverhalt wiederholt, mindestens zweimal, konzentriert zu lesen und sich ihn fest einzuprägen. Beim Studium des Sachverhalts muß der Bearbeiter ihn Satz für Satz gründlich durchlesen und Wort für Wort prüfen. Kein Detail darf übersehen werden, keine Sachverhaltspartie darf mißverstanden werden. In der Aufgabe zitierte Gesetzesparagraphen sind nachzulesen.

Beispiel:

In einer Hausarbeit im Öffentlichen Recht für Anfänger konnte bereits aus der Formulierung, daß ein Bußgeldbescheid „unter Hinweis auf § 10 des nw.LImSchG vom 18. 3. 1975" zugestellt worden ist, geschlossen werden, daß hier ein möglicher Problempunkt des Falles lag. Kommt dann noch die eigentlich vorauszusetzende Kenntnis von der Existenz eines Bundesimmissionsschutzgesetzes dazu, ist es bei der Prüfung der Verfassungsmäßigkeit von § 10 LImSchG im Rahmen einer Verfassungsbeschwerde nur ein kleiner Schritt zu der Frage, ob die Gesetzgebungskompetenz des Landes Nordrhein-Westfalen besteht. Zahlreiche Bearbeiter konnten jedoch trotzdem diese Problematik nicht entdecken. Indem diese ausführten, man könne davon ausgehen, daß § 10 LImSchG vom zuständigen Gesetzgeber erlassen worden sei, offenbarten sie nicht nur einen mangelnden Blick für rechtliche Zusammenhänge, sondern begingen zudem den Fehler, das nicht unproblematische Vorliegen rechtlicher Voraussetzungen zu unterstellen.

Auch scheinbar unwichtige, insbesondere in Adjektiven, kleinen Nebensätzen und Einschüben versteckte Einzelheiten können bedeutsam sein, da rechtserhebliche Tatsachen, die für die rechtliche Lösung des Falles – gelegentlich auch an mehreren Stellen – von Belang sind, häufig in dieser Form indirekt übermittelt werden.[16] Besonders zu beachten sind mitgeteilte Daten und Zahlen.

---

[14] *Brühl*, Die juristische Fallbearbeitung in Klausur, Hausarbeit und Vortrag, 2. Aufl. 1989, S. 98.

[15] *Schwerdtfeger* (o. Fußn. 9), Rdnrn. 902f.; *Kauther*, VR 1981, 16 (17).

[16] *Fahse/Hansen* (o. Fußn. 8), S. 30f.; *Erbel* (o. Fußn. 2), S. 20.

Beispiel:
Heißt es etwa „der Grundschüler A“, so ist damit klargestellt, daß A noch minderjährig (Schüler) und jedenfalls noch nicht 14 Jahre alt ist, was für die Frage der Religionsmündigkeit von Bedeutung ist (§ 5 S. 2 RelKErzG, Schönfelder 47). – Heißt es etwa „der ortsansässige FC Spielfrei Herne e.V.“, so ist damit klargestellt, daß es sich um eine juristische Person (§§ 21, 55 ff. BGB) mit Sitz im Inland handelt, was für die Frage einer Grundrechtsberechtigung (Art. 19 III GG) von Bedeutung ist.

Sonst kann die Fallbearbeitung schon hier mißlingen.

Beispiel:
Der Bearbeiter berücksichtigt nicht, daß beide Vertragsparteien Energieversorgungsunternehmen sind, und übersieht dadurch, daß Teile des Kartellrechts keine Anwendung finden (§ 103 I Nr. 1 GWB). – Es kann von entscheidender Bedeutung sein, ob ein Beteiligter verheiratet oder verwitwet ist. – Die Angabe eines Ortes oder ein sonstiger geographischer Hinweis kann für die Art des anzuwendenden Rechts, eine Altersangabe für die Frage der Grundrechtsmündigkeit einer Person oder der Hinweis auf die Staatsangehörigkeit für die Frage der Grundrechtsfähigkeit einer Person von Bedeutung sein. – Von einem nachlässigen Umgang mit dem mitgeteilten Sachverhalt zeugt es auch, wenn nach den Erfolgsaussichten eines noch zu erhebenden Rechtsbehelfs gefragt wird und Bearbeiter davon sprechen, daß „Form und Frist gewahrt“ wurden, oder bei einer Verfassungsbeschwerde, „daß die gem. § 93a BVerfGG erforderliche Annahme zur Entscheidung seitens einer Kammer des Bundesverfassungsgerichts als erfolgt unterstellt wird.“

Dem Bearbeiter wird die Erfassung der Fallfrage und die rechtsgutachtliche Würdigung leichter fallen, wenn er sich in den Sachverhalt regelrecht „einlebt“. Er muß dabei das Geschehen als Einheit in sich aufnehmen und auf die logische Verbindung der einzelnen Sachverhaltselemente achten. Denn bei einer später schrittweise erfolgenden Subsumtion werden oft Fragen auftreten, die sich nur unter Berücksichtigung des Gesamtgeschehens zuverlässig beantworten lassen.[17]

Beispiel:
Kenntnisstand des Begünstigten bzw. Erkennbarkeit der Rechtswidrigkeit eines Verwaltungsaktes hinsichtlich der Rücknahme nach § 48 II VwVfG.

2. Der Bearbeiter muß bemüht sein, sich in die Interessenlage der ihm im Sachverhalt begegnenden Personen hineinzuversetzen und ihre Rolle mitzuerleben. Er wird dann imstande sein, den Tatsachenstoff sowohl objektiv als auch subjektiv aus der Sicht der einzelnen Personen wiederzugeben und so den Sinn der jeweiligen Verhaltensweise besser verstehen können.[18] Um zu erkennen, wo die Probleme der ihm gestellten Aufgabe liegen, muß er sich klarmachen, worüber die Parteien streiten, was sie voneinander wollen. Insbesondere bei Zivilrechtsfällen ist es für das Verständnis der juristischen Fragestellung unerläßlich, den Sachverhalt auch in seiner ökonomischen Dimension zu erfassen und die wirtschaftlichen

---

[17] *Roxin/Schünemann/Haffke*, Strafrechtliche Klausurenlehre mit Fallrepetitorium, 4. Aufl. 1982, S. 7.
[18] *Schwerdtfeger* (o. Fußn. 9), Rdnr. 908.

Zielvorstellungen der Parteien vor Auge zu haben.[19] Ohne ein solch tieferes Eindringen in den Sachverhalt bleibt sonst auch die Fallfrage oftmals dunkel, vor allem dann, wenn sie nicht spezifiziert ist.

Beispiel:

Wer etwa Ansprüche gegen zwei Personen hat, von denen einer ein reicher Kaufmann, der andere ein Sozialhilfeempfänger ist, der wird selbstverständlich vornehmlich an dem Anspruch gegen den reichen Kaufmann interessiert sein. Das muß bei der Fallösung bedacht werden. Diese Ansprüche sind deshalb regelmäßig vorweg zu behandeln, sonst stellt man die wirtschaftlichen Gegebenheiten auf den Kopf.

Aber auch im öffentlichen Recht sollte der Bearbeiter seine Aufmerksamkeit darauf richten, was die Beteiligten sinnvollerweise zu erreichen suchen.

Beispiel:

Wenn ein Hundehalter nach Rechtsschutzmöglichkeiten gegen eine örtliche Hundeanlein-Verordnung fragt, so ist vorrangig an einen Weg zu denken, bei dem er nicht zunächst ein Bußgeld in Kauf nehmen muß, um so eine Inzidentkontrolle der Vorschriften zu erreichen; stattdessen ist zu überlegen, ob ein Antrag auf verwaltungsgerichtliche Normenkontrolle (§ 47 VwGO) oder eine Feststellungsklage (§ 43 VwGO) zulässig ist.

Keinesfalls sollte man sich beim Erfassen des Sachverhalts allerdings taktische Gedanken darüber machen, ob der vorliegende Fall ein „guter" oder ein „schlechter" Fall ist, ob zu viele Probleme darin enthalten sind oder zu wenige. Für die ansprechende Bearbeitung einer Klausur oder Hausaufgabe ist vielmehr das aktive Interesse an der Bewältigung der übernommenen Aufgabe erforderlich. Der Bearbeiter muß gewillt sein, die Probleme des Falles mit Engagement zu lösen. Eine unentschlossene Haltung, namentlich das Spiel mit dem Gedanken, sich einer anderen Aufgabe zuzuwenden, ist eine denkbar ungünstige Voraussetzung für das Gelingen einer Arbeit, kostet Nervenkraft und bedeutet Zeitverlust. Außerdem ist bei Examensklausuren die Hoffnung, im nächsten Anlauf eine leichtere Arbeit zu erhalten, meistens trügerisch.

Der erforderlichen unbefangenen Aufnahme des Sachverhalts und dem Durchdenken der Aufgabe auch in tatsächlicher Hinsicht steht bei Klausuren oft entgegen, daß der Bearbeiter bereits nach einem nur oberflächlichen Durchlesen des Aufgabentextes glaubt, das Problem des Falles in einer ihm bekannten Gerichtsentscheidung oder einem ihm bekannten Streitstand gefunden zu haben. Hier besteht die verständliche Neigung, den Sachverhalt als „alten Bekannten" zu begrüßen und erleichtert die geläufige „Lösung" herunterzuschreiben.[20] Der Bearbeiter kann dabei jedoch der Gefahr erliegen, daß durch einen Kurzschluß in der Sachver-

---

[19] *Berg/Zimmermann* (o. Fußn. 4), S. 161; *Medicus*, Bürgerliches Recht, 14. Aufl. 1989, Rdnr. 5.

[20] *Berg*, Übungen im Bürgerlichen Recht, 12. Aufl. 1976, S. 68, 195; *Brühl* (o. Fußn. 14), S. 103, 113.

haltserfassung das eigentlich naheliegende Verständnis des Sachverhalts so verändert wird, daß von einer „Tatbestandsquetsche" (besser „Sachverhaltsquetsche")[21] gesprochen werden kann. Gelöst wird dann freilich ein anderer Fall als der vorgelegte. Der Bearbeiter spart sich die Suche nach einer zum Ziel führenden Norm durch Manipulation am Sachverhalt. Seine Aufgabe ist es jedoch nicht, für eine Norm einen passenden Sachverhalt zu finden, sondern umgekehrt, für einen konkreten Sachverhalt, der rechtlich relevante soziale Probleme aufweist, die passende Norm zu finden, um die Beteiligten gutachtlich zu beraten. Übersehen wird, daß schon kleine Sachverhaltsänderungen eine deutliche Problemverlagerung zur Folge haben können. Da ein solches Vorgehen zu völlig unbrauchbaren Arbeiten führen kann, ist die Suche nach dem schon bekannten, ähnlichen Fall bei der Sachverhaltserfassung auf jeden Fall zu vermeiden. Auch wenn der Bearbeiter die rechtliche Hauptproblematik beim ersten Durchlesen des Aufgabentextes zu erkennen glaubt, ist bei der weiteren Bearbeitung ein ebenso genaues, kühles und systematisches Arbeiten notwendig, als wenn der Sachverhalt völlig neu wäre.

Nicht nur bei Klausuren, sondern auch bei Hausarbeiten taucht dieser nicht mehr wiedergutzumachende Fehler in modifizierter Form auf. Auch hier kommt es häufig vor, daß Bearbeiter in der ihnen gestellten Aufgabe sofort einen bestimmten, bereits entschiedenen Fall wittern und daraufhin sogleich alle greifbaren Kommentare und Entscheidungssammlungen durchsuchen. Damit verbauen sie sich jedoch jede Möglichkeit zu einer unbefangenen Prüfung der Sach- und Rechtslage. Jeder Vergleich mit anderen Fällen kann im ersten Stadium der Sachverhaltserfassung nur ablenken und irre machen. Erst wenn dem Bearbeiter die Einzelheiten des Falles völlig vertraut sind und er in der Lage ist, die Besonderheiten des zu bearbeitenden Falles gegenüber anderen – scheinbar gleichgelagerten – Fällen abzugrenzen, wird er die eigentlichen Probleme des Falles erkennen können. Er vermeidet so wahlloses Herumblättern in Kommentaren und das Lesen vieler Entscheidungen, auf die es letztlich nicht ankommt, und spart viel überflüssige Arbeit und Zeit. Eine intensive Sachverhaltserfassung macht sich auch hier bezahlt.[22]

3. Beim Durchlesen des Sachverhalts sollte sich der Bearbeiter nicht scheuen, spontan alles, was ihm an möglicherweise Relevantem zur Falllösung einfällt, auf einem gesonderten Merkblatt aufzuschreiben oder am Textrand zu notieren (kurze Erinnerungsnotiz).[23] Anvisiert sind dabei alle – wenn auch nur vermeintlich – einschlägigen Rechtsnormen.

Beispiel:

Die Städtereklame GmbH stellt einen Antrag auf Erteilung einer Baugenehmigung für die Errichtung einer 3 x 5 m großen freistehenden Werbetafel auf einem ihr gehörenden Grundstück in einem laut Flächennutzungsplan als „allgemeines Wohngebiet" ausgewiesenen Stadtteil. Der Antrag wird unter Hinweis auf § 13 IV nw.BauO abge-

---

[21] *Fahse/Hansen* (o. Fußn. 8), S. 12 (Fußn. 1); vgl. *Schwerdtfeger*, (o. Fußn. 9), Rdnrn. 925 ff.

[22] *Berg* (o. Fußn. 20), S. 68.

[23] Vgl. das instruktive Beispiel bei *Vogel*, Der Verwaltungsrechtsfall, 8. Aufl. 1980, S. 24.

lehnt, wonach kommerzielle Werbeanlagen in allgemeinen Wohngebieten verboten seien. Nach erfolglosem Widerspruchsverfahren wird die auf Erteilung der Baugenehmigung gerichtete Klage in allen Instanzen abgewiesen. Daraufhin erhebt die Städtereklame GmbH Verfassungsbeschwerde mit der Begründung, § 13 IV BauO verletze ihre Grundrechte aus Art. 12, 14 und 5 I GG. Außerdem habe der Landesgesetzgeber nicht die Kompetenz, in der LBauO festzulegen, welche Bauvorhaben in einem allgemeinen Wohngebiet zulässig seien, da dies bereits abschließend in der (Bundes-)BauNVO geregelt sei.

Hat die Verfassungsbeschwerde Aussicht auf Erfolg?[24]

Stichworte:

Fallfrage: Zulässigkeit und Begründetheit der Verfassungsbeschwerde prüfen

Zulässigkeit:

- Antragsberechtigung einer GmbH mit Sitz im Inland; Art. 19 III GG. Zumindest für Art. 12 und 14 GG zu bejahen
- Beschwerdegegenstand = Akt der öffentlichen Gewalt; Verwaltungsentscheidung, Widerspruchsbescheid oder Gerichtsurteil? Oder alle zusammen? Jedenfalls nicht § 13 IV nw.BauO abstrakt.
- Beschwerdebefugnis, d. h. Möglichkeit der Verletzung der im Sachverhalt genannten Grundrechte (Art. 12, 14, 5 I GG); problematisch für Art. 5 GG. – Pressefreiheit auch für Werbung?
- Rechtswegerschöpfung liegt vor.

Begründetheit:

- Zu Art. 12 GG: Schutzbereich umfaßt Gewerbe- und Unternehmerfreiheit; Dreistufentheorie; § 13 IV nw.BauO als Ausübungsregelung? Zweck der Regelung? Verhältnismäßigkeit?
  Verfassungsmäßigkeit der Grundrechtsschranke, insbes. Kompetenz des Landes; darin: Art. 74 Nr. 18, Art. 75 Nr. 4 GG; wenn nicht, dann Landeskompetenz
- Zu Art. 14 GG: Schutzbereich umfaßt Baufreiheit sowie Recht am eingerichteten und ausgeübten Gewerbebetrieb (letzteres str.). § 13 IV nw.BauO als Inhalts- und Schrankenbestimmung? Grenze zur Enteignung?
- Zu Art. 5 I GG: Schutzbereich der Pressefreiheit?; darin § 7 nw.LPresseG (formaler Pressebegriff), hier anwendbar? Fraglich für Werbung; vgl. dazu Zeitungen, Zeitschriften, die neben redaktionellem Teil auch Werbung enthalten. Umfassender Grundrechtsschutz schließt wohl auch Werbetafeln ein.
- § 13 IV nw.BauO als allg. Gesetz i.S.v. Art. 5 II GG?

Ergebnis: Verfassungsbeschwerde ist zulässig, aber unbegründet, da keine Grundrechtsverletzung

Daß bei einer solchen zunächst weitgehend intuitiven Arbeit – der Methode des „brainstorming" als Verfahren kreativer Problemlösung vergleichbar – naturgemäß auch ein erheblicher Anteil später als überflüssig oder falsch erkannter Gedankensplitter zu Papier gebracht wird, kann leicht verschmerzt und durch die später erfolgende Sichtung und Ordnung des Materials korrigiert werden.[25] Der Bearbeiter schafft sich immerhin freien Kopf für weiteres Nachdenken und befreit sich zudem von der Angst, daß wichtige Einfälle wieder vergessen werden. Er kann sich vor allem selbst kontrollieren, ob nicht naheliegende, von ihm zunächst erkannte Gesichtspunkte bei der späteren Lösung übersehen worden sind, nur weil sie in der Hektik der Fallbearbeitung nicht richtig untergebracht werden konnten. Rein technisch sollte beachtet werden, daß die

---

[24] Ausführliche Fallbesprechung mit Musterlösung bei *Kämper*, JuS 1987, L 29ff.

[25] *Blasius*, VR 1978, 265 m. Fußn. 23.

Notizen sofort durchzustreichen sind, sobald der Einfall entweder in einem nachfolgenden Entwicklungsstadium verarbeitet oder als unbrauchbar verworfen worden ist, da auf diese Weise ein besserer Überblick über den jeweiligen Stand der Überlegungen erzielt werden kann.

Auch wenn ein Verwaltungsakt im Aufgabentext auf mehrere Begründungen gestützt wird, der daraufhin erhobene Widerspruch Gegenargumente nennt und dagegen im Widerspruchsbescheid wiederum andere Gründe vorgebracht werden, kann es sich empfehlen, diese numeriert auf einem besonderen Blatt möglichst geordnet festzuhalten, damit bei der endgültigen Fallbearbeitung kein Aspekt übersehen wird.[26] Häufig genügt es aber auch, Begründungen, Gegenargumente etc. schon im gedruckt vorliegenden Aufgabentext beim wiederholten Durchlesen mit Nummern zu versehen oder mehrfarbig zu unterstreichen.[27]

4. Sofern sich im Sachverhalt mehrere Zeitangaben befinden oder in einem Fall mehrere historisch zu trennende Handlungsstränge zusammengefaßt sind, empfiehlt sich die Anfertigung einer Zeittabelle zur lückenlosen Erfassung des Sachverhalts.[28] In einer solchen Zeittafel werden in chronologischer Ordnung mit Daten und Stichworten die Ereignisse skizziert, um über die Reihenfolge ihres Ablaufs Klarheit zu gewinnen, ehe man zu rechtlichen Überlegungen übergeht. Die exakte Zeitabfolge kann insbesondere für verfahrens- und prozeßrechtliche Probleme bedeutsam sein.

Beispiel:

Ermittlung, ob der Widerspruch oder die Klage gegen einen belastenden Verwaltungsakt rechtzeitig erhoben worden ist.

Aber auch die materiell-rechtliche Lösung hängt nicht selten von Zeitkomponenten ab.

Beispiele:

Fiktion der Erteilung einer Teilungsgenehmigung (§ 19 III 6 BauGB); Fristberechnung bei der Rücknahme eines rechtswidrigen Verwaltungsaktes (§ 48 IV VwVfG) oder bei der Entlassung eines Beamten auf Probe (§ 31 III BBG).

Die prägnante Erfassung des Sachverhalts kann ferner durch das Erstellen einer Skizze erleichtert werden. Insbesondere wenn mehrere neben- und/ oder nacheinander handelnde Personen in einem Sachverhalt auftreten – was vor allem bei zivilrechtlichen Aufgaben zu beobachten ist –, verschafft eine solche Skizze den nötigen Überblick und verhindert, daß man Personen verwechselt oder wichtige Beziehungen übersieht.

Beispiel:

Es wird übersehen, daß von drei Klägern einer keinen Widerspruch einlegt und seine Anfechtungsklage vor dem Verwaltungsgericht mit Blick auf § 68 I VwGO bereits deshalb unzulässig ist.

---

[26] *Brühl* (o. Fußn. 14), S. 102f.

[27] *Ders.* (o. Fußn. 14), S. 100f.

[28] *Köbler*, Die Anfängerübung im bürgerlichen Recht, Strafrecht und öffentlichen Recht, 5. Aufl. 1986, S. 11; *Brühl* (o. Fußn. 14), S. 101f.

So können vor allem bei Aufgaben, in denen es um die Rechtsbeziehungen zwischen mehreren Beteiligten geht, die Ansprüche in den zugrunde zu legenden Zweierbeziehungen (Anspruchsteller – Anspruchsgegner: Wer will von wem was woraus? – sog. konstruktive Methode)[29] besser herausgearbeitet werden.[30] In der Zeichnung sollte mit fortschreitenden Lösungsbemühungen bereits in Stichworten oder mit bloßen Paragraphenangaben die Fallösung skizziert werden.

Beispiel:
Der Bundesbeamte B mißachtet auf einer Dienstfahrt grob fahrlässig die Vorfahrt des A und verursacht dadurch einen Totalschaden an dem PKW des A. Daraufhin verlangt A Schadensersatz von B oder dessen Dienstherrn D. D möchte – im Falle seiner Zahlungsverpflichtung – Rückgriff bei B nehmen.

Skizze:

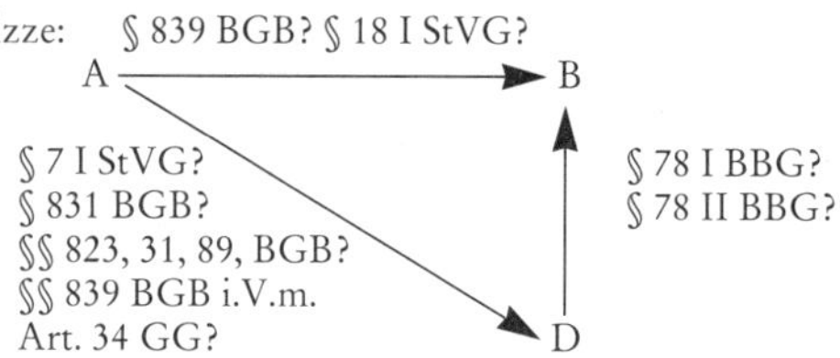

Bei öffentlich-rechtlichen Fällen aus dem Bau- und Planungsrecht oder dem Ordnungsrecht empfiehlt sich gegebenenfalls die Anfertigung eines Lageplans, um eine genauere Vorstellung von den im Sachverhalt umschriebenen räumlichen und örtlichen Verhältnissen zu bekommen.

Beispiel:
Bei Verwaltungsakten mit Drittwirkung, wie der Baugenehmigung, können die Rechtsbeziehungen zwischen Bauherrn, Bauaufsichtsbehörde und Nachbarn graphisch verdeutlicht werden. Empfehlenswert ist dies auch bei mehreren Adressaten eines Verwaltungsakts, bei einer Störerauswahl im Ordnungsrecht etc.

5. Zuweilen sind im Aufgabentext auch Rechtsansichten von Beteiligten mitgeteilt. Anders als bei den Fakten ist der Bearbeiter ebenso wie ein Richter jedoch nicht an diese – vielfach irrigen – Rechtsausführungen gebunden („Da mihi facta, dabo tibi ius"). Sie stellen vielmehr nur einen Hinweis auf bestimmte erörterungsbedürftige Fragen dar, mit denen sich der Bearbeiter nach Ansicht des Aufgabenstellers besonders auseinanderzusetzen hat, auf die er also eingehen soll.[31] Derartige Hinweise dürfen aber nicht krampfhaft überbewertet werden. Selten erschöpft sich hierin

---

[29] Dazu unten § 6 IV 2 (S. 108 f.).
[30] *Köbler* (o. Fußn. 28), S. 11 f.
[31] *Belke* (o. Fußn. 5), S. 42.

die dem Bearbeiter abverlangte Fallbearbeitung. Er sollte es vermeiden, *nur* auf diese Meinungen einzugehen und sich mit ihnen auseinanderzusetzen, nach weiteren Problemen aber überhaupt nicht mehr zu forschen.[32]

Ergibt eine nähere Prüfung geäußerter Rechtsansichten, daß sie offensichtlich abwegig sind oder an den wirklichen Problemen vorbeigehen, so brauchen sie nicht allein deshalb, weil sie im Sachverhalt erwähnt sind, detailliert erörtert zu werden. Man kann vielmehr unter Umständen in einem knappen Satz an passender Stelle (nicht aber in Überbewertung innerhalb eines gesonderten Abschnitts) auf die Unhaltbarkeit der betreffenden Meinung hinweisen.[33]

Bei der Sachverhaltserfassung sollte man ferner darauf achten, daß in der Äußerung bestimmter Rechtsansichten, vor allem bei privatrechtlichen Fallgestaltungen, die Abgabe von Willenserklärungen verborgen sein kann.

Beispiel:
Äußert A in einem Schreiben an die Behörde B, es lägen ihm jetzt erst neue Beweismittel vor, die zu einer Aufhebung des gegen ihn ergangenen belastenden Verwaltungsakts führen müßten, so kann in dem Schreiben, wenn der Verwaltungsakt bereits unanfechtbar ist, ein Antrag auf Wiederaufgreifen des Verwaltungsverfahrens gemäß § 51 VwVfG gesehen werden.

Mitunter ist es freilich schwierig, in den Äußerungen von Beteiligten zum Ausdruck kommende feststellende Sachverhaltsangaben und bloße Rechtsansichten auseinanderzuhalten. Nichtsdestoweniger sind die Ansichten der Parteien scharf von ihren tatsächlichen Angaben zu trennen, da der Bearbeiter nur letztere der rechtlichen Bewertung zugrunde zu legen hat.

Beispiel:
Trägt der Adressat eines Verwaltungsaktes vor, dieser sei nicht wirksam zugestellt worden, so ist das seine Rechtsansicht. Bringt er aber vor, der Bedienstete der Behörde habe das Schreiben einfach in das offenstehende Küchenfenster geworfen, so daß es nicht wirksam zugestellt worden sei, so ist letzteres eine bloße Rechtsansicht, ersteres aber als faktischer Umstand hinzunehmen und, sofern keine gegenteilige Angaben vorhanden sind, entsprechend rechtlich zu würdigen. – Weist ein Beamter darauf hin, der Oberstadtdirektor habe an ihn ein Schreiben gerichtet, in dem es u.a. wörtlich heißt: „Mit ihrer baldigen Beförderung kann gerechnet werden . . .", hieraus schließe er (der Beamte), daß ihm die verbindliche Zusicherung einer Beförderung erteilt worden sei, so steht hiernach für den Bearbeiter des Falles lediglich fest, daß der Beamte ein Schreiben mit dem genannten Inhalt erhalten hat. Dessen Folgerungen hieraus sind jedoch eine den Bearbeiter nicht bindende Rechtsansicht.[34]

---

32 *Berg* (o. Fußn. 20), S. 68, 195.
33 *Erbel* (o. Fußn. 2), S. 20.
34 So richtig *Blasius* (o. Fußn. 25), 265 (267).

6. Der in vielen Anleitungsbüchern zur Fallbearbeitung[35] hervorgehobene Grundsatz, daß sämtliche im Sachverhalt mitgeteilten Tatsachen für die rechtliche Fallösung von Belang sind und dementsprechend das gesamte Sachverhaltsgeschehen juristisch ausgewertet werden muß, ist nachdrücklich zu unterstreichen. Nur selten werden einzelne tatsächliche Angaben völlig unerheblich sein, da die gestellten Aufgaben in der Regel „Kathederfälle", also speziell für Übungs- bzw. Examensklausuren konzipiert oder modifiziert sind.[36] Das bedeutet, daß bestimmte Problemstellungen in einem eigens nach funktionalen Gesichtspunkten aufbereiteten Sachverhalt verarbeitet worden sind. Der Aufgabensteller hat sich dementsprechend den Sachverhalt im Regelfall genau überlegt und nur für die Fallbearbeitung wesentliche, rechtlich relevante Tatsachen aus einem mehr oder weniger umfangreichen Lebenssachverhalt in kurzer, komprimierter Form mitgeteilt. Insbesondere bei juristischen Examensklausuren kann davon ausgegangen werden, daß der Aufgabentext nicht mit Überflüssigem belastet ist. Das schließt allerdings nicht aus, daß manche Aufgabe Wendungen enthält, die „colorandi causa" aufgenommen worden sind, um den Fall lebendig wirken zu lassen.

Beispiel:
Steht in einem Sachverhalt statt – wie üblich – „Gastwirt G" „der Strauß-Wirt F.J.", so ist das zwar amüsant, aber offensichtlich nicht lösungsrelevant, es sei denn, es handelt sich um eine gewerberechtliche Aufgabe (§ 14 GastG: Straußwirtschaften).

Eine Sachverhaltskomposition, bei der die rechtlich erheblichen Fakten mit zusätzlichem, für die juristische Beurteilung unerheblichem Beiwerk ausgeschmückt sind, ist demgegenüber immer noch wenig verbreitet, wenn auch solche umfangreichen, bei den Bearbeitern aber regelmäßig weniger geschätzten Sachverhalte wegen der verstärkten Einbeziehung der Lebenswirklichkeit vielfach lehrreicher sind als knappe Sachverhalte. Während diese mehr „juristische Phantasie" erfordern, verlangen jene, der praktischen Berufsausübung des Juristen entsprechend, die aufreibende Arbeit der Unterscheidung rechtlich erheblicher Fakten von rechtlich unerheblichen und das Herausschälen des juristisch relevanten Tatsachenkerns aus einer Vielzahl mitgeteilter Tatsachen.[37]

Muß der Bearbeiter einerseits – im Regelfall – aufmerksam auch gegenüber vermeintlichen Nebensächlichkeiten sein und auch noch so versteckte Informationen aufgreifen und beachten, darf er andererseits aber nicht in Wortklauberei verfallen. Er läuft sonst Gefahr, unbedeutende Fakten in ihrer Relevanz für die Lösung zu überschätzen.

---

[35] Vgl. nur *Diederichsen* (o. Fußn. 2), S. 18, 133; *Schramm*, Klausurentechnik, 8. Aufl. 1990, S. 3; zweifelnd allerdings *Belke* (o. Fußn. 5), S. 47.
[36] *Fahse/Hansen* (o. Fußn. 8), S. 30; *Brühl* (o. Fußn. 14), S. 99.
[37] *Köbler* (o. Fußn. 28), S. 21.

Beispiele:

Wenn in einer ordnungsrechtlichen Klausur nach der Möglichkeit eines Maulkorb- und Anleinzwanges gefragt ist, weil der freilaufende Hund des „Frührentners F" die Nachbarschaft verunsichert, so dient die Angabe, daß F Frührentner sei, nur der Ausschmückung des Falles. Keinesfalls darf daraus geschlossen werden, daß F infolge körperlicher Gebrechen generell zur Hundehaltung ungeeignet sei; vielmehr sind die konkreten Umstände in Betracht zu ziehen. – Wenn in einer strafrechtlichen Arbeit die Strafbarkeit des „habgierigen Studenten S" zu prüfen ist, der ein aus der Universitätsbibliothek entliehenes Buch an einen Kommilitonen verkauft hat, so ist die Angabe, daß S habgierig ist, für die Erörterung der in Betracht kommenden Vermögensdelikte (veruntreuende Unterschlagung gemäß § 246 I 2. Alt. StGB und möglicherweise Betrug gemäß § 263 I StGB zum Nachteil des Kommilitonen) nicht von Bedeutung. Der Aufgabensteller hat das Motiv nur mitgeteilt, um den Sachverhalt etwas lebendiger zu gestalten.[38]

Der Bearbeiter sollte aber auch mit der Möglichkeit rechnen, daß mitunter absichtlich Angaben gemacht werden, die bewußt farblos oder für den Unkundigen irreführend sind.

Beispiel:

Heißt es in einem Sachverhalt: „Der Beamtenanwärter B wird in einem Schreiben vom 10.5., das ihm am 12.5. zugestellt wird, zum Beamten ernannt", so ist eine wirksame Ernennung nicht erfolgt, da die Ernennung als mitwirkungsbedürftiger Verwaltungsakt nur durch „Aushändigung einer Ernennungsurkunde" wirksam wird (vgl. § 5 II 1 BRRG; § 6 II 1 BBG).

Dies geschieht bisweilen, um die Denkschärfe des Bearbeiters auf die Probe zu stellen. Es ist jedoch ein unter Studenten weit verbreiteter Irrglaube, daß in Übungs- und Examensaufgaben zunächst nach „Fallen" zu suchen ist. Keinem der Schöpfer von Hausaufgaben und Klausuren sollte, wie es in manchen Schauermärchen dargestellt wird, unterstellt werden, er baue voller Heimtücke bewußt eine Falle in eine Sachverhaltsschilderung ein, nur damit die Großzahl der Bearbeiter an dieser Aufgabe scheitere.[39] In diesem Zusammenhang sei auch darauf aufmerksam gemacht, daß der Sprachgebrauch des täglichen Lebens häufig nicht dem juristischen Sprachgebrauch entspricht. Im Sachverhalt stehende rechtlich vorgeprägte Begriffe dürfen deshalb nicht unkritisch wie Tatsachen übernommen werden. Grundsätzlich ist es nämlich Aufgabe des Bearbeiters, die sozialen Geschehensabläufe des Sachverhalts selbst rechtlich zu bewerten, auch wenn Bewertungen Dritter zur Übernahme verlocken.[40]

Beispiele:

Wenn im Aufgabentext die „Bundesversicherungsanstalt für Angestellte" erwähnt wird, so darf nicht unreflektiert davon ausgegangen werden, daß es sich hierbei um den Organisationstyp der „Anstalt" handelt. Schließlich kennt die BfA keine „Benutzer", sondern „Mitglieder". Deshalb ist sie rechtlich als „Körperschaft" zu qualifizieren.[41] – Es wäre falsch, die Vorschriften über die (unentgeltliche) Leihe (§§ 598 ff. BGB) anzu-

---

[38] Vgl. dazu *Arzt*, Die Strafrechtsklausur, 4. Aufl. 1984, S. 29.
[39] *Erbel* (o. Fußn. 2), S. 13.
[40] *Fabricius*, Der Rechtsfall im Privatrecht, 3. Aufl. 1976, S. 16.
[41] Beispiel von *Maurer*, Allgemeines Verwaltungsrecht, 7. Aufl. 1990, § 23 Rdnr. 52.

wenden, wenn in einem Sachverhalt davon die Rede ist, A habe sich in einer „Leihbücherei“ ein Buch für 1 DM geliehen, denn dieser Vorgang ist rechtlich als Miete zu bewerten (§§ 535 ff. BGB); gleiches gilt für den „Autoverleih“ oder „Maskenverleih“. Wer Geld „verleiht“, dürfte in der Regel ein Darlehen geben.

Im Regelfall sind jedoch die in der Aufgabe verwandten juristischen Termini insbesondere bei einfachen Vorgängen in ihrem üblichen Sinne zu verstehen, wenn die sorgsame Prüfung des Sachverhalts nicht das Gegenteil ergibt.

Beispiele:
Wenn nur gesagt wird, die Gemeinde A in Nordrhein-Westfalen verkaufe mit Zustimmung der Aufsichtsbehörde (vgl. § 77 III Nr. 2 nw.GO) ein Baugrundstück an B, das sich später als durch Altlasten kontaminiert herausstellt, und B daher Ansprüche nach §§ 459 ff. BGB sowie Amtshaftungsansprüche geltend macht, so kann ein rechtswirksamer Kauf als Tatsache angenommen werden. – In einem Klausursachverhalt bedeutet „Verkauf“ regelmäßig das obligatorische Geschäft, „Veräußerung“ ist die dingliche Übereignung, soll oft aber auch beides (Kauf und Übereignung) bezeichnen.

Manchmal wird auch nur ein rechtlicher Vorgang als Tatsache mitgeteilt, ohne daß er sich rechtlich prüfen läßt. Man muß dies dann als rechtswirksam hinnehmen.[42]

Beispiel:
Im Sachverhalt heißt es: „Der Oberstadtdirektor der kreisfreien Stadt S als Bauaufsichtsbehörde verfügt gegenüber dem Grundstückseigentümer G den Abriß des auf seinem Grundstück errichteten Gebäudes, hebt diesen Bescheid jedoch später wieder auf.“ Hier kann man nicht prüfen, auf welche rechtlichen Gründe die Abrißverfügung gestützt gewesen sein könnte. Man weiß somit auch nicht, ob deren Aufhebung nach § 48 oder § 49 LVwVfG zu beurteilen ist, ebensowenig, ob die jeweiligen Widerrufs- bzw. Rücknahmevoraussetzungen erfüllt sind. Es bleibt deshalb nichts anderes übrig, als davon auszugehen, ursprünglich habe eine solche Abrißverfügung existiert, die nunmehr aber keine Rechtswirksamkeit mehr besitzt. Das alles macht keine besonderen Schwierigkeiten, muß aber gesagt werden, weil sich daran zeigt, daß Rechtliches und Tatsächliches durch keine schlechthin gültige Grenze im Sachverhalt geschieden werden können.

Aus der kombinierten Heranziehung der Gesamtheit der Sachverhaltsangaben läßt sich oft auch der richtige, vom Aufgabensteller quasi vorgezeichnete Lösungsweg ablesen. Recht hilfreich kann es deshalb sein, wenn der Bearbeiter mögliche, von ihm als Lösung erwogene Ergebnisse und Zwischenergebnisse unter klausur- oder hausarbeitstaktischen Gesichtspunkten kurz auf ihre Konsequenz für die weitere Fallbearbeitung überprüft. Führt ein vom Bearbeiter angestrebter Lösungsweg dazu, daß umfängliche Sachverhaltsvorgaben – insbesondere genaue Zahlenangaben bzw. Daten – nicht verwendet werden können oder umgekehrt notwendige Angaben für den Lösungsweg vollständig fehlen, so spricht manches dafür, daß der Bearbeiter eine andere Lösung verfolgt, als der Aufgaben-

---

[42] So richtig *Schmelzeisen/Thümmel*, Übungen im Bürgerlichen Recht, 4. Aufl. 1981, S. 4.

steller erwartet.[43] Er sollte deshalb seine Entscheidung zu rechtlichen Streitfragen, bei denen sich die möglichen Lösungswege gabeln, nochmals eingehend dahingehend überprüfen, ob sich nicht durch eine andere Entscheidung eine umfassendere und intensivere Sachverhaltsausschöpfung ergibt.

Fehlen dagegen in einem Sachverhalt zu einem bestimmten, vom Bearbeiter anvisierten Problem nähere Angaben, so sollte in der Regel eine Erörterung dieses Problems gänzlich unterbleiben oder aber allenfalls in einem beschränkten Umfang geschehen.

Beispiel:

Ist in einer Klausur ohne spezifische Zeitangabe nach den Erfolgsaussichten einer Verfassungsbeschwerde gefragt, werden also detaillierte prozessuale Erörterungen nicht deutlich gefordert und ergeben sich auch aus dem Sachverhalt keine weiteren Hinweise in bezug auf Fragen der Zulässigkeit der Verfassungsbeschwerde, so läßt dies den Schluß zu, daß hier keine besonderen Probleme verborgen liegen und folglich auch nicht gesucht werden sollen. Fehlerhaft war es daher, die Zulässigkeit der Verfassungsbeschwerde anhand eines bekannten Aufbauschemas unter Darstellung sämtlicher vertretener Theorien zu untersuchen, wie es im Rahmen einer Übung kürzlich zahlreiche Bearbeiter unternahmen: „E muß die Verfassungsbeschwerde schriftlich, in verständlicher deutscher Sprache ohne strafbaren oder ungebührlichen Inhalt und mit zuverlässiger, hinreichender Erkennbarkeit von Erklärungsinhalt und Person stellen." In den meisten Fällen führte eine solche Vorgehensweise zu einer im Fall nicht angelegten Aufblähung der Zulässigkeitsfrage, die regelmäßig mit einer zu knappen Darstellung der ungleich wichtigeren Begründetheit der Verfassungsbeschwerde einherging. Stellen sich bei solchen Ausführungen obendrein noch Fehler ein, so kann dies bereits den Wert der Bearbeitung erheblich mindern.

Werden im Aufgabentext verschiedene Fallvarianten geschildert, so kann der Bearbeiter grundsätzlich davon ausgehen, daß sich für die jeweiligen Varianten vom Ansatz her – nicht notwendig im Ergebnis – unterschiedliche rechtliche Prüfungsansätze und/oder Lösungswege ergeben.

Beispiel:

Nach Inkrafttreten einer Novelle zum Energiewirtschaftsgesetz erheben vier nordrhein-westfälische Elektrizitätsunternehmen Verfassungsbeschwerde vor dem Bundesverfassungsgericht und rügen eine Verletzung ihrer grundgesetzlich geschützten Grundrechte. Es handelt sich hierbei um

- den Eigenbetrieb der Stadt D (E),
- die vollständig im Eigentum der Stadt B stehende B-AG,
- das gemischtwirtschaftliche Unternehmen K-AG, deren Gesellschaftsanteile zu jeweils 26% die kreisfreie Stadt S und der Kreis K halten, an der des weiteren aber noch 8000 private Anteilseigner beteiligt sind, und
- die X-AG, an der ein niederländisches Privatunternehmen zu 51% und die Stadt X zu 49% Anteile halten.

Es drängt sich bei einer solchen Häufung von Antragstellern (mit jeweils abgestuften Modifikationen kommunalen Engagements) doch geradezu auf, daß die Frage der Antragsberechtigung („jedermann" i.S.v. § 90 I BVerfGG) umfassend zu erörtern sein wird. In diesem Zusammenhang gewinnt vor allem Art. 19 III GG zentrale Bedeutung. Dem Eigenbetrieb der Stadt D, gem. § 93 I nw.GO ein wirtschaftliches Unternehmen

---

[43] *Brühl* (o. Fußn. 14), S. 115.

ohne eigene Rechtspersönlichkeit, das nach den Vorschriften der Eigenbetriebsverordnung geführt wird, kann schon von der Formentypik her eine Grundrechtsfähigkeit nicht zuerkannt werden. Für die vollständig im Eigentum der Stadt B stehende B-AG, eine juristische Person des Privatrechts, folgt die mangelnde Grundrechtsfähigkeit trotz dieser Organisationsform aus ergänzenden materiellen Erwägungen, nämlich daraus, daß die alle Anteile haltende Kommune selbst nicht grundrechtsfähig ist (vgl. nur BVerfGE 45, 63). Bei gemischtwirtschaftlichen Unternehmen besteht Streit hinsichtlich ihrer Grundrechtsfähigkeit; vgl. einerseits BVerfG, NJW 1990, 1783; andererseits *Schmidt-Aßmann*, BB, Beilage 34 zu Heft 27/1990. Hier wird vom Bearbeiter eine nähere Darlegung der maßgeblichen, an Funktionskreis des Unternehmens, Organisation und Beteiligungsverhältnissen sowie materiellen Schutzzwecken anknüpfenden Gesichtspunkte erwartet. Die Grundrechtsfähigkeit der X-AG (juristische Person deutschen Rechts; Sitz in NW; daher inländische juristische Person des Privatrechts) ist angesichts der Mehrheitsbeteiligung eines Privatunternehmens zu bejahen.

Ähnliche Überlegungen sind bei Zusatzfragen angebracht.

Beispiel:

Lautet eine Zusatzfrage etwa „Ändert sich die rechtliche Beurteilung, wenn sich das Geschehen nicht am 1.4., sondern am 1.5. zuträgt?", so sollte der Bearbeiter untersuchen, ob zwischenzeitlich eine Gesetzesänderung eingetreten oder gegebenenfalls eine Frist abgelaufen ist.

Derartige eher taktische Überlegungen sollten allerdings nur am Rande eine Rolle spielen und nicht überschätzt werden.

7. Die vorstehenden Ausführungen machen zugleich deutlich, daß das „Arbeiten am Sachverhalt", die vom Bearbeiter zu leistende „Mosaikarbeit"[44], nicht als in sich abgeschlossener, von späteren rigide abzusondernder Arbeitsabschnitt vor der rechtlichen Beurteilung des Falles angesehen werden kann. Vielmehr muß während der späteren Arbeitsstufen der Sachverhalt immer wieder in den Blick genommen werden, gerade auch während der Entwicklung und Ausarbeitung der juristischen Lösung. Denn sämtliche rechtlichen Erörterungen müssen sachverhaltsbezogen bleiben. Es ist deshalb ein „ständiges Hin- und Herwandern des Blickes zwischen Sachverhalt und rechtlicher Regelung" (*Engisch*) bei einer guten Fallösung erforderlich. So wird der Bearbeiter insbesondere erst bei der Subsumtion unter bestimmte Tatbestandsvoraussetzungen einer Rechtsnorm eine vollständige juristische Auswertung des Sachverhalts vornehmen können, um die einzelnen Sachverhaltselemente exakt zu den abstrakten Normvoraussetzungen in Bezug zu setzen.

Beispiel:

Subsumtion unter § 4 GastG [Sart. Nr. 810] (Zuverlässigkeit; Alkoholmißbrauch; Glücksspiel u.a. Vorschub leisten; Gesundheits- oder Jugendschutz mißachtet; Räume nicht geeignet; örtliche Lage der Gaststätte; lebensmittelrechtliche Kenntnisse)

Mitunter ist der Sachverhalt – entweder infolge eines unbewußten Versehens des Aufgabenstellers oder mit Vorbedacht – in einem für das rechtliche Ergebnis entscheidungserheblichen Punkt aus der Sicht des Bearbei-

---

[44] *Mühl*, JuS 1964, 241.

ters nicht so klar, daß er aus sich heraus ohne weiteres verständlich wäre. Solche Mehrdeutigkeiten des Aufgabentextes quälen den Studenten oft mehr als komplizierteste Rechtsprobleme. Auch die tatsächlichen Angaben des Sachverhalts verlangen deshalb von dem Bearbeiter zuweilen eine Interpretationsleistung. Allerdings wird gerade der Sachverhalt oft zu Unrecht für unklar oder auslegungsbedürftig gehalten.[45] Eine solche Einschätzung liegt erfahrungsgemäß zumeist nicht am Sachverhalt selbst, sondern schlicht daran, daß der Bearbeiter den Sachverhalt noch nicht ganz durchdrungen hat und noch nicht alle Einzelheiten in ihrem Zusammenhang voll erfaßt worden sind. Bevor der Klausurteilnehmer mit der Auslegung beginnt, sollte er sich deshalb überlegen, ob er den Sachverhalt auch wirklich voll ausgeschöpft hat. Sofern trotz allem eine für die Beantwortung einer Rechtsfrage bedeutsame Tatsache zu fehlen scheint, ist zunächst zu versuchen, diese durch eine logisch zwingende Schlußfolgerung aus den sonstigen im Sachverhalt angegebenen Fakten zu ermitteln. Gerade die Möglichkeit, aus angegebenen Sachumständen andere entscheidungserhebliche Tatsachen herzuleiten, gelingt so gut wie immer.

Beispiele:

Erhebt Richter R aus Köln in eigener Sache Verfassungsbeschwerde gegen ein Gesetz und rügt die Verletzung des Art. 12 GG, so ist die Verfassungsbeschwerde nur zulässig, wenn er Deutscher ist. Obwohl der Sachverhalt insoweit schweigt, kann doch von dem Beruf des R auf seine deutsche Staatsangehörigkeit geschlossen werden (§ 9 Nr. 1 DRiG). Heißt es in einem Sachverhalt: „Tino Tutti, der seit 5 Jahren in der Bundesrepublik Deutschland lebt, dessen Ehefrau sich aber noch in Italien aufhält, ist zum Beamten der Gemeinde G ernannt worden", so liegt es nahe, daß Tino Tutti nicht die deutsche Staatsangehörigkeit besitzt; in einem solchen Fall wäre es im Gegenteil eine auf die Verfälschung des Sachverhalts hinauslaufende unzulässige Unterstellung, anzunehmen, es spreche alles dafür, daß Tino Tutti eingebürgert sei. – Anders ist es aber, wenn schlicht vermerkt ist, daß ein Gaststätteninhaber Nicola Amati heißt. Das allein kann, sofern nicht weitere Anhaltspunkte vorliegen, nicht dahingehend interpretiert werden, Amati sei Italiener, der sich nicht auf Art. 12 GG berufen könne. Anderes gilt wiederum, wenn es hieße, Ernst Müller sei zum Beamten ernannt worden. Hierbei Erwägungen darüber anzustellen, ob Ernst Müller schon oder noch Deutscher sei, wäre abwegig.[46] – Wer aus einem Vertrag klagt, behauptet damit zugleich, ihn im eigenen Namen abgeschlossen zu haben. – Bietet A von ihm gestohlene Uhren dem B nachts am Hauptbahnhof einer Großstadt zu einem billigen Preis an, so kann unschwer davon ausgegangen werden, daß B bösgläubig ist. In Betracht kommt somit bei der Prüfung der Strafbarkeit des A nicht vollendeter Betrug, sondern allenfalls ein versuchter Betrug und bei B eine Hehlerei. Die Umstände, unter denen der Verkauf erfolgen soll, lassen klare Rückschlüsse auf das Vorstellungsbild der Beteiligten zu.

Hier soll und kann der Bearbeiter auch zeigen, ob er lebensnahe Einschätzungen zu treffen vermag.

---

[45] *Brühl* (o. Fußn. 14), S. 103.
[46] *Blasius* (o. Fußn. 25), 268.

Beispiel:

Ist der Inhaber einer Jugend-Disco bereits mehrfach wegen Drogenhandels vorbestraft und wird auch bei einer neuerlichen Razzia wiederum Rauschgift bei ihm und Gästen gefunden, so kann ohne Bedenken auf seine Unzuverlässigkeit i.S.v. § 4 I Nr. 1 GastG geschlossen werden.

Wenn eine solche verständige Sachverhaltsauslegung aber im Einzelfall einmal nicht gelingen sollte, muß der Bearbeiter versuchen, durch eine konsequente Ergänzung der gegebenen Fakten unter dem Gesichtspunkt des nach der Lebenserfahrung normalen oder höchstwahrscheinlichen Zustands bzw. Verlaufs der Dinge für die Fallösung bedeutsame Zusatzfakten zu ermitteln, um zu einem eindeutigen Sachverhalt zu kommen. Er muß sich diesbezüglich zunächst über die möglichen Interpretationen des Aufgabentextes Klarheit verschaffen. Dann wird er diejenige Interpretation zu wählen haben, die bei einer natürlichen Betrachtungsweise die plausibelste, ungekünsteltste, interessengerechteste und lebensnächste Sachverhaltsauslegung darstellt. Er hat den *Normalfall* zugrunde zu legen, da Abweichungen vom gewöhnlichen Lebensverlauf vom Aufgabensteller ausdrücklich ausgesprochen zu werden pflegen.[47]

Beispiele:

Fehlen in einer polizeirechtlichen Aufgabenstellung Angaben über das Bundesland, in dem der Vorfall sich ereignet, so ist davon auszugehen, daß der „Fall" sich im jeweiligen Bundesland, in dem die Aufgabe gestellt wird, zugetragen hat. – Grundsätzlich ist ferner das zur Zeit der Beurteilung geltende Recht anzuwenden. Enthält der Sachverhalt Zeitangaben und hat sich das maßgebliche Recht seitdem geändert, so ist allerdings von dem damaligen Rechtszustand auszugehen (vgl. oben § 2 II, IV 3); Literatur und Rechtsprechung sind – bei der Hausarbeit – jeweils auf dem neuesten Stand zu berücksichtigen. – Teilt der Sachverhalt über die Geschäftsfähigkeit einer Person oder über die Form eines abgeschlossenen Rechtsgeschäftes keine näheren Einzelheiten mit, so kann der Bearbeiter davon ausgehen, daß die Person voll geschäftsfähig und das Rechtsgeschäft in der erforderlichen Form abgeschlossen worden ist. Mangels gegenteiliger Angaben und Andeutungen kann beispielsweise weiter davon ausgegangen werden, daß

- derjenige, an den ein Brief geschickt worden ist, ihn empfangen hat,
- die Vorschriften des GG über das Gesetzgebungsverfahren beachtet worden sind,
- Rechtsbehelfe form- und fristgerecht erhoben worden sind,
- ggfs. erforderliche Anträge gestellt sind.

Hat nach dem Sachverhalt eine „Behörde" gehandelt, ohne daß diese näher gekennzeichnet ist, so muß diese Behörde – ohne Vorliegen weiterer Umstände – als sachlich und örtlich zuständig angesehen werden. Ausführliche Spekulationen hierzu wären überflüssig. Wird das Verteilen von Informationszetteln an einem Stand auf einer Straße der Gemeinde X verboten, so ist für das Problem der Sondernutzung entscheidend, ob es sich um eine Gemeindestraße mit der Folge der Anwendbarkeit des einschlägigen Landesstraßengesetzes (vgl. z.B. §§ 1, 3 I Nr. 3 nw.StrWG) handelt oder um die Ortsdurchfahrt einer Bundesstraße, was die Anwendbarkeit des Bundesfernstraßengesetzes begründet (§ 1 II Nr. 2 FStG [Sart. 932]). Bei Berücksichtigung der normalen Verhältnisse ist die Gemeindestraße die Regel, die Ortsdurchfahrt die Ausnahme. Daher ist von einer Gemeindestraße auszugehen und das Landesstraßengesetz anzu-

---

[47] *Schwerdtfeger* (o. Fußn. 9), Rdnr. 944; *Wessels*, Strafrecht AT, 18. Aufl. 1988, § 19 I; *Brühl* (o. Fußn. 14), S. 104.

wenden. – Dagegen ist es verfehlt, wenn bei der Fallösung Personen genannt werden, deren Mitwirkung zwar möglich ist und vielleicht auch zukünftig erfolgen wird, deren Existenz für die gutachtliche Lösung des Falles jedoch irrelevant ist. So ist es bei der Beurteilung der Erfolgsaussichten der Verfassungsbeschwerde eines Bürgers, dem ein Rechtsanwalt vorher Ratschläge erteilt hatte, verfehlt, Spekulationen darüber anzustellen, ob „anzunehmen ist, daß sein Rechtsbeistand die Verfassungsbeschwerdefrist einhalten würde".

Oft kann aus rechtlichen Vorgaben der regelmäßige Gang der Dinge entnommen werden.

Beispiel:
Richtet die Bauaufsichtsbehörde eine Abrißverfügung gegen den „E", so liegt es näher, diesen für den Eigentümer als etwa lediglich für den Pächter des Grundstücks zu halten, auf dem illegal eine bauliche Anlage errichtet worden ist.

Nur wenn der Sachverhalt besondere Anhaltspunkte für das Gegenteil enthält und dies unmißverständlich ausweist, ist eine vom Regelfall abweichende Interpretation gerechtfertigt.

Beispiel:
Soll der Aufgabensteller aus dem Formmangel bei einem Rechtsgeschäft rechtliche Konsequenzen herleiten, finden sich regelmäßig klare Hinweise hierauf; z.B. bei einem öffentlich-rechtlichen Vertrag: „A und B besiegelten den Verwaltungsvertrag mit Handschlag" (vgl. § 57 VwVfG).

Hinzuweisen ist in diesem Zusammenhang auch auf die von *Arzt* gegebene, allerdings „nur in akutem Notfall zu verwendende Faustregel" für eine problemfreundliche Auslegung des Sachverhalts. Sie lautet: „Würde eine mögliche Auslegung zu einem neuen Problemkreis führen, der mit dem bereits behandelten Stoff nur lose zusammenhängt, entscheide man sich gegen diese Möglichkeit. Im Rahmen des angeschnittenen Problemkreises wählt man dagegen die problemfreundliche Auslegung".[48] Den durch Auslegung ermittelten Sachverhalt hat der Student seiner weiteren Bearbeitung zugrundezulegen. Er muß dabei deutlich angeben, welche Tatsachen er im Wege der Auslegung oder der Schlußfolgerung dem Sachverhalt entnommen hat, und muß dafür kurz und bündig eine entsprechende Begründung geben.

Beispiel:
„Obwohl der Sachverhalt dies nicht ausdrücklich sagt, muß davon ausgegangen werden, daß ... Denn ..." oder „Da der Sachverhalt hierzu schweigt, ist nicht anzunehmen, daß ..."

Falls die Begründung des Bearbeiters plausibel ist, wird ihm kein Korrektor „einen Strick daraus drehen", auch wenn dieser persönlich einer anderen Sachverhaltsinterpretation zuneigt. Selbst ein Irrtum bei der Auslegung des Sachverhalts kann, sofern die Rechtsausführungen an sich zutreffend sind, nicht so schwerwiegend sein wie eine widerspruchsvolle,

[48] *Arzt* (o. Fußn. 38), S. 131.

unübersichtliche oder verworrene rechtliche Beurteilung bei unzureichend durchdachter tatsächlicher Sachlage. Hiervon ist jedoch dann eine Ausnahme zu machen, wenn der Verdacht besteht, der Bearbeiter wolle sich durch eine gewagte Sachverhaltsauslegung gezielt um ein verzwicktes Rechtsproblem herumdrücken. Gerade Formulierungen wie „sagt der Sachverhalt nicht eindeutig" oder „das ist Tatfrage" – ein Ausdruck, der nur bei strafrechtlichen Fallbearbeitungen üblich sein sollte[49] – verraten aber allzu häufig den Willen des Bearbeiters, durch gekünstelte Interpretation im tatsächlichen Bereich einem Problem zu entrinnen.

Bisweilen kommt es vor, daß der Sachverhalt in der Tat Lücken enthält, d. h. daß es nach der Fragestellung und der anzuwendenden Rechtsnorm darauf ankommt, ob eine bestimmte Tatsache vorliegt, der Sachverhalt dazu aber keine Anhaltspunkte enthält und die Lücke auch nicht durch Auslegung nach dem Maßstab des Normalen oder Wahrscheinlichen geschlossen werden kann.[50]

Beispiel:

Es wird eine Schulstrafe gegen den Schüler eines Gymnasiums verhängt. Für die Frage der Grundrechtsverletzung kann das Alter des Schülers eine Rolle spielen. Mögliche Sachverhaltsgestaltungen sind hier, daß der Schüler jünger als 16 Jahre, daß er zwischen 16 und 18 Jahre alt oder daß er älter als 18 Jahre ist.[51]

Zu überlegen ist auch in diesem Fall zunächst, welche verschiedenen Möglichkeiten der Sachverhaltsauslegung angesichts der konstatierten Lücke bestehen. Denn häufig sind mühsam festgestellte Sachverhaltslükken im Ergebnis rechtlich nicht relevant; dann kommt es auf sie nicht mehr an, womit sich das Problem von selbst erledigt. Betrifft die Lücke ein logisch vorrangiges Tatbestandsmerkmal, so kann diese Frage offen bleiben, falls noch ein weiteres Element fehlt, da in solchen Fällen ohne Schaden die Prüfungsreihenfolge umgestellt werden kann. Zu überlegen ist ferner, ob der Sachverhalt nicht notfalls behutsam ergänzt werden kann.

Beispiele:

Kann derjenige, der einen bestimmten Anspruch geltend macht, diesen Anspruch durch eine in seinem Belieben stehende Erklärung herbeiführen (z.B. bei der Anfechtung, Wandelung, Aufrechnung etc.), so ist bei verständiger Würdigung zu unterstellen, daß diese Erklärung erfolgt, und es ist sodann auf der Grundlage dieser Erklärung weiterzuprüfen. In einem Sachverhalt angelegte Entwicklungsmöglichkeiten sind zu berücksichtigen.[52] – Bei Ehegatten ist vom gesetzlichen Güterstand auszugehen. – Kommt es, wie häufig im öffentlichen Recht, auf Landesrecht an, und enthält der Sachverhalt keine Angaben, in welchem Land der Fall spielt, so muß der Bearbeiter von dem Recht des Landes ausgehen, in dem die Arbeit geschrieben wird. Es ist unzulässig, etwa sparkassenrechtliche Vorschriften aus verschiedenen Ländern zu zitieren oder

---

[49] *Schramm* (o. Fußn. 35), S. 4.

[50] *Schwerdtfeger* (o. Fußn. 9), Rdnrn. 948 f.

[51] *Erbel* (o. Fußn. 2), S. 21.

[52] *Westermann*, BGB – Allgemeiner Teil, 5. Aufl. 1983, S. 161.

nach allgemeinen, in der Mehrzahl der Länder der Bundesrepublik Deutschland geltenden sparkassenrechtlichen Grundsätzen zu entscheiden. Eine Fallösung muß auf ganz bestimmten Rechtsnormen beruhen.[53]

Eine vom Bearbeiter vorgenommene Unterstellung muß in der Ausarbeitung als solche gekennzeichnet werden. Zu warnen ist jedoch nochmals davor, angebliche Lücken durch willkürliche, eigenmächtige Unterstellungen aus dem Weg zu räumen. Wer mit solchen Unterstellungen arbeitet, „verändert" den Fall und löst folglich eine andere als die gestellte Aufgabe.

Beispiel:
Zu vermeiden sind besonders Unterstellungen der Geschäftsunfähigkeit und der Schuldunfähigkeit, der Bösgläubigkeit oder Formungültigkeit beim Abschluß von Rechtsgeschäften. Im Zweifel ist hier alles in Ordnung.

Diese Beispiele zeigen zugleich, wie schwierig es ist, die notwendige Balance zwischen Ergänzungsgebot und Unterstellungsverbot zu halten. Im Zweifel ist davon auszugehen, daß der Aufgabentext die notwendigen Fakten selbst mitteilt. Der Fall muß aus sich heraus entschieden werden, so daß nur dann, wenn der Zusammenhang des Falles es erlaubt, wenn also der Sachverhalt unmittelbar oder doch mittelbar Anhaltspunkte für eine entsprechende Fallgestaltung gibt, der Sachverhalt entsprechend ergänzt werden darf. Meint der Bearbeiter, diesen Weg nicht wählen zu dürfen, so hat er weiterhin die Möglichkeit, die zweifelhafte tatsächliche Frage bei einer einigermaßen geschickten Darstellung auch ohne scharfe Trennung innerhalb des von ihm erarbeiteten Lösungsweges einzubauen.

Beispiel:
Läßt der Sachverhalt offen, ob eine grds. nach § 28 I VwVfG erforderliche Anhörung erfolgt ist, so ist es möglich, auf die Ausnahmen des § 28 II VwVfG – sofern diese im konkreten Fall anwendbar erscheinen – oder auf die Heilung des eventuellen Verfahrensfehlers nach § 45 I Nr. 3 VwVfG, z.B. durch Nachholung der Anhörung im Widerspruchsverfahren, zu verweisen. Jedenfalls aber wäre die Frage für die abschließende Beurteilung der Rechtmäßigkeit des Verwaltungsakts nicht ausschlaggebend.

Nur wenn für den Bearbeiter ein solcher Weg nach seiner Auffassung, die er sich (hoffentlich) nur auf Grund intensiven Nachdenkens gebildet hat, nicht gangbar ist, kommt eine Alternativlösung in Betracht, in der die Rechtslage auf der Grundlage des für möglich gehaltenen anderen Geschehensablaufs in einem Hilfsgutachten (dazu noch unten VI 4) untersucht wird.

Beispiel:
Wird in einem Sachverhalt, in dem es um die Teilnahme an einem Schulgebet geht, über das Alter der Schüler nichts gesagt, aber erwähnt, daß es sich um eine Grundschule handelt, so kann man nach der Lebenserfahrung davon ausgehen, daß die Schüler nicht älter als 11 Jahre sind. Bei der möglichen Verletzung von Rechten der Schüler aus Art. 4 I GG ist also davon auszugehen, daß die Schüler nicht grundrechtsmündig

---

[53] *Schmalz*, Die juristische Fallösung, 1976, S. 82f.

sind. Fehlt es dagegen an der Angabe des Schultyps und des Alters der Schüler, bietet sich eine Alternativlösung an. Der Bearbeiter wird den Fall sowohl unter dem Aspekt der mangelnden Grundrechtsmündigkeit als auch unter dem der gegebenen Grundrechtsmündigkeit prüfen müssen. Eine unzulässige Unterstellung wäre es hier, die Schüler seien grundrechtsmündig.[54]

Für den Fall einer Alternativlösung muß jedoch folgendes beachtet werden: Sie darf erst dann erwogen werden, wenn die unterschiedliche tatsächliche Deutung zu einem rechtlich verschiedenen Ergebnis führt.

Beispiel:
Ein Verwaltungsakt ist rechtmäßig oder rechtswidrig.

Wäre das Ergebnis hingegen identisch, egal ob die ungewisse Tatsache vorliegt oder nicht, kann es nicht auf sie ankommen und die Frage muß offengelassen werden. Der Bearbeiter hat dann die in Betracht kommenden Möglichkeiten aufzuzeigen und sie wie bei einer Abwandlung des Sachverhalts gesondert zu prüfen, bis die Lösung wieder „einspurig" verlaufen kann.[55]

Beispiel:
Sind die von einem Ausländer begangenen Delikte (§ 10 I Nr. 2 AuslG a.F.) besonders schwerwiegend und könnte auch einer deutschen Ehefrau zugemutet werden, ihm bei einer darauf gestützten Ausweisung in sein Heimatland, z.B. in die Schweiz, zu folgen, so kann offen gelassen werden, ob die Ehefrau Deutsche oder Ausländerin ist.[56]

Bevor in die Bildung von Tatsachenalternativen ausgewichen wird, ist vorsorglich noch zu überprüfen, ob im Sachverhalt nicht bewußt eine bestimmte Tatsache als zwischen den Parteien strittig und unaufklärbar geschildert worden ist. In diesem Fall hat der Bearbeiter eine Entscheidung nach Beweislastgrundsätzen

Die Unerweislichkeit einer Tatsache geht zu Lasten des Beteiligten, der aus ihr ihm günstige Rechtsfolgen herleitet.[57]

zu treffen und hierbei die gesetzlichen Beweislastregeln zu beachten.[58] Oftmals wird sich schon aus der Formulierung der Norm („es sei denn"; „dies gilt jedoch nicht"; „so wird vermutet"; „wenn er nachweist") ergeben, zu wessen Lasten die Unerweislichkeit sich auswirkt.

---

[54] *Kauther* (o. Fußn. 15), S. 18.

[55] *Fahse/Hansen* (o. Fußn. 8), S. 32.

[56] *Blasius* (o. Fußn. 25), S. 268. – Vgl. zu dieser Fallkonstellation jetzt §§ 45 II Nr. 3, 46 Nr. 1, 47, 48 I Nr. 4 AuslG i.d.F. vom 9. 7. 1990 (BGBl. I S. 1354).

[57] BVerwGE 47, 235; vgl. auch *Redeker/v.Oertzen*, VwGO, 9. Aufl. 1988, § 108 Rdnr. 12.

[58] *Schwerdtfeger* (o. Fußn. 9), Rdnr. 948. – Zu beachten ist jedoch, daß der Student während des Studiums und im ersten juristischen Staatsexamen im Regelfall nur mit einem sogenannten feststehenden Sachverhalt arbeitet; vgl. dazu *Baumgärtel*, Der Zivilprozeßrechtsfall, 7. Aufl. 1987, S. 15 ff. Erst während des juristischen Vorbereitungsdienstes werden Beweislastregeln eine größere Bedeutung für ihn gewinnen; vgl. dazu *Anders/Gehle* (o. Fußn. 4), S. 187; *Berg/Zimmermann* (o. Fußn. 4), S. 79 ff.; *Sattelmacher/Sirp* (o. Fußn. 4), S. 42 ff.; *Pukall*, Der Zivilprozeß in der gerichtlichen Praxis, 4. Aufl. 1988; *Schneider* (o. Fußn. 10), Rdnrn. 443 ff.

Beispiele:
§§ 932 I, 1006, 891 BGB; § 8 I 1 HandwO; § 34a I 2 Nr. 2 GewO.

Keinesfalls darf der Bearbeiter aber ansonsten bei Schwierigkeiten in der Sachverhaltsbeurteilung vorschnell sein Heil in der Anwendung derartiger Beweislastregeln suchen und dadurch die Erörterung rechtlicher Probleme abblocken, beispielsweise eine Erörterung der Eigentumslage unter Berufung auf § 1006 BGB.

Eine alternative Entscheidung von Rechtsfragen ist verboten. Nur bei unbehebbaren Unklarheiten des Sachverhalts, die durch keinerlei Schlußfolgerung, Auslegung oder Unterstellung beigelegt werden können, ist es dem Bearbeiter gestattet, die sich nach der allgemeinen Lebenserfahrung anbietenden Sachverhaltsalternativen zu bilden und die rechtliche Lösung doppelspurig entsprechend der jeweiligen Tatsachenalternative zu erarbeiten. Zweifel in den Rechtsfragen müssen dagegen von ihm eigenverantwortlich geklärt und überwunden werden. Es ist unzulässig, in einem Hilfsgutachten darzutun, wie es wäre, wenn man einer anderen Rechtsauffassung folgte. Rechtsfragen dürfen auch nicht in Tatsachenfragen umfunktioniert werden, weil sich der Bearbeiter vor der Entscheidung drücken will.[59] Wie der Richter, so hat sich auch der Bearbeiter einer Klausur für einen rechtlichen Lösungsweg zu entscheiden. Er darf sich nur dann einer eindeutigen Stellungnahme zu einer Rechtsfrage enthalten, wenn deren auch alternative Beantwortung zu demselben Ergebnis führt. Dann sind die verschiedenen rechtlichen Ansätze und ihre Konsequenzen kurz darzustellen und festzustellen, daß das Ergebnis gleich wäre, so daß es nicht erforderlich ist, sich für eine Ansicht zu entscheiden.

Die Fälle, in denen vom Bearbeiter tatsächlich eine alternative Lösung verlangt wird, sind – dies muß ausdrücklich hervorgehoben werden – äußerst selten. Die Übungsleiter an Universitäten und insbesondere auch die Prüfungsämter geben grundsätzlich keine Aufgaben heraus, bei denen unbehebbare Zweifel über den tatsächlichen Hergang des Geschehens bestehen könnten. Rechtlich interessante Abwandlungsmöglichkeiten des Sachverhalts werden in aller Regel offen durch entsprechende Fallgestaltung (vgl. oben S. 95 f. zur Verfassungsbeschwerde der Energieversorgungsunternehmen) oder durch eine Zusatzfrage präsentiert. Von daher gesehen muß sich bei jedem Bearbeiter einer solchen Alternativfrage dann eigentlich naheliegenderweise der Verdacht aufdrängen, daß diese eine von der Hauptlösung abweichende Prüfung erfordern könnte. Mehrdeutigkeiten des Sachverhalts beruhen in den seltensten Fällen auf einem – unerkannt gebliebenen – Versehen des Aufgabenstellers, dessen Intention allein eine „eindeutige Lösung" des Falles ist, sondern zumeist auf allzu

---

[59] *Fabricius* (o. Fußn. 40), S. 15.

starker oder zu schwacher Phantasie des Studenten. Der Bearbeiter soll sich deshalb stets sehr kritisch fragen, ob angesichts der Lebenserfahrung wirklich ein Gleichgewicht zwischen mehreren (rechtlich relevanten) tatsächlichen Möglichkeiten angenommen werden kann. Vielleicht aber hat er auch selbst nur an einer früheren Stelle die Weichen falsch gestellt.[60]

Alternativlösungen bergen insbesondere bei Klausuren darüber hinaus noch die Gefahr in sich, daß man in der für eine Arbeit bemessenen Arbeitszeit praktisch zwei Arbeiten verschiedenen Inhalts schreiben müßte. Diese wesentliche Mehrarbeit führt fast notwendig zu Zeitnot. Dies sollte jeder Bearbeiter berücksichtigen.[61] Ist er trotzdem gewillt, eine Alternativlösung anzufertigen, dann hat er die zweite Auslegungsmöglichkeit in einem Hilfsgutachten wie eine selbständige Fallvariante zu prüfen, d. h., sie ist gesondert im Anschluß an die erste Auslegungsmöglichkeit zu bearbeiten. Dabei ist es jedenfalls empfehlenswert, die wahrscheinlichere Sachverhaltsauslegung zuerst und ausführlich zu untersuchen, die unwahrscheinlichere danach kürzer abzuhandeln. So läßt sich ein Hilfsgutachten oft auf wenige Sätze beschränken. Falsch und den Duktus der Bearbeitung störend wäre es dagegen, bei jedem Zwischenergebnis der ersten Fallvariante die jeweilige Alternative zu behandeln.

Abschließend ist noch darauf hinzuweisen, daß ein dem Sachverhalt beigefügter Bearbeitungsvermerk als wesentlicher Bestandteil der Aufgabe stets sorgfältig zu beachten ist.

Beispiel aus einer öffentlich-rechtlichen Examensklausur:
Unterstellen Sie bitte, daß, soweit es darauf ankommen sollte, nicht die Abgabenordnung, sondern das allgemeine Verwaltungsverfahrensrecht anzuwenden ist; § 12 nw. Kommunalabgabengesetz ist außer Betracht zu lassen.

Oft wird durch einen Bearbeitungshinweis auch ausdrücklich klargestellt, daß im Falle der Unzulässigkeit eines Rechtsbehelfs ein Hilfsgutachten über die Begründetheit des Rechtsbehelfs zu erstellen ist.[62]

III. Korrektes Verständnis der Fallfrage(n)

Nachdem der Sachverhalt erfaßt ist, bedarf es der genaueren Klärung der zu bearbeitenden Fallfragen. Wenn der Sachverhalt keine konkreten Fragen enthält,

Beispiele:
Kann das Land NW die Rückzahlung der gewährten Subvention verlangen? Ist die Ausweisungsverfügung der Behörde rechtswidrig? Welche verfassungsrechtlichen Bedenken bestehen hinsichtlich des Handelns der Bundesregierung?

---

[60] *Schneider* (o. Fußn. 10), S. 7; *Brühl* (o. Fußn. 14), S. 103.
[61] *Geerds*, JuS 1961, 360 (363).
[62] Siehe unten VI 4.

sondern nur eine allgemeine Aufgabenstellung, sind die Fallfragen durch Auslegung des Sachverhalts zu ermitteln.[63] Eine vor der weiteren Bearbeitung erfolgende Reflexion über die Fallfragen ist unabdingbar, da sich an ihnen der Gedankengang und der Aufbau sowohl der Vorüberlegungen als auch des eigentlichen Gutachtens orientieren. Der Bearbeiter vermeidet hierdurch, sich zu verzetteln oder durch Klärung gängiger, für den konkreten Fall aber unwichtiger Rechtsprobleme wertvolle Zeit zu verlieren.

Bei der gesamten Fallösung ist darauf zu achten, daß wirklich nur gezielt die konkret gestellten oder aus dem Sachverhalt abzuleitenden Fallfragen behandelt werden. Alle darüber hinausgehenden Erörterungen sind in der Klausur als überflüssig und damit als falsch zu bewerten.

Beispiele:
Wenn in einer Klausur ein Vorgehen der Polizei anhand der polizeirechtlichen Generalklausel überprüft wird, ist es verfehlt, tiefschürfende Erörterungen über die Entwicklung des Polizeibegriffs („Policey" im Absolutismus, § 10 II 17 PrALR v. 1794) anzustellen, mögen diese auch noch so lehrreich sein. – Ebensowenig ist bei einer enteignungsrechtlichen Problematik Raum für ausführliche Darstellungen früher einmal vertretener Lehrmeinungen, es sei denn, die betreffenden Argumente wirken nach wie vor prägend.

Das Gutachten dient von seiner Intention her nicht dazu, auf möglichst breiter Basis Wissen des Verfassers abzufragen, sondern Entscheidungen vorzubereiten.[64] Dementsprechend sind oft auch Klausurfragen wie folgt formuliert: „Wie wird das Gericht entscheiden?" oder „Was wird der Rechtsanwalt dem A raten?". Bei solch allgemeiner Aufgabenstellung sind konkretere Fallfragen herauszuarbeiten. Diese müssen dabei so präzisiert werden, daß sie die Untersuchungsthemen genau bezeichnen und dabei auf die Rechtsfolgen der anzuwendenden Normen hinzielen.[65] Statt „Hat die Behörde B Ansprüche gegen A?" ist zu fragen: „Hat B gegen A einen Anspruch auf Rückzahlung des geleisteten BAFöG-Betrages?"

Die gängigen Fallfragen, mit denen der Student stets zu rechnen hat, lassen sich – freilich ohne trennscharfe Klassifizierung – durchaus mittels Typisierung näher kennzeichnen.

1. Konkrete Fallfragen

Die wenigsten Probleme bei diesem Arbeitsschritt werfen üblicherweise solche Sachverhalte auf, die schon gezielte Fallfragen enthalten und insofern keiner Auslegung mehr bedürfen. Die Fragen sind dann grundsätzlich in der Reihenfolge zu bearbeiten, in der sie gestellt werden. Hiervon sollte nur aus zwingenden, auch dem Leser einsichtigen Gründen abge-

---

[63] *Belke* (o. Fußn. 5), S. 46 ff.; *Schmalz*, Methodenlehre für das juristische Studium, 1986, Rdnr. 409.
[64] Ausführlich zu Wesen und Funktion des Gutachtens *Klein* (o. Fußn. 4), S. 4 ff.
[65] *Diederichsen* (o. Fußn. 2), S. 23.

wichen werden, z.B. wenn die Beantwortung der ersten Frage auf Ausführungen zu den nachfolgenden Fragen aufbaut. Wiederholungen sind, soweit irgend möglich, zu vermeiden. Der Bearbeiter kann im Regelfall freilich davon ausgehen, daß die Reihenfolge der Fallfragen vom Klausursteller mit Bedacht angeordnet wird.[66]

Beispiele:

Die Mehrheitsfraktion im Gemeinderat beantragt, einen Beschlußvorschlag in die Tagesordnung aufzunehmen, wonach die Gemeinde sich zur atomwaffenfreie Zone erklärt.

(1.) Bestehen rechtliche Bedenken gegen einen Ratsbeschluß dieses Inhalts?

(2.) Muß der Bürgermeister den Punkt auf die Tagesordnung setzen? Hier liefert die Beantwortung der Frage 1 einen wichtigen Gesichtspunkt für die Lösung der zweiten Frage.

– Gegen E als Eigentümer eines formell und materiell baurechtswidrig errichteten Ferienhauses im Sauerland ergeht eine mit Rechtsbehelfsbelehrung versehene Abrißverfügung. Daraufhin veräußert E das Grundstück schleunigst an K, der von den Vorgängen weiß.

(1.) Könnte die ergangene Abrißverfügung nunmehr gegen K vollstreckt werden?

(2.) Könnte K, obwohl seit ihrem Erlaß schon 19 Monate vergangen sind, noch zulässigerweise Widerspruch gegen die Verfügung einlegen?

(3.) Hätte eine Klage des K Aussicht auf Erfolg?

In diesem Fall setzt die Beantwortung der zweiten Frage die Bejahung der ersten voraus, da K sonst nicht widerspruchsbefugt wäre. – Für Frage (3) sind (1) und (2) wichtige Vorfragen.

2. *Auslegungsbedürftige Aufgabenstellungen*

Häufig sind jedoch der Aufgabenstellung keine konkreten Fallfragen zu entnehmen. Meistgebrauchte allgemeine Formel ist die Frage nach der Rechtslage. Aus einer solchen Aufgabenformulierung könnte man zunächst folgern, es gehe um die Klärung aller irgendwie bedeutsamen Rechtsbeziehungen der Beteiligten untereinander.[67] Fast immer wird eine derart weite Fragestellung aber durch Angaben im Sachverhalt wieder eingeschränkt. Es sind nur die Rechtsfragen zu behandeln, die nach der Interessenlage der Fallbeteiligten sinnvollerweise einer rechtlichen Klärung bedürfen.[68] Dies ist durch Sachverhaltsauslegung zu ermitteln.

Beispiel:

„Dem A – zugleich Vorsitzender einer Bürgerinitiative, die sich ständig mit der Stadtverwaltung in Streit befindet – wird die Baugenehmigung für ein Wohngebäude verweigert. Rechtslage?" – Hier ist offensichtlich, daß nicht sämtliche Rechtsbeziehungen zwischen A, der Bürgerinitiative und der Stadtverwaltung geklärt werden sollen, sondern nur Ansprüche des A in Ansehung der Baugenehmigung. Die konkretisierte Fallfrage lautet also: „Hat A einen Anspruch auf Erteilung der Baugenehmigung?"

Oft sind die Sachverhaltsangaben nur in bestimmten Punkten so konkret, daß sie Grundlage eines Gutachtens sein können.

---

[66] *Brühl* (o. Fußn. 14), S. 114.

[67] Vgl. *Schmalz* (o. Fußn. 63), S. 38; *Brühl* (o. Fußn. 14), S. 108.

[68] *Diederichsen* (o. Fußn. 2), S. 25; *Schwerdtfeger* (o. Fußn. 9), Rdnr. 912.

Beispiel:

A bietet einen gebrauchten Pkw zum Preise von 5000 DM an. B vereinbart mit A zwei Tage Bedenkzeit. Vor deren Ablauf wird der Pkw von dem Unbekannten U gestohlen. Rechtslage? Von alleinigem Interesse sind in diesem Fall die Ansprüche des B gegen A. Ansprüche des A gegen den B sind nicht ersichtlich. Mögliche Ansprüche von A oder B gegen U wären nicht durchsetzbar, da U, wie der Name sagt, unbekannt ist und gem. § 253 II Nr. 1 ZPO bei einer Klage die gegnerische Partei bezeichnet werden muß. Die herauszuarbeitende Fallfrage würde hier lauten: „Welche Ansprüche hat B gegen A?"

Diese Beispiele sollen verdeutlichen, daß sich aus allgemeinen Aufgabenstellungen in der Regel ohne größere Schwierigkeiten konkrete Fallfragen herausarbeiten lassen. Das gleiche gilt für Sachverhalte, die gänzlich ohne Aufgabenstellung enden. Auch hier muß das tatsächliche Begehren der Beteiligten festgestellt werden, aus dem dann die Fallfragen zu formulieren sind.

Stellt sich heraus, daß mehrere Fallfragen zu beantworten sind, so ist deren Reihenfolge, soweit sie nicht rechtlich zwingend vorgegeben ist (z.B. bei der Frage nach den Erfolgsaussichten einer Klage beim Verwaltungsgericht: Zulässigkeit vor Begründetheit) oder logische Zusammenhänge einen Vorrang begründen,[69] nach Zweckmäßigkeitsgesichtspunkten[70] festzulegen. Hierbei ist bereits auf eine angemessene Reihung und Gewichtung der auftretenden materiell-rechtlichen Probleme zu achten, wobei auch klausurtaktische Fragen eine Rolle spielen können.

Beispiel:

Dem A wird die Baugenehmigung für ein Wohngebäude verweigert, wodurch ihm beträchtliche finanzielle Einbußen entstehen. Rechtslage?

Hier sind zwei Fragen zu klären: (1) Hat A einen Anspruch auf Erteilung der Baugenehmigung? (2) Kann A Schadensersatzansprüche geltend machen? In beiden Fragen ist die Rechtswidrigkeit der Verweigerung der Baugenehmigung zu prüfen.

Es wäre aber ungeschickt, mit dem Schadensersatzanspruch zu beginnen, da diese Frage dann praktisch mit der Rechtswidrigkeitsprüfung überfrachtet würde und für die andere Frage kaum noch etwas übrigbliebe. Es ist also darauf zu achten, daß Fallfragen, deren zentraler Inhalt Vorfrage für andere Prüfungspunkte ist, dann auch zuerst behandelt werden.

3. Fallabwandlungen

In Klausuren werden nicht selten Zusatzfragen gestellt, in denen der Ausgangssachverhalt geändert wird.

Beispiel:

„Ändert sich die Rechtslage, wenn K bei der Abmeldung vom Religionsunterricht nicht 10, sondern 15 Jahre alt war?"

Bei der Bearbeitung solcher Fallabwandlungen sind Überschneidungen mit den Ausführungen zur Hauptfrage möglichst zu vermeiden. Es soll-

---

[69] Vgl. dazu das Beispiel unten IV 2a.

[70] *Vogel* (o. Fußn. 23), S. 16f.; *Belke* (o. Fußn. 5), S. 46.

ten lediglich die Gliederungspunkte des Hauptgutachtens angesprochen werden, bei denen sich Änderungen ergeben könnten.

Beispiel:

„Im Hauptfall ist eine wirksame Abmeldung des K durch seine Eltern zustandegekommen, da die Entscheidung über die religiöse Erziehung noch den Eltern oblag (§ 1 RelKErzG) und ein 10jähriges Kind nur zu hören (§ 2 III 5, § 3 II 5 RelKErzG), nicht aber entscheidungsbefugt ist. Dieses Ergebnis könnte sich ändern, wenn K als 15jähriger sein Einvernehmen verweigert, da gemäß § 5 RelKErzG die Entscheidung über das religiöse Bekenntnis nach Vollendung des vierzehnten Lebensjahres dem Kind zusteht.

Es kommt also auch hier darauf an, nur die Fallfrage zu beantworten und nicht das Aufbauschema des Ausgangsfalles nochmals komplett „herunterzusurren". Es wäre freilich falsch zu meinen, daß die Prüfung einer Fallabwandlung auch stets zu einem anderen Ergebnis führen muß als die Lösung des Ausgangsfalles; wohl aber wird die Begründung durchweg eine andere sein, wenn wesentliche Entscheidungsgesichtspunkte variieren.

Im Beispielsfall etwa ergibt sich die Wirksamkeit der Abmeldung vom Religionsunterricht nicht aus der Entscheidung der Eltern (§ 1 RelKErzG), sondern aus der von dem 15jährigen K vorgenommenen Entscheidung.

Ähnliche Überlegungen sind auch dann anzustellen, wenn eine Rechtsfrage im Hinblick auf mehrere Personen zu beantworten ist.[71] Verwiesen sei insoweit auf obiges (S. 95 f.) Beispiel einer Verfassungsbeschwerde von vier Energieversorgungsunternehmen. Hier verlangt allein die Frage der Grundrechtsfähigkeit und damit der Antragsberechtigung eine differenzierte Darstellung. Es wäre verfehlt, im Falle einer mehrfachen Bejahung der Grundrechtsfähigkeit in mehreren „Anläufen" die Verfassungsbeschwerden jeweils selbständig „durchzuprüfen" (vgl. auch unten VI 4).

4. Sachgebietsspezifische Aspekte

a) Zivilrechtsklausur

Häufigste Form der Zivilrechtsklausur ist die Anspruchsklausur,[72] in der das Bestehen von Ansprüchen auf Schadensersatz, Herausgabe, Übereignung usw. zu prüfen ist. Zur Formulierung der konkreten Fallfrage kann auf die für das zivilrechtliche Gutachten (dazu näher unten IV) geprägte Formel zurückgegriffen werden: „Wer will von wem was woraus?"

Es sind also Anspruchsteller, Anspruchsgegner und Anspruchszielrichtung in der Fallfrage spezifiziert aufzuführen; die Anspruchsgrundlage ergibt sich sodann aus der Prüfung der in Frage kommenden Normen. Rechtsgestaltende Handlungen (z.B. Anfechtung, Kündigung usw.) und die Feststellung von Rechtsverhältnissen lassen sich weitgehend im Anspruchsaufbau unterbringen.

---

[71] Dazu *Diederichsen* (o. Fußn. 2), S. 33.

[72] *Diederichsen* (o. Fußn. 2), S. 27; *Brühl* (o. Fußn. 14), S. 108.

Beispiele:
Anspruchsvoraussetzung für die Herausgabe einer Sache aufgrund ungerechtfertigter Bereicherung ist die Rechtsgrundlosigkeit der Vermögensverschiebung. In diesem Rahmen ist z.B. die Anfechtung des zugrundeliegenden Kaufvertrages zu prüfen. – Innerhalb der Prüfung erbrechtlicher Ansprüche ist festzustellen, wer Erbe, Vermächtnisnehmer usw. ist.

Nur wenn keine Ansprüche sinnvollerweise geltend gemacht werden können, ist die Fallfrage ausnahmsweise nicht dem Anspruchsaufbau entsprechend zu formulieren. Solche Fälle kommen vor, wenn etwa zu prüfen ist, ob jemand trotz Kündigung Mitglied einer Personenvereinigung ist.[73]

In zivilrechtlichen Klausuren ist üblicherweise lediglich auf die materielle Rechtslage einzugehen; prozessuale Fragen sind nur dann zu behandeln, wenn im Sachverhalt ausdrücklich darauf hingewiesen wird.[74]

Beispiel:
„A erhebt Klage. Wie wird das Gericht entscheiden?"

Dann sind die Erfolgsaussichten der Klage zu erörtern; es ist mithin nach Zulässigkeit und Begründetheit der Klage zu fragen.

b) Öffentlich-rechtliche Klausur

Anders als im Zivilrecht sind im öffentlich-rechtlichen Gutachten regelmäßig auch verfahrensrechtliche Fragen mitzubehandeln.[75]

Das hat der Bearbeiter schon zu berücksichtigen, wenn es um das korrekte Verständnis von Fallfragen geht.[76] Dies gilt zunächst bei allgemeinen Aufgabenstellungen (z.B. Frage nach der Rechtslage).

Beispiel:
Wäre eine Klage des A auf Erteilung der Genehmigung zulässig und begründet? Wäre der Widerspruch des A gegen den Abgabenbescheid zulässig und begründet?

Zielt die Aufgabenstellung erkennbar nur auf die materielle Rechtslage ab, so wäre es allerdings falsch, in das Klageschema zu verfallen.

Beispiel:
Aufgrund eines vagen anonymen Hinweises durchsucht die Polizei einen ganzen Häuserblock, um mögliche „Sympathisanten" von Terroristen aufzuspüren. Durfte sie das? Hier geht es lediglich um die Rechtmäßigkeit des polizeilichen Handelns; im Sachverhalt ist kein potentieller Kläger erwähnt. Es wäre verfehlt, die Zulässigkeit einer imaginären Klage zu prüfen.

---

[73] *Ders.* (o. Fußn. 2), S. 28; *Medicus* (o. Fußn. 19), Rdnr. 17.

[74] *Medicus* (o. Fußn. 19), Rdnr. 20.

[75] Vgl. *Stern*, Verwaltungsprozessuale Probleme in der öffentlich-rechtlichen Arbeit, 6. Aufl. 1987, S. 4 ff.; *Schwerdtfeger* (o. Fußn. 9), Rdnrn. 4 ff.; *Schramm* (o. Fußn. 35), S. 125; *Köbler* (o. Fußn. 28), S. 197.

[76] Eine nach Zielrichtung und Reichweite möglicher Fragestellungen im öffentlichen Recht gegliederte Klausurtypologie findet sich bei *Brühl* (o. Fußn. 14), S. 106 ff.

Im übrigen sind auch öffentlich-rechtliche Klausuren nicht selten wie im Zivilrecht als Anspruchsklausuren ausgestaltet.

Beispiel:

Hat A einen Anspruch auf Erlaß des beantragten Verwaltungsakts? Hat X Anspruch auf Zahlung von Sozialhilfe? Hat B Anspruch auf Schadensersatz gegen das Land NW?

Während im Zivilrecht zur Durchsetzung von Rechten in der Regel nur der Klageweg bleibt, ist die Palette der Rechtsschutzformen im öffentlichen Recht breiter. Neben der verwaltungsgerichtlichen Klage und der Verfassungsbeschwerde sowie den sonstigen verfassungsgerichtlichen Verfahrensarten ist gegebenenfalls zu denken an Widerspruchsverfahren, Dienstaufsichtsbeschwerde, an parlamentarische Gremien gerichtete Petitionen, Disziplinarverfahren, in den Streitkräften an die Beschwerde oder ansonsten auch an einen schlichten an die Verwaltung gerichteten Antrag.

In öffentlich-rechtlichen Arbeiten kann die Aufgabe gestellt sein, hieraus die günstigsten Möglichkeiten auszuwählen.[77]

Beispiel:

A beantragt eine Baugenehmigung. Der im Bauamt zuständige Sachbearbeiter bietet dem A an, die Statik für das geplante Gebäude – gegen ein vergleichsweise hohes Entgelt – zu erstellen, und läßt durchblicken, daß A in diesem Falle mit beschleunigter Bearbeitung rechnen könne. Dieser lehnt ab. Daraufhin „ruht“ sein Antrag monatelang im Bauamt. A fragt seinen Rechtsanwalt, was er unternehmen könne.

Es ist das Ziel des A, die Baugenehmigung zu erhalten. Er kann dabei unmittelbar den Erlaß der Baugenehmigung herbeizuführen versuchen, er könnte aber auch gegen das persönliche fehlerhafte Verhalten des Beamten vorgehen, um so das Verwaltungsverfahren mittelbar zu beschleunigen.

Im Rahmen einer solchen Aufgabenstellung ist selbstverständlich zu untersuchen, ob das behördliche Verhalten rechtswidrig oder unzweckmäßig war bzw. inwieweit A ein Anspruch auf Tätigwerden der Behörde zusteht. Das ist aber erst der zweite (allerdings zentrale) Schritt; zuvor ist gutachtlich zu klären, welche Rechtsschutzformen dem A zur Verfügung stehen und welche davon sich als die erfolgversprechendste erweist. Nur in den Vorüberlegungen sind dabei *alle* Möglichkeiten in Erwägung zu ziehen; im Gutachten sind dann nur die *naheliegenden* zu erörtern.

Beispiel:

In den Hauptgeschäftsstraßen der Heidelberger Innenstadt sind in letzter Zeit mehrfach Passanten von frei herumlaufenden Hunden belästigt worden. Auch häufen sich die Beschwerden über die durch Hundedreck verunreinigte Fußgängerzone. In formell ordnungsgemäßer Weise erläßt der Bürgermeister der Stadt Heidelberg daher eine auf § 10 bd.wtt. PolG gestützte Polizeiverordnung, die folgendes bestimmt:

§ 1 Zur Vermeidung von Verunreinigungen sowie von Gefährdungen und Belästigungen sind Hunde in den im folgenden aufgeführten Fußgängerstraßen (es folgt die Aufzählung der betroffenen Straßen) an der Leine zu führen.

§ 2 Bei vorsätzlichen Zuwiderhandlungen gegen das Gebot des § 1 könnten Geldbu-

---

[77] Vgl. *Schwerdtfeger* (o. Fußn. 9), Rdnr. 270; *Schramm* (o. Fußn. 35), S. 128 f.

ßen bis zu einer Höhe von 500 DM, bei fahrlässigen Zuwiderhandlungen Geldbußen bis zu einer Höhe von 250 DM festgesetzt werden.

Die Rentnerin Thea Treu (T), die in der Nähe der Fußgängerzone wohnt, hält die Verordnung für eine skandalöse Freiheitsberaubung, zumal ohne jegliche Differenzierung ein Leinenzwang für alle Hunde festgelegt wurde. Ihr Zwergschnauzer „Poldi" sei so abgerichtet, daß er, auch wenn er nicht angeleint sei, keine Passanten belästige. Sie achte zudem peinlich genau darauf, daß „Poldi" die Plattenwege der Innenstadt nicht verunreinige. T fühlt sich auch deshalb ungerecht behandelt, weil der Leinenzwang nur im Fußgängerbereich der Innenstadt gelten soll und damit die innerstädtischen Hundehalter im Vergleich zu den „Herrchen" in anderen Stadtteilen benachteiligt werden. T möchte gerne wissen, wie sie – möglichst ohne ein Bußgeld zu riskieren – die Verordnung auf ihre Rechtmäßigkeit überprüfen lassen kann.

T wird kaum allein auf eine inzidente Prüfung der Rechtmäßigkeit der Verordnung im Rahmen der gerichtlichen Überprüfung eines eventuellen Bußgeldbescheides (vgl. §§ 35 ff., 69 OWiG) verwiesen werden können. Aus der verfassungsrechtlichen Gewährleistung umfassenden und effektiven Rechtsschutzes (Art. 19 IV GG) läßt sich ersehen, daß ein unbescholtener Bürger nicht erst bewußt einen Ordnungswidrigkeitentatbestand realisieren muß, nur um eine aus seiner Sicht bestehende Rechtsunsicherheit durch gerichtliche Kontrolle zu beseitigen. In Baden-Württemberg ergeben sich diesbezüglich allerdings keine Probleme, da dort die Möglichkeit eines Antrags auf verwaltungsgerichtliche Normenkontrolle gemäß § 47 I 2 VwGO i.V.m. § 5 bd.wtt. AGVwGO besteht, die aber in anderen Bundesländern (wie in NW) nicht vorgesehen ist. Dort bietet sich dann allenfalls die Erhebung einer vorbeugenden Feststellungsklage gem. § 43 VwGO an, der freilich der Einwand einer Umgehung des landesgesetzgeberischen Verzichts auf die prinzipale Normenkontrolle entgegengehalten werden kann. Denkbar erschiene aber auch eine vorbeugende Unterlassungsklage.[78]

So ist die praktisch immer mögliche Dienstaufsichtsbeschwerde, von der freilich vielerorts despektierlich gesagt wird, sie sei „formlos, fristlos und fruchtlos", nur dann zu behandeln, wenn aus dem Sachverhalt hervorgeht, daß ein Betroffener – wie im oben geschilderten Falle A – gegen den Beamten persönlich vorgehen will. In allen anderen Fällen würden derartige Erörterungen als abwegig und damit falsch angesehen.

Als der gerichtlichen Klage vorgeschaltete Rechtsschutzform ist der *Widerspruch* zu beachten. Bei Studenten besteht eine unbegründete Scheu, die Erfolgsaussichten eines Widerspruchsverfahrens zu prüfen. Wird nach den Rechtsschutzmöglichkeiten gegen einen Verwaltungsakt gefragt, so prüfen die meisten Klausurbearbeiter die Erfolgsaussichten einer verwaltungsgerichtlichen Klage; bei Erörterungen des Vorverfahrens wird dann lediglich darauf hingewiesen, daß ein solches vor Klageerhebung stattzufinden habe.[79] Das wird zwar nicht als grober Fehler angesehen; richtiger und näherliegend ist es aber, die Erfolgsaussichten eines Widerspruchsverfahrens zu prüfen. Dabei sind im wesentlichen die gleichen formellen und materiellen Probleme zu behandeln wie bei einer Klage; zusätzlich ermöglicht das Widerspruchsverfahren die Überprüfung der Zweckmäßigkeit des Verwaltungsakts (vgl. § 68 VwGO).[80]

---

[78] Nähere Lösungshinweise zu diesem Fall bei *Tettinger*, Besonderes Verwaltungsrecht, 2. Aufl. 1990, S. 144.

[79] Vgl. *Schwerdtfeger* (o. Fußn. 10), Rdnr. 904.

[80] Zur Prüfung von Zulässigkeit und Begründetheit eines Widerspruchs vgl. etwa

Beispiel:

A baut in der Stadt B, in der großer Wohnungsbedarf herrscht, ein Mietshaus mit 48 Wohnungen. Er hält sich dabei nicht an von der Genehmigungsbehörde erteilte Bedingungen. Als die Bauordnungsbehörde das bemerkt, erläßt sie eine Abrißverfügung.

Nach Prüfung der Zulässigkeit des Widerspruchs[81] ist im Rahmen der Begründetheit die Rechtmäßigkeit und die Zweckmäßigkeit der Abrißverfügung zu erörtern. Ist die Rechtmäßigkeit zu bejahen, so wäre hier die Prüfung einer verwaltungsgerichtlichen Klage beendet; die Klage müßte als unbegründet abgewiesen werden. Im Widerspruchsverfahren kann die Widerspruchsbehörde das durch § 58 I 2 nw. BauO resp. § 14 nw.OBG der Bauordnungsbehörde eingeräumte Ermessen[82] ausüben. Mit Rücksicht auf die große Wohnungsnot könnte sie, soweit keine Sicherheitsbedenken bestehen, den Erhalt von 48 Wohnungen als wichtiger ansehen als die Einhaltung der Bedingungen. Sie könnte daher dem Widerspruch abhelfen.

Die sofortige Prüfung einer Klage statt eines Widerspruchs würde in diesem Fall möglicherweise den Weg zur „richtigen" (interessengerechten) Lösung verbauen.

Gerade im öffentlichen Recht sollte man sich also vor jeglichem Schematismus hüten. Schon bei der Konkretisierung der Fragestellung sind vielfach Zweckmäßigkeitsüberlegungen entscheidend, für die Schemata kaum Raum lassen. Sie müssen im einzelnen Fall neu durchdacht und entschieden werden.

IV. Prüfung aller relevanten Rechtsfragen

Nach der vollständigen Erfassung des Sachverhalts und der korrekten Ermittlung der Fallfrage(n) gilt es nunmehr, die Rechtsprobleme des Falles zu lokalisieren. Es ist nach den Normen Ausschau zu halten, die für die Fallösung einschlägig sein können. Zunächst geht es dabei um solche Vorschriften, welche einzeln oder gemeinsam mit anderen die mit der Fragestellung anvisierten Rechtsfolgeanordnungen enthalten (sog. Antwortnormen).

Beispiele:

In einer Klausur ist nach Herausgabeansprüchen bzw., soweit solche nicht anzuerkennen sind, nach Schadensersatzansprüchen gefragt. Zu suchen sind nunmehr Normen, die geeignet sind, ein solches Begehren zu tragen. – In einer anderen Klausur ist nach der Rechtmäßigkeit einer gegen A ergangenen Ordnungsverfügung gefragt. Hier gilt es, eine Ermächtigungsgrundlage für das behördliche Handeln zu finden, sei es nun eine spezielle Norm oder sei es gegebenenfalls eine Generalklausel, auf die rekurriert werden kann.

Diese Normen sind zu sammeln, für die folgenden Prüfungsschritte in eine vorläufige Ordnung zu bringen und sodann jeweils im einzelnen daraufhin zu untersuchen, inwieweit ihre tatbestandlichen Voraussetzungen vorliegen, ob es ergänzend der Erfüllung weiterer normativer Anfor-

---

die Klausurlösung von *Kämper*, VR 1988, 287 ff. sowie *Broß/Ronellenfitsch*, Besonderes Verwaltungsrecht und Verwaltungsprozeßrecht, 4. Aufl. 1991, S. 19 ff.

[81] Dazu ausführlich *Weides*, Verwaltungsverfahren und Widerspruchsverfahren, 2. Aufl. 1981, S. 177 ff.

[82] *Finkelnburg/Ortloff*, Öffentliches Baurecht, 2. Aufl. 1990, Bd. II, S. 139.

derungen bedarf (sog. Hilfsnormen) – hier kommt es dann darauf an, das jeweils richtige normative Bezugssystem zu finden[83] – und ob andere Normen den Eintritt der anvisierten Rechtsfolge zu hindern imstande sind (sog. Gegennormen).[84] Damit ist das Programm für das weitere Vorgehen grob umrissen.

Nicht zu unterschätzen sind in diesem Anfangsstadium der Erarbeitung der Fallösung freilich auch die intuitiven Vorstellungen des Bearbeiters, die er auf einem Zettel notieren und nach kompletter Erstellung des Lösungsentwurfs, im Rahmen eines Kontrollgangs vor der Niederschrift, sich dann nochmals vor Augen führen sollte. Oft wird nämlich der mit einem sensiblen Judiz begabte Jurist spontan rechtlich relevante Aspekte, Einschätzungen und Lösungsmöglichkeiten erkennen, die in der Folge, bei konsequent an schematischen Abfolgen orientierter gutachtlicher Bearbeitung, in Vergessenheit geraten können.[85]

1. Normsuche und -sammlung

In dem durch die Fallfrage(n) abgesteckten Rahmen gilt es zunächst, hypothetisch alle für ihre Beantwortung *denkbar* in Frage kommenden Vorschriften, d. h. diejenigen, die als solche oder in Verbindung mit anderen die anvisierte Rechtsfolge (Bestehen eines Anspruches, Ermächtigung für behördliches Eingreifen, Begründung eines Rechtsverhältnisses) herbeizuführen geeignet sind, sowie all jene, die dieser Rechtsfolge entgegenstehen, aufzusuchen und zu überprüfen.[86] Diese Heranziehung von Normen erfolgt freilich zunächst hypothetisch, denn erst die genaue Subsumtion (unten V 2) wird erweisen, ob jeweils die mit der Fallfrage anvisierte Rechtsfolge sich tatsächlich aus ihnen ableiten läßt. Dies wird regelmäßig nicht bei allen potentiellen Antwortnormen, sondern nur bei einzelnen, u.U. auch bei keiner der Fall sein, woraus sich für die Fallfrage dann eine ablehnende Antwort ergibt. Es genügt aber nicht, nur die Normen herauszufinden, welche die Fallösung im Ergebnis zu tragen vermögen, sondern das juristische Gutachten muß die Rechtslage umfassend erörtern,[87] damit auch in dem Falle, daß der Leser sich der Auffassung des Bearbeiters nicht anschließt, eine hinreichend breite rechtliche Basis für eine vom Vorschlag des Bearbeiters abweichende Fallösung gegeben ist. Im Lösungstext tauchen dann freilich nicht alle zunächst anvisierten, sondern nur solche Regelungen auf, die für die Fallösung *sinnvollerweise* in Betracht zu ziehen sind. Stellt sich bei erster Durchsicht heraus, daß es im gegebenen Kontext abwegig wäre, sich zu den tatbestandlichen Voraussetzungen bestimmter Normen oder Normgrup-

---

[83] Vgl. *Diederichsen* (o. Fußn. 2), S. 78.

[84] Zu dieser an der Funktion der jeweiligen Rechtsvorschrift im Rahmen der Fallösung orientierten Terminologie (Antwort-, Hilfs- und Gegennormen) näher *Schmalz* (o. Fußn. 63), Rdnr. 113.

[85] Vgl. *Diederichsen* (o. Fußn. 2), S. 29 f.

[86] *Medicus* (o. Fußn. 19), Rdnr. 3; *Brühl* (o. Fußn. 14), S. 109.

[87] *Diederichsen* (o. Fußn. 2), S. 36.

pen im einzelnen zu äußern, so sind diese vor der Niederschrift auszuscheiden.

Beispiel:
Gefragt ist nach der Vereinbarkeit des anläßlich eines Staatsbesuchs behördlich angeordneten Demonstrationsverbots mit Grundrechten. Daß hier Art. 8 GG (Versammlungsfreiheit) und Art. 5 GG (Meinungsfreiheit) zu prüfen sind, leuchtet ein. Es kann u.U. auch Anlaß bestehen, Art. 4 GG (Bekenntnisfreiheit) und Art. 3 GG (Gleichheitssatz) in die Untersuchung einzubeziehen. Der Schutzbereich des Art. 12 GG (Berufsfreiheit) dürfte jedoch selbst bei „professionellen" Demonstranten nicht tangiert sein, so daß diesbezügliche Erörterungen ausscheiden müssen.

Die Frage, die Prüfung welcher Normen in einem bestimmten Zusammenhang als „abwegig" zu bezeichnen ist, löst, wie sich namentlich bei Besprechungen von Übungsklausuren ergibt, stets heiße Diskussionen aus. Hier wird man, wie *Diederichsen*[88] zu Recht betont hat, keine allgemeinen Richtlinien geben können, sondern nur auf eine Plausibilitätsprüfung unter Berücksichtigung der konkreten Fallumstände, des Schwierigkeitsgrades und des Umfangs der zu prüfenden Rechtsfragen verweisen können.

Auch hier lassen sich vielfach bereits aus dem Sachverhalt deutliche Anhaltspunkte entnehmen, so, wenn – wie bei dem Fall der Verfassungsbeschwerde von vier Energieversorgungsunternehmen (oben S. 95 f.) – diese ausdrücklich die Verletzung bestimmter Grundrechte rügen, dort Art. 2, 3, 5 I, 12 und 14 GG. Jedenfalls diese Gewährleistungen sind dann auch tunlichst zu prüfen. Verfehlt ist es, wenn ein Kandidat diesbezüglich ohne nachvollziehbaren Grund selektiert. Originalzitat aus einer Examensklausur: „Es scheint hier neben dem ohnehin meist betroffenen Art. 2 GG doch zumindest das speziellere Grundrecht des Art. 14 GG und eventuell auch Art. 5 GG tangiert zu sein."

Um nun dem Studenten bei der Suche nach den einschlägigen Normen – diese können entweder zwingende Wirkung entfalten (ius strictum), so vor allem im öffentlichen Recht, oder abdingbar sein (ius dispositivum), so weitgehend im Privatrecht – Hilfestellung zu geben, werden in den Anleitungsbüchern zur juristischen Fallbearbeitung aus der praktischen Prüfungserfahrung gewonnene umfängliche Aufbauschemata dargeboten, in denen die bei bestimmten Fallfragen typischerweise in Betracht zu ziehenden Normen genannt und in ein komplexes Ordnungssystem eingefügt sind.

- Vgl. zur BGB-Klausur nur *Diederichsen*, Die BGB-Klausur, 7. Aufl. 1988, S. 38 ff.; *Belke*, Prüfungstraining Zivilrecht, Band 1, 1988, S. 106 ff.
- Zur Strafrechtsklausur *Roxin/Schünemann/Haffke*, Strafrechtliche Klausurenlehre mit Fallrepetitorium, 4. Aufl. 1982, S. 11 ff.; *Arzt*, Die Strafrechtsklausur, 4. Aufl. 1984, S. 100 ff.; *Wessels*, Strafrecht AT, 18. Aufl. 1988, S. 282 ff.
- Zur Klausur im öffentlichen Recht für verfassungsrechtliche Streitigkeiten *Erbel*, Öffentlich-rechtliche Klausurenlehre mit Fallrepetitorium, Bd. I, 2. Aufl. 1983, S. 27–70, für den vorläufigen Verwaltungsrechtsschutz *Stern*, Verwaltungsprozessuale Probleme in der öffentlich-rechtlichen Arbeit, 6. Aufl. 1987, S. 188 ff.; für verschiedene Klausurkonstellationen aus dem Allgemeinen und Besonderen Verwal-

[88] AaO (o. Fußn. 2), S. 70 ff.

tungsrecht sowie für verwaltungsprozessuale Standardfälle *Erbel*, Öffentlich-rechtliche Klausurenlehre mit Fallrepetitorium, Bd. II, 2. Aufl. 1983, S. 5–112.

– Aufbauschemata für alle drei Rechtsgebiete finden sich bei *Brühl*, Die juristische Fallbearbeitung in Klausur, Hausarbeit und Vortrag, 2. Aufl. 1989, S. 177–274 und *Schramm*, Klausurentechnik, 8. Aufl. 1990, S. 23 f., 64 ff., 113 ff.

Solche Schemata sind freilich nur dann hilfreich, wenn der Benutzer genügend Sachwissen erworben hat, um sich ihrer als Gedächtnisstütze zu bedienen, damit nicht möglicherweise wesentliche Vorschriften oder Rechtsinstitute unbeachtet bleiben; verfehlt ist jedoch ihre Handhabung als starres Gerüst, dessen einzelne Stufen gleichförmig heruntergeklappert werden müßten.[89]

2. *Aufbau*

Der Aufbau des Gutachtens muß sich an der Fallfrage ausrichten.

a) Häufig wird nach den Anspruchsgrundlagen für ein bestimmtes Begehren gefragt. Dieser Klausurtypus ist üblicherweise im *Zivilrecht* anzutreffen. Aber auch bei *öffentlich-rechtlichen* Klausuren kann sich der Anspruchsaufbau als zweckmäßig erweisen, so bei einer Verpflichtungsklage gemäß § 42 I VwGO oder einer allgemeinen Leistungsklage. Unter einer Anspruchsgrundlage versteht man denjenigen Rechtssatz, diejenige Rechtsnorm (meist eine gesetzliche Bestimmung), die das sich aus dem Sachverhalt ergebende konkrete Begehren rechtlich zu stützen geeignet ist.[90]

Beispiele:

§ 433 II BGB ist Anspruchsgrundlage für das Begehren einer Kaufpreiszahlung. – § 839 BGB ist Anspruchsgrundlage für einen Amtshaftungsanspruch, der durch Art. 34 GG von dem Beamten selbst auf den Staat oder die Körperschaft, in deren Dienst er steht, übergeleitet wird. – § 78 I BBG ist Anspruchsgrundlage für Schadensersatzansprüche des Dienstherrn gegen seine Beamten.

In Anwendung der sog. konstruktiven Methode, die die Rechtsprobleme eines Falles nicht in Orientierung an der historischen Abfolge, sondern nach sachbezogenen Fragestellungen aufgegliedert angeht,[91] ist zu untersuchen, „wer von wem" „was" „woraus" verlangt. Nach Auflösung der im Sachverhalt angelegten personellen Querverbindungen in Zweierbeziehungen (Anspruchsteller – Anspruchsgegner) und Festlegung des konkreten Begehrens (Herausgabe, Vertragserfüllung, Schadensersatz u.ä. im

---

[89] Vgl. auch *Diederichsen* (o. Fußn. 2), S. 15 f.; *Erbel* (o. Fußn. 2), S. 103 (125). Zu Recht daher bei *Broß/Ronellenfitsch* (o. Fußn. 80), S. 8, die Bezeichnung: Topoi-Kataloge.

[90] *Fabricius* (o. Fußn. 40), S. 17.

[91] Diese Methode soll im Gegensatz zur historischen die „Gewähr" dafür bieten, daß die Prüfung von Dingen, welche die Beantwortung der Fallfrage nicht fördern, vermieden wird; so *Medicus* (o. Fußn. 19), Rdnr. 2. Eine spätere Überprüfung auf der Basis der historischen Reihenfolge ist freilich als Kontrollmaßnahme ratsam; so *Berg*, (o. Fußn. 20), S. 195.

Zivilrecht; Erstattungsanspruch gemäß § 48 II 5 VwVfG, Folgenbeseitigungsanspruch, Entschädigungsanspruch gemäß § 39 I nw.OBG u.ä. im öffentlichen Recht) sind die normativen Grundlagen des entsprechenden Verlangens (sog. Antwortnormen) zu erörtern.[92] Diesbezüglich sei namentlich auf die schematische Darstellung der häufigsten zivilrechtlichen Anspruchsgrundlagen bei *Diederichsen*[93] verwiesen. Auch die jeweils einer Anspruchsgrundlage entgegenstehenden möglichen Einwendungen und Einreden (sog. Gegennormen) lassen sich in gewisser Weise schematisieren.[94]

Aus Gründen der Zweckmäßigkeit wird von *Medicus* die Einhaltung einer Prüfungsreihenfolge angeraten: „Es soll vermieden werden, daß Fragen aus dem Bereich einer Anspruchsnorm weithin zu Vorfragen für eine andere werden, so daß sich die Prüfung verschachtelt. Mit anderen Worten: Die Erörterung soll möglichst unbelastet von Vorfragen bleiben".[95] Dieser Gesichtspunkt der Zweckmäßigkeit ergibt daher die Prüfungsreihenfolge:

- vertragliche Ansprüche
- Ansprüche aus culpa in contrahendo
- Ansprüche aus Geschäftsführung ohne Auftrag
- Dingliche Ansprüche
- Ansprüche aus Delikt und ungerechtfertigter Bereicherung.[96]

Soweit zwischen mehreren Anspruchsnormen ein Spezialitätsverhältnis besteht (dazu bereits oben § 2 IV 2), ist zunächst die Spezialnorm zu untersuchen. Ist die Spezialnorm geprüft und das Vorliegen aller ihrer Tatbestandsmerkmale bejaht worden, so darf auf die allgemeinere Norm nicht mehr detailliert eingegangen werden; das Problem der Prüfungsreihenfolge hat sich in diesem Fall erledigt.

Beispiel:

Sofern eine Gaststättenerlaubnis nach § 15 I GastG [Sart. Nr. 810] rechtmäßig zurückgenommen wurde, erübrigt sich eine Prüfung des § 48 VwVfG.

Die tatbestandlichen Voraussetzungen der allgemeinen Norm werden also nur dann untersucht, wenn zuvor festgestellt worden ist, daß die Spezialnorm nicht eingreift.

Anders ist es im Verhältnis von Regelvorschrift zur Ausnahmevorschrift. Regel und Ausnahme sind in der Weise aufeinander bezogen, daß die Rechtsfolge der Regelnorm durch die Ausnahmevorschrift lediglich eingeschränkt wird. Für die gutachtliche Prüfung bedeutet dies, daß die Normen hintereinander geprüft werden, und zwar zunächst die Regelnorm und dann die Ausnahmenorm, da diese das Vorliegen des vollständigen Tatbestandes der Regelnorm voraussetzt.

---

[92] *Medicus* (o. Fußn. 19), Rdnr. 6.

[93] AaO (o. Fußn. 2), S. 38 ff.

[94] Vgl. *Diederichsen* (o. Fußn. 2), S. 72; *Westermann* (o. Fußn. 52), S. 164 f.; *Schmalz* (o. Fußn. 63), Rdnrn. 485 ff.

[95] AaO (o. Fußn. 19), Rdnr. 7. – Zur Normenkollision und zur „lex specialis"-Regel siehe oben § 2 IV.

[96] Mit ausführlicher Begründung dieser Reihenfolge *Medicus* (o. Fußn. 19), Rdnrn. 8 ff.

Beispiel:
Über die Möglichkeit einer Befreiung von den Festsetzungen eines Bebauungsplans gemäß § 31 II BauGB kann nur diskutiert werden, wenn feststeht, daß das Bauvorhaben mit diesen Festsetzungen nicht in Einklang steht.

Demgegenüber verdrängt die Spezialnorm im Falle ihres Eingreifens die allgemeinere Norm vollständig.

Beispiel:
Die Auflösung einer Demonstration unter freiem Himmel kann nur gemäß § 15 II u. III Versammlungsgesetz [Sart. Nr. 435] geschehen, nicht dagegen unter Berufung auf Normen des allgemeinen Polizei- und Ordnungsrechts.

Des weiteren mag auch ein logischer Vorrang bestehen, wenn nämlich eine Rechtsfrage nur behandelt werden kann, nachdem zuvor eine andere Frage in einem bestimmten Sinn entschieden worden ist. Logisch vorrangig ist etwa die Untersuchung der Anwendbarkeit einer Vorschrift im konkreten Kontext vor der Frage, ob ihre Tatbestandsmerkmale erfüllt sind.

Beispiel:
Bevor im einzelnen geprüft wird, ob ein gesetzliches Verbot gegen das Grundrecht der Versammlungsfreiheit (Art. 8 GG) verstößt, muß zunächst klargestellt sein, daß dessen Schutzbereich überhaupt tangiert ist.

Nach dem abstrakten Inhalt des Gesetzes ist zu beurteilen, ob ein logischer Vorrang bei der Prüfung von Rechtsfragen besteht.

Beispiel:
Bei der Frage nach der Nichtigkeit eines Verwaltungsakts ist – wie sich aus dem Wortlaut eindeutig ergibt – zunächst auf auf die Nichtigkeitsgründe des § 44 II VwVfG einzugehen, bevor die allgemeine Regel des § 44 I VwVfG herangezogen werden darf.

Bei der Untersuchung einer Einzelnorm stellt sich die weitere Frage, ob etwa auch bei ihren Tatbestandsmerkmalen ein logischer Vorrang zu beachten ist.

Beispiel:
Bei dem grundrechtsgleichen Verbot der Doppelbestrafung (Art. 103 II GG) ist das Merkmal „Tat“ logisch vorrangig vor den übrigen Gesichtspunkten. Denn zunächst bedarf es einer Festlegung auf den ins Auge gefaßten historischen Lebenssachverhalt, bevor untersucht werden kann, ob der Betroffene gerade deswegen mehrmals aufgrund der allgemeinen Strafgesetze bestraft worden ist.

Besteht also ein logisches Rangverhältnis, so ist das logisch vorrangige Merkmal zuerst zu prüfen.[97] Liegt dagegen ein gleicher Rang zwischen Normen oder zwischen Tatbestandsmerkmalen vor, so wird der gutachtliche Aufbau insoweit zu einer Zweckmäßigkeitsfrage.[98]

---

[97] Ausnahmsweise ist eine Durchbrechung dieser Regel zulässig, um die Problematik des Falles deutlicher herauszustellen; vgl. das Beispiel bei *Schmalz* (o. Fußn. 53), S. 32 (33).

[98] Vgl. dazu unten 3b.

Beispiel:

Ansprüche aus § 77 BLG und § 839 BGB i.V.m. Art. 34 GG können nebeneinander eingreifen. Zweckmäßigerweise beginnt man mit dem sachnäheren § 77 BLG.

b) Auch bei *öffentlich-rechtlichen* Klausuren ist der konstruktiven Methode zu folgen, soweit gleichfalls nach Ansprüchen gefragt wird.

Beispiel:

Im Rahmen der Wahrnehmung einer Landesaufgabe, die der Gemeinde G als Auftragsangelegenheit übertragen ist, verursacht der Kommunalbeamte K schuldhaft einen Schaden. Ansprüche des Bundeslandes X?

Hier sind Ansprüche gegen die Gemeinde G (spezielle Normen und Rechtsinstitute, öffentlich-rechtlicher Auftrag, öffentlich-rechtliche Geschäftsführung ohne Auftrag, Amtshaftung, öffentlich-rechtlicher Erstattungsanspruch), gegen den Beamten K (beamtenrechtliche Haftung) sowie – im Mißerfolgsfall – gegen die Gemeinde G auf Abtretung ihrer Ansprüche gegen ihren Beamten (Drittschadensliquidation) zu prüfen.[99]

Häufiger ist allerdings vorangegangenes, den Bürger belastendes staatliches Handeln auf seine Rechtmäßigkeit hin zu untersuchen. Es kommt dann zumeist darauf an, die einschlägige Ermächtigungsgrundlage zu ermitteln, ggfls. ihre Vereinbarkeit mit höherrangigem Recht (insbesondere den bundesstaatlichen Kompetenzvorschriften und den Grundrechten) festzustellen und das Vorliegen der tatbestandlichen Voraussetzungen unter Berücksichtigung einschränkender Regelungen zu überprüfen. Erfahrungsgemäß bereitet es den Bearbeitern nicht selten Schwierigkeiten zu entscheiden, ob überhaupt eine Prüfung der Verfassungsmäßigkeit der anzuwendenden einfachgesetzlichen Normen vorzunehmen und wie diese Prüfung in den Gutachtenaufbau einzufügen ist.

Eine für alle Fallgestaltungen passende Faustregel läßt sich – wie generell im öffentlichen Recht – auch hier nicht empfehlen. Eine Überprüfung der Ermächtigungsgrundlage am Maßstab der Verfassung bietet sich allerdings nur dann an, wenn die Vereinbarkeit mit der Verfassung in irgendeiner Hinsicht fragwürdig ist, worauf üblicherweise schon die Sachverhaltsgestaltung einen Hinweis geben dürfte.[100]

Hinsichtlich der Prüfungsreihenfolge sind grds. zwei Wege denkbar.[101] Zum einen ist zu berücksichtigen, daß das zur Entscheidung eines Falles berufene Verwaltungsgericht einen Vorlagebeschluß nach Art. 100 GG nur auf entscheidungserhebliche Zweifel an der Verfassungsmäßigkeit einer Norm stützen dürfte; die Frage wird also erst dann relevant, wenn die Anwendbarkeit der einfachgesetzlichen Norm im konkreten Fall schon feststeht. Andererseits aber kann eine Rechtsfrage nur anhand gültiger Rechtsnormen entschieden werden, was wiederum dafür spricht,

---

[99] Vgl. insoweit eine entsprechende Klausurlösung von *Pappermann*, JuS 1974, 448 ff.

[100] *Schramm/Strunk* (o. Fußn. 4), S. 4.

[101] *Erichsen*, Verwaltungsrecht und Verwaltungsgerichtsbarkeit I, 2. Aufl. 1984, S. 192.

zunächst die Verfassungsmäßigkeit der fraglichen Vorschriften zu überprüfen. Dieser Lösungsweg hat zudem den Vorteil, daß aus der Erörterung der Vereinbarkeit mit dem GG Erkenntnisse für eine ggfls. angezeigte verfassungskonforme Auslegung der einfachgesetzlichen Tatbestandsmerkmale (dazu noch unten V 4 e) gewonnen werden können. Vor diesem Hintergrund wird sich dieser Lösungsweg häufig als der zweckmäßigere erweisen.

Beispiel:
Die zuständige Behörde erteilt die Genehmigung für die Errichtung eines Steinkohlenkraftwerks, obwohl Anwohner wegen der starken Luftverunreinigung Beeinträchtigungen ihrer Gesundheit befürchten und massiv über Bürgerinitiativen interveniert haben. Hier sind zunächst die entsprechenden Bestimmungen des Bundesimmissionsschutzgesetzes zu ermitteln, da dieses abschließende Spezialregelungen enthalten kann und somit die Anwendbarkeit der Verwaltungsverfahrensgesetze oder des allgemeinen Gefahrenabwehrrechts ausschließen könnte; sodann ist ihre Vereinbarkeit mit höherrangigem Recht festzustellen, sofern im konkreten Fall verfassungsrechtliche Fragen erörterungswürdig erscheinen. Anschließend wird das Vorliegen der tatbestandlichen Voraussetzungen für eine solche Genehmigung im einzelnen überprüft.

c) Allgemein gilt, daß nur für solche Ausführungen Platz in der gutachtlichen Fallösung ist, die geeignet sind, die gestellte(n) Fallfrage(n) zu beantworten, indem sie zur Lösung hinführen. Somit ist kein Raum für abstrakte Stellungnahmen oder allgemeine Vorbemerkungen. Jeder in der Fallbearbeitung auftauchende Gedanke muß mithin einen konkreten rechtlichen Aufhänger haben, will der Bearbeiter nicht Gefahr laufen, mangelnder Konsequenz geziehen zu werden. Auch sollte der Student sich klarmachen, daß die juristische Argumentation weithin von antithetischem Denken geprägt ist, was auch im Aufbau von Gesetzeswerken zum Ausdruck kommt.

Beispiel:
Grundsätzlich herrscht in der Bundesrepublik Deutschland Gewerbefreiheit (§ 1 GewO). Bei bestimmten Tätigkeiten, die aus Gründen des Gemeinwohls besonderer Überwachung oder Genehmigung bedürfen, sind allerdings präventive behördliche Kontrollmöglichkeiten angeordnet (vgl. §§ 24, 30 ff. GewO), was etwa für „Schaustellungen von Personen" gilt (§ 33a I GewO). Die möglichen Versagungsgründe für eine behördliche Erlaubnis sind dann aber (in § 33a II GewO) abschließend aufgezählt („Die Erlaubnis ist zu versagen, wenn ...").

Vielfach liegt daher die Quintessenz eines Falles darin, zu erkennen, daß bestimmte allgemeine normative Voraussetzungen im zu entscheidenden Fall zwar vorliegen, aber von einer Ausnahmebestimmung letztlich verdrängt werden.[102]

---

[102] Siehe auch *Diederichsen* (o. Fußn. 2), S. 77; zur Gliederung nach Regel-Ausnahme-Grundsätzen *ders.*, S. 105 ff.

3. Gutachtenstil

Sowohl für die Gesamtstrukturierung einer Fallösung als auch für die einzelnen Prüfungsschritte soll gutachtliches Vorgehen prägend sein. Während im gerichtlichen Urteil ein bereits gefundenes Ergebnis, das vorangestellt ist, anschließend im einzelnen begründet wird, besteht die Aufgabe des Studenten darin, den ihm vorgegebenen Sachverhalt in Orientierung an der Fallfrage gutachtlich zu würdigen.

Die Entscheidungsgründe eines Urteils wollen vor den Streitbeteiligten, denen es ja vor allem auf den Entscheidungstenor und weniger auf die Begründung im einzelnen ankommt, ein bereits gefundenes Ergebnis rechtfertigen, demnach keinen Zweifel daran aufkommen lassen, daß die gefundene Entscheidung richtig ist. Dies hat Konsequenzen für die Darstellungsweise. Es wird erklärt, auf welcher Begründung das vorab bekanntgegebene Ergebnis beruht.

Beispiel:
Das Verlangen nach Rückzahlung der gewährten Subvention ist begründet, denn der Behörde steht ein Erstattungsanspruch gegen den Beklagten zu ...

Im Gegensatz hierzu muß der Student den Leser schrittweise über Zwischenergebnisse zu dem Ergebnis hinführen. Daraus ergibt sich eine bestimmte Vorgehensweise, der sog. Gutachtenstil, der durch eine vierstufige Gedankenfolge gekennzeichnet ist (Fragestellung – Normenbenennung – Subsumtion – Ergebnis).[103]

Die Abfolge der Gedanken läßt sich mit Anknüpfungsformeln wie „also, folglich, mithin, demnach, daher, demzufolge, aus diesem Grunde ..." ausdrücken. Geschickter ist es allerdings, wenn das Gutachten auch bei weitgehendem Verzicht auf diese Formulierungen seine gedankliche Fortentwicklung erkennen läßt. Erforderlich ist lediglich, daß diese gedankliche Konsequenz stets deutlich wird.[104]

a) Zunächst ist die konkrete Frage zu formulieren, die den Ausgangspunkt der folgenden gutachtlichen Prüfung darstellt.

Beispiele:
Es ist zu untersuchen, ob die gegen den Ausländer A wegen der Manipulation an seinem Paß ergangene Ausweisungsverfügung rechtmäßig ist. – Zu prüfen ist, ob der Profifußballer *Günter Hacker* verlangen kann, von der Eintragung ins Amtliche Telefonbuch verschont zu bleiben.[105]

b) Sodann ist die Norm mit ihren tatbestandlichen Elementen, die im einzelnen untersucht werden sollen, zu benennen,

Beispiele:
Gemäß §§ 45 I, 46 AuslG kann ein Ausländer nach Maßgabe bestimmter, detailliert beschriebener Kriterien ausgewiesen werden; ferner ist ein Ausländer bei Vorliegen der Voraussetzungen des § 47 II AuslG in der Regel auszuweisen; und schließlich muß er gemäß § 47 I AuslG unter bestimmten Umständen ausgewiesen werden. – Gemäß § 218

---

[103] Vgl. *Schramm* (o. Fußn. 35), S. 8; *Erbel* (o. Fußn. 2), S. 17; *Schramm/Strunk* (o. Fußn. 4), S. 14; *Brühl* (o. Fußn. 15), S. 117.
[104] Richtig *Schramm* (o. Fußn. 35), S. 8.
[105] Siehe dazu Fall und Lösung in Jura 1982, 433 ff.

VI Telekommunikationsordnung (TKO) vom 5. 11. 1986 (BGBl. I S. 1749) kann der von Amts wegen erfolgende Eintrag der Fernsprechteilnehmer in das Amtliche Fernsprechbuch auf begründetes Verlangen ausnahmsweise unterbleiben.

und zwar so genau wie möglich.

Beispiel:

Angesichts der Strafandrohung der Urkundendelikte gem. §§ 267ff. StGB kommt eine Ausweisung gem. § 47 I, II AuslG nicht in Frage. Als denkbarer Grund für eine Ausweisung kommt hier allein die Nr. 2 des § 46 AuslG in Betracht.

Dabei ist freilich nicht etwa die herangezogene Norm komplett abzuschreiben, sondern es sind nur die für die Subsumtion wichtigen Tatbestandselemente zu benennen („filtrierte Norm").

Beispiel:

Dann müßte A im Hinblick auf die Manipulation einen nicht nur vereinzelten oder geringfügigen Verstoß gegen eine Rechtsvorschrift begangen haben (§ 46 Nr. 2 AuslG). Zu den Rechtsvorschriften i.S.d. Nr. 2 zählt auch das StGB (vgl. *Koesel/Christ/Häußer*, Deutsches Ausländerrecht, 3. Aufl., Stand: Jan. 1991, §46 Rdnrn. 11, 24).

Sofern die zu prüfenden Tatbestandsmerkmale zu umfänglich oder zu kompliziert sind, empfiehlt sich eine schrittweise Untersuchung, wobei vorab das Programm angegeben wird und im Anschluß daran jeweils die Detailprüfung vonstatten geht. Sind innerhalb einer Norm mehrere Tatbestandsmerkmale zu prüfen, so ist bei der aufgegliederten Prüfung zu beachten, daß oft auch für die Prüfungsreihenfolge zwingende Vorgaben bestehen.[106] Ist dies nicht der Fall, so richtet sich die Reihenfolge der Prüfung allein nach Zweckmäßigkeitsgesichtspunkten. Dafür gelten folgende Empfehlungen:

- Bei mehreren Tatbestandsmerkmalen ist zunächst die Reihenfolge in Betracht zu ziehen, die der Abfolge in der gesetzlichen Vorschrift entspricht. Die Beachtung dieser Grundregel ist vor allem dem Anfänger zu empfehlen, denn die Prüfung einer Norm nach der Reihenfolge der gesetzlichen Tatbestandsmerkmale verhindert am ehesten, daß einzelne von ihnen vergessen werden.
- Unproblematische Tatbestandsmerkmale sollten vor problematischen behandelt werden.

Beispiel:

Bei der Frage, ob eine aufsichtsbehördliche Weisung an eine Gemeinde einen Verwaltungsakt i.S.d. § 35 VwVfG (des betreffenden Landes) darstellt, läßt sich problemlos feststellen, daß eine Einzelfallregelung vorliegt; ob diese aber Außenwirkung entfaltet, erfordert eingehendere Untersuchungen.

- Innerhalb der Prüfung eines Tatbestandsmerkmals sind die grundsätzlichen rechtlichen Erwägungen, soweit es auf sie ankommt, nach vorn zu ziehen, speziellere, enger mit dem Lebenssachverhalt verbundene Aspekte im Anschluß daran zu prüfen.

---

[106] Zivilrechtliche Beispiele bei *Diederichsen* (o. Fußn. 2), S. 88ff.; siehe auch oben 2.

Beispiel:

Kommt es auf die Auslegung des Schutzbereichs „Wohnung" in Art. 13 GG an, so ist zunächst darzulegen, daß nach dem Normzweck hier ein weites Begriffsverständnis angezeigt ist. Erst danach ist die konkrete Abgrenzung (Geschäftsraum, Keller, Gartenlaube) vorzunehmen.

– Nicht unbedingt ist die von den Beteiligten im Sachverhalt gewählte Reihenfolge der umstrittenen Fragen maßgebend, wenngleich sich aus ihr oft wertvolle Hinweise zur Interessenlage entnehmen lassen.

Bei der Bestimmung des Aussagegehalts mancher Tatbestandsmerkmale ist auf andere Normen (die sog. Hilfsnormen) zurückzugreifen.[107] Anzustreben ist stets weitestgehende Gewißheit über die Auslegung eines Tatbestandsmerkmales, die ja prinzipiell *abstrakt*, also vom Fall losgelöst zu erfolgen hat, aber nichtsdestoweniger den ständigen Blick auf den Sachverhalt erfordert, um die Interpretationsanstrengungen in der entsprechenden Richtung zu intensivieren und so die Subsumtion optimal vorzubereiten.

c) Durch die folgende Subsumtion (dazu noch näher unten V 2) wird der Sachverhalt zu der durch den vorangegangenen Schritt aufbereiteten Norm in Bezug gesetzt.

Beispiel:

Art. 8 I GG garantiert das Recht, sich friedlich und ohne Waffen zu versammeln. Die Teilnehmer einer gegen eine Flughafenerweiterung gerichteten Demonstration sind nicht nur mit „Friesennerz" und Schutzhelm, sondern erkennbar durchgängig auch mit Stöcken, Schleudern und Eisenkugeln ausgerüstet. Hierbei handelt es sich um Angriffswaffen. Somit können die Demonstranten dieses Grundrecht hier gewiß nicht für sich reklamieren.

Es ist darzulegen, ob der Sachverhalt unter die im Wege der Interpretation konkretisierte Norm paßt, also die Subsumtion erfolgen kann, oder nicht, also die Normanwendung abgelehnt werden muß.

d) Schließlich ist das Ergebnis der gutachtlichen Untersuchung der Ausgangsfrage deutlich zu bekunden.

Beispiel:

Mithin wäre eine auf Art. 8 GG gestützte Verfassungsbeschwerde unbegründet.

Für die klausurmäßige Problembehandlung in der studentischen Übungs- und Examensarbeit soll dieser Gutachtenstil prägend sein. Das bedeutet freilich nicht, daß bei jedem lösungsrelevanten Schritt dieser vierstufige Aufbau eingehalten werden muß. Dieser erweist sich nur bei wirklich problematischen Fragen als zwingend. Dagegen lassen sich Selbstverständlichkeiten oder Randfragen durchaus im Urteilsstil abhandeln.[108]

---

[107] Siehe auch unten V 4 zu Normkonkurrenzen.

[108] Vgl. *Diederichsen* (o. Fußn. 2), S. 75; *Erbel* (o. Fußn. 2), S. 17; *Brühl* (o. Fußn. 14), S. 128; gegen „übertriebenen" Gutachtenstil auch *Schwerdtfeger* (o. Fußn. 9), Rdnr. 973.

Beispiel:
Wenn der Sachverhalt ausdrücklich von der „Ordnungsverfügung der Behörde B" spricht, bestehen an der Verwaltungsaktqualität keine Zweifel. Hier genügt die lapidare Feststellung durch den Bearbeiter: „Die Ordnungsverfügung, ein Verwaltungsakt i.S.d. § 35 VwVfG, bestimmt, daß ..."

In der verwaltungsrechtlichen Klausur ist die Behandlung in concreto unproblematischer Zulässigkeitsfragen auf kurze Hinweise zu beschränken.

Beispiel:
Der Kläger A ist als natürliche Person gem. § 61 Nr. 1 VwGO beteiligtenfähig und gem. § 62 I Nr. 1 VwGO prozeßfähig.

Es zeugt von wenig Souveränität, wenn der Bearbeiter einer Klausur umständlich und langatmig Fragen aufwirft, die in einem Satz ohne Mühe bejaht werden könnten.

V. Akzeptable Gesetzesanwendung

Eine gelungene Bearbeitung der als relevant erkannten Rechtsfragen läßt sich nur bewerkstelligen, wenn der Student in der Lage ist, das jeweils einschlägige normative Material korrekt anzuwenden. Überzeugende Gesetzesinterpretationen und korrekte Subsumtionen sind dabei die entscheidenden methodischen Anforderungen. Daneben sollte der Student aber auch in etwa mit dem Instrumentarium der Schließung von Regelungslücken vertraut sein und wissen, wie er bei Normkonkurrenzen vorzugehen hat.[109]

1. Überzeugende Gesetzesinterpretationen

Bei der Korrektur von Klausuren und Hausaufgaben wird stets großer Wert auf überzeugende Gesetzesinterpretationen gelegt. Hier kann der Bearbeiter zeigen, daß er es gelernt hat, die für die Entscheidung in einem konkreten Interessenwiderstreit einschlägigen Normen zu finden, ihre Aussagen zur Entfaltung zu bringen und damit die Basis für korrekte Subsumtionen zu legen. Gesetzesauslegung darf sich dabei in einem freiheitlichen Rechtsstaat nicht in bloßem Meinen oder subjektivem Für-Richtig-Halten seitens des Richters oder Verwaltungsbeamten erschöpfen, will man nicht einer Totalideologisierung oder einer Kadi-Justiz Vorschub leisten. Vielmehr muß anhand rechtswissenschaftlich-objektivierbarer Kriterien eine von anderen nachvollziehbare, plausible und

---

[109] Die nachfolgenden Ausführungen wollen dabei keineswegs als Kurzfassung einer juristischen Methodenlehre verstanden werden (siehe insoweit die Literaturhinweise oben Vorbemerkung zu Teil 3), sondern lediglich gezielt methodische Ansätze unter dem engeren Blickwinkel einer Einführung in die juristische Arbeitstechnik vermitteln.

überzeugende Auslegung gefunden werden. Das Bundesverfassungsgericht hat einmal zur wissenschaftlichen Arbeitsweise folgendes angemerkt:

„Die Auslegung insbesondere des Verfassungsrechts hat den Charakter eines Diskurses, in dem auch bei methodisch einwandfreier Arbeit nicht absolut richtige, unter Fachkundigen nicht bezweifelbare Aussagen dargeboten werden, sondern Gründe geltend gemacht, andere Gründe dagegengestellt werden und schließlich die besseren Gründe den Ausschlag geben sollen", BVerfGE 82, 30 (38 f.).

Ziel ist dabei die Ermittlung des Rechtsgehalts von in demokratisch legitimierten Verfahren erzeugten Vorschriften zum Zwecke der aktuellen Rechtsanwendung. Hat freilich der Gesetzgeber selbst einen Begriff legaldefiniert, so wäre es verfehlt, originäre Interpretationsanstrengungen zu unternehmen, sondern dann geht es zunächst schlicht darum, die entsprechende Norm zu finden und sodann für die weiteren Interpretationsbemühungen zu nutzen.[110] Solche Legaldefinitionen finden sich in moderneren Gesetzen meist bereits in den Eingangsvorschriften,

Beispiele:
- Schädliche Umwelteinwirkungen (§ 3 I BImSchG)
- Stand der Technik (§ 3 VI BImSchG)
- Abfälle (§ 1 I AbfG).[111]

oft aber auch an versteckter Stelle.

Beispiele:
- Deutscher im Sinne des Grundgesetzes (Art. 116 I GG)
- Mehrheit der Mitglieder des Bundestages (Art. 121 GG)
- Richtlinie (Art. 189 III EWG-Vertrag)
- Altlasten (§ 28 nw.AbfallG)

Ziel der Auslegung ist stets die Ermittlung des aktuellen Normenverständnisses. Anvisiert ist also der objektive Gehalt einer Norm, der keineswegs identisch sein muß mit den Vorstellungen der am Gesetzgebungsverfahren beteiligten Personen,[112] im Laufe der Zeit darüber hinaus infolge vielfältiger (verfassungs-)rechtlicher, gesellschaftlicher, technischer und wirtschaftlicher Veränderungen nicht unerhebliche Modifikationen erfahren haben kann. Um die sich im Rahmen von Klausurbearbeitungen stellenden Anforderungen erfüllen zu können, ist zunächst

---

[110] Deutlich insoweit Art. 28 der Belgischen Verfassung, wo es heißt: Die bindende Auslegung der Gesetze steht nur dem Gesetz zu. Die bindende Auslegung der Verordnungen steht nur der Verordnung zu.

[111] Siehe aber auch BGH, UPR 1990, 384 (385) zum strafrechtlichen Abfallbegriff: „Der strafrechtliche Abfallbegriff ist ... selbständig zu bestimmen, zwar in Anlehnung an die Begriffsbestimmung in § 1 I 1 AbfG, nicht aber in unmittelbarer Abhängigkeit von allen Regelungen des Abfallgesetzes...".

[112] Zur Diskussion der Methodenlehre um das Ziel der Auslegung (objektive/subjektive Theorie) vgl. nur *Larenz*, Methodenlehre der Rechtswissenschaft, 5. Aufl. 1983, S. 1 ff., 41 ff. u. 301 ff.; *Zippelius*, Juristische Methodenlehre, 4. Aufl. 1985, S. 19 ff.; BVerfGE 11, 126 (129 f.).

einmal die Kenntnis der bei der Gesetzesinterpretation heranzuziehenden Auslegungselemente unerläßlich.

a) Heranziehung aller Auslegungselemente

Aufbauend auf den Erkenntnissen *Savignys*[113] haben Wissenschaft und Rechtsprechung einen Kanon von im wesentlichen vier Auslegungskriterien bei der Gesetzesinterpretation entwickelt; die grammatische, die systematische, die historische und die teleologische Auslegung.

aa) Die *grammatische Interpretation* ermittelt – etwa auch durch Heranziehung von Handwörterbüchern[114] – den Wortsinn einer Vorschrift.

Beispiel:
Indem Art. 82 I 1 GG bestimmt, daß der Bundespräsident „die nach den Vorschriften dieses Grundgesetzes zustande gekommenen Gesetze" ausfertigt, wird zum Ausdruck gebracht, daß dem Bundespräsidenten jedenfalls eine formelle Prüfungskompetenz hinsichtlich der ordnungsgemäßen Durchführung des förmlichen Gesetzgebungsverfahrens zusteht.

Dies ist allerdings keine rein philologische Angelegenheit, denn bei der wörtlichen Gesetzesauslegung ist sowohl der – allerdings selten eindeutige – allgemeine umgangssprachliche Sinn der im Rechtssatz verwendeten Worte und deren grammatikalischer Zusammenhang als auch der spezifisch juristische Sprachgebrauch, meist noch der spezielle in Ansehung eines bestimmten Gesetzes oder gar der einer besonderen gesetzlichen Vorschrift zu berücksichtigen.

Beispiele:
So kann etwa der Begriff „grundsätzlich" einerseits im Sinne von „stets" oder „unabänderlich", zum anderen – und dies typischerweise in der Diktion des Juristen – als „in der Regel" zu verstehen sein, wobei Ausnahmen gegebenenfalls durchaus möglich erscheinen. – Das Wort „kann" wird üblicherweise im Sinne einer Ermessenseinräumung zu verstehen sein, durch die der anwendenden Behörde eine Wahlmöglichkeit zwischen verschiedenen Maßnahmen eröffnet wird; es kann aber auch in dem Sinne einer rechtlichen Befugnis als „Kompetenz-Kann" verwendet werden.[115] – Bei einer Verpflichtung, etwas zu „beachten", ist eine zumindest für den Regelfall strikte Bindung intendiert, die über das hinausgeht, was die Pflicht, etwas zu „berücksichtigen", fordert (s. BVerwG, BayVBl. 1991, 251).

H. Bartholomeyczik verweist in diesem Zusammenhang auf folgendes:

„Musterbeispiel für einen besonderen juristischen Sprachgebrauch kann das Wort ‚Leihe' sein. Während die Leihe im juristischen Sprachgebrauch präzise die vertragliche, unentgeltliche Gebrauchsüberlassung einer Sache bedeutet (§ 598 BGB), erstreckt sich der Sprachgebrauch des täglichen Lebens auf die entgeltliche Gebrauchsüberlassung, die das BGB als Miete oder Pacht bezeichnet (§§ 535 S. 1, 581 II), und auf das Darlehen des § 607 BGB, dagegen nicht auf Grundstücke. Der Begriff des Anspruchs

---

[113] System des heutigen römischen Rechts, 1840, Bd. I, S. 213 ff.
[114] Vgl. RGZ 10, 388; BFH, NJW 1986, 1897 (1898).
[115] Bsp.: § 48 II BBergG; so BVerwGE 74, 315 (323). Zur Befugnisnorm als einem Normtyp des Verwaltungsrechts näher unten ff.

hat im Bürgerlichen Recht (§ 194 I BGB) eine andere Bedeutung als im Verfahrensrecht, z.B. in § 322 I ZPO. Ebenso wird der Begriff ‚Einrede' im Bürgerlichen Recht (§ 813 I 1) anders gebraucht als im Prozeßrecht."[116]

Selbst ein variierender Sprachgebrauch im gleichen Gesetz ist nicht ausgeschlossen. So ist der Begriff der „verfassungsmäßigen Ordnung" in Art. 20 III GG als „Verfassung im formellen Sinne", also als Inbegriff der im Grundgesetz enthaltenen Bestimmungen zu verstehen,[117] während die gleiche Bezeichnung in Art. 2 I GG für die verfassungsmäßige Rechtsordnung, also für die Gesamtheit derjenigen Norm steht, die formell und materiell verfassungsgemäß sind.[118] Entsprechend kommt als freiheitsbeschränkendes „Gesetz" i.S.v. Art. 2 II 2 GG nur ein förmliches Gesetz in Betracht, wie aus Art. 104 I 1 GG deutlich hervorgeht. Andererseits wird „Gesetz" im GG auch häufiger in der Bedeutung des materiellen Rechts (also auch Satzungen und Rechtsverordnungen einschließend) verwendet, so z.B. in Art. 3 I, 5 II GG. Über die Verwendung des Begriffs „Richter" in der bayerischen Verfassung räsonierte der Bayerische Verfassungsgerichtshof[119] einmal wie folgt:

„Die bayerische Verfassung selbst, welche die Bezeichnung ‚Richter' in verschiedenen Bestimmungen verwendet, umschreibt diesen Begriff nicht näher, sie spricht sich insbesondere nicht ausdrücklich darüber aus, ob darunter nur beamtete oder auch ehrenamtliche Richter zu verstehen seien. In Art. 85, nach dem ‚die Richter' nur dem Gesetz unterworfen sind, muß der damit umschriebene Personenkreis zweifellos im weiteren Sinne verstanden werden und alle Personen umfassen, die eine entsprechende Funktion wahrnehmen; denn die in Art. 85 festgelegte sachliche Unabhängigkeit (Weisungsfreiheit) ist ein unabdingbares Merkmal jeder richterlichen Tätigkeit. Wenn andererseits nach Abs. 2 des Art. 87 ‚die Richter' der ordentlichen Gerichtsbarkeit auf Lebenszeit ernannt werden, so ist ebenso eindeutig, daß die Bezeichnung ‚Richter' in der Verfassung nicht überall im gleichen Sinne gebraucht ist. Es geht daher nicht an, ... dieser Bezeichnung bei der Auslegung des Art. 87 Abs. 1 ohne weiteres den gleichen Sinn zu unterlegen wie bei der Auslegung des Art. 85. Vielmehr muß die Bedeutung des Ausdrucks aus jeder einzelnen Verfassungsbestimmung heraus, in der er sich findet, für sich selbst ermittelt werden."

Zu beachten ist, daß eine Vermutung zwar für die Sinn-Identität der in einem Gesetz vorkommenden Begriffe spricht,[120] nicht jedoch für die Gleichsinnigkeit gleichlautender Begriffe in verschiedenen Gesetzen;[121]

Beispiel:

Der Begriff der „baulichen Anlage" etwa ist in § 2 I nw.BauO [Hippel-Rehborn Nr. 93] legaldefiniert. Diese Definition läßt sich jedoch nicht ohne weiteres auch auf den gleichlautenden Begriff im BauGB (etwa in § 29 BauGB [Sart. Nr. 300]) übertragen.[122]

---

[116] Die Kunst der Gesetzesauslegung, 4. Aufl. 1967, S. 19f.

[117] Vgl. nur *Herzog*, in: Maunz/Dürig, GG, Stand: Dez. 1989, Art. 20 III Rdnr. 9 m.w.N.

[118] BVerfGE 6, 32 (37f.); 55, 159 (165); 80, 137 (153).

[119] BayVerfGHE 7, 33.

[120] BVerfGE 2, 266 (282); RGZ 153, 20.

[121] Vgl. BVerwGE 16, 53 (56f.).

[122] BVerwGE 39, 154 (156f.). Vgl. aber auch BVerwG, NVwZ 1991, 484f. zum

Formeln wie „Gewerbe“ oder „Unternehmen“ kommt in unterschiedlichen Gesetzen oft ein divergierender Bedeutungsgehalt zu.[123] Selbst wenn der Wortlaut eindeutig ist, erübrigt sich nicht stets jede weitere Auslegungsbemühung. So kann die Auslegung nach dem von einem obersten Bundesgericht gedeuteten Sinn und Zweck einer Vorschrift der Wortlautauslegung vorgehen.[124] Eine Abweichung vom Wortlaut ist weiterhin zwecks verfassungskonformer Auslegung (dazu unten 4e) sowie dann geboten, wenn ein vom Wortlaut des Gesetzes erfaßter Sachverhalt vom Gesetzgeber nachweisbar nicht hat geregelt werden sollen[125] oder wenn eine Gesetzesbestimmung bei gleichbleibendem Wortlaut durch Veränderung der Verhältnisse einen Bedeutungswandel erfahren hat.[126]

Den Wortlaut eines Gesetzes ernst zu nehmen, besteht umso mehr Anlaß, wenn dieser während des Gesetzgebungsverfahrens mehrfach geändert wurde; vgl. BVerfGE 1, 299 (312f.).

bb) Die *systematische Interpretation* erforscht um der Widerspruchsfreiheit der Rechtsordnung willen den Standort einer Bestimmung im Gesetz, ihre Stellung und Funktion im Gefüge der Rechtsinstitute und ihr Zusammenspiel mit anderen Vorschriften innerhalb der Normordnung. Dabei ist der Sinnzusammenhang der konkreten Vorschrift und ihre Einordnung in das Gesamtgefüge entscheidend.[127]

Beispiel:
Ein Rechtssatz ist nur als Überleitungsvorschrift oder als prozessuale Anordnung zu verstehen.

Die Überschrift des Gesetzesabschnitts, in dem der Rechtssatz steht, ist oft Indiz für die systematische Einordnung einer Vorschrift.

Beispiele:
Die Gewährleistung des kommunalen Selbstverwaltungsrechts in Art. 28 II GG ist, wie bereits die systematische Stellung außerhalb des Abschnitts „I. Die Grundrechte“ zeigt, kein Grundrecht (richtig: eine institutionelle Garantie). – Daß § 68 VwGO (Widerspruchsverfahren) im 8. Abschnitt „Besondere Vorschriften für Anfechtungs- und Verpflichtungsklagen“ der VwGO plaziert ist, läßt bereits erkennen, daß die Durchführung eines Vorverfahrens bei allgemeinen Leistungsklagen nicht erforderlich ist.

Das BVerfG beschreibt dieses Auslegungskriterium so:

„Bei der systematischen Auslegung ist darauf abzustellen, daß einzelne Rechtssätze, die der Gesetzgeber in einen sachlichen Zusammenhang gestellt hat, grundsätzlich so zu interpretieren sind, daß sie logisch miteinander vereinbar sind. Denn es ist davon

---

Grundstücksbegriff in § 131 BauGB mit Blick auf den Grundstücksbegriff des bürgerlichen Rechts.

[123] Vgl. BVerwG, NJW 1977, 772; BGHZ 31, 105 (108f.).

[124] So das BVerwG in ständiger Rechtsprechung. Vgl. BVerwGE 16, 74 (76); 40, 78 (81).

[125] BVerfGE 14, 260 (262).

[126] BVerfGE 7, 342 (351).

[127] BVerwGE 41, 334 (339).

auszugehen, daß der Gesetzgeber sachlich Zusammenhängendes so geregelt hat, daß die gesamte Regelung einen durchgehend verständlichen Sinn ergibt."[128]

Die „verfassungskonforme" Auslegung[129] läßt sich durchaus als Unterfall der systematischen Interpretation begreifen. Durch sie werden nämlich Rechtssätze – auch solche untergesetzlichen Rechts, z.B. eine Ortssatzung –, deren Übereinstimmung mit der Verfassung zweifelhaft ist, so ausgelegt, daß sie mit der Verfassung vereinbar sind.

Beispiel:

Der Wortlaut des § 35 II BauGB (können ... zugelassen werden) spricht für eine Auslegung, nach der auch dann, wenn öffentliche Belange dem Bauvorhaben im Außenbereich nicht entgegenstehen, der Genehmigungsbehörde ein Versagungsermessen zustünde. Ein solches Verständnis wäre jedoch mit Art. 14 GG nicht zu vereinbaren, da eine Verkürzung der verfassungsrechtlich gewährleisteten Baufreiheit nur zur Wahrung öffentlicher Belange gerechtfertigt sein kann. Deshalb ist die Bestimmung verfassungskonform so auszulegen, daß unter den genannten Voraussetzungen die Genehmigung erteilt werden muß (sind ... zuzulassen).[130]

cc) Die *historische Interpretation* untersucht die Entstehungsgeschichte einer Norm und zieht dabei auch die Motive der gesetzgebenden Organe, also die bei den Beratungen geäußerten Meinungen und Absichten, heran,[131] um den objektiven Gesetzesinhalt zu erschließen. „Freilich sind die Vorarbeiten eines Gesetzes für die Auslegung immer nur mit einer gewissen Zurückhaltung, in der Regel bloß unterstützend, zu verwerten. Sie dürfen nicht dazu verleiten, die Vorstellungen der gesetzgebenden Instanzen dem objektiven Gesetzesinhalt gleichzusetzen. Der Wille des Gesetzgebers kann bei der Auslegung des Gesetzes nur insoweit berücksichtigt werden, als er in dem Gesetz selbst einen hinreichend bestimmten Ausdruck gefunden hat."[132] „Der ‚Wille des Gesetzgebers' ist der im Gesetz objektivierte Wille."[133]

Beispiel:

In § 1 II und § 3 II 3 des Abfallgesetzes sind das Gewinnen von Stoffen und das Gewinnen von Energie scheinbar ohne Bewertung schlicht nebeneinander aufgeführt; aus den Gesetzesmaterialien zum AbfG wird aber ersichtlich, daß – entgegen abweichender Vorschläge der Oppositionsparteien – durch diese Regelung bewußt ein Gleichrang von stofflicher und thermischer Abfallverwertung normiert werden sollte.[134]

Insofern erfüllen die Erkenntnisse aus der Entstehungsgeschichte einer Norm lediglich eine ergänzende und bekräftigende Funktion. Wie genau bei der historischen Interpretation insbesondere von Verfassungsnormen

---

[128] BVerfGE 48, 246 (257).
[129] Dazu näher unten 4e.
[130] BVerwGE 18, 247 (250f.); *Finkelnburg/Ortloff* (o. Fußn. 82), Bd. I, S. 268.
[131] Dazu näher oben § 2 III.
[132] BVerfGE 11, 126 (130).
[133] BVerfG, aaO, S. 131, sog. Andeutungstheorie.
[134] Vgl. BT-Drucks. 10/5656, S. 53, 57, 61. Verfehlt daher insoweit BayVerfGH, BayVBl. 1990, 367 (369) mit krit. Anm. *Tettinger* (ebda, S. 401f.).

zu arbeiten ist, zeigt eine Entscheidung des Bayerischen Verfassungsgerichtshofes, in der es um die Frage ging, ob der Verfassungsgerichtshof die Frage der Gültigkeit der bestrittenen Wahl eines Abgeordneten unabhängig von einem Vorverfahren des Bayerischen Landtages prüfen durfte:

„Die ... Verfassungsartikel sprechen sich nicht ausdrücklich darüber aus, ob dann, wenn die Wahl eines Abgeordneten bestritten wird, sei es aus den Kreisen der Stimmberechtigten, sei es vom Landtag selbst, zunächst der Landtag oder aber *sofort* der Verfassungsgerichtshof über die Gültigkeit der Wahl zu entscheiden hat. Bei den Verfassungsberatungen war von den meisten Rednern offenbar zunächst das letztere beabsichtigt. Im ursprünglichen Verfassungsentwurf (damals Art. 29) war die Bestimmung vorgesehen: ‚Die Wahlprüfung obliegt dem Bayer. Staatsgerichtshof. Er entscheidet auch über die Frage, ob ein Abgeordneter die Mitgliedschaft beim Landtag verloren hat.' In der 5. Sitzung des Verfassungsausschusses der Bayer. Verfassunggebenden Landesversammlung vom 25. Juli 1946 (gedruckte stenogr. Berichte S. 129) war von einer Seite beantragt worden, die Wahlprüfung dem Landtag oder einem von ihm eingesetzten Ausschuß zu übertragen; von anderer Seite wurde beantragt, bei Streit über die Gültigkeit der Wahl oder über die Mitgliedschaft eines Abgeordneten den Staatsgerichtshof entscheiden zu lassen. Beide Anträge wurden abgelehnt; es blieb zunächst bei der erwähnten Fassung des Entwurfs. Man wollte die Entscheidung über die Gültigkeit einer Wahl – nach der Feststellung des Mitberichterstatters – einem Gerichtshof übertragen, um sie aus der politischen Atmosphäre herauszunehmen und damit die Möglichkeit auszuschalten, daß auch nur der Eindruck erweckt werde, als wolle man aus irgendwelchen politischen Rücksichten eine Wahl für gültig oder ungültig erklären. Die Übertragung der Zuständigkeit an den Verfassungsgerichtshof – damals noch Staatsgerichtshof genannt – sollte insbesondere dem Minderheitenschutz dienen und überhaupt den Gedanken des Rechtsstaates betonen, auch das Ansehen des Verfassungsgerichtshofes als wichtigstem Staatsorgan für den Gedanken des Rechtsstaates herausheben.

In der 12. Sitzung des gleichen Verfassungsausschusses wurde die Einfügung eines eigenen Abschnittes über den Verfassungsgerichtshof in die Verfassung beschlossen und darin (S. 294) der oben erwähnte Art. 63 (damals Art. 45c) vorgesehen.

Bei der 2. Lesung wurde vom Verfassungsausschuß zunächst in der 18. Sitzung vom 20. August 1946 (ungedruckter stenogr. Bericht S. 143) der Art. 29 der ersten Lesung unverändert gelassen. In der 19. Sitzung vom 21. August 1946 wurde jedoch (S. 52 ff., 62 ff.) bei der Beratung des erwähnten Art. 45c darauf hingewiesen, daß es doch zu weit ginge, dem Verfassungsgerichtshof die Wahlprüfung in allen Fällen zuzuweisen, man solle diese vielmehr auf die strittigen Fälle beschränken. Dann müsse man auch den Art. 29 ändern. Der als Sachverständiger mit beratender Stimme zugezogene Professor *Dr. Nawiasky* betonte, es sei in der Tat der Verfassungsgerichtshof nicht dazu berufen, eine Wahl zu prüfen, die überhaupt nicht beanstandet worden sei; das sei vielmehr Sache des Landtags. Man müßte also in Art. 29 sagen: ‚Die Prüfung bestrittener Wahlen obliegt dem Bayer. Verfassungsgerichtshof'. Der Mitberichterstatter sagte daran anknüpfend: ‚Man könnte also dann den Art. 29 folgendermaßen formulieren: Die Wahlprüfung obliegt dem Landtag. Wird die Gültigkeit einer Wahl bestritten, so entscheidet der Bayer. Verfassungsgerichtshof. Er entscheidet auch über die Frage, ob ein Abgeordneter die Mitgliedschaft beim Landtag verloren hat.' In dieser Fassung wurde der Art. 29 (später 33) des Entwurfs beschlossen. Dem erwähnten Art. 45c wurde zugleich am Schluß noch die Verweisung beigefügt: ‚(Art. 29)'.

Wenn bei einem Teil des Verfassungsausschusses die Absicht bestanden haben sollte, die strittigen Wahlfälle von vornherein der Entscheidung des Verfassungsgerichtshofs zu unterstellen, so ist diese Absicht in der endgültigen Fassung des Art. 29 (nun 33) jedenfalls nicht zum Ausdruck gekommen."[135]

---

[135] BayVerfGHE 1, 1 (4 f.).

dd) Die *teleologische Interpretation* forscht unter Berücksichtigung des Rechtssystems, der Rechtsgeschichte, des Willens des Gesetzgebers und der – wandelbaren – sozialen Gegebenheiten nach der in einer Norm zum Ausdruck gekommenen Interessenbewertung, dem Normzweck, der ratio legis.[136] Ihre Bedeutung hat vor allem die Interessenjurisprudenz betont.[137]

Durch eine am Regelungsziel des auszulegenden Rechtssatzes orientierte Auslegung wird dem Sinn der anzuwendenden Rechtsnormen und ihrer rechtspolitischen Zielsetzung Geltung verschafft. Deshalb ist die in dem Rechtssatz zum Ausdruck gebrachte Bewertung und Gestaltung der beteiligten Interessen zu erforschen, eine Aufgabe, der sich der Jurastudent nicht oft genug stellen kann. Die Suche nach der ratio legis ist insbesondere auch für die Deutung der leider gar nicht so seltenen unbestimmten Gesetzesbegriffe, Generalklauseln und Verweisungen auf vorrechtliche Ordnungen oder andere Vorgaben, die unbeschadet ihrer Unbestimmtheit von den Gesetzesanwendern zu klären sind, unabdingbar.

Beispiel:

Der zentrale Zweck des Energiewirtschaftsgesetzes [Sart. I Nr. 830], wie er in der Präambel zum Ausdruck gekommen ist, die Sicherheit und Kostengünstigkeit der Energieversorgung zu gewährleisten, gebietet es, als „Gründe des Gemeinwohls", die eine Untersagung des Energieanlagenbaus nach § 4 II 2 EnWG rechtfertigen können, in erster Linie solche anzuerkennen, die eben diese Aspekte der Sicherheit und Kostengünstigkeit der Energieversorgung betreffen.

Dabei gehört zu den zu berücksichtigenden Interessen immer auch dasjenige an der Rechtssicherheit und an der Praktikabilität des Rechts. Gesetze müssen möglichst so ausgelegt werden, daß sie ohne unverhältnismäßig große Schwierigkeiten verstanden und angewendet werden können.[138] Zu beachten sind stets auch die weiteren verfassungsrechtlichen, namentlich rechtsstaatlichen Vorgaben. Die teleologische Interpretation gestattet so nicht, unter Hinweis auf das geschützte Rechtsgut oder den Gesetzeszweck eine gesetzliche *Eingriffs*ermächtigung über den Wortlaut des Gesetzes hinaus zu erweitern. Dagegen ergibt sich im Bereich der Leistungsbeziehungen zwischen Staat und Bürger aus der „Gesamtsicht des Grundgesetzes vom Verhältnis des einzelnen zum Staat, ... daß im Zweifel diejenige Interpretation eines Gesetzes den Vorzug verdient, die dem Bürger einen Rechtsanspruch einräumt."[139]

ee) Einige Autoren[140] haben den hier vorgestellten Katalog weiter aus-

---

[136] Dazu *Bartholomeyczik* (o. Fußn. 116), S. 47 ff.; vgl. auch BVerfGE 35, 263 (279).

[137] Dazu vor allem die Schriften von *Heck* (Gesetzesauslegung und Interessenjurisprudenz, AcP 112 [1914], S. 1 ff.; Das Problem der Rechtsgewinnung, 2. Aufl. 1932; Interessenjurisprudenz, 1933).

[138] *Wolff/Bachof*, Verwaltungsrecht, Bd. I, 9. Aufl. 1974, § 28 IV c 5.

[139] BVerfGE 15, 275 (282); 51, 176 (186).

[140] *Stern*, Gesetzesauslegung und Auslegungsgrundsätze des BVerfG, Diss. Mün-

differenziert und gliedern in sieben Auslegungselemente, indem sie weiter

- eine logische Interpretation, die auf den spezifischen juristischen Begriffsgehalt abstellt,
- eine genetische Interpretation, die nach der Gesetzesentstehung fragt (Vorentwürfe, Motive, Verhandlungen, Beratungen etc.), und
- eine komparative Interpretation, mittels derer rechtsvergleichend die übereinstimmende oder unterschiedliche Entwicklung oder Gestaltung von Rechtsbegriffen, Rechtssätzen und Rechtsinstituten in verschiedenen Rechtsordnungen erforscht werden soll,[141]

separieren. Bei diesen Überlegungen handelt es sich jedoch nur um eine besondere Hervorhebung und Neuformulierung der anerkannten Kriterien, denn die genetische Interpretation läßt sich durchaus als Teil der historischen, die komparative als Teil der systematischen und die logische als Teil der grammatischen bzw. der teleologischen Interpretation darstellen. Die Aufschlüsselung verdeutlich jedoch die verschiedenen Interpretationsansätze.

Bereits *Savigny* wies darauf hin, daß es sich bei dem Katalog der Auslegungselemente nicht um vier Arten handele, die wahlweise alternativ herangezogen werden dürften, sondern um „vier verschiedene Tätigkeiten, die vereinigt werden müssen, wenn die Auslegung gelingen soll."[142] Nach Auffassung des BVerfG sind alle diese Auslegungskriterien zur Erfassung des objektiven Willens des Gesetzgebers erlaubt, schließen einander nicht aus, sondern ergänzen sich gegenseitig.[143] Es bedarf in Zweifelsfällen einer lückenlosen und umfassend kombinierten Anwendung aller Auslegungsarten: „Richtig ist das Ergebnis,das unter sukzessiver Anwendung aller Auslegungsmittel und –faktoren den Sinn des Gesetzes ermittelt hat."[144] Keines der Auslegungskriterien ist entbehrlich und erst recht reicht keines für sich allein aus.

ff) Unter Rückgriff auf den Standort einer Vorschrift im Kontext des jeweiligen Gesetzeswerkes, also aufgrund systematischer Auslegung, vor allem aber in Ansehung ihrer spezifischen Funktion läßt sich vielfach auch eine Zuordnung zu einem speziellen Normtyp vornehmen,[145] aus der sich ergänzende Hinweise ergeben, was die Norminterpretation nicht unerheblich erleichtern kann. Aufmerksamkeit gefunden hat im deutschen Verwaltungsrecht insoweit insbesondere die – vor allem im Polizeirecht bedeutsame – Unterscheidung zwischen Aufgabennormen und Be-

---

chen 1956, S. 187 ff.; *ders.*, Staatsrecht, Bd. I, 2. Aufl. 1984, S. 125 f.; *Kriele*, Theorie der Rechtsgewinnung, 2. Aufl. 1976, S. 86; *Wolff/Bachof* (o. Fußn. 138), § 28 III c.

[141] Dazu BVerfGE 3, 225 (244); Bezugnahme in BVerfGE 34, 269 (287 f.).

[142] AaO (o. Fußn. 113), S. 215.

[143] BVerfGE 11, 126 (130); 35, 263 (279).

[144] *Stern*, Gesetzesauslegung und Auslegungsgrundsätze des BVerfG, Diss. München 1956, S. 225.

[145] Sogar in einzelnen europäischen Verfassungen finden sich insoweit Aussagen. So wird in Art. 34 der Verfassung der Republik Frankreich vom 4. 10. 1958, zuletzt geändert am 18. 6. 1976, das Programmgesetz und das Organgesetz genannt, letzteres in modifizierter Bedeutung auch in Art. 54, 55 II, 75 III und 81 I der Verfassung des Königreichs Spanien vom 29. 12. 1978.

fugnisnormen.[146] Darüber hinaus lassen sich aber mit Blick auf dieses Rechtsgebiet[147] noch weitere Normtypen benennen, so etwa die Ge- und Verbotsnorm, die Definitionsnorm (dazu oben vor a), die Verwaltungsziele apostrophierende Norm (Programmierungsnorm), die leistungsfeldbeschreibende Norm (Förderungsnorm), die Verfahrensnorm, die Organisationsnorm und die für Kontrolle innerhalb der Verwaltung maßstabsetzende Norm (Verwaltungskontrollnorm).[148]

b) Faustregeln zur Ordnung der Auslegungselemente

Hinsichtlich der Reihenfolge der Prüfung hat es sich als zweckmäßig erwiesen, vom Wortlaut auszugehen, dann systematische Gesichtspunkte einzubeziehen, schließlich die historischen Aspekte zu behandeln und endlich nach dem Normzweck zu fragen. Die Einhaltung dieser Reihenfolge ist jedoch nicht logisch zwingend, sondern basiert auf praktischen Gesichtspunkten. Da ein Auseinanderklaffen vom Wortlaut und Normzweck zu einer engen (restriktiven)

Dies wird regelmäßig bei erkennbar als Ausnahmevorschrift konzipierten Normen der Fall sein.

Beispiel:
Das Wort „können" in § 35 II BauGB.[149]

bzw. erweiternden (extensiven)

Eine solche erscheint namentlich dann angängig, wenn die normative Regelung als Ausdruck eines allgemeinen Rechtsgedankens verstanden werden kann.

Beispiel:
Der Begriff „Wohnung" in Art. 13 I GG ist weit auszulegen und umfaßt im Sinne einer umfassenden Sicherung des räumlichen Bereichs individueller Persönlichkeitsentfaltung auch Betriebs- und Geschäftsräume, selbst wenn sie der Öffentlichkeit zugänglich sind (BVerfGE 32, 54 ff.; *v. Mangoldt/Klein*, GG, Komm., Art. 13 Anm. III 1).

Interpretation führt, gewinnt auf diese Weise der Auslegungsprozeß eine erhöhte Durchschaubarkeit.[150]

Beispiel:
A beantragt den Erlaß einer Baugenehmigung. Die zuständige Behörde lehnt dieses Ansinnen ab. A trägt daraufhin vor, gemäß § 28 I VwVfG hätte die Behörde ihn zunächst anhören müssen. Ist dieser Rechtsansicht zuzustimmen?

Der Wortlaut des § 28 I VwVfG sieht eine Anhörung vor, wenn der VA „in die

---

[146] Dazu etwa BVerwG, NJW 1987, 1713 (1715); VGH Bd.Wtt., DÖV 1989, 169 f.; *Tettinger* (o. Fußn. 78), S. 90 ff. m.w.N.

[147] Für das Grundgesetz siehe *Stern*, Staatsrecht, Bd. I, 2. Aufl. 1984, S. 117 ff.

[148] Dazu näher *Tettinger*, Die Verwaltung 22 (1989), S. 293 ff.

[149] BVerwGE 18, 247 (250 f.); vgl. dazu bereits oben 1 a bb (S. 128). Siehe auch BVerfGE 35, 263 (278).

[150] Ein gutes Beispiel für den praktischen Nutzen eines solchen Vorgehens im Rahmen der Auslegungsprozedur bietet die Entscheidung des BFH, BB 1976, 1652; siehe ferner noch *Bartholomeyczik* (o. Fußn. 116), S. 71 ff.

Rechte eines Beteiligten eingreift". Nach Auffassung des BVerwG[151] soll § 28 VwVfG nur dann zur Anwendung gelangen, wenn der zu erlassende Verwaltungsakt die bisherige Rechtsstellung des Beteiligten zu seinem Nachteil verändert (Umwandlung eines status quo in einen status quo minus), nicht aber dann, wenn der Erlaß eines Verwaltungsaktes abgelehnt wird, der eine Rechtsposition erst gewähren soll.[152] Die Rechtsansicht des A wäre demnach unzutreffend.

Von der Frage nach der Reihenfolge der Prüfung ist diejenige nach einer eventuellen Rangordnung der Auslegungselemente zu unterscheiden. Eine von vornherein geltende Rangordnung läßt sich nicht begründen, sondern es hängt von den Besonderheiten der einzelnen Rechtsnormen ab, welchem Kriterium jeweils letztlich der Vorrang gebührt. Daraus wird zugleich ersichtlich, daß es sich bei dem Katalog der Auslegungselemente nicht um ein strikt einzuhaltendes, sichere Ergebnisse verbürgendes System handelt, sondern um die Auflistung von Kriterien, die eine methodische Gesetzesinterpretation überhaupt erst ermöglichen. Die Auslegungselemente sind lediglich rationale Anleitungen zur Begründung von interpretativen Entscheidungen.[153] Ihre umfassende Berücksichtigung schließt aus, daß wesentliche Gesichtspunkte außer acht gelassen werden, verhindert aber nicht, daß sich widersprechende Zwischenergebnisse gefunden werden. Deren Zusammenschau und die Rechtfertigung des Vorranges eines der Interpretationselemente im konkreten Einzelfall bedarf jeweils sorgfältig zu begründender Abwägung.

Beispiel:

Das Grundgesetz läßt in Art. 15 eine Sozialisierung von „Produktionsmitteln" zu. Dieser Begriff erlaubt auf den ersten Blick die unterschiedlichsten Interpretationen. Vonnöten ist daher eine sorgfältige Heranziehung aller Auslegungselemente.

So wird etwa, je älter ein Gesetz ist, eher der teleologischen Auslegung als der historischen Interpretation zu folgen sein, weil die Einbeziehung der gegenwärtigen Lebenswirklichkeit auf dem Hintergrund des mit der Norm bezweckten Erfolgs notwendig ist

Beispiel:

§ 10 I 2 bay.PresseG macht den Abdruck einer Gegendarstellung in einer Zeitung abhängig von der eigenhändigen Unterzeichnung seitens des Berechtigten. Ist hierfür eine Übermittlung per Telefax ausreichend? Siehe dazu OLG München, NJW 1990, 2895: „Die Fernkopie liefert zwar bei Übermittlung einer eigenhändigen unterzeichneten Vorlage dem Empfänger nur eine Ablichtung mit bildlicher Wiedergabe der Unterschrift und entspricht deshalb nicht dem Wortlaut des § 10 I 2 bay.PresseG. Bei einer am Zweck des Unterzeichnungserfordernisses orientierten Auslegung muß jedoch auch die Möglichkeit einer Übermittlung durch Fernkopie als zulässig angesehen werden. Durch die Unterzeichnung soll der Inhalt der Gegendarstellung festgelegt sowie

---

[151] BVerwGE 66, 184 (186).

[152] Diese Argumentation stößt in der Literatur allerdings weitgehend auf Ablehnung; vgl. insoweit nur *Kopp*, VwVfG, 4. Aufl. 1986, § 28 Rdnr. 10 m.w.N.

[153] Ob sie *allein* überzeugende richterliche Entscheidungen gewährleisten oder ob ergänzend auf Präjudizien, rechtswissenschaftliche Dogmatik und allgemeine Argumentationslehren (Topik) zurückgegriffen werden soll und muß, ist Gegenstand streitiger Diskussion in der Methodenlehre. Siehe dazu die eingangs angegebenen Schriften.

die Verantwortlichkeit und Identität des Verfassers in überprüfbarer Weise dokumentiert werden. Dieser Zweck wird auch bei einer Übermittlung durch Fernkopie in vollem Umfang sichergestellt." Vgl. zu dieser neuen postalischen Übermittlungsform auch BAG, NJW 1990, 3165.

und die Motive der gesetzgebenden Organe z.B. schwerlich über den Zweck- und Funktionszusammenhang der zeitgenössischen Gesamtrechtsordnung Aufschluß geben können.

Beispiel:

In BGHZ 50, 325 (333f.) wird den Gewerkschaften die aktive Parteifähigkeit trotz § 50 ZPO unter Berufung auf ihre „vom Gesetzgeber im Laufe der Zeit in zunehmendem Maße übertragene materielle Rechtsstellung" zuerkannt. „Eine einseitig ‚verkrüppelte', nämlich auf die Passivseite beschränkte Parteifähigkeit, wie sie sich aus § 50 ZPO im Wege des Umkehrschlusses ergibt, würde mit der jetzigen materiellen Gesetzeslage in unlösbarem Widerspruch stehen."

Gesetze jüngeren Datums sind dagegen am ehesten bei umfassender Würdigung ihrer Entstehungsgeschichte zu begreifen,[154] wie dies der Bayerische Verfassungsgerichtshof in der zitierten Entscheidung zur Wahlprüfung vorbildlich dokumentiert hat. Schon bei der Favorisierung eines Auslegungselements handelt es sich aber nicht mehr nur um eine reine Auslegung, sondern um normorientierte Wertung.

2. *Korrekte Subsumtionen*

Als Subsumtion bezeichnet man die – theoretisch unschwer einsehbare, in der Praxis aber oft äußerst schwierige – gedankliche Zuordnung eines Lebenssachverhalts zu einer Norm. Es wird untersucht, ob die von einer Norm abstrakt aufgestellten Voraussetzungen auch im vorliegenden Sachverhalt erfüllt sind. Grundlage dieser juristischen Operation ist eine tradierte logische Denkfigur, der sog. syllogistische Schluß,

Beispiel:

Obersatz: Approbierte Ärzte dürfen operieren. Untersatz: A ist approbierter Arzt	Prämisse
Schlußsatz: Also darf A operieren.	Folge

wobei im Rahmen des Rechtsanwendungsvorgangs die Rechtsnorm den Obersatz, der Sachverhalt den Untersatz und die juristische Beurteilung den Schlußsatz (conclusio) darstellt.[155]

Beispiel:

§ 10 I Nr. 2 AuslG (a. F.): Ein Ausländer kann ausgewiesen werden, wenn er wegen einer Straftat verurteilt worden ist.

Der Türke Ali Ben Ali ist in Düsseldorf wegen Heroinschmuggels rechtskräftig verurteilt worden.

Ali kann ausgewiesen werden.

---

[154] BVerfGE 1, 117 (127); 62, 1 (45).

[155] Vgl. dazu *Larenz* (o. Fußn. 112), S. 250ff.; *Engisch* (o. Fußn. 6), S. 44ff.

Die Subsumtion hat stets *im Anschluß* an die Norminterpretation zu erfolgen, nie vorher.[156]

a) Nun ist es aber regelmäßig so, daß eine bestimmte Rechtsfolge, die in einer Norm angeordnet wird, nicht nur von einem, sondern von mehreren Tatbestandsmerkmalen abhängt. Hier muß nacheinander mittels Subsumtion unter die einzelnen Begriffe jeweils untersucht werden, ob in allen Punkten der Sachverhalt der betreffenden Rechtsnorm zugeordnet werden kann, so daß dann insgesamt Kongruenz vorliegt. Hat auch nur eines der kumulativ aufgezählten Tatbestandsmerkmale keine Entsprechung im Sachverhalt, so greift die Norm im Ergebnis nicht ein.

Beispiel:

Wird bei Art. 11 I GG nicht beachtet, daß nur „alle Deutschen" Freizügigkeit im ganzen Bundesgebiet genießen, wendet der Bearbeiter statt dessen diese Grundrechtsbestimmung auch auf Ausländer an und prüft demzufolge die für diese Personengruppe nicht einschlägigen qualifizierten Vorbehalte in Art. 11 II GG, so ist der Weg zu einer richtig begründeten Fallösung, die hier an Art. 2 I GG anknüpfen mußte, versperrt.

Häufig werden von Rechtsnormen allerdings auch alternativ zu erfüllende Tatbestandsmerkmale vorgegeben. Bei solchen Konstellationen genügt es freilich, wenn eine der Alternativen erfüllt ist.

Beispiele:

- Gemäß § 14 I nw.OBG können die Ordnungsbehörden die notwendigen Maßnahmen treffen, um eine im einzelnen Falle bestehende Gefahr für die öffentliche Sicherheit *oder* Ordnung abzuwehren.
- Einer Begründung des erlassenen VA bedarf es nach § 39 II Nr. 1 VwVfG nicht, soweit die Behörde einem Antrag entspricht *oder* einer Erklärung folgt *und* der Verwaltungsakt nicht in Rechte eines anderes eingreift. Hier besteht also nur hinsichtlich der erstgenannten Fallkonstellationen eine Alternativvorgabe. Die zuletzt genannte Aussage ist als *kumulative* Anforderung zu verstehen.

Die Voraussetzungen einer Rechtsnorm sind erst dann vollständig erfaßt, wenn auch die sie beschränkenden normativen Aussagen berücksichtigt wurden.

Beispiel:

Nichtigkeit eines Verwaltungsakts gemäß § 44 VwVfG. Hier ist nicht nur der Positivkatalog in § 44 II VwVfG und die Grundregel in § 44 I VwVfG zu prüfen, sondern auch der Negativkatalog des § 44 III VwVfG, der das Vorliegen der Nichtigkeit ausschließt.

Bei einigen Normen sind die Tatbestandsvoraussetzungen erst dann vollständig erfaßt, wenn auch die durch Rechtsprechung und Literatur erarbeiteten weiteren Voraussetzungen für ein Eingreifen der Norm berücksichtigt worden sind.

---

[156] Zu Recht weist *Diederichsen* (o. Fußn. 2), S. 146 darauf hin, daß gegen dieses Erfordernis in Fallbearbeitungen selbst im Examen noch vielfach verstoßen wird; eine Auflistung typischer Subsumtionsfehler findet sich bei *Belke* (o. Fußn. 5), S. 116ff., 185ff.

Beispiele:

Vermögensverfügung beim Betrugstatbestand (§ 263 StGB). – Ergänzung der Behördendefinition in § 1 IV VwVfG um das Merkmal „mit Außenwirkung".[157] – Obwohl aus dem Wortlaut der Grundrechtsbestimmungen des GG häufig nicht ersichtlich, ist dennoch als Ausfluß des umfassenden Geltungsbereichs des Rechtsstaatsprinzips bei jedem Grundrechtseingriff als Schranken-Schranke die Beachtung des Übermaßverbots zu fordern. – Gleichstellung des unentgeltlichen mit dem rechtsgrundlosen Besitzerwerb im Rahmen des § 988 BGB, wodurch der gesetzliche Tatbestand gewissermaßen um eine neue Tatbestandsalternative ergänzt wird.[158]

Eine Erläuterung zu einem Tatbestandsmerkmal kann durch andere Normen, z.B. solche, die Legaldefinitionen enthalten, gegeben sein.[159]

Beispiel:

Art. 9 GG normiert, daß alle Deutschen das Recht haben, Vereine und Gesellschaften zu bilden. Treten bei der Prüfung Schwierigkeiten hinsichtlich des Merkmals „Deutsche" auf, so muß auf die grundgesetzliche Erläuterung des Begriffs des Deutschen in Art. 116 I GG zurückgegriffen werden.

Oftmals finden sich die oben (1 vor a) bereits in den Blick genommenen Legaldefinitionen entweder in den Eingangsbestimmungen eines Gesetzes oder wegen des sachlichen Zusammenhangs in unmittelbar benachbarten Vorschriften

Beispiele:

- § 1 I VereinsG: Statuierung der Vereinsfreiheit, § 2 I VereinsG: Definition des Vereins
- § 71 GewO: Vergütung des Veranstalters bei Volksfesten; Definition Volksfest in § 60b GewO

oder gar in einem anderen Absatz des gleichen Paragraphen.

Beispiel:

§ 1 I HdwO legt fest, wem der selbständige Betrieb eines Handwerks als stehendes Gewerbe gestattet ist. § 1 II HdwO enthält die wesentlichen Merkmale des Handwerksbetriebs (beachte die Gesetzestechnik: Verweisung auf eine als abschließend zu verstehende Anlage!)

Man sollte es sich daher zur Gewohnheit machen, sich über den Inhalt der weiteren Absätze und benachbarten Paragraphen der als maßgeblich ermittelten Rechtsnorm zu vergewissern.[160]

Folgende Empfehlungen sind bei der gedanklichen Operation der Subsumtion zu beherzigen:[161]

– Da die Subsumtion jeweils bei dem einzelnen Tatbestandsmerkmal zu

---

[157] Unter Hinweis auf § 9 VwVfG; *Knack*, VwVfG, 3. Aufl. 1990, § 1 Rdnr. 8; *Ule/Laubinger*, Verwaltungsverfahrensrecht, 3. Aufl. 1986, § 9 III 2 b; *Maurer* (o. Fußn. 41), § 21 Rdnr. 33; *Finkelnburg/Lässig*, VwVfG, 1979, § 1 Rdnr. 95.

[158] Diese Erweiterung ist durch die Rechtsprechung entwickelt worden. Das überwiegende Schrifttum lehnt die Gleichstellung ab. Vgl. dazu nur *Palandt/Bassenge*, BGB, 49. Aufl. 1990, § 988 Anm. 4b.

[159] *Belke* (o. Fußn. 5), S. 97f.

[160] *Brühl* (o. Fußn. 14), S. 11.

[161] So auch *Diederichsen* (o. Fußn. 2), S. 147f.

erfolgen hat, bedarf es insgesamt so vieler Subsumtionen, wie die Norm Tatbestandsmerkmale aufweist.

- Vorab ist mithin durch Aufbereitung und Zergliederung des Tatbestandes sorgfältig zu prüfen, welche und wie viele einschlägige Tatbestandsmerkmale insgesamt eine Rechtsnorm enthält.
- Die Subsumtion hat vollständig und genau zu erfolgen. Beispielsbildungen vermögen sie nicht zu ersetzen.
- Bloße Sachverhaltswiederholungen genügen nicht für eine Subsumtion.

Bei alledem ist jedoch stets im Auge zu behalten, daß die Subsumtionen unter die einzelnen im Tatbestand verwendeten Begriffe nicht etwa völlig separat zu erfolgen haben, sondern daß vorhandene Verbindungslinien und der mit den einzelnen Tatbestandsmerkmalen gemeinsam vom Gesetzgeber verfolgte übergeordnete Normzweck gewahrt bleiben müssen.

b) Nicht nur auf der Tatbestandsseite einer Norm bedarf es ausführlicher Subsumtionen, sondern teilweise auch auf der Rechtsfolgeseite. Für den Bereich des öffentlichen Rechts ist auf die Unterscheidung zwischen gebundenem Verwaltungshandeln (zwingende normative Rechtsfolgenanordnung bei bestimmter Tatbestandsverwirklichung)

Beispiel:
Anwendung von „Muß"-Vorschriften wie Gewerbeuntersagung wegen Unzuverlässigkeit (§ 35 I GewO) oder Widerruf einer Gaststättenerlaubnis nach § 15 II GastG.

und Ermessensverwaltung aufmerksam zu machen. Ist eine Behörde ermächtigt, nach ihrem Ermessen zu handeln,

Beispiele:
Auflösung einer Versammlung gemäß § 15 II VersG, Ausweisung nach §§ 45 I, 46 AuslG, Widerruf einer Gaststättenerlaubnis nach § 15 III GastG.

so kann sie nach eigenen Zweckmäßigkeitsüberlegungen entscheiden.

Nach überkommener Lehre bedeutet Ermessen nämlich eine der Verwaltung im Sinne des Opportunitätsprinzips durch den Gesetzgeber zugestandene Wahlfreiheit hinsichtlich der Rechtsfolgenbestimmung, genauer: die Befugnis, bei einer Einzelfallentscheidung aus mehreren gleichermaßen rechtmäßigen Verhaltensweisen nach Zweckmäßigkeitsgesichtspunkten *ein* Verhalten auszuwählen. Auf eine Ermessenseinräumung deuten Formulierungen hin wie „kann", „darf", „ist befugt", „ist berechtigt", „oder", abgeschwächt – nämlich im Sinne von Ausnahmemöglichkeiten bei Abweichungen vom gesetzlich in den Blick genommenen Regelfall – bei „soll" oder „in der Regel". Bei Vorliegen der tatbestandlichen Voraussetzungen ist die Verwaltung hier befugt, eigenverantwortlich darüber zu entscheiden, ob (Entschließungsermessen), wann und wie (Auswahlermessen) sie tätig werden will. Jede Ermessensausübung muß im Rechtsstaat aber Ausprägung pflichtgemäßen Ermessens sein[162] und setzt eine Abwägung unter Berücksichtigung aller relevanten Rechtsgüter und Interessen voraus. Die Behörde hat dabei ihr Ermessen entsprechend dem Zweck der Ermächtigung auszuüben und die gesetzlichen Grenzen des Ermessens einzuhalten (vgl. § 40 VwVfG). Als verwaltungsgerichtlicherseits (§ 114 VwGO) und damit auch im studentischen Gutachten überprüfbare Ermessensfehler sind dementsprechend anerkannt

- Ermessensüberschreitung,
- Ermessensunterschreitung (= Nichtgebrauch),
- Ermessensfehlgebrauch.

Zu diesen Fehlergruppen[163] besteht eine umfängliche kasuistische Rechtsprechung, deren Grundlinien und Konsequenzen für zentrale Ermessensnormen ein Examenskandidat kennen sollte.

Exemplarisch sei hier wieder auf § 10 I Nr. 2 AuslG (a. F.) verwiesen, wonach Ausländer, die wegen einer Straftat verurteilt worden sind, ausgewiesen werden können. Bei der notwendigen Ermessensausübung können auch generalpräventive Gründe eine Rolle spielen. Die Rechtsprechung hat hierzu Fallgruppen entwickelt. Danach sind als eine Ausweisung aus generalpräventiven Gründen tragende Delikte namentlich anzusehen

- Trunkenheitsfahrten in Kraftfahrzeugen,
- Fahren ohne Fahrerlaubnis,
- Messerstechereien,
- unerlaubter Waffenbesitz,
- Beteiligung am Rauschgifthandel,
- Sittlichkeitsvergehen,
- Raub,
- räuberische Erpessung,
- Meineid.[164]

Siehe nunmehr – schärfer – § 47 AuslG (n. F.)

Den solchermaßen gewonnenen Einsichten ist in Übungsarbeiten – durchgängig allerdings nur in der die Verwertung von Lit. und Rspr. umfassenden Hausarbeit – Rechnung zu tragen.

Beispiel:

Oben wurde durch Subsumtion festgestellt, daß der wegen Heroinschmuggels rechtskräftig verurteilte Türke Ali Ben Ali gemäß § 10 I Nr. 2 AuslG (a. F.) ausgewiesen werden konnte. Damit steht aber noch nicht fest, daß die konkret ergangene Ausweisungsverfügung rechtmäßig ist, da die zuständige Ausländerbehörde ein Rechtsfolgeermessen besitzt („kann"). Sie hat dabei alle Gründe pro und contra (etwa: deutsche Ehefrau und eheliche Kinder mit Wohnsitz in der Bundesrepublik) abzuwägen, wobei die gerichtliche Kontrolle allerdings – wie bereits betont – eingeschränkt ist (vgl. § 114 VwGO). Mit Rücksicht auf die Schwere des Delikts wird man vorliegend allein schon aus generalpräventiven Erwägungen[165] im Ergebnis freilich kaum einen

---

[162] BVerfGE 18, 353 (363).

[163] Dazu näher *Maurer* (o. Fußn. 41), § 7 Rdnrn. 11 ff.

[164] BVerwGE 42, 133 (139); VGH Bd.-Wtt., NJW 1979, 1118; BayVGH, NJW 1979, 1375. Siehe aber auch kritische Hinweise bei *Kanein*, Ausländerrecht, Komm., 4. Aufl. 1988, § 10 Rdnr. 39.

[165] Vgl. *Kanein* (o. Fußn. 164), § 10 Rdnr. 56.

Ermessensfehler bejahen können. – Vgl. nunmehr die Konkretisierungen in §§ 45–48 AuslG (n. F.).

Der betroffene Bürger ist imstande, das Vorliegen von Ermessensfehlern vor dem Verwaltungsgericht geltend zu machen. Ihm steht, sofern das Gesetz keinen materiellen Anspruch auf ein bestimmtes Verwaltungshandeln gewährt, sondern in einem Rechtssatz, welcher zumindest *auch* dem Interesse des Einzelnen zu dienen bestimmt ist, der Verwaltung Ermessen eingeräumt wird, ein formelles subjektiv-öffentliches Recht auf fehlerfreien Ermessensgebrauch zu.

Dieses verdichtet sich faktisch zu einem Anspruch im Falle der sog. Ermessensreduktion auf Null, d. h. wenn die Ermessensfreiheit auf Grund der konkreten Konstellationen im Einzelfall derart zusammengeschrumpft ist, daß nurmehr *eine* einzige Entscheidung als ermessensfehlerfrei erscheint. Solche dogmatischen Restriktionen führen dazu, daß das Feld der verwaltungsseitig autonom handhabbaren Entscheidungsfreiheit durch rechtliche Direktiven und Schranken zunehmend begrenzt und strukturiert wird.[166]

c) Nach diesen Erörterungen könnte man den Eindruck gewinnen, daß, beherrscht man diese Operationsschritte, jede Subsumtion eigentlich auf Anhieb gelingen müßte. Vielfach bedarf aber ein im Tatbestand verankerter „offener" Begriff, ein unbestimmter Gesetzesbegriff,[167] zunächst einmal der Konkretisierung, der strukturierenden Verdichtung, um eine Subsumtion überhaupt erst zu ermöglichen.[168]

Beispiele:

§ 45 I AuslG erlaubt eine Ausweisung, wenn die Anwesenheit des Ausländers „erhebliche Interessen der Bundesrepublik Deutschland" beeinträchtigt. – Der Begriff der „Unzuverlässigkeit" in § 35 GewO (unbestimmter Rechtsbegriff) ist durch eine inzwischen jahrzehntelange Judikatur konkretisiert worden, die bestimmte Gründe gewerberechtlicher Unzuverlässigkeit erarbeitet hat, so daß dieser Begriff nunmehr, bei

---

[166] Vgl. *Maurer* (o. Fußn. 41), § 8 Rdnr. 15.

[167] Mit Blick auf die verfassungsrechtlichen Bestimmtheitsanforderungen an eine Norm stellt es das BVerfG gesetzgeberischem Ermessen anheim, ob im Normtext Begriffe gewählt werden, die einen großen Kreis von Sachverhalten abdecken, oder engumschriebene Tatbestandsmerkmale aufgestellt werden; vgl. BVerfGE 21, 73 (79); 31, 255 (264); 49, 89 (133 ff.); 78, 205 (212); 78, 214 (226). Lediglich „vage Generalklauseln" werden als verfassungswidrige Blankette attackiert; vgl. BVerfGE 6, 32 (42); 8, 274 (325); 13, 153 (160); 56, 1 (12). Geschwindigkeitsbegrenzungen im Straßenverkehrsrecht mit dem Zusatzschild „Bei Nässe" aber etwa sind von der Rechtsprechung nicht als verfassungswidrige Blankettnormen angesehen worden, BGH, NJW 1978, 652.

[168] Bei dem Versuch einer Subsumtion unter den Rechtsbegriff „Behörde" in einer verwaltungsrechtlichen Norm etwa muß zunächst dessen bereichsspezifischer Gehalt geklärt werden. In Orientierung an dem jüngeren Schrifttum empfiehlt es sich dabei, zwischen dem organisationsrechtlichen, dem verwaltungsverfahrensrechtlichen und dem verwaltungsprozeßrechtlichen Behördenbegriff zu differenzieren. Dazu näher *Schnapp* , NWVBL 1989, 425 (429). – Vgl. zu Generalklauseln des Zivilrechts *Belke* (o. Fußn. 5), S. 115 f.

Kenntnis dieser Auffächerung, für den Rechtsanwender leichter handhabbar geworden ist.[169]

Im Zivil- und Strafrecht wird zur Kennzeichnung „offener" Normen seit jeher der Begriff der „Generalklausel" verwendet; die Warnung vor der Flucht des Gesetzgebers in solche Generalklauseln ist alt.[170]

aa) In solchen Fällen ist durch Typisierung und Spezifizierung den gesetzlichen Grundgedanken zum Durchbruch zu verhelfen, was am ehesten durch eine umfängliche höchstrichterliche Judikatur zu der speziellen Normierung gelingen mag. Erwähnt seien hier nur die polizei- und ordnungsrechtliche Generalklausel (vgl. § 14 nw.OBG) sowie § 242 BGB („Treu und Glauben").[171] Die Grundzüge der zentralen Judikate zu den gängigsten Formeln der Rechtsgebiete der Hauptfächer sollten jedenfalls dem fortgeschrittenen Studenten stets präsent sein. Nur so vermag er in der Examensklausur, solchen Begriffen durch differenzierende Aufgliederung in Subkategorien schärfere Konturen zu verleihen und sich so den Subsumtionsvorgang zu erleichtern. Eine solche „Zwischennormbildung" durch Herausarbeitung von „Mittelbegriffen", wie sie üblicherweise durch den Richter geschieht, stellt in Fortführung der gesetzgeberischen Gedanken einen nicht rein kognitiv begreifbaren, aber doch im Kern interpretativen Akt dar, der die Sphäre der rechtlich zweifelhaften Fälle sukzessiv verengt. Typisierend werden einzelne Fälle oder Fallgruppen speziellen Sub-Kategorien des Gesetzesbegriffs zugeordnet, andere Fallgruppen werden – im Wege nun möglicher vergleichender Interpretation – ausgeschlossen.

Zum Zwecke der Konkretisierung hat die Rechtsprechung im Laufe der Zeit so ein „Netz von Orientierungspunkten"[172]geknüpft, dessen Vorhandensein es in der Folgezeit erlaubt, konkrete Fälle nach Maßgabe der entwickelten Typen im Wege der Fallvergleichung – nicht unähnlich dem anglo-amerikanischen case-law – zu beurteilen.[173] Dieser Vorgang der typisierenden Spezifizierung, der durch vorsichtige Herausbildung tragfähiger antithetischer Sub-Kategorien beginnt, kann, worüber die Rechtsprechung zur polizeirechtlichen Generalklausel orientiert, lange Jahre dauern, ehe eine einigermaßen praktikable Abschichtung erreicht ist. Eine solche Herausbildung sachlich differenzierender Zwischennormen wird vom Gesetzgeber durch Einfügung von Definitionen, (Regel-) Beispielen oder Vermutungen in den Gesetzestext oft erleichtert.

---

[169] Vgl. *Sieg/Leifermann/Tettinger*, GewO, Komm., 5. Aufl. 1988, § 35 Rdnrn. 10ff.

[170] Die berühmte Schrift von *Hedemann*, Die Flucht in die Generalklauseln. Eine Gefahr für Recht und Staat, stammt aus dem Jahre 1933.

[171] Zur Auffächerung dieser Norm durch die Judikatur siehe bereits oben Teil 2 § 3 I.

[172] *Göldner*, Verfassungsprinzip und Privatrechtsnorm in der verfassungskonformen Auslegung und Rechtsfortbildung, 1969, S. 143.

[173] *Coing*, JuS 1975, 277 (281 ff.).

Beispiele:

– Der Begriff der „erheblichen Interessen der Bundesrepublik Deutschland" in § 45 I AuslG orientiert sich hinsichtlich der Gewichtigkeit an der beispielhaften Auflistung in § 46 AuslG.

– Die verfassungsrechtliche Kompetenzbestimmung des Art. 74 Nr. 11 GG („Recht der Wirtschaft") wird durch den nachfolgenden Klammerzusatz erläutert.

– Bei der Bestimmung des Standes der Technik (i.S.v. § 3 VI 1 BImSchG) sind gemäß § 3 VI 2 BImSchG insbesondere vergleichbare Verfahren, Einrichtungen oder Betriebsweisen heranzuziehen, die mit Erfolg im Betrieb erprobt worden sind.

– Abfälle sind gemäß § 2 I 2 AbfG so zu entsorgen, daß das Wohl der Allgemeinheit nicht beeinträchtigt wird. Letztere Anforderung wird durch eine nachfolgende erläuternde Auflistung näher konturiert.

Durch häufige Subsumtionsversuche trägt die Judikatur – ungeachtet des jeweils erzielten positiven oder negativen Ergebnisses – zur zunehmenden Klärung des Bedeutungsgehaltes einer gesetzlichen Formulierung bei und erhöht auf diese Weise durch kasuistische Anreicherung des Vergleichsmaterials die Interpretationssicherheit auch für den mit ihr vertrauten Studenten.

Sind dem Klausurbearbeiter die Ansätze der Judikatur zu einer fallwesentlichen Gesetzesformulierung nicht präsent – und dies wird gerade in Examensklausuren nicht selten passieren –, so gilt es, in Anlehnung an die Grundideen des jeweiligen Gesetzes und die ratio legis der konkreten Norm, durch Heranziehung allgemeiner Rechtsprinzipien und Vergleiche mit ähnlichen Regelungskomplexen selbständig Sub-Kategorien herauszuarbeiten, um eine überzeugende Subsumtion zu ermöglichen. Diese Fertigkeit läßt sich aber nur durch ständige Übung erwerben.

bb) Bei der Auslegung „offener" Normen muß sich der Bearbeiter darüber im klaren sein, daß Rechtsfindung hier in der Tat kein reiner Erkenntnisprozeß ist, der im vollem Umfang durch objektive Kriterien im vorhinein festgelegt ist.[174] Er muß vielmehr berücksichtigen, daß bei ihrer Interpretation – insbesondere im Rahmen der teleologischen Auslegung – Wertungen einzubeziehen sind. Dies allein führt bereits dazu, daß es hier eine einzige, von allen Normanwendern akzeptierte richtige Entscheidung nicht gibt. Nichtsdestotrotz muß der Bearbeiter aber, um der ihm gestellten Aufgabe, rational Recht zu finden, zu genügen, auch hier das vorgestellte methodische Rüstzeug im Rahmen der Gesetzesanwendungsprozedur benutzen und dabei die Zulässigkeit, den Inhalt und den Umfang der von ihm getroffenen Wertentscheidungen mitteilen sowie nach Möglichkeit methodisch rechtfertigen. Statt dessen findet man selbst in Examensklausuren noch vielfach allgemeine Billigkeitserwägungen und höchst subjektiv gefärbte Einschätzungen als alleinige Entscheidungsgrundlage.[175]

Negativbeispiele im Originaltext:

– „Werbung ist die Verbreitung von wirtschaftlich einseitig formulierter Interessen-

---

[174] So ausdrücklich *Zippelius* (o. Fußn. 112), S. 22; vgl. auch *Starck*, Der Gesetzesbegriff des Grundgesetzes, 1970, S. 263 ff.

[175] Darauf weist auch *Erbel* (o. Fußn. 2), S. 7 hin.

beeinflussung zugunsten eines Produktes, um es am Markt besonders gut zu plazieren. Eine solche Verbreitung von subjektiven, rein wirtschaftlich orientierten ‚Zweckmeinungen' ist nicht als Meinungsäußerung i.S.v. Art. 5 I GG anzusehen."

– „Würde man bei der X-AG eine Grundrechtsfähigkeit bejahen, so würde das bedeuten, daß ausländische Unternehmen durch den Erwerb von Mehrheitsbeteiligungen in der Bundesrepublik grundrechtsfähig würden. Dieses Ergebnis ist jedoch sowohl aus wirtschaftspolitischen wie diplomatischen Erwägungen nicht wünschenswert" (Argumentation zum Fall oben S. 95 f.).

Die Problematik der „Werte" und der „Wertung" gehört zu den wissenschaftstheoretischen Grundfragen[176] und ist vor allem auch Gegenstand ständiger (rechts-)philosophischer Erörterungen.[177] Anders als bei der dort im Vordergrund stehenden Fragestellung nach überzeitlichen idealen Werten muß es dem rechtsanwendenden Fallbearbeiter jedoch darauf ankommen, rational faßbare Kriterien für korrekte Wertungen aufzustellen, und zwar innerhalb der ihm gestellten Aufgabe, konkrete Lebenssachverhalte zu beurteilen.[178] Dabei hat er zu berücksichtigen, daß bereits die Verfassung nach zutreffender Einschätzung des BVerfG eine übergreifende Wertordnung darstellt.[179] Die Gesetze präsentieren eine umfassende Ordnung im Lichte der Vorgaben des Grundgesetzes. Dies ist insofern wichtig zu betonen, als schon daraus hervorgeht, daß der Bearbeiter nicht etwa die Aufgabe hat, selbst eine „plausible" Wertordnung zu schaffen, als Rechtspolitiker zu agieren, sondern diejenige, die ihm durch Verfassung und Gesetze vorgegebene Werte-Ordnung möglichst treu zu realisieren.

Beispiel:

Wenn es darum geht, zu untersuchen, ob bereits das neunmonatige Leerstehenlassen einer Wohnung von seiten des Hauseigentümers gegen wohnungsrechtliche Vorschriften verstößt, so ist diese Entscheidung nicht auf der Grundlage der jeweiligen gesellschaftspolitischen Einstellung des Bearbeiters zu treffen, sondern nach Maßgabe der gesetzlichen Formulierungen („Wohnraum darf anderen als Wohnzwecken nur mit Genehmigung zugeführt werden")[180] unter Berücksichtigung diesbezüglicher Judikatur[181] und in Orientierung an verfassungsrechtlichen Vorgaben (hier insbesondere Art. 14 I 2, II GG).

---

[176] Vgl. *Kraft*, Die Grundlagen der wissenschaftlichen Wertlehre, 2. Aufl. 1951.

[177] Vgl. dazu nur *Scheler*, Der Formalismus in der Ethik und die materiale Wertethik, 5. Aufl. 1966, S. 173 ff.; *Hartmann*, Ethik, 4. Aufl. 1962, S. 119 ff.; *Brinkmann*, Allgemeine Wertphilosophie, 1960, passim; *Zippelius*, Das Wesen des Rechts, 4. Aufl. 1978, S. 105 ff.

[178] So *Engisch*, Auf der Suche nach der Gerechtigkeit, 1971, S. 195 ff.; *J. Esser/E. Stein*, Werte und Wertewandel in der Gesetzesauslegung, 1966; *Podlech*, AöR 95 (1970), S. 185 ff.; *Fikentscher*, Methoden des Rechts, Bd. IV, 1977, S. 397 ff.

[179] BVerfGE 6, 32 (40); 7, 198 (205, 215); 19, 394 (396); 27, 1 (6); 32, 311 (316); 35, 79 (114); 49, 89 (141 f.); kritisch demgegenüber aber *Goerlich*, Wertordnung und Grundgesetz, 1973.

[180] Vgl. Art. 6 § 1 des Mietrechtsverbesserungsgesetzes v. 4. 11. 1971 (BGBl. I S. 1745) und die nordrhein-westfälische Verordnung über die Zweckentfremdung von Wohnraum v. 4. 5. 1981 (GVBl. S. 232).

[181] Siehe BVerfGE 38, 348 ff.; 55, 249 ff.; BVerwGE 55, 135 ff.; 59, 195 ff.; 71, 291 ff.; BayVGH, ZMR 1989, 35 ff.

Die Gesetze liefern ihm dabei durchweg einen „gesicherten Argumentationsvorrat".[182] Es bedarf daher besonderer Rechtfertigung, „wenn neue Wertungen in die Betrachtung eingebracht oder bestehende Wertungen abgeändert werden."[183] Andererseits darf allerdings nicht verkannt werden, daß die Rechtsordnung nicht frei von Spannungen und Wertungswidersprüchen ist,[184] so daß im Rahmen der Rechtsanwendung das gebotene Voran- oder Hintanstellen einzelner Werte, die verfassungsrechtlichen oder einfachgesetzlichen Regelungen zugrunde liegen, keine einfache Aufgabe darstellt.

Bei der Interpretation unbestimmter Gesetzesbegriffe und den dabei vorzunehmenden Wertungen ist es zunächst erforderlich zu ermitteln, inwieweit ausdrückliche oder konkludente Vorschriften für die Auslegung des unbestimmten Begriffs vorhanden sind. Vornehmlich eine teleologische Interpretation auf Grund übergreifender Gesichtspunkte, aber auch die Berücksichtigung von Präambeln und Legaldefinitionen kann eigenständigen Wertungen Grenzen setzen. Soweit sich solche Richtpunkte indes nicht unmittelbar erschließen lassen, wird häufig befürwortet, besondere Standards als Leitbilder, an denen sich das soziale Verhalten im allgemeinen orientiere, zur Richtschnur für die Entscheidung zu machen.[185] Der Normanwender habe nicht seine Wertungsmaßstäbe „persönlichen, vielleicht konfessionell gebundenen Auffassungen zu entnehmen, sondern den in dieser Rechtsgemeinschaft herrschenden rechtsethischen Vorstellungen."[186] Oft wird auch in Gesetzen selbst auf solche Standards verwiesen,

Beispiel:
Die Erlaubnis zur Schaustellung von Personen ist gemäß § 33a II Nr. 2 GewO zu versagen, wenn zu erwarten ist, daß die Schaustellungen den guten Sitten zuwiderlaufen werden. Dies hat BVerwGE 64, 274 ff. etwa für die Veranstaltung sog. Peep-Shows bejaht.[187]

um so durch fortlaufende Gesetzesanwendung eine zunehmende Konkretisierung zu erreichen.[188] Dies wird jedoch eher bei der Lösung gesellschaftspolitisch zentraler und daher breit diskutierter Fragen gelingen – dies allerdings nur unter der Voraussetzung des Vorhandenseins relativ

---

[182] *Wank*, Grenzen richterlicher Rechtsfortbildung, 1978, S. 55.

[183] *Ders.*, ebda; siehe auch *Kirchhof*, Verwalten durch „mittelbares" Einwirken, 1977, S. 439.

[184] Vgl. etwa *Vogel*, StuW 1977, 97 (104); *Kirchhof*, Unterschiedliche Rechtswidrigkeiten in einer einheitlichen Rechtsordnung, 1978, S. 30.

[185] So *Zippelius* (o. Fußn. 112), S. 53; ausführlich *Strache*, Das Denken in Standards, 1968.

[186] *Zippelius* (o. Fußn. 112), S. 71; vgl. auch BVerfGE 34, 269 (287); BVerwG, DVBl. 1965, 914 (916).

[187] Dazu näher *Sieg/Leifermann/Tettinger* (o. Fußn. 169), § 33a Rdnrn. 9 ff. m.w.N.

[188] Zur Bildung von Standards bei der Konkretisierung technischer Regeln *Breuer*, AöR 101 (1976), S. 46 (65 f.).

homogener sozialer Wertvorstellungen –, weniger dagegen bei rechtstechnischen Sachfragen, wie sie insbesondere in universitären Übungsaufgaben auftauchen.

Soweit bei der Rechtsanwendung Wertentscheidungen zu treffen sind, für die weder Gesetz noch Sozialethos handhabbare Maßstäbe liefern, erlaubt *Zippelius*[189] dem Normanwender eine Wertung nach seinem persönlichen Rechtsgefühl. Eine solche Bejahung autonomer Wertungen unterschätzt jedoch Inhalt und Funktion von Gesetzen, die als generelle Regelungen verbindliche Wertmaßstäbe des demokratisch legitimierten Gesetzgebers beinhalten und kommt einer „Irrationalisierung juristischer Arbeitsweisen"[190] gleich. Es genügt auch nicht, wenn dem Normanwender in solchen Fällen empfohlen wird, auf die „Konsensfähigkeit" seiner Auffassung zu achten. Art. 1 schweiz. ZGB trifft diese Problematik zutreffend, wenn dort verlangt wird, bei richterlicher Rechtsfortbildung solle der Richter nach der Regel entscheiden, die er als Gesetzgeber aufstellen würde. Dabei sei „bewährter Lehre und Überlieferung" zu folgen (Art. 1 III). Diese Regel darf aber nicht dahingehend mißverstanden werden, als ob der Richter hier quasi als Ersatzgesetzgeber bei Bedarf neue Normen schaffen dürfe; es geht vielmehr allein um die Sicherung der Einheit der Rechtsordnung.

Dazu näher Schw.BGE 103 Ia 501 (502 f.):

„Gemäß Art. 1 II ZGB soll der Richter dann, wenn dem Gesetz keine Vorschrift entnommen werden kann, nach der Regel entscheiden, die er als Gesetzgeber aufstellen würde. Art. 4 ZGB bestimmt, daß der Richter seine Entscheidung nach Recht und Billigkeit zu treffen habe, wenn das Gesetz ihn auf sein Ermessen oder auf die Würdigung der Umstände oder auf wichtige Gründe verweise. Im zu beurteilenden Fall kann nicht von einer Gesetzeslücke gesprochen werden. Eine echte Gesetzeslücke liegt nur dann vor, wenn der Gesetzgeber etwas zu regeln unterlassen hat, was er hätte regeln sollen, und dem Gesetz weder nach seinem Wortlaut noch nach dem durch Auslegung zu ermittelnden Inhalt eine Vorschrift entnommen werden kann (BGE 100 Ib 157). Selbst im Falle einer Gesetzeslücke steht es dem Richter nicht zu, eine generelle Regel aufzustellen, deren Tragweite über den konkreten Einzelfall hinausgeht (...). Im vorliegenden Fall handelt es sich – ... – um einen unbestimmten Rechtsbegriff, der nach Ansicht gewisser Autoren eine Lücke *intra legem* darstellt (...), d. h. der Gesetzgeber wollte eine Frage vollständig regeln, aber dem Gesetzeswortlaut kann mangels genügender Bestimmtheit keine unmittelbar anwendbare Regel entnommen werden. Dem Richter steht in einem solchen Falle ein gewisser Beurteilungsspielraum zu. Er hat die Umstände des Einzelfalles zu berücksichtigen und darf sich nicht nur auf eine generell abstrakte Regel stützen, zu deren Erlaß er nicht zuständig ist (...)."

Die von *Zippelius* hingenommene Konsequenz: „Welche Auslegung einer wählt, hängt davon ab, was für eine Staatsphilosophie einer hat",[191]

---

[189] AaO (o. Fußn. 112), S. 56.

[190] So *F. Müller*, AöR 101 (1976), S. 270 (275 f.). – Bedenklich daher auch gerichtliche Ermunterungen zu „großzügiger" Handhabung von Prüfungsrechten (so BVerfGE 47, 198 [235] zur Ausstrahlung von Werbespots politischer Parteien durch die Rundfunkanstalten) oder Mahnungen, „nicht engherzig" zu verfahren (so BVerwG, GewArch. 1989, 272 f. zu handwerksrechtlichen Ausnahmebewilligungen).

[191] AaO (Fußn. 112), S. 21.

ist, als methodische Regel verstanden, nicht haltbar. Der Normanwender soll vielmehr nach dem Gesetz entscheiden und, wo es ihn nicht sicher führt, Lücken nach dem Geist der Rechtsordnung füllen, nicht nach seinem eigenen Geist und nicht nach freier oder parteilich gebundener Politik.[192] Verlangt ist das „Zu-Ende-Denken" eines „Gedachten".[193]

cc) Als Ausprägung wertorientierten Denkens besitzt der Grundsatz der Güter- und Interessenabwägung in der Jurisprudenz besonderes Gewicht.[194] Dies kann schon bei der Arbeit am Sachverhalt zu beherzigen sein (Stichwort: Vertragsauslegung), gilt jedenfalls aber für den hier anvisierten Arbeitsschritt, die strukturierende Interpretation zur Ermöglichung einer adäquaten Subsumtion. Diese Interpretation hat, dies sei in Erinnerung gerufen, als solche abstrakt zu erfolgen, wenn auch stets mit Blick auf die konkreten Fallumstände. Der Grundsatz der Güter- und Interessenabwägung verlangt dabei vom Gesetzesanwender die Ermittlung der einschlägigen Werte, die Erfassung ihrer jeweiligen Fundamentalität für die Rechtsordnung allgemein und im konkreten Kontext sowie eine sachadäquate Abwägung.

Beispiele:

Nach § 10 I Nr. 11 AuslG (a. F.) war die Ausweisung eines Ausländers möglich, wenn seine Anwesenheit „erhebliche Belange der Bundesrepublik Deutschland" beeinträchtigte. Hier kam es darauf an, welches Gewicht dem beanstandeten Verhalten zuzumessen war. Als erheblich waren etwa zu betrachten Belange der Sicherung der Volkswirtschaft oder der Schutz auswärtiger Beziehungen. Dagegen durfte aus geringfügigen Anlässen eine Ausweisung keinesfalls verfügt werden.[195] Vgl. insoweit jetzt §§ 45–48 AuslG (n. F.). – Ein Familienname darf nach § 3 I NamensänderungsG (Sart. I Nr. 65) nur geändert werden, wenn ein wichtiger Grund die Änderung rechtfertigt, so etwa bei mangelnder Unterscheidungskraft eines Sammelnamens (*Müller, Maier, Schmitz*).[196] – Innerhalb von im Zusammenhang bebauten Ortsteilen müssen sich neue Bauvorhaben gemäß § 34 I BauGB in die vorhandene Umgebung einfügen. Die Rechtsprechung sieht hierin ein Gebot der Rücksichtnahme. Die jeweils zu stellenden Anforderungen hängen von den konkreten Umständen des Einzelfalles ab; im Wege der Interessenabwägung ist die Zumutbarkeit des Vorhabens für Betroffene zu ermitteln.[197]

Kritische Stimmen sprechen in der jüngeren Methodendiskussion freilich von einem zunehmenden „Abwägungsenthusiasmus".[198] Dieses Prinzip könne keine inhaltlichen Maßstäbe zur Verfügung stellen, die rechtsstaat-

---

[192] So zutreffend *Zöllner*, in: Tradition und Fortschritt im Recht (hrsg. von *J. Gernhuber*), 1977, S. 131 (156).

[193] Vgl. *Radbruch/Zweigert*, Einführung in die Rechtswissenschaft, 12. Aufl. 1969, S. 254.

[194] Vgl. *Hubmann*, Wert und Abwägung im Recht, 1977; *Larenz* (o. Fußn. 112), S. 392 ff.

[195] Vgl. *Kloesel/Christ*, Deutsches Ausländerrecht, Komm. (Stand: Jan. 1990), § 10 Anm. 74.

[196] Siehe dazu BVerwGE 40, 359 (360).

[197] Vgl. BVerwG, DÖV 1981, 672 (674) u. DVBl. 1986, 1271 f.; Hess.VGH, BRS 48, 129 f.

[198] So etwa *Schink*, Abwägungen im Verfassungsrecht, 1976, S. 153.

lichen Anforderungen an Normklarheit und Rechtssicherheit genügten.[199] Demgegenüber ist darauf hinzuweisen, daß dieser Grundsatz der Güter- und Interessenabwägung sich gerade nicht an subjektiven Wertschätzungen orientieren will, sondern konkret vorhandene gesetzliche Maßstäbe anvisiert. Es geht zunächst um die Ermittlung der in einer bestimmten Regelung enthaltenen Wertmaßstäbe und ihrer gegenwärtigen Schutzwürdigkeit. Sodann bedarf es einer Auflistung und Gegenüberstellung der als relevant festgestellten Werte. Bei der anschließenden Abwägung handelt es sich nicht um eine vergleichende Betrachtung in ihrer Gewichtigkeit vorab feststehender Güter, sondern um die Bewertung von Rechtsgütern in spezieller Relation zueinander. Dabei sind gleichgerichtete Interessen vieler keineswegs immer als „gewichtiger" einzustufen gegenüber den Interessen eines einzelnen. Einschlägige Interessen lassen sich nicht lediglich addieren; sie sind vielmehr qualitativ, nach ihrer divergierenden Art und Bedeutung für Einzelpersonen, für gesellschaftliche Gruppen oder für die Allgemeinheit zu bewerten und einzustufen.[200] Die Rationalität solcher Abwägungen hängt freilich – insoweit ist den Kritikern zuzustimmen – von der Existenz überzeugender Präferenzregeln ab, wie sie *Hubmann*[201] etwa mit den Aspekten

(1) der Ranghöhe,

Sie bemißt sich entsprechend dem Stufenbau der Rechtsordnung nach der Stellung in der Normordnung. Oberster nationaler Wertmaßstab ist dabei die vom BVerfG als eigenständige Wertordnung angesehene Verfassung. Auch innerhalb der Verfassung lassen sich aber Rangunterschiede ermitteln, wie Art. 79 III GG zeigt. Abstufungen ergeben sich weiter zwischen Grundrechten mit und ohne Gesetzesvorbehalt,[202] zwischen dem Schutz des Privatbereichs und der gewerblichen Tätigkeit[203] sowie zwischen der Sicherung der Individualsphäre dienenden Rechten und solchen, die als für die freiheitliche demokratische Grundordnung schlechthin konstituierend betrachtet werden.[204] Aber: „Nicht die abstrakte Rangordnung entscheidet über die Vorzugswürdigkeit von Werten im Einzelfall, sondern das Gewicht, das ihnen nach Ort, Zeit und Umständen zukommt und das durch die Ranghöhe nur mitbestimmt wird."[205]

Beispiel:

So sah das BVerfG die Untersagung des Verteilens von Flugblättern auf einem Wochenmarkt als verfassungsgemäß an, da das Ausmaß der damit verbundenen zeitli-

---

[199] *F. Müller*, Juristische Methodik, 3. Aufl. 1989, S. 65; *Struck*, in: Dogmatik und Methode, Josef Esser zum 65. Geburtstag, 1975, S. 171 (189).

[200] Vgl. *Larenz* (o. Fußn. 112), S. 401.

[201] O. Fußn. 194.

[202] Vgl. dazu BVerfGE 30, 173 (193 ff.); *Rüfner*, in: Bundesverfassungsgericht und Grundgesetz, 1976, Bd. II, S. 453 (462 f.); *Bethge*, Zur Problematik von Grundrechtskollisionen, 1977, S. 258 ff.

[203] BVerfGE 7, 198 (215 ff.); vgl. auch BGHZ 36, 77 (80).

[204] Vgl. einerseits BVerfGE 27, 1 (6) zu Art. 1 und Art. 2 I GG, andererseits BVerfGE 20, 56 (97); BVerwGE 39, 159 (164) zu Art. 5 I GG.

[205] *Hubmann* (o. Fußn. 194), S. 21. – Vgl. insoweit beispielhaft BVerfG, EuGRZ 1991, 33 ff. („Mutzenbacher") und BGH, NJW 1990, 3026 ff. („Opus pistorum") zum Verhältnis von Kunst und Jugendschutz.

chen und örtlichen Beschränkung der Meinungsäußerungsfreiheit (Art. 5 I 1 GG) gering sei.[206]

Das rechtsstaatliche Verhältnismäßigkeitsprinzip ist durchgängig zu beachten; so darf nicht vorschnell ein Wert zu Lasten anderer übermäßig betont werden. Das Prinzip der Optimierung von Verfassungswerten durch Herstellung möglichster Konkordanz[207] gilt auch hier.

(2) der Größe und Breite des Wertgehalts,

Wie viele Personen partizipieren? Läßt sich das Rechtsgut teilen? Welche Zweck-Mittel-Relationen bestehen? Welche Vor- und Nachteile sowie Nebenwirkungen sind zu berücksichtigen?

Beispiel:
Nach § 7 II Nr. 3 AtG darf die Genehmigung für ein Kernkraftwerk nur erteilt werden, wenn die nach dem Stand von Wissenschaft und Technik erforderliche Vorsorge gegen Schäden durch die Errichtung und den Betrieb der Anlage getroffen ist. Diese „zur Zukunft hin offene" Gesetzesfassung dient aus der Sicht des BVerfG einem „dynamischen Grundrechtsschutz"[208]. Es gilt, im Rahmen der jeweiligen Einzelentscheidung die Intensität der zu fordernden Vorsorgemaßnahmen an dem Volumen des Risikos für die Umgebung auszurichten.

(3) der Wertnähe und der Wertintensität

Einem Wert kommt um so mehr Gewicht zu, je näher er dem Sachverhalt oder einer bestimmten Entscheidungsalternative steht. Zum einen kann er sich als aktuell, da in gewissen Fällen unmittelbar tangiert, erweisen, zum anderen kann auch die Möglichkeit oder Unmöglichkeit einer Wertrealisierung Aufschluß über die Vorzugswürdigkeit geben. Weiterhin ist der Grad der Wahrscheinlichkeit einer Wertgefährdung bzw. umgekehrt einer Wertrealisierung zu berücksichtigen: „Der sicher erreichbare Wert ist einem gleichwertigen unsicheren vorzuziehen".[209] Schließlich kann auch ein zeitliches Vorrangverhältnis in der Weise bestehen, daß ein gegenwärtiger Nutzen gegenüber einem gleichen späteren vorzuziehen ist.

Beispiel:
Gerade bei den Genehmigungsverfahren für Kernenergieanlagen hatte die zuständige Behörde die Wahrscheinlichkeit des Eintritts eines Schadensfalles als maßgeblichen Entscheidungsfaktor zu beachten.[210]

in Ansätzen herausgearbeitet hat.

Im Hinblick auf das Ziel *möglichster Konkordanz* muß sich vom Grundsatz her freilich jedes auf einem Wert basierende schutzwürdige Interesse eine verhältnismäßige, an der jeweiligen Gewichtung orientierte Beschränkung gefallen lassen. Nur wenn Kompromißentscheidungen sich als unmöglich erweisen, sollte es zu – zeitlich und sachlich – beschränkten Eingriffen in als niedriger eingestufte Werte kommen.

Beispiel:
Bei der Anordnung eines überkonfessionellen Schulgebets außerhalb des Religions-

---

206 BVerfG, EuGRZ 1979, 298.

207 Vgl. dazu *Hesse*, Grundzüge des Verfassungsrechts der Bundesrepublik Deutschland, 17. Aufl. 1990, S. 127f.

208 BVerfGE 49, 89 (137).

209 *Hubmann* (o. Fußn. 194), S. 37.

210 Vgl. BVerfGE 49, 89 (138f.).

unterrichts an nicht bekenntnisgebundenen Gemeinschaftsschulen besteht ein Spannungsverhältnis zwischen positiver und negativer Bekenntnisfreiheit (zum einen der Kinder, die einer christlichen Glaubensgemeinschaft angehören und mit dem Gebet ihre religiöse Überzeugung kundtun, zum anderen derjenigen, die keiner Glaubensgemeinschaft angehören und ein Gebet ablehnen), für das unter Beachtung des Toleranzgebots ein Ausgleich gesucht werden muß. Das Grundrecht auf negative Bekenntnisfreiheit ist dann nicht verletzt, wenn ein Schüler in zumutbarer Weise frei und ohne Zwang über seine Teilnahme am Gebet entscheiden kann.[211]

Insofern sind durchaus rationale Ansätze zur Bewältigung von Bewertungsakten im Rahmen der Norminterpretation und -anwendung erkennbar. Der Normanwender ist keineswegs genötigt, allein oder vorrangig auf Kategorien wie Erfahrung und Rechtsgefühl zurückzugreifen. Zu Recht stellte aber *Larenz* fest: „Eine restlose Umsetzung von Wertungsunterschieden in quantitative Unterschiede, in bezifferbare Größen widerstreitet der Natur des Bewertungsvorgangs. Das braucht uns jedoch nicht zu hindern, nach rational faßbaren Kriterien zu suchen, die diesen Vorgang so weit als möglich durchsichtig machen."[212] Denn Ziel rechtswissenschaftlicher Erörterungen kann ohnehin nicht ein mathematisch oder naturwissenschaftlich exakter Nachweis der Richtigkeit sein, sondern nur eine methodisch gesteuerte und rational einsehbare, normativ ableitbare und überzeugende Rechtserkenntnis.

Zu warnen bleibt abschließend freilich vor allzu großer Abwägungseuphorie in studentischen Arbeiten. Namentlich bei verfassungsrechtlichen Aufgaben in der öffentlich-rechtlichen Anfängerübung erlebt man, mit welcher Lust abstrakte Abwägungen gerade im Grundrechtsbereich vorgenommen werden, ohne daß aber zunächst die norminterpretatorischen Ansatzpunkte für diesen Schritt überhaupt herausgearbeitet worden wären. Vorschnelle Abwägungen ohne konkrete normative Basis sind verfehlt und werden bei Fallbearbeitungen stets unnachsichtig moniert.

3. Zur Schließung von Regelungslücken

Der Bearbeiter einer Klausur wird manchmal vor der Frage stehen, wie zu verfahren ist, wenn gewisse Fallgruppen augenscheinlich von den in Betracht kommenden Rechtssätzen bei sorgfältiger Auslegung nach Maßgabe der anerkannten Kriterien nicht erfaßt werden, eine Ausdehnung der in diesen Normen angeordneten Rechtsfolge auch auf die anvisierten Fallgruppen aber als konsequent erschiene.

Beispiel:
Ein parteiunabhängiger Wahlbewerber X, der bei der Bundestagswahl 1969 über 20% der Erststimmen in seinem Wahlkreis erhalten hatte, beantragte Wahlkampfkostenerstattung (Fall *Daniels*). Nun sah § 18 PartG in der damals geltenden Fassung[213] die Erstattung der notwendigen Kosten eines angemessenen Wahlkampfes in pauscha-

---

[211] Vgl. BVerfGE 41, 29ff.; 52, 223ff.

[212] In: Festschrift f. Klingmüller (hrsg. v. Hauss und R. Schmidt), 1974, S. 235 (248).

[213] Die Vorschrift wurde alsbald durch Gesetz vom 21. 12. 1979 (BGBl. I S. 2358) novelliert. Siehe dazu auch BVerwG, EuGRZ 1980, 434.

lierter Form nur für Parteien vor. Es war zu fragen, ob hier eine analoge Anwendung der Norm möglich oder ausgeschlossen war.[214]

a) Voraussetzung für die entsprechende (= analoge) Anwendung einer Rechtsnorm, sofern dies nicht ohnehin verfassungsrechtlich blockiert ist (vgl. Art. 103 II GG),[215] ist zunächst das Vorliegen einer Regelungslücke. Denn wenn der Gesetzgeber eine Fallgruppe bewußt nicht in den Wirkungsbereich einer Norm einbezogen hätte, wäre kein Raum für einen gegenteiligen Schritt. Ob aber eine bewußte Ausklammerung erfolgt ist oder ein Regelungsdefizit einfach übersehen wurde, bedarf sorgfältiger Untersuchung. Immerhin können die unterschiedlichsten Gründe zu gesetzgeberischer Enthaltsamkeit geführt haben:

- Der Gesetzgeber kann den zur Diskussion stehenden Lebenssachverhalt aufgrund unzureichender Vorarbeiten bei seiner normativen Ausgestaltung schlicht übersehen haben.
- Der Gesetzgeber hat diese Fallgestaltung zwar als möglich erkannt, wollte aber zunächst einmal die weitere Entwicklung abwarten, um sodann auf der Basis von Erfahrungen nach Entscheidungen der Exekutive und der Gerichte angemessen reagieren zu können.
- Der Gesetzgeber wollte einen bestimmten Lebenssachverhalt bewußt nicht in seine Regelung einbeziehen.
- Und schließlich kann eine konkrete Problematik erst nach Erlaß der Norm virulent geworden sein, so daß sie für den Gesetzgeber seinerzeit gar nicht vorhersehbar war.

Kommt man nach sorgfältiger Begutachtung zu der Auffassung, daß eine bewußte Regelungslücke ausscheidet, so ist an eine Analogie zu denken,[216] sofern eine Rechtsähnlichkeit zwischen der nicht geregelten Fallgruppe und den von einer Norm erfaßten Fällen zu bejahen ist, die eine Übernahme letzterer Regelung auch auf erstere Fälle erfordert.[217]

Beispiel:

Wenn in § 18 PartG a.F. die Rechtsstellung parteiunabhängiger Kandidaten weder positiv noch negativ geregelt werden sollte, so läßt sich aus Gründen der gleichfalls zu konstatierenden Einflußnahme auf die Willensbildung des Volkes im Sinne eines freien,

---

[214] Vgl. VG Köln, DÖV 1972, 345; BVerwG, NJW 1974, 514; BVerfGE 41, 399 ff. Zu diesem Fall ausführlich *Weiler*, Deutsche Verwaltungspraxis 1978, 104 ff.

[215] Danach ist eine Analogie zuungunsten des Täters verboten. So mußte etwa § 248c StGB geschaffen werden, weil das RG (RGSt 32, 165) die Entziehung fremder elektrischer Energie nicht in analoger Anwendung des § 242 als Diebstahl bestrafen konnte; vgl. ferner mit weiteren Beispielen *Jeschek*, Strafrecht, AT, 4. Aufl. 1988, S. 120 f.

[216] Dazu umfassend *Bartholomeyczik* (o. Fußn. 116), S. 79 ff.

[217] *Bartholomeyczik* (o. Fußn. 116), S. 83, spricht hier von der Gewinnung des „analogen Obersatzes"; vgl. auch *Diederichsen* (o. Fußn. 2), S. 146 ff.

nicht bei den politischen Parteien monopolisierten Wahlvorschlagrechts und der Chancengleichheit aller Bewerber durchaus an eine analoge Anwendung denken.[218]

Handelt es sich um die Übernahme der in einer bestimmten Vorschrift enthaltenen Regelung,

Beispiel:
Gesetzesanalogie zu § 80 II Nr. 2 VwGO, um zu begründen, daß ein Widerspruch gegen ein Verkehrszeichen keine aufschiebende Wirkung hat.[219]

so spricht man von einer Gesetzesanalogie, ansonsten, bei Übernahme eines aus mehreren Regelungen folgenden Rechtsgedankens,

Beispiel:
Rechtsanalogie zu den Fällen des § 80 II Nrn. 1 bis 3 VwGO, um das gleiche Ergebnis zu begründen.[220]

von einer Rechtsanalogie.[221]

Beispiele:
Zivilrechtliche Haftung für culpa in contrahendo unter Berücksichtigung einer Reihe von Vorschriften zu Schadensersatzverpflichtungen bei schuldhaftem Verhalten gegenüber dem Vertragspartner im Stadium der Vertragsverhandlungen (vgl. §§ 122, 179, 307, 309, 463 S. 2 BGB u.a.).[222] – Entwicklung eines öffentlich-rechtlichen Folgenbeseitigungsanspruchs auf der Grundlage einer Analogie zu den §§ 1004, 12, 862 BGB.[223]

Dabei muß man sich freilich darüber im klaren sein, daß man den sicheren Boden der Auslegung verlassen hat und nunmehr gewissermaßen Rechtsschöpfung betreibt.[224] Mit gutem Grund hat das Bundesverfassungsgericht unlängst im Zusammenhang mit der Problematik einer analogen Rechtsanwendung der §§ 569a, 569b BGB auf nichteheliche Lebensgemeinschaften darauf aufmerksam gemacht, daß verfassungsrechtliche Schranken für eine analoge Anwendung einfachgesetzlicher Vorschriften aus dem in Art. 20 III GG angeordneten Vorrang des Gesetzes und speziellen grundrechtlichen Anforderungen resultieren. Als Element des Rechtsstaatsprinzips sei zugleich das Maß an Rechtssicherheit gewährleistet, das im Interesse der Freiheitsrechte unerläßlich sei.[225] Habe

---

[218] Eine solche lehnte das BVerfG freilich unter Hinweis auf einen „erkennbaren Willen des Gesetzgebers" ab; BVerfGE 41, 399 (411).

[219] BGH, DÖV 1978, 374 (375); OVG Münster, OVGE 24, 200.

[220] VGH Bd.Wtt., ESVGH 24, 81 (83 f.).

[221] *Köbler* (o. Fußn. 114), S. 168 f.; *Brühl* (o. Fußn. 14), S. 78.

[222] Vgl. *Palandt/Heinrichs* (o. Fußn. 158), § 276 Anm. 6 A a; methodisch interessant RGZ 54, 98 (betr. Regelungslücke, aber auch zu ratio legis und Ablehnung eines Umkehrschlusses).

[223] Daneben werden jedoch auch andere Begründungsvorschläge (z.B. Art. 19 IV GG, Gesetzmäßigkeit der Verwaltung) unterbreitet, vgl. *Maurer* (o. Fußn. 41) § 29 Rdnr. 5.

[224] Allerdings ist eine genaue Grenzziehung zwischen extensiver Auslegung und Analogie äußerst schwierig.

[225] So BVerfG, NJW 1990, 1593 m.w.Rspr.nachw.

der Gesetzgeber eine eindeutige Entscheidung getroffen, so dürfe der Richter diese nicht auf Grund eigener rechtspolitischer Vorstellungen verändern und durch eine judikative Lösung ersetzen, die so im Parlament nicht erreichbar gewesen sei. Sodann führt das BVerfG jedoch weiter aus:

„Die tatsächliche oder rechtliche Entwicklung kann jedoch eine bis dahin eindeutige und vollständige Regelung lückenhaft, ergänzungsbedürftig und zugleich ergänzungsfähig werden lassen. Die verfassungsrechtliche Zulässigkeit der Lückensuche und -schließung findet ihre Rechtfertigung unter anderem darin, daß Gesetze einem Alterungsprozeß unterworfen sind. Sie stehen in einem Umfeld sozialer Verhältnisse und gesellschaftspolitischer Anschauungen, mit deren Wandel sich auch der Norminhalt ändern kann (vgl. BVerfGE 34, 269 [288]). In dem Maße, in dem sich aufgrund solcher Wandlungen Regelungslücken bilden, verliert das Gesetz seine Fähigkeit, für alle Fälle, auf die seine Regelung abzielt, eine gerechte Lösung bereit zu halten. Die Gerichte sind daher befugt und verpflichtet zu prüfen, was unter den veränderten Umständen „Recht“ i.S. des Art. 20 III GG ist.

Die Methode der Analogie wird diesen verfassungsrechtlichen Anforderungen gerecht. Sie geht zwar über die Auslegung im engen Sinne hinaus, indem sie den Anwendungsbereich einer Norm auf einen Fall erstreckt, der von ihrem Wortlaut nicht erfaßt wird. Diese Rechtsfortbildung geschieht jedoch innerhalb des beschriebenen verfassungsrechtlichen Rahmens. Sie stellt nicht die Äußerung unzulässiger richterlicher Eigenmacht dar, durch die der erkennbare Wille des Gesetzgebers beiseite geschoben und durch eine autark getroffene richterliche Abwägung der Interessen ersetzt wird. Vielmehr wird aus den Wertungen des Gesetzes entnommen, ob eine Lücke besteht und in welcher Weise sie geschlossen werden soll.“[226]

Schon von daher ist gegenüber diesem Instrument jedenfalls in der studentischen Fallbearbeitung Zurückhaltung am Platze, zumal in der Klausur für die notwendigen, oft komplizierten Feststellungen weder das Material noch die Zeit zur Verfügung steht. Überlegungen hinsichtlich einer Analogie werden so meist nur dann erwartet, wenn eine solche sich in der Rechtspraxis durchgesetzt hat

Beispiel:
Entsprechende Anwendung des § 113 I 4 VwGO auf Verpflichtungsklagen.[227]

oder jedenfalls bei bestimmten Fallkonstellationen in Judikatur oder Literatur diskutiert wird.

Beispiele:
§ 113 I 4 VwGO betrifft nach seinem Wortlaut nur den Fall, daß sich der Verwaltungsakt *nach* der Klageerhebung erledigt hat. Nach ganz herrschender Ansicht gilt § 113 I 4 VwGO analog auch dann, wenn die Erledigung vor Klageerhebung eingetreten ist.[228] Das ist in der Praxis sogar der häufiger vorkommende Fall. – Zumindest bei gebundenen Entscheidungen ist allgemein anerkannt, daß die in § 42 II VwGO für die Klagebefugnis bei Anfechtungs- und Verpflichtungsklagen aufgestellten Erfordernisse auch als Voraussetzung der Widerspruchsbefugnis bei Widerspruchsverfahren gemäß

---

226 AaO, S. 1593f.; dazu kritisch *Roellecke*, JZ 1990, 813ff.

227 *Redeker/v.Oertzen* (o. Fußn. 57), § 113 Rdnrn. 18f.

228 *Eyermann/Fröhler*, Verwaltungsgerichtsordnung, Komm., 9. Aufl. 1988, § 113 Anm. 51; *Redeker/v.Oertzen* (o. Fußn. 57), § 113 Rdnr. 17.

§§ 68, 70 VwGO anzusehen sind.[229] Die analoge Anwendung des § 42 II VwGO auf Widerspruchsverfahren ermöglicht die Ausschaltung sogenannter „Popularwidersprüche". – Abschließend sei noch darauf hingewiesen, daß im Steuerrecht eine steuerbegründende oder steuerverschärfende Analogie als unzulässig betrachtet wird.[230]

b) Erscheint eine Lückenfüllung per analogiam nicht möglich, weil eine vorhandene normative Regelung als abschließende zu verstehen ist („Singularia non sunt extendenda"), so stellt man im Wege des Umkehrschlusses (argumentum e contrario) fest, daß eine Erstreckung der Rechtsfolgen der gesetzlichen Vorschrift auf die in Rede stehende Fallgruppe mit Rücksicht auf die im Gesetz zum Ausdruck gebrachten Intentionen ausscheiden muß.

Beispiel:
Im „Fall Daniels" kam so das BVerwG (NJW 1974, 514 f.) zur Ablehnung des geltend gemachten Anspruchs auf Wahlkampfkostenerstattung.[231]

c) Von den weiteren rechtsmethodischen Regeln zur Erstreckung von gesicherten Normwirkungen auf weitere Fallgruppen[232] sollte der Student jedenfalls noch das argumentum a fortiori, den (vielfach dogmatisch nicht unbedenklichen) Erst-recht-Schluß, kennen.

Beispiel:
Mit dem Argument, wenn schon eine rechtmäßige Enteignung i.S.d. Art. 14 III GG entschädigt werde, dann müsse „mindestens in dem gleichen Maße" auch ein rechtswidriger Eingriff, der „seinem Inhalt und seiner Wirkung nach einer Enteignung gleichkommt", entschädigt werden, hatte der BGH[233] seinerzeit seine Dogmatik zum sog. enteignungsgleichen Eingriff begründet.

Eine gewisse Ähnlichkeit hiermit besitzt das argumentum a maiore ad minus, wonach in einer weitumspannenden allgemeinen Regelung auch die weniger weit reichende, speziellere enthalten sein soll.

Beispiel:
Mit einem argumentum a maiore ad minus läßt sich begründen, daß nicht mehr anfechtbare Verwaltungsakte, die auf einer inzwischen geänderten höchstrichterlichen Rechtsprechung beruhen, nicht mehr aufgehoben werden können. Schließlich gilt dies nach § 79 II BVerfGG selbst für den schwerer wiegenden Fall, daß der Entscheidung Rechtsnormen zugrunde lagen, die das BVerfG im nachhinein für nichtig erklärt hat.[234]

---

[229] Dazu und zu den Voraussetzungen bei Ermessensentscheidungen vgl. *Pietzner/Ronellenfitsch* (o. Fußn. 4), S. 160.

[230] Vgl. *Tipke/Lang*, Steuerrecht, 12. Aufl. 1989, § 3 Anm. 3.63 (S. 65).

[231] Ebenso BVerfGE 41, 399 (411); dort wurde freilich ein Verstoß der so verstandenen Regelung gegen den Grundsatz der Chancengleichheit der Wahlbewerber (Art. 38 I 1 GG) gerügt.

[232] Vgl. *Larenz* (o. Fußn. 112), S. 365 ff.; *Wolff/Bachof* (o. Fußn. 138), § 28 III d.

[233] BGHZ 6, 270 (290); zur Vereinbarkeit dieser Rechtsprechung mit Art. 14 III GG vgl. BVerfGE 58, 300 („Naßauskiesung"); dazu wiederum BGHZ 90, 17 („Sandabbau").

[234] *Kopp*, VwVfG, 4. Aufl. 1986, § 51 Rdnr. 19.

In der Umkehrung dieses Gedankens wurde das argumentum a minori ad maius im Sinne der Erstreckung einer eng begrenzten Rechtsregel auf weitere vergleichbare Fallgruppen entwickelt, ein freilich auch nicht ungefährlicher Schluß.

Beispiel:
Gemäß § 12 IV 1 Wehrpflichtgesetz (WPflG – Sart. Nr. 620) soll ein Wehrpflichtiger auf Antrag vom Wehrdienst zurückgestellt werden, „wenn die Heranziehung zum Wehrdienst für ihn wegen persönlicher, insbesondere ... beruflicher Gründe eine besondere Härte bedeuten würde." Nach § 12 IV 2 Nr. 3a liegt eine solche „in der Regel" vor, wenn durch die Einberufung ein bereits weitgehend geförderter Ausbildungsabschnitt unterbrochen würde.

Hinsichtlich des die Ausbildung beendenden Examens nahm das BVerwG[235] mit der Begründung, wenn schon ein bereits weitgehend geförderter Ausbildungsabschnitt nicht unterbrochen werden dürfe, so müsse dies doch viel eher für die bereits angetretene Prüfung gelten, für diesen Fall eine besondere Härte i.S.v. § 12 IV 1 WPflG an.

4. Normkonkurrenzen

Bei der klausurmäßigen Bearbeitung von Rechtsfällen wird kaum je lediglich *eine* gesetzliche Vorschrift für die rechtliche Beurteilung von Bedeutung sein, sondern durchweg kommen mehrere Normen, sei es abgestuft für verschiedene in der Fallfrage anvisierte Rechtsfolgen,[236] sei es für die gleiche Rechtsfolge, als einschlägig in Betracht. Hier hat der Student stets zu untersuchen, in welchem Verhältnis diese Normen zueinander stehen (häufig: Regel-Ausnahme-Prinzip[237]) und in welcher Reihenfolge bei der rechtlichen Prüfung sinnvollerweise vorzugehen ist. Erste Hinweise dazu wurden bereits bei der Erörterung des Gutachtenstils (oben IV 3) gegeben. An dieser Stelle seien noch einige ergänzende Bemerkungen angefügt.

a) Gängiges gesetzgebungstechnisches Instrument zur Entlastung der Legislative, um nämlich unökonomische Wiederholungen in der Rechtsordnung bereits anderwärtig niedergelegter Regelungen zu vermeiden, ist die Verweisung,[238] durch die auf den Inhalt anderer Normen Bezug genommen wird. Dabei ist – an die inhaltliche Aussage anknüpfend – zunächst zu unterscheiden zwischen der Rechtsgrund-(Tatbestands-)

Hier ist zu prüfen, ob sämtliche Tatbestandsmerkmale der in Bezug genommenen Norm erfüllt sind.

---

[235] BVerwGE 75, 58.

[236] Zu der bei Anspruchskonkurrenz im Zivilrecht zu beherzigenden Aufbauregel: Primäransprüche (wie Leistungsansprüche) vor Sekundäransprüchen (wie Schadensersatzansprüchen) vgl. *Diederichsen* (o. Fußn. 2), S. 82f. und *Medicus* (o. Fußn. 19), Rdnr. 205.

[237] Zum darauf basierenden Typ der „Pointenklausur" *Diederichsen* (o. Fußn. 2), S. 12f.

[238] Vgl. *Karpen*, Die Verweisung als Mittel der Gesetzgebungstechnik, 1970.

Beispiele:

Wer durch den originären Erwerb einer Sache durch einen anderen einen Rechtsverlust erleidet, kann gemäß § 951 I 1 BGB von demjenigen, zu dessen Gunsten die Rechtsänderung eintritt, Vergütung in Geld nach den Vorschriften über die Herausgabe einer ungerechtfertigten Bereicherung fordern. Damit trifft § 951 I 1 BGB eine Rechtsgrundverweisung nach § 812 I 1 (1. Alt.) BGB. – § 15 I GastG verweist für die Rücknahme einer Gaststättenerlaubnis auf die Versagungsgründe nach § 4 I Nr. 1 GastG. – § 8 IX FStrG verweist für die Aufhebung unwiderruflicher Nutzungsrechte an Bundesfernstraßen auf die Enteignungsregeln des § 19 FStrG.

und der Rechtsfolgenverweisung, wo lediglich die in der anderen Norm bezeichnete Rechtsfolge übernommen wird.

Beispiel:

§ 327 S. 2 BGB und § 557a I 2. Alt. BGB, jeweils mit Verweisung auf die Rechtsfolgen der §§ 812ff. BGB.

Als Sonderform der Verweisung ist die gesetzliche Fiktion anzusehen, mit der trotz der Erkenntnis, daß es sich in Wahrheit um ungleiche Tatbestände handelt, von der gesetzgeberischen Interessenbewertung her eine Gleichsetzung angeordnet wird.[239]

Zippelius[240] nennt folgendes **Beispiel:**

§ 1: Die Badeanstalt ist in eine Männer- und eine Frauenabteilung eingeteilt.
§ 2: Das Betreten der Frauenabteilung ist nur Frauen gestattet.
§ 3: Der Bademeister gilt als Frau i.S.d. § 2.

Vielfach wird noch zwischen Fiktionen im engeren Sinne und unwiderlegbaren Vermutungen unterschieden. Erstere sollen vorliegen, wenn der fingierte Tatbestand mit Sicherheit nicht erfüllt ist (der Bademeister ist eindeutig keine Frau), letztere sollen gegeben sein, wenn der „fingierte Tatbestand" möglicherweise auch tatsächlich gegeben ist.[241]

In Ansehung der Norm, auf die Bezug genommen wird, ist des weiteren zwischen statischer und dynamischer Verweisung zu unterscheiden. Beide Verweisungsarten sind nach der Rechtsprechung des BVerfG grundsätzlich möglich und anerkannt, sofern die in Bezug genommenen Vorschriften dem Normadressaten durch eine frühere ordnungsgemäße Veröffentlichung zugänglich sind.[242] Soll der beim Erlaß einer Verweisungsnorm oder der zu einem früheren Zeitpunkt geltende Normtext, auf den ausdrücklich verwiesen ist, maßgebend sein, so liegt eine statische Verweisung vor.

Beispiel:

In § 1 I 1 nds.VwVfG heißt es: „Für die öffentlich-rechtliche Verwaltungstätigkeit der Behörden des Landes, der Gemeinden, der Landkreise und der sonstigen der Aufsicht des Landes unterstehenden Körperschaften, Anstalten und Stiftungen des

---

239 Vgl. dazu *Larenz* (o. Fußn. 112), S. 251 ff.; ferner auch *Pfeifer*, Fiktionen im öffentlichen Recht, 1980.

240 AaO (o. Fußn. 112), S. 32.

241 *Zippelius* (o. Fußn. 112), S. 33.

242 Vgl. BVerfGE 47, 285 (311 f.); 60, 135 (155).

öffentlichen Rechts gelten die Vorschriften des Verwaltungsverfahrensgesetzes vom 25. Mai 1976 (BGBl. I S. 1253), geändert durch Artikel 7 Nr. 4 des Adoptionsgesetzes vom 2. Juli 1976 (BGBl. I S. 1749), mit Ausnahme der §§ 1, 2, 61 Abs. 2, §§ 78, 94, 95 Abs. 2 und §§ 97 bis 103 sowie die Vorschriften dieses Gesetzes."

Soll dagegen nach der Verweisungsnorm das Verweisungsobjekt in seiner jeweiligen Fassung gelten, so handelt es sich um eine dynamische Verweisung.

Beispiele:
- § 1 I bln.VwVfG lautet: „Für die öffentlich-rechtliche Verwaltungstätigkeit der Behörden gilt das Verwaltungsverfahrensgesetz (VwVfG) vom 25. Mai 1976 (BGBl. I S. 1253 [GVBl. S. 1173]) in der jeweils geltenden Fassung entsprechend, soweit nicht in den §§ 2 bis 4 dieses Gesetzes etwas anderes bestimmt wird."
- Nach § 12 I 1 nw.KAG sind auf Kommunalabgaben „die folgenden Bestimmungen der Abgabenordnung in der jeweiligen Fassung entsprechend anzuwenden ..."
- Für Entschädigungsansprüche bei polizeilichem Handeln bestimmt § 67 nw.PolG: „Die §§ 39 bis 43 des Ordnungsbehördengesetzes finden entsprechende Anwendung."

Dies hat zur Konsequenz, daß eine spätere Änderung der in Bezug genommenen Norm auch zu einer Modifizierung des in der Verweisungsnorm enthaltenen Gesetzesbefehls führt. Wenn dem Wortlaut einer Norm nicht zu entnehmen ist, welcher Art die in ihr enthaltene Verweisung ist, muß diese Frage durch Gesetzesauslegung beantwortet werden.[243]

Der Gesetzgeber ist grundsätzlich befugt, im Wege der Verweisung auch auf fremdes, nicht von ihm formuliertes Recht eines anderen Kompetenzbereiches Bezug zu nehmen. Besonderen demokratischen und rechtsstaatlichen Vorbehalten sehen sich gesetzgeberische Verweisungen auf private Regelwerke ausgesetzt.[244]

b) Oft enthalten Rechtsnormen ohne ausdrückliche Verweisung Formulierungen, die in anderen Rechtsvorschriften gleichfalls verwendet werden und dort schon eine spezifizierende Auslegung durch die Judikatur erfahren haben. Sofern sich nachweisen läßt, daß jene Auslegungsergebnisse den Hintergrund für die Übernahme der Formel in die in Rede stehende Vorschrift bildeten, sind sie zu verwerten.

Diese Vorüberlegung ist stets anzustellen, um nicht vorschnell ungerechtfertigte Parallelen zu ziehen; vgl. etwa die unterschiedliche Interpretation des Rechtsbegriffs „volkswirtschaftlich besonders förderungswürdig" im Investitionszulagengesetz 1969 und im Kohlegesetz; dazu BVerwGE 48, 211 ff.; BVerwG, DVBl. 1978, 635 f.

Nicht selten finden sich auch in anderen Normen Legaldefinitionen für bestimmte Formeln, die dann gewissermaßen als Ergänzung der jeweils herangezogenen Norm mitzuverwenden sind.

---

[243] Dazu BVerfGE 60, 135 (155 f.).

[244] Dazu näher bereits *Tettinger*, Rechtsanwendung und gerichtliche Kontrolle im Wirtschaftsverwaltungsrecht, 1980, S. 404 ff.; zuletzt umfassend *Brugger*, VerwArch. 78 (1987), S. 1 ff.; aus der Rspr. jüngst OVG Lüneburg, NVwZ-RR 1991, 106 f. zu einer gesetzlichen Verweisung auf DIN-Normen.

Beispiele:
§ 1 I 1 AbfG (Abfallbegriff) – § 2 I GüKG (Güternahverkehr) – § 2 I PartG (Begriff der [politischen] Partei) – Art. 121 GG (Mehrheit der Mitglieder des Bundestages) – § 35 VwVfG (Begriff des Verwaltungsaktes) – § 3 VI BImSchG (Stand der Technik).

c) Es können auch mehrere Normen nebeneinanderstehen und gleichzeitig, ohne einander zu blockieren, die erwünschte Rechtsfolge aussprechen. Die grundsätzliche Möglichkeit einer solchen Parallelität oder „kumulativen Konkurrenz" (*Enneccerus/Nipperdey*) ist jeweils vor Prüfung des zweiten Rechts- oder Normkomplexes festzustellen, um nicht sich letztlich als überflüssig erweisende Erörterungen anzustellen.

Beispiel:
So können etwa nebeneinander Schadensersatzansprüche eines Beamten gegenüber seinem Dienstherrn auf eine Verletzung der beamtenrechtlichen Fürsorgepflicht (vgl. § 48 BRRG; § 79 BBG) und auf Amtshaftungsgrundsätze (§ 839 BGB i.V.m. Art. 34 GG) gestützt werden.[245]

d) Zu beachten ist freilich auch, daß Rechtsvorschriften durch andere Normen verdrängt werden und damit in concreto nicht zur Anwendung kommen können. Typischer Fall einer solchen Gesetzeskonkurrenz ist die unter dem Stichwort der Normkollision (oben § 2 IV) bereits behandelte Subsidiarität der allgemeinen Norm gegenüber der Spezialvorschrift.

Beispiel:
Art. 2 I GG als allgemeine Garantie der Handlungsfreiheit gegenüber dem speziellen Freiheitsrecht des Art. 12 GG (Berufsfreiheit), soweit dessen Schutzbereich berührt ist.

Diederichsen empfiehlt dem Studenten zu Recht, er solle es sich zur Gewohnheit werden lassen, vor jeder Subsumtion die Frage aufzuwerfen, ob es nicht irgendeine Spezialnorm gebe, welche die Anwendbarkeit der gerade zu untersuchenden Vorschrift ausschließe oder beschränke.[246] Dies gilt namentlich im Bereich des Polizeirechts, wo zuerst nach speziellen Eingriffsermächtigungen zu fahnden ist, ehe auf die polizeirechtliche Generalklausel (vgl. etwa § 8 nw.PolG) zurückgegriffen werden darf.

Im Beispielsfall „Gassi nur mit Leine"[247] gilt für die Suche nach der Ermächtigungsgrundlage folgende Abstufung:
a) spezialgesetzliche Ermächtigung?
b) spezielle polizeigesetzliche Ermächtigung (polizeiliche Standardmaßnahme)?
c) ordnungsbehördliche Verordnung resp. Polizeiverordnung?
d) Generalklausel?

e) Durch höherrangige Normen können auch verbindliche Interpretationsbindungen entstehen, wie dies namentlich durch die sog. *verfassungskonforme Auslegung* geschieht. Durch sie wird nämlich seitens des

---

245 Vgl. BVerwGE 13, 17ff.; siehe auch *Schwerdtfeger* (o. Fußn. 9), Rdnrn. 347ff.
246 AaO (o. Fußn. 2), S. 107.
247 Siehe *Tettinger* (o. Fußn. 78), S. 138f. und oben S. 110f.

BVerfG bindend[248] festgestellt, daß von mehreren möglich erscheinenden nur *eine*, vom BVerfG näher spezifizierte Auslegung mit der verfassungsrechtlichen Wertordnung, namentlich den Grundrechten oder Staatsstrukturprinzipien wie Demokratie, Rechtsstaatsprinzip und Sozialstaatlichkeit, vereinbar ist. Exekutive und Judikative sind dann in der Folge verpflichtet und auch dem Studenten ist anzuraten, *nur* dieser Norminterpretation zu folgen.[249]

Beispiele:
§ 211 I StGB sieht für den Mörder lebenslange Freiheitsstrafe vor. Das BVerfG stellte im Wege verfassungskonformer Auslegung dazu fest, zu den Voraussetzungen eines menschenwürdigen Strafvollzuges gehöre, daß dem zu lebenslanger Freiheitsstrafe Verurteilten grundsätzlich eine Chance verbleibe, je wieder die Freiheit zu erlangen. Die Möglichkeit der Begnadigung allein sei nicht ausreichend, vielmehr gebiete das Rechtsstaatsprinzip, die Voraussetzungen, unter denen die Vollstreckung einer lebenslangen Freiheitsstrafe ausgesetzt werden könne, und das dabei anzuwendende Verfahren gesetzlich zu regeln.[250] – Die §§ 14, 15 VersG (Sart. Nr. 435), die für Versammlungen unter freiem Himmel eine Anmeldungspflicht und die Möglichkeit, bei unterbliebener Anmeldung die Versammlung aufzulösen, vorsehen, sind vom BVerfG verfassungskonform dahingehend ausgelegt worden, daß im Hinblick auf die grundlegende Bedeutung des Art. 8 GG bei Spontandemonstrationen eine Anmeldungspflicht nicht eingreift und eine Auflösung nur bei einer unmittelbaren, aus erkennbaren Umständen herleitbaren Gefährdung gleichwertiger Rechtsgüter unter strikter Wahrung der Verhältnismäßigkeit erfolgen darf.[251]

Das BVerfG läßt sich bei der Handhabung dieses Instrumentes von der Einsicht leiten, ein Gesetz sei nicht für nichtig zu erklären, wenn es im Einklang mit der Verfassung ausgelegt werden könne, denn es spreche nicht nur eine Vermutung dafür, daß ein Gesetz mit dem Grundgesetz vereinbar sei, sondern das in dieser Vermutung zum Ausdruck kommende Prinzip verlange auch im Zweifel eine verfassungskonforme Auslegung des Gesetzes.[252]

Eine Norm ist „nur dann für verfassungswidrig zu erklären, wenn keine nach anerkannten Auslegungsgrundsätzen zulässige und mit der Verfassung zu vereinbarende Auslegung möglich ist. Lassen der Wortlaut, die Entstehungsgeschichte, der Gesamtzusammenhang der einschlägigen Regelungen und deren Sinn und Zweck mehrere Deutungen zu, von denen eine zu einem verfassungsgemäßen Ergebnis führt, so ist diese geboten".[253]

Eine Grenze wird vom BVerfG dort anerkannt, wo eine „Auslegung" mit dem Wortlaut und dem klar erkennbaren Willen des Gesetzgebers in

---

248 Vgl. BVerfGE 40, 88 ff. Zur Bindungswirkung verfassungskonformer Gesetzesinterpretation kritisch etwa *v. Mutius*, VerwArch. 67 (1976), 403 ff. m.w.N.
249 Vgl. BVerfGE 40, 88 (94).
250 BVerfGE 45, 187.
251 BVerfGE 69, 315 (352 ff.).
252 BVerfGE 2, 255 (282); weitere Nachweise zur Rechtsprechung bei *Leibholz/Rinck*, GG, Komm., 6. Aufl., Stand: 18. Lfg. 1990, Einf. Rdnrn. 13 ff.
253 So letztens BVerfG, DVBl. 1991, 376 (378) unter Bezugnahme auf BVerfGE 69, 1 (55).

Widerspruch treten würde[254] (so die Entscheidung im „Fall Daniels“[255]) oder wo sie das gesetzgeberische Ziel in einem wesentlichen Punkt verfehlen oder verfälschen bzw. einem klaren Wortlaut einen geradezu entgegengesetzten Sinn geben würde.[256] Es sei das Maximum dessen aufrechtzuerhalten, was nach der Verfassung aufrechterhalten werden könne.[257] Umgekehrt sei aber dort die Grenze, wo durch verfassungskonforme Auslegung „der normative Regelungsinhalt erst geschaffen oder neu bestimmt wird.“[258] Andernfalls werden die den Gerichten, auch dem BVerfG, im gewaltengeteilten Rechtsstaat gezogenen Schranken in der Tat unzulässigerweise überschritten.

Beispiel:

In § 18 III des rheinland-pfälzischen Landesgesetzes über die Verwaltungsgerichtsbarkeit vom 14. 4. 1950 (GVBl. I S. 103) hieß es: „Gegen die Entscheidung des Kreisrechtsausschusses (Stadtrechtsausschusses) ... kann wahlweise Verwaltungsbeschwerde an den zuständigen Regierungspräsidenten oder Klage im Verwaltungsstreitverfahren erhoben werden. Der eine Rechtsbehelf schließt den anderen aus.“ Das BVerfG[259] interpretierte diese Regelung verfassungskonform (!?) dahingehend, daß die verwaltungsgerichtliche Klage gegen den Beschwerdebescheid der höheren Verwaltungsbehörde nicht ausgeschlossen und deshalb diese Regelung mit Art. 19 IV GG vereinbar sei.

Die verfassungskonforme Auslegung als ein spezifisches Instrument verfassungsgerichtlicher Normenkontrolle ist abzugrenzen von der allgemeinen, die Höchstrangigkeit der Verfassung (vgl. Art. 1 III GG für den Grundrechtsteil) sichernden *verfassungsorientierten Gesetzesauslegung.*[260] Diese obliegt im Hinblick auf die Bedeutung der Verfassung für die gesamte Rechtsordnung jedem Staatsorgan, dem Rechtsanwendung aufgegeben ist, und dementsprechend auch dem Studenten im Rahmen seiner Fallbearbeitung, woran namentlich bei öffentlich-rechtlichen Klausuren stets zu denken ist. Sie enthält die ständige, umfassend zu verstehende Pflicht, der grundgesetzlichen Wertordnung auch bei der Anwendung einfacher Gesetze angemessen Rechnung zu tragen und damit die gesamte Rechtsordnung im Lichte der Verfassung zu sehen, etwa bei zwei sich anbietenden Interpretationsmöglichkeiten auf diejenige zurückzugreifen, welche Gedanken der Verfassung eher realisiert.

---

[254] BVerfGE 18, 97 (111); 67, 382 (390); 71, 81 (105).

[255] BVerfGE 41, 399 (411); dazu näher oben 3.

[256] BVerfGE 35, 263 (280); 54, 277 (299).

[257] BVerfGE 8, 28 (34).

[258] BVerfGE 8, 71 (78 f.); 45, 393 (400); 54, 277 (299); 71, 81 (105).

[259] BVerfGE 9, 194 ff.

[260] Dazu näher *Burmeister*, Die Verfassungsorientierung der Gesetzesauslegung, 1966; *Stern* (o. Fußn. 140), § 4 III 8d (S. 136).

VI. Zur Darstellungsweise

Die Klausurlösung soll den Erweis erbringen, daß der Bearbeiter in der Lage ist, den gestellten Fall unter Zuhilfenahme nur der Gesetzestexte umfassend rechtsgutachtlich zu würdigen, wobei möglichst alle relevanten Rechtsfragen geprüft sowie mittels überzeugender Gesetzesinterpretationen und korrekter Subsumtionen einer zumindest vertretbaren Lösung zugeführt werden sollen. Diese fachlichen Anforderungen müssen die Darstellungsweise in der Klausur prägen, und zwar aus sich heraus, ohne daß es zulässig wäre, dem Leser noch gezielte Aufbauhinweise zu geben.[261]

1. Sprachliche Klarheit

Dies bedingt zunächst, daß sich der Bearbeiter um sprachliche Klarheit bemüht. Es gilt, rechtlich zutreffende, u.U. komplizierte Erkenntnisse dem Leser in verständlicher und sprachlich angemessener Form mitzuteilen. Zu der Schwierigkeit der deutschen Sprache im allgemeinen und zu der Effizienz des gegenwärtigen Schulsystems bei der Vermittlung der wichtigsten Grundregeln der Rechtschreibung, der Grammatik und der Zeichensetzung im besonderen sei hier auf eine Stellungnahme verzichtet. Sowohl in der Universitätsübung als auch im Staatsexamen wird jedenfalls erwartet, daß der Student in der Lage ist, sich verständlich und stilistisch einwandfrei auszudrücken. Die Sprache des Juristen soll zudem geprägt sein vom Bemühen um Objektivität und Sachlichkeit. Emotionen und Übersteigerungen haben hier keinen Platz. Zu vermeiden sind insbesondere:[262]

(1) „Substantivsucht“,

Anstatt Substantive aneinanderzureihen, sollte man vermehrt Verben einsetzen.

Beispiel:
Man sollte nicht schreiben: „§ X muß in Entsprechung Anwendung finden, weil die Interessen der Beteiligten nur so sachgerecht zur Ausgleichung gebracht werden können“, sondern „§ X ist entsprechend heranzuziehen, weil sich die Interessen der Beteiligten nur so sachgerecht ausgleichen lassen.“

(2) Passiv-Sätze,

Beispiel:
Es heißt also nicht: „Gemäß § 209 II Nr. 2 i.V.m. I BGB wird die Verjährung unterbrochen, wenn der Anspruch im Konkurs des Verpflichteten vom Berechtigten gemeldet wird“, sondern „. . . wird die Verjährung unterbrochen, wenn der Berechtigte seinen Anspruch im Konkurs des Verpflichteten anmeldet.“

---

[261] Hiergegen zu Recht deutlich *Diederichsen* (o. Fußn.2), S. 81 und *Brühl* (o. Fußn. 14), S. 122.

[262] In Anlehnung an *Bergs* „Zehn Gebote zum juristischen Stil“ (o. Fußn. 20), S. 198 ff. Vgl. auch *Westermann* (o. Fußn. 52), S. 165 und *Puhle*, JuS 1989, 203 (205).

(3) Schachtel- und Bandwurmsätze,

Wesentliche Aussagen gehören nicht in einen Nebensatz!

(4) Verbiegungen im Satzbau,

Beispiele:
Die Verfügung der Bauordnungsbehörde erging gegenüber der Tochter des B, die den Abriß des Anbaus aufgab, nachdem ihr Vater, der Bauherr und frühere Grundstückseigentümer, verstorben war. – Lesefrucht aus einer Examensklausurbearbeitung: „Andere Menschen, die vielleicht größere Grundstücke haben aber kürzere Frontlänge werden infolge der Satzung bevorzugt."

(5) stereotype Wiederholungen,

Beispiel:
Es ist zu prüfen, ... Danach ist zu prüfen, ... Nunmehr ist zu prüfen, ... Man kann nicht nur prüfen, sondern auch untersuchen, fragen, erforschen, sich vergewissern, analysieren u. dgl.

(6) Superlative,

Beispiele:
Die Gegenauffassung wäre „absolut unsinnig". Dieser Begründung ist „selbstverständlich" zuzustimmen. Dem kann „offensichtlich" gefolgt werden. Das stimmt „in keinster Weise".

(7) überflüssige Fremdwörter, wenn angemessene deutsche Ausdrücke zur Verfügung stehen,

Beispiel:
„Legislation" statt „Gesetzgebung".

(8) Füllwörter,

Beispiele:
„echt" gut; „nunmehr"; „aber" und „jedoch", wenn nicht eine Abweichung von der vorherigen Aussage vorliegt; „auch", wenn nicht eine weitere Begründung zum vorher Gesagten gegeben wird.

(9) lyrische oder romanhafte Eskapaden.

Des weiteren sollte der Student darauf achten, daß er jeweils die richtige Aussage- und Zeitform wählt. Der Konjunktiv ist mit Zurückhaltung zu verwenden (überflüssig etwa: „Damit wäre nunmehr zu prüfen, ob ..." Stattdessen: „Es ist daher zu prüfen, ob ..."), stets angebracht jedoch bei indirekter Rede.

Beispiel:
Die Gegenauffassung betont, eine solche extensive Auslegung verkenne die gesetzgeberischen Intentionen.

Zu vermeiden ist die gedankenlose Verwendung der Formulierung „Bedenken könnten insofern bestehen, als ...", wenn sich bereits im darauffolgenden Satz ergibt, daß solche Bedenken nicht bestehen.[263]

---

[263] *Diederichsen* (o. Fußn. 2), S. 129.

2. *Nachvollziehbarkeit der Argumentation*

Die Argumentation des Verfassers muß von seiten des Korrektors nachvollziehbar sein, d. h. auf konsequenter Gedankenführung beruhen. Da im rechtswissenschaftlichen Gutachten der Leser von der Frage zum Ergebnis hingeführt werden soll, muß die Darstellungsweise diesem Erfordernis entsprechen. Stets ist die selbstkritische Frage zu stellen, ob alle Ausführungen denn wirklich der Hinführung zum Ergebnis dienen. Rechtsfragen, deren Beantwortung für die Fallentscheidung gleichgültig ist, sind auszuscheiden.[264] Besonderes Gewicht ist dagegen auf die Darstellung von fallwesentlichen Streitfragen zu legen, die dann auch eingehend abzuhandeln sind. In der Klausur ist es ohnehin nicht möglich, Rechtsansichten präzise bestimmten Judikaten oder Autoren zuzuordnen; daher ist ein entsprechender Hinweis, mit dem man stolz auf vorhandene Kenntnisse hinweisen will, unangebracht.

Beispiel:
Das BVerfG hat im 12. Band der Entscheidungssammlung vermerkt, daß der Rundfunk nicht Privaten überantwortet werden darf. Nach Auffassung *Forsthoffs* ist ...

In der Klausur kommt es vorrangig darauf an, *Argumente* darzulegen und damit seine rechtlichen Lösungen zu begründen. Der bloße Hinweis auf Erkenntnisse von Autoritäten

Beispiel:
Das BVerfG ist zu dem Ergebnis gekommen, daß ... Nach „herrschender Meinung" ...

vermag solches Argumentieren keinesfalls zu ersetzen. Wer sich in einer Hausarbeit zur Begründung einer Rechtsansicht lediglich auf „h.M." oder „h.L."

Im übrigen: Wer ist das? Wie läßt sich eine solche ermitteln? Soll allein die Anzahl der gefundenen Stimmen zählen oder kommt es eher auf ihre wissenschaftliche *Reputation* an? Solche Fragen stellen sich automatisch ein.

beruft, muß damit rechnen, daß dies als deutlicher Minuspunkt vermerkt wird. Nicht die Bezugnahme auf andere Stimmen, sondern eine argumentative Begründung wird erwartet.

Als wichtigste, durchgängig verwendbare Sachargumente in der juristischen Fallösung lassen sich mit *Diederichsen*[265] hervorheben:
- das Begriffsargument (Anknüpfung an die im Gesetz verwendeten Begriffe; dazu oben V 1 und 2 c),
- die Güter- und Interessenabwägung (dazu ausführlich oben V 2 c),
- der Schutzzweck der Norm (zum teleologischen Auslegungskriterium oben V 1 a),

---

[264] Anschaulich *Erbel* (o. Fußn. 2), S. 11 f.
[265] AaO (o. Fußn. 2), S. 158 ff.; zu durchgängigen Argumentationsfehlern *ders.*, ebda, S. 165 ff.; zum ganzen auch *Koch/Rüßmann*, Juristische Begründungslehre, 1982.

- die Berufung auf allgemeine Rechtsprinzipien (wie den rechtsstaatlichen Grundsatz der Verhältnismäßigkeit),
- der Gesichtspunkt der Umgehung (bei Würdigung des Normzwecks),
- Normangleichung (zur Schließung von Regelungslücken oben V 3) und schließlich, wenn auch nur mit Vorbehalt anwendbar,
- die Praktikabilität einer Entscheidung.

Es trägt sowohl zur Übersichtlichkeit als auch zur Nachvollziehbarkeit der Argumentation bei, wenn der Bearbeiter einer Klausur bemüht ist, Übergänge zu neuen Gedanken durch Absätze zu kennzeichnen und größere Zusammenhänge in deutlich separierten Abschnitten abzuhandeln.

3. Schwerpunktbildung

Die mit einer Prädikatsnote honorierte überdurchschnittliche Klausurbearbeitung ist dadurch gekennzeichnet, daß sie nicht nur zutreffende Rechtsausführungen enthält, sondern auch die Schwerpunkte richtig setzt. Es zeugt nicht gerade von Souveränität, wenn in einer Klausur gleichmäßig alle Elemente eines gepaukten Klausurschemas abgespult und die wesentlichen Fallprobleme dabei mit gleicher Intensität wie völlig problemlose Aspekte abgehandelt werden.

Beispiel:

Geht es in einer immissionsschutz- oder gewerberechtlichen Klausur um die Frage nach dem Bestandsschutz einer vorhandenen Anlage, so ist bei der Anwendung des Art. 14 GG grds. auf den spezifischen verfassungsrechtlichen Eigentumsbegriff zu rekurrieren. Ausführungen über die Rechtsprechung zum Recht am eingerichteten und ausgeübten Gewerbebetrieb wären hier jedoch nicht nur ungeschickt, sondern gingen wohl auch in der Sache fehl, da sich bei einer konkreten Anlage die schwierige Frage eines verfassungsrechtlichen Schutzes für eine Sachgesamtheit unter der vorgenannten Chiffre[266] gar nicht stellt.

Die von *Mühl*

„Zu einer wissenschaftlich fundierten Arbeitsweise gehört es auch, daß der Bearbeiter das richtige Maß für die Bedeutung der einzelnen in seinem Gutachten auftretenden Rechtsprobleme im Rahmen der Untersuchung gewinnt und danach die Schwerpunkte und den Umfang seiner Ausführungen bestimmt."[267]

und *Evers/Schwerdtfeger*

„Bei einem solchen Schwerpunkt, den fast jede Aufgabe hat, handelt es sich meist nicht um eine Streitfrage im technischen Sinne, wie die Studenten immer wieder vermuten, sondern etwa um das Auffinden einer versteckten Vorschrift, die systemgerechte saubere Anwendung bekannter Vorschriften und Rechtsgrundsätze, das scharfe Auseinanderhalten ähnlicher Rechtsinstitute oder dergleichen."[268]

---

[266] Vgl. *Sieg/Leifermann/Tettinger* (o. Fußn. 169), Einl. Rdnr. 7 m.w.N.
[267] JuS 1964, 356.
[268] JuS 1964, 284 (Erl. 1); ebenso *Schwerdtfeger* (o. Fußn. 9), Rdnr. 959.

getroffenen Feststellungen sind nach wie vor gültig. Zur Behandlung lösungsrelevanter[269] Streitfragen ist des weiteren auf die Empfehlung *Diederichsens* hinzuweisen:

„Hat der Bearbeiter die Pro- und Contra-Argumente ... nicht an der Hand, muß er versuchen, die Argumentation selbständig zu entwickeln. Hierauf hat er die meiste Zeit zu verwenden!“[270]

Die ernsthafte Auseinandersetzung mit zentralen Problemen führt durchweg selbst dann zu einer Prädikatsnote, wenn die Klausur in anderen Teilen unvollständig ist.

Bei vielen Bearbeitern öffentlich-rechtlicher Klausuren macht erfahrungsgemäß die Zulässigkeitsprüfung (etwa bei der Verfassungsbeschwerde oder der Klage zum Verwaltungsgericht) mehr als die Hälfte der Gesamtbearbeitung aus, auch wenn dort keine zentralen Probleme liegen. Die Verfasser sind bei einer solchen Vorgehensweise augenscheinlich nicht in der Lage, sachliche Schwerpunkte zu setzen und die Darstellung vor allem auf die Diskussion der im Fall angesprochenen zentralen Rechtsprobleme zu konzentrieren.

Beispiel:
In einer ländlichen Gemeinde in Nordrhein-Westfalen wird die bislang private Wasserversorgung nunmehr von der Kommune mit Anordnung eines Anschluß- und Benutzungszwangs übernommen. In der entsprechenden gemeindlichen Satzung werden auf Antrag Ausnahmen von diesem Zwang zugelassen, wenn er für den Bürger zu „unzumutbaren Belastungen“ führt. Für die Stellung des entsprechenden Antrags war in der Satzung eine Ausschlußfrist bestimmt. Die Brauerei B wehrt sich nach Fristablauf gegen den Anschluß- und Benutzungszwang, will aber zumindest eine Ausnahmeerlaubnis. Zentrale Probleme liegen – sieht man einmal von der Bestimmung des Klageziels ab (richtige Klageart) – nicht in der Zulässigkeit, sondern nur bei der Begründetheit einer Klage, und hier nicht etwa bei der ausgetragenen Frage der Vereinbarkeit des Anschluß- und Benutzungszwangs mit Grundrechten im allgemeinen (Art. 12 u. 14 GG), sondern bei der Rechtmäßigkeit der Satzungsformulierung in concreto, was Ausnahmegrund und Antragsfrist betraf.

Dort sind dann die wesentlichen Argumente pro und contra zu sammeln und darzulegen, woran sich die mit Gründen versehene abgewogene Entscheidung des Bearbeiters anschließt. Erscheinen Rechtsfragen hingegen unproblematisch, so sollte sich der Bearbeiter nicht scheuen, es bei knappen Feststellungen bewenden zu lassen.

Beispiel:
Die an X adressierte ordnungsbehördliche Verfügung des Oberstadtdirektors, deren Aufhebung er begehrt, ist ein belastender Verwaltungsakt (§ 35 S. 1 VwVfG). Richtige Klageart ist daher die Anfechtungsklage gemäß § 42 I VwGO.

---

[269] Daß die Erörterung eines Theorienstreits überflüssig ist, wenn es hierauf im Ergebnis nicht ankommt und der Klausurfall hinreichend anderweitige Probleme aufwirft, wird zu Recht von *Diederichsen* (o. Fußn. 2), S. 103 betont.

[270] AaO (o. Fußn. 2), S. 104.

4. Mehrfachprüfung und Hilfsgutachten

Wenn eingangs gefordert wurde, daß möglichst alle fallrelevanten Rechtsfragen geprüft und einer zumindest vertretbaren Lösung zugeführt werden, so kann dieses Postulat zum einen manchmal zu darstellungstechnischen Problemen führen, zum anderen aber auch dadurch konterkariert werden, daß bei konsequentem Aufbau eigentlich naheliegende Probleme nicht mehr erörtert werden dürften.

a) Es wirkt unbeholfen, wenn bei einer Fallösung mehrfach die gleiche Fragestellung mit gleichbleibender Intensität abgehandelt wird, soweit dies vermeidbar ist.

Im Beispielsfall oben S. 95 zu einer mehrfachen Fallvariante (Verfassungsbeschwerden von vier Elektrizitätsunternehmen) ist es geschickter, die allein divergierende Problematik der Antragsberechtigung an der entsprechenden Stelle im Rahmen der Zulässigkeitsprüfung jeweils unmittelbar nacheinander abzuhandeln, um dann ggfls. – wenn nämlich die Antragsberechtigung bei mehr als einem Unternehmen bejaht wurde – bei den weiteren Zulässigkeitsvoraussetzungen der Verfassungsbeschwerde eine einheitliche Prüfung vorzunehmen, anstatt schematisch etwa wie folgt vorzugehen:

A. I. Zulässigkeit der Verfassungsbeschwerde des E,
II. Zulässigkeit der Verfassungsbeschwerde der B-AG,
III. Zulässigkeit der Verfassungsbeschwerde der K-AG,
IV. Zulässigkeit der Verfassungsbeschwerde der X-AG.

Bei Doppelprüfungen würde allzu viel Zeit verschleudert, die sinnvollerweise für die Behandlung anderer Probleme

Im Beispielsfall Fragen der Begründetheit der Verfassungsbeschwerden

eingesetzt werden kann.

b) Erhebliche Unsicherheit besteht oft auch hinsichtlich der Notwendigkeit eines Hilfsgutachtens. Insoweit ist auf die Faustregel zu verweisen, wonach ein solches nur dann anzufertigen ist, wenn dies ausdrücklich gefordert wird

Beispiel:
Amtlicher Hinweis zu einer nw.Examensklausur: „Sollte die Klage für unzulässig gehalten werden, ist zur Begründetheit hilfsgutachtlich Stellung zu nehmen."

oder wenn ansonsten wesentliche Teile einer Aufgabenstellung nicht ausgeschöpft würden.[271]

Im vorstehenden Beispielsfall etwa hieße dies, daß ein Hilfsgutachten anzufertigen wäre, wenn in *allen* vier Fällen die Zulässigkeit einer Verfassungsbeschwerde abgelehnt würde und so letztlich zur Verfassungsmäßigkeit des angegriffenen Gesetzes – sofern diesbezüglich ausführliche Sachverhaltsangaben vorhanden waren – überhaupt nicht mehr Stellung genommen werden könnte.

[271] Siehe aber auch oben II 7 (S. 101 f.) zu dem – äußerst seltenen(!) – Fall einer Alternativlösung wegen unterschiedlicher Sachverhaltsdeutung.

5. Äußere Form

Zur äußeren Form der Klausurbearbeitung ist zunächst zu vermerken, daß man sich um deutliche Handschrift bemühen sollte. Es ist eine Illusion, zu glauben, unleserliche Passagen würden im Zweifel zugunsten des Kandidaten gewertet; sie werden eher Mißmut erregen. Eigenständig entwickelte Abkürzungen[272] sind in einer Klausur tunlichst zu vermeiden. Sollten sie jedoch ausnahmsweise aus Gründen der Textlänge oder einer komplizierten Formulierung unverzichtbar erscheinen (z.B. „Gesetz über die Bildung eines Sachverständigenrates zur Begutachtung der gesamtwirtschaftlichen Entwicklung" als SVR-G), dann sollten die gewählten Abkürzungen jedoch wenigstens eindeutig sein (z.B. BReg oder BRat, nicht BR) und in einem Klammerzusatz oder einer Fußnote kenntlich gemacht werden. Lediglich die in den Gesetzessammlungen enthaltenen (BauGB, GewO, FStrG) und in Umgangssprache (z.B., u.U., bzw.) oder juristischer Literatur (BGH, BVerfG) üblichen Abkürzungen können durchgängig benutzt werden.

Bei jeder Übungsarbeit sind schließlich üblicherweise auf der ersten Seite links oben in Blockschrift Vor- und Zuname, Anschrift sowie Semesterzahl anzugeben. Außerdem ist zu vermerken, um welche Arbeit in welcher Lehrveranstaltung es sich handelt.[273] Es sind Seiten im Format DIN A 4 zu verwenden, bei denen links jeweils ein breiter Rand für die Korrektur freizulassen ist. Die Seiten sollen nur einseitig beschrieben und durchnumeriert werden. Die Klausur ist am Ende zu unterschreiben.

§ 7. Die Hausarbeit

Auch bei der häuslichen Fallbearbeitung erweist sich die Beachtung der vorstehend wiedergegebenen arbeitstechnischen Hinweise für die Klausur als unumgänglich, da hier wie dort prinzipiell die gleichen gedanklichen Operationen (Stichworte: schrittweises Vorgehen, Aufbau, Bearbeitung der Rechtsfragen) vorzunehmen sind. Bei einer Hausarbeit wird allerdings in Ansehung der zur Verfügung stehenden Hilfsmittel und der Bearbeitungszeit erwartet, daß der Bearbeiter zu den im Rahmen der gutachtlichen Lösung eines konkreten Falles auftauchenden Rechtsproblemen einschlägige Literatur und Rechtsprechung ermittelt, zur Kenntnis nimmt und verwertet. Anzuvisieren ist in der Hausarbeit also eine Vertiefung der Problemerörterungen.[274] Hinsichtlich der Intensität solcher Bemühungen wird man freilich für Anfänger-Übung, Fortgeschrittenen-Übung und Examenshausarbeit jeweils abgestufte Anforderungen zu stellen haben.

---

[272] Vor „Privatabkürzungen" warnte zuletzt noch *Theuersbacher*, JuS 1989, 768.
[273] Vgl. bereits *Hadding*, JuS 1977, 241 und *Erichsen*, JuS 1979, 35.
[274] Siehe auch *Brühl* (o. Fußn. 14), S. 134.

Auch die häusliche Fallbearbeitung muß den an eine rechtswissenschaftliche Untersuchung generell zu stellenden qualitativen Anforderungen genügen. Insofern sind hier im Rahmen der Vorarbeiten (Arbeitsschritte: erste Orientierung, Stoffsammlung, Systematisieren, Erstellen einer Disposition, Schwerpunktbildung), der Darstellungsweise (Etappen der Niederschrift, Gliederung, angemessene Proportionierung, stilistische Aspekte, Anmerkungsapparat, Zitierregeln, Inhaltsübersicht, Literatur- und Abkürzungsverzeichnis) und der Nacharbeiten (Korrekturen, Klarstellungen, Ergänzungen, u.U. Aktualisierung) zugleich jene Hinweise förderlich, die zur rechtswissenschaftlichen Themenarbeit (unten Teil 4) gegeben werden. Die folgenden Ausführungen beschränken sich mit Rücksicht darauf auf einige speziell bei häuslichen Fallbearbeitungen auftauchende arbeitstechnische Probleme.[275]

Als *Grundregel* für die häusliche Fallbearbeitung gilt: Die Hausarbeit soll eine wissenschaftliche Erörterung der gestellten Fragen anhand von Literatur und Rechtsprechung sein. Zu Streitfragen, die für die Entscheidung des Falles erheblich sind, ist selbständig Stellung zu nehmen. Die Anforderungen an die „Wissenschaftlichkeit" der Arbeit sind allerdings nicht zu überdehnen: Vom Bearbeiter wird weder eine „erschöpfende" Durchdringung der sich stellenden Streitfragen in all ihren Schattierungen verlangt, noch wird von ihm erwartet, vorhandene wissenschaftliche Diskussionen durch eigene, neue Lösungsansätze zu bereichern.[276] Wesentlich ist das Auffinden der Probleme und Streitfragen durch richtigen Aufbau und Anwendung der einschlägigen Vorschriften. Entscheidend für die juristische Begutachtung eines konkreten Lebenssachverhalts ist die logische, konsequente und möglichst rasche Hinführung auf die Entscheidung des Falles und die argumentativ überzeugende Beantwortung der gestellten Fragen.

I. Zu den Vorarbeiten

In Anlehnung an die Erörterungen zur rechtswissenschaftlichen Themenarbeit (unten § 9) sind auch bei den Vorarbeiten zur häuslichen Fallbearbeitung die vier Arbeitsschritte: Stoffsammlung, Systematisieren, Erstellen einer Disposition, Schwerpunktbildung anzuraten. Man sollte sich jedoch hüten, wie dies vielfach zu beobachten ist, sofort nach Ausgabe des Aufgabentextes eine juristische Fachbibliothek aufzusuchen und dort Materialschlachten und Fotokopierorgien mit Spezialliteratur zu veranstalten, von der angenommen wird, daß sie für die Fallentscheidung von Bedeutung sei. Der Bearbeiter sollte besser in einem ruhigen Winkel zunächst nur mit Hilfe des Gesetzestextes eine klausurmäßige Lösung

---

[275] Z.T. weiterführende Hinweise zur Bearbeitung juristischer Hausarbeiten finden sich bei *Brühl* (o. Fußn. 14), S. 133ff.; *Rollmann*, Die juristische Hausarbeit, JuS 1988, 42ff.; *Erichsen*, Hinweise für die Übungen im Öffentlichen Recht, Jura 1979, 35ff.; *Pappermann/Vesper*, Die öffentlich-rechtliche Hausarbeit im Referendarexamen, 1973.

[276] *Schwerdtfeger* (o. Fußn. 9), Rdnrn. 22ff.

der Arbeit versuchen.[277] Hierzu muß er sich zunächst einmal den Sachverhalt in allen seinen Einzelheiten *vergegenwärtigen.* Der Sachverhalt muß richtig „sitzen", d. h. vollständig erfaßt und verinnerlicht sein.[278] Auch dem Anfänger müßte das Erstellen einer Lösungsskizze zumindest bei einem Großteil der (auf sein Leistungsniveau zugeschnittenen) Aufgaben möglich sein. Das verlangt freilich ein gesundes Maß an materiellem Wissen,[279] welches bei der Übungshausarbeit allerdings durch sachgebietsorientierte Lektüre entsprechender Lehrbücher aufgefrischt bzw. intensiviert werden kann. Vor der unter Studenten weit verbreiteten „Scheinejagd" kann in diesem Zusammenhang nur nachdrücklich gewarnt werden. Wer sich an die Bearbeitung eines Falles macht, ohne zuvor wenigstens die Grundzüge eines Rechtsgebietes *studiert* zu haben, wird nur in den seltensten Fällen eine ordentliche Lösung zustande bringen. An einer Übung sollte der Student sich nicht allein deswegen beteiligen, weil die Mehrzahl der im gleichen Semester befindlichen Kommilitonen ebenfalls „den Schein macht" bzw. versucht, ihn „zu machen". Es ist keine Schande, ein Zeugnis ein Semester später als die Mehrheit zu bekommen. Vielmehr wird derjenige, der sich insoweit etwas mehr Zeit läßt, die gewonnene Zeit aber zur Beschäftigung mit der entsprechenden Rechtsmaterie nutzt, das begehrte Zeugnis später auf Grund seines größeren Wissens leichter erhalten als zuvor die Mehrzahl seiner Kommilitonen. Außerdem wird er dann aus Fallbesprechungen zusätzlichen Gewinn ziehen.

Nur mit einem soliden Sachwissen läßt sich ein Gespür dafür entwikkeln, worauf es wirklich ankommt.[280] Derjenige Bearbeiter, der in der Lage ist, eine die Fallprobleme schon in etwa ansprechende klausurmäßige Lösungsskizze zu erstellen, erspart sich viel überflüssige Arbeit. Er kann Rechtsprechung und Literatur gezielt nach den seiner Ansicht nach vertieft zu behandelnden Problemen durchforsten. So erübrigen sich ziellose Lesestunden.[281] Probleme, die übersehen wurden oder nicht bekannt waren, werden in aller Regel bei der Überprüfung der selbst gestellten Einzelfragen auffallen.

Nachdrücklich gewarnt sei in diesem Zusammenhang vor der verbreitet zu beobachtenden „Mitläufer-Mentalität" vieler Studenten, die darin besteht, wortstarken Kommilitonen an den Lippen zu hängen und ohne eigene Reflektion unkritisch fremde Lösungskonzepte zu übernehmen. Abgesehen von der oft zweifelhaften Seriosität der so entstehenden „herrschenden Seminarmeinung"[282] wird auf diese Weise der mit der

---

[277] *Schramm/Strunk* (o. Fußn. 4) S. 11; *Brühl* (o. Fußn. 14), S. 136 f.; *Schwerdtfeger* (o. Fußn. 9), Rdnr. 929.

[278] *Rollmann* (o. Fußn. 275), 44.

[279] Diese von *Pappermann/Vesper* (o. Fußn. 275), S. 17 für die Hausarbeit im Referendarexamen benannte Voraussetzung gilt auch für die Universitätsübung.

[280] *Schwerdtfeger* (o. Fußn. 9), Rdnr. 941.

[281] *Rollmann* (o. Fußn. 275), S. 44.

[282] Siehe auch *Rollmann* (o. Fußn. 275), 44.

Anfertigung von Hausarbeiten erzielbare Lerneffekt verfehlt. Im übrigen bringt sich der Bearbeiter um das mit einer erfolgreichen Bearbeitung regelmäßig verbundene Erfolgserlebnis, eine eigenständige Leistung erbracht zu haben.

Sollte wegen des Ineinandergreifens mehrerer – dem Verfasser unbekannter – Spezialfragen das Erstellen einer klausurmäßigen Lösung nur mit dem Gesetzestext im Einzelfall nicht möglich sein, was bei öffentlich-rechtlichen Hausarbeiten durchaus der Fall sein kann,[283] so ist eine umfassende „Literaturschau" zunächst dennoch weder erforderlich noch zweckmäßig. Als Einstieg genügt fast immer ein einschlägiges (Standard-) Werk, sei es ein Kommentar oder ein Lehrbuch, wie beispielsweise „*von Münch*, Grundgesetz-Kommentar" und „*Hesse*, Grundzüge" für das Verfassungsrecht, oder „*Maurer*" für das Verwaltungsrecht. Gleiches gilt im Bürgerlichen Recht etwa für den „*Palandt*".

Ausgangspunkt für die Lösungsskizze ist die (meistens ausdrücklich) formulierte Fallfrage.[284] Das mag banal klingen, ist aber für manchen Bearbeiter wohl doch nicht selbstverständlich.

Speziell in der öffentlich-rechtlichen Arbeit, die regelmäßig ein Nebeneinander sowohl prozessualer wie auch materiell-rechtlicher Fragen aufweist, ist hier Vorsicht angezeigt: So werden vielfach die Erfolgsaussichten einer (verwaltungsgerichtlichen) Klage geprüft, obwohl die Erfolgsaussichten eines Widerspruchs zu untersuchen waren (dort sind auch Zweckmäßigkeitserwägungen zu erörtern, vgl. § 68 I 1 VwGO). Einen selbst in Hausarbeiten ständig wiederkehrenden Fehler stellen (vielfach zudem noch unvertretbar breite) Ausführungen zur „Zulässigkeit der Klage" in solchen Fällen dar, in denen ausschließlich nach materiellen Aspekten gefragt wird (z.B.: „Sind Grundrechte des A verletzt?" „Beurteilen Sie die Rechtmäßigkeit der polizeilichen Maßnahme gegen B!").[285]

Zur Illustration der erforderlichen Arbeitsschritte mag die folgende Übungsaufgabe dienen:

„A. Die politische Vereinigung ‚Grünfront e.V.' will sich gegen die ihrer Meinung nach völlig verfehlte Stadtplanung der nordrhein-westfälischen Stadt B zur Wehr setzen. Zu diesem Zweck kündigt sie auf Plakaten und Flugblättern für Sonnabend, den 25. 02. 1990, eine angemeldete Großdemonstration auf dem Stadtplatz in B an. Trotz der massiven Werbung erscheinen nur 10 Personen. Der Vorsitzende der Vereinigung, *Pieps*, greift unbeirrt zu seinem Megaphon und hält – sehr zum Mißfallen der Anwohner – eine flammende Rede. Er ist sehr erstaunt, als ihm in der folgenden Woche ein Bußgeldbescheid der zuständigen Ordnungsbehörde in Höhe von 200 DM wegen unzulässiger Benutzung eines lärmverursachenden Tongerätes unter Hinweis auf § 10 nw.LImSchG vom 18. 3. 1975 (GVBl. S. 232) zugestellt wird. Vor den von ihm diesbezüglich angerufenen ordentlichen Gerichten bleibt er in allen Instanzen erfolglos. *Pieps* erkundigt sich nunmehr nach den Erfolgsaussichten einer Verfassungsbeschwerde zum BVerfG. Er fühlt sich namentlich in seinen Grundrechten aus Art. 5 I und Art. 8 GG beeinträchtigt.

B. Würde sich die verfassungsrechtliche Beurteilung ändern, wenn nicht 10, sondern 200 Personen an der Demonstration teilgenommen hätten?"

---

[283] *Schwerdtfeger* (o. Fußn. 9), Rdnrn. 1 f.
[284] *Schwerdtfeger* (o. Fußn. 9), Rdnrn. 910 ff.
[285] Vgl. etwa den Beispielsfall von *Pielow*, Jura 1989, 366.

Hier müßte einem Anfänger mit einigermaßen fundierten Kenntnissen im Staatsrecht das Anfertigen einer Lösungsskizze, gestützt nur auf Gesetzestexte, möglich sein. Die Fallfrage (Erfolgsaussichten einer noch zu erhebenden Verfassungsbeschwerde des *Pieps*) ist eindeutig. Dennoch gingen einige Bearbeiter von einer bereits eingelegten Verfassungsbeschwerde aus („Form und Frist gewahrt") oder unterstellten „die gemäß § 93a BVerfGG erforderliche Annahme zur Entscheidung seitens eines Richterausschusses als erfolgt."

Nach dem sorgfältigen Lesen des Sachverhalts und der einschlägigen Vorschriften (Art. 93 I Nr. 4a GG sowie §§ 13 Nr. 8a und 90 ff. BVerfGG) müßte eigentlich erkennbar sein, daß bezüglich der Zulässigkeit der Verfassungsbeschwerde keine besonderen Probleme bestehen.

Für die Lösungsskizze genügt zunächst das Festhalten der wohl anzusprechenden Punkte, wie: Bußgeldbescheid und gerichtliche Entscheidung als Akte der öffentlichen Gewalt, Beschwerdebefugnis und Erschöpfung des Rechtsweges. Zu empfehlen ist das Ausformulieren (klausurmäßige Lösung!) der einzelnen Gliederungspunkte. Der Bearbeiter erliegt bei der späteren Niederschrift viel seltener der Versuchung, einfach die Formulierungen aus Lehrbüchern zu übernehmen.

Mehrere Bearbeiter verrieten schon bei der Zulässigkeitserörterung ihren mangelnden Überblick bzw. das fehlende Gespür für richtige *Schwerpunktbildung*. Trotz der eigentlich ohne besondere Probleme festzustellenden Zulässigkeit der Verfassungsbeschwerde gab es Arbeiten, die zur Zulässigkeit ebenso umfängliche Ausführungen machten wie zur Begründetheit. Der Fehler ist nicht erst bei der Niederschrift, sondern bereits im Stadium der Vorarbeiten unterlaufen, da nach der Stoffsammlung und der Erstellung einer Disposition nicht erkannt wurde, daß der Schwerpunkt eindeutig bei Fragen der Begründetheit lag und dementsprechend dort intensivere Literatursuche und entsprechende Problemvertiefung geboten war. Da sich die Bearbeiter im Rahmen der Zulässigkeitsprüfung an ein vorgegebenes Schema halten können, fühlen sie sich in diesem Bereich sicherer und stellen alle in Betracht (und auch eigentlich nicht in Betracht) kommenden Punkte in epischer Breite dar.

Das geradezu sklavische Anklammern an Prüfungsschemata ist übrigens auch bei der Bearbeitung verwaltungsrechtlicher Hausarbeiten häufig zu beobachten. Ohne Schwerpunktbildung werden vielfach alle in den gängigen Fallanleitungen aufgeführten Schemapunkte der Zulässigkeitsvoraussetzungen einer verwaltungsgerichtlichen Klage durchgeprüft,[286] ohne Rücksicht darauf, daß die dort genannten Prüfungspunkte vielfach problemlos bejaht werden können.[287] Prüfungsschemata sind nur demjenigen Bearbeiter nützlich, der sie lediglich als Merkhilfe versteht und auf Grund seines Kenntnisstandes in der Lage ist, die im konkreten Fall einschlägigen Problembereiche zu erkennen.

---

[286] Ein derartiges Schema findet sich u.a. bei *Stern* (o. Fußn. 75), S. 6; darauf Bezug nehmend *Schwerdtfeger* (o. Fußn. 9), § 1 III 1 Rdnr. 7.

[287] Dazu *Schwerdtfeger* (o. Fußn. 9), § 1 III 1, Rdnr. 11.

Hinsichtlich der die zentralen Probleme bergenden Begründetheit der Verfassungsbeschwerde wird ein Bearbeiter mit dem nötigen Grundwissen bald erkennen, daß die Verfassungsmäßigkeit des § 10 des Landesimmissionsschutzgesetzes von Nordrhein-Westfalen überprüft werden muß. Hier drängt sich beispielsweise das Problem der Gesetzgebungskompetenz des Landesgesetzgebers geradezu auf. Das Landesimmissionsschutzgesetz verweist mehrfach auf das Bundesimmissionsschutzgesetz (§§ 2, 8 I, 9 IV und 13 nw.LImSchG). Bei der Beschäftigung mit dem im Sachverhalt erwähnten § 10 nw.LImSchG (und mit dessen Umfeld!) müßte auch demjenigen, dem bisher das Bundesimmissionsschutzgesetz nicht bekannt war, die Existenz dieses Gesetzes und damit auch das Problem der Gesetzgebungszuständigkeit des Landesgesetzgebers auffallen. Die Darstellung der Gesetzgebungskompetenzen nimmt erfahrungsgemäß im Rahmen der öffentlich-rechtlichen Vorlesungen für Anfänger einen breiten Raum ein. Daher müßte gerade insoweit ein besonderes Problembewußtsein erwartet werden können. Dennoch begnügte sich ein Bearbeiter mit dem kurzen Hinweis, daß davon auszugehen sei, daß § 10 nw.LImSchG vom zuständigen Gesetzgeber erlassen worden sei. Auch dies mag als Beleg dafür gelten, daß ohne solide Rechtskenntnisse eine Teilnahme an einer Übung nicht erfolgversprechend ist.[288] Mit seinen Ausführungen offenbarte der Übungsteilnehmer nicht nur den mangelnden Blick für rechtliche Zusammenhänge, sondern beging zudem den Fehler, das nicht unproblematische Vorliegen rechtlicher Voraussetzungen schlicht zu unterstellen.

Daß § 10 nw.LImSchG hinsichtlich seiner materiellen Vereinbarkeit mit den Art. 5 I GG (Recht auf freie Meinungsäußerung) und Art. 8 GG (Recht, sich friedlich zu versammeln) überprüft werden muß, ergibt sich schon aus Hinweisen im Sachverhalt.

Die Alternativfrage deutet bereits an, daß die Zahl der Demonstranten für die verfassungsrechtliche Beurteilung in irgendeiner Weise von Bedeutung sein könnte. Es ist einsichtig, daß man sich im Freien gegenüber einem aus zehn Personen bestehenden Publikum auch ohne Megaphon verständlich machen kann, aber kaum gegenüber 200 Personen. Die daraus zu ziehende rechtliche Schlußfolgerung[289] müßte sich eigentlich geradezu aufdrängen. Dennoch begnügte sich ein Bearbeiter mit dem lapidaren Hinweis: „Auch bei 200 Personen sind dieselben verfassungsrechtlichen Beurteilungskriterien anzuwenden; die Beurteilung ändert sich also nicht."

Allein aus taktischen Erwägungen durfte eine solche Fehleinschätzung nicht vorkommen. Die Zusatzfrage wird kaum ohne Grund gestellt.[290] Auch jemandem, der sich

[288] Vgl. oben die allg. Ausführungen zu den Vorarbeiten.
[289] Vgl. dazu BVerfG, EuGRZ 1979, 299.
[290] Vgl. oben § 6 III 3.

noch nie mit versammlungsrechtlichen Fragen beschäftigt hat, muß sich „der Verdacht aufdrängen", daß die Alternativfrage eine vom Ausgangsfall abweichende Lösung erfordern könnte.

Überhaupt sollte der Bearbeiter davon ausgehen, daß mit speziellen Angaben im Sachverhalt (etwa Datums- oder Ortsangaben oder aber durch ausdrückliche Nennung subjektiver Rechtsauffassungen der beteiligten Personen) nicht vor die Fallösung tückische Hürden gestellt werden sollen. Vielmehr dienen solche Hinweise regelmäßig als Hilfestellung zur Präzisizierung der Gedankenführung bei der Fallbearbeitung. Insofern sollte darauf geachtet werden, daß die spätere Bearbeitung denn auch wirklich Angaben zu *sämtlichen* im Sachverhalt angesprochenen Punkten enthält.[291] Umgekehrt liegen in der Regel solche Ausführungen neben der Sache, für deren Erörterung sich im Sachverhalt keinerlei Anhaltspunkte finden.

Wenn der Bearbeiter beim Erstellen der Lösungsskizze im Anschluß an die Erörterung der Hauptfragen noch eine Überprüfung der Verfassungsmäßigkeit der Bußgeldfestsetzung „in concreto" ins Auge faßt,[292] hat er alle wesentlichen Probleme dieser (leichten) Arbeit entdeckt.

II. Zur Behandlung rechtlicher Streitfragen

1. *Sammeln der vertretenen Ansichten*

Nunmehr kann gezielt mit dem Sammeln einschlägiger Aussagen in Rechtsprechung und Schrifttum begonnen werden. Einen ersten Überblick über das zur Verfügung stehende Material kann sich der Bearbeiter bei einer Durchsicht von Standardwerken verschaffen. Im „Megaphonfall" wäre beispielsweise an Grundgesetzkommentare wie „*Maunz/Dürig*", „*Schmidt-Bleibtreu/Klein*", „*von Münch*" oder den „*Bonner Kommentar*" zu denken. Es bietet sich eine Durchsicht namentlich der Kommentierungen zu Art. 5 I 1 GG und Art. 8 GG an. Diese enthalten weiterführende Hinweise auf Literatur und Rechtsprechung. Zusätzlich finden sich vor oder nach den Erläuterungen der einzelnen Grundgesetzartikel alphabetisch (nach Autorennamen) geordnete Schrifttumszusammenstellungen. Die aufgeführten Hinweise sind unter Berücksichtigung der zu behandelnden Thematik danach „abzuklopfen", ob sie zur Lösung der gestellten Aufgabe beitragen können.

Bei der Bearbeitung des „Megaphonfalles" muß bezüglich der versammlungsrechtlichen Problematik darüber hinaus unbedingt eine (neuere) Kommentierung zum Versammlungsgesetz beigezogen werden. Zu denken wäre z.B. an die Erläuterungen von *Dietel* und *Gintzel*,[293] auf die unter anderem in der Schrifttumszusammenstellung bei *Schmidt-*

---

[291] So auch *Schwerdtfeger* (o. Fußn. 9), § 52 IV 2.

[292] Hier im Ergebnis unproblematisch; ein Antrag nach § 10 III nw.LImSchG wäre abzulehnen gewesen. Zur „inzidenter" erfolgenden Prüfung der Verfassungsmäßigkeit vgl. *Schwerdtfeger* (o. Fußn. 9), § 5 II 3c, Rdnrn. 88ff. und § 29 Rdnrn. 540ff.

[293] *Dietel/Gintzel*, Demonstrations- und Versammlungsfreiheit, Kommentar zum Gesetz über Versammlungen und Aufzüge vom 24. 7. 1953, 9. Aufl. 1989.

Bleibtreu/Klein zu Art. 8 GG hingewiesen wird.[294] Wenn der Bearbeiter die einschlägigen Vorschriften des Versammlungsgesetzes nicht genau kennt, sollte er sich nicht scheuen, das Gesetz mit seinen Abschnitten zunächst erst einmal insgesamt in Augenschein zu nehmen, sodann einschlägig erscheinende Passagen genau zu lesen und gegebenenfalls in einem Kommentar das Stichwortverzeichnis zu Rate zu ziehen, welches gerade dem Zweck dient, das Nachsuchen zu erleichtern.

Bei „*Dietel/Gintzel*" beispielsweise finden sich unter dem Stichwort „Lautsprecher" mehrere Verweisungen.[295] Hinsichtlich der „Erlaubnis zur Benutzung" von Lautsprechern wird auf Anmerkung 6 zu § 2 VersG und auf Anmerkung 18 zu § 15 VersG hingewiesen. Mit Hilfe der dortigen Ausführungen läßt sich die Frage angehen, inwieweit § 10 nw.LImSchG mit Art. 8 GG vereinbar ist. Es heißt dort[296] unter anderem, daß der Betrieb eines Lautsprechers bei Versammlungen grundsätzlich einer Erlaubnis – wegen des Lärmschutzes gemäß Immissionsschutzgesetz, wegen möglicher Verkehrsbeeinträchtigungen gemäß § 46 StVO – bedarf, daß das Erfordernis einer Erlaubnis jedoch bei solchen Versammlungen verdrängt wird, die ohne Einsatz von Lausprechern nicht durchführbar wären. Dazu wird eine Reihe von diese Auffassung stützenden Gerichtsentscheidungen zitiert.[297] Durch diese Ausführungen erhält man gleichzeitig die Bestätigung, daß die Zahl der Versammlungsteilnehmer für die rechtliche Beurteilung nicht ohne Bedeutung ist.[298]

Die angegebenen Entscheidungen müssen unbedingt nachgelesen werden. Es genügt nicht, sich mit den Ausführungen eines Kommentars zufriedenzugeben und Zitate „blind" zu übernehmen. Zum einen schleichen sich bei der Vielzahl der in Kommentierungen aufgeführten Belegstellen nahezu zwangsläufig hin und wieder Fehler ein, zum anderen ist es möglich, daß Autoren aus subjektiver Sicht Zitate zur Stützung ihrer Ansicht anführen, die bei näherer Prüfung die Meinung des Zitierenden objektiv gar nicht zu stützen vermögen.

Als Beispiel für ein fehlerhaftes Zitat sei auf den bei „*Dietel/Gintzel*" in § 2 Fußnote 8 angeführten Beschluß des OLG Karlsruhe hingewiesen, der dort dem OLG Stuttgart zugeschrieben wird. Bei einem „Blindzitat" bestand somit die Gefahr, bei der Korrektur „ertappt" zu werden.[299]

Die angegebenen Belegstellen müssen aber auch deswegen nachgelesen werden, weil sie vielfach weitergehende Hinweise – teilweise auch auf abweichende Ansichten[300] – enthalten und so zusätzliche Argumentationshilfen zu geben vermögen. Durch das Überprüfen der angegebenen

---

[294] *Schmidt-Bleibtreu/Klein*, GG, 7. Aufl. 1990, zu Art. 8 GG; vgl. auch *v. Münch*, in: ders. (Hrsg.), Grundgesetz, Kommentar, Bd. 1, 3. Aufl. 1985, S. 436.

[295] *Dietel/Gintzel* (o. Fußn. 293), S. 316.

[296] *Dietel/Gintzel* (o. Fußn. 293), § 2 Anm. 6.

[297] Z.B. OLG Celle, NJW 1977, 444; VG Hannover, SKV 1973, 153 f.; OVG Koblenz, NJW 1969, 1500 ff.; OLG Karlsruhe, DÖV 1976, 533 f.

[298] Dies zur Alternativfrage, vgl. oben I.

[299] S. auch *Rollmann* (o. Fußn. 275), S. 47.

[300] Vgl. z.B. die zuvor erwähnte Entscheidung des OLG Karlsruhe, DÖV 1976, 533 (534) mit Hinweis auf *Ott*, Gesetz über Versammlungen und Aufzüge, 1969, Einf. Rdnr. 11.

Zitate, die ihrerseits wieder neue Belegstellen enthalten können, gewinnt der Bearbeiter nach und nach einen umfassenden Überblick über den Meinungsstand zu dem zu erörternden Problem.

Anzuraten ist, die als wesentlich erkannten Ausführungen wörtlich zu exzerpieren bzw. – bei längeren Passagen – zu fotokopieren. Für weniger wichtige Ausführungen genügen stichwortartige Zusammenfassungen,[301] etwa auf einer Karteikarte.[302] Exzerpte und Fotokopien sind insbesondere für solche Bücher anzuraten, die nur in wenigen Exemplaren oder sogar nur einmal in der Fachbibliothek vorhanden sind. Es muß dann immer damit gerechnet werden, daß das Buch bei der Vielzahl der Bearbeiter von Übungsfällen zu einem späteren Zeitpunkt nicht mehr greifbar ist.[303] Im übrigen ersparen Exzerpte ein späteres nochmaliges zeitaufwendiges Heraussuchen und wiederholtes Durchlesen der Bücher.

Gedanken, die beim Lesen kommen, sollten – auch in der vorab angefertigen Lösungsskizze – an der entsprechenden Stelle vermerkt werden, da sie andernfalls leicht in Vergessenheit geraten.[304]

Wichtig ist weiter, die genauen Fundstellen in den Exzerpten zu notieren, was sich spätestens bei der Niederschrift – wenn einzelne Zitate nochmals überprüft bzw. durchgesehen werden sollen – gleichfalls als zeitsparend erweist. Die Exzerpte – einschließlich der diesbezüglichen (kritischen oder zustimmenden) Anmerkungen des Bearbeiters – sollten an Hand der Lösungsskizze bzw. der vorläufigen Gliederung nach Problemkreisen – und innerhalb dieser nach Argumenten – geordnet werden. Das ist allerdings nur möglich, wenn für jeden neuen Gedanken eine eigene Karteikarte oder ein eigenes Blatt angelegt wird.[305]

Empfehlenswert, da ebenfalls zeitsparend, ist es auch, für jeden gelesenen literarischen Beitrag eine gesonderte Karteikarte[306] bzw. ein Heft mit alphabetischem Rand[307] mit allen für das Literaturverzeichnis erforderlichen Angaben[308] zu führen, wobei zwischen Kommentaren, Lehrbüchern und Aufsätzen bzw. Einzelabhandlungen unterschieden werden sollte. Das Literaturverzeichnis entsteht so nahezu von selbst und kann ohne neuerliches Nachsuchen in die Ausarbeitung übernommen werden.

Bei Verfügbarkeit eines PC vereinfachen sich diese Arbeitsschritte beträchtlich.[309]

Hinzuweisen ist darauf, daß die hier exemplarisch dargestellte Vorgehensweise – „Einstieg“ über Kommentare mit anschließender Überprü-

---

[301] So *Pappermann/Vesper* (o. Fußn. 275), S. 27 Anm. 24; Brühl (o. Fußn. 14), S. 118.
[302] Zur Verfahrenstechnik näher unten § 9 III 1.
[303] *Brühl* (o. Fußn. 14), S. 138.
[304] *Pappermann/Vesper* (o. Fußn. 275), Anm. 22.
[305] Ähnlich *Rollmann* (o. Fußn. 275), S. 42 (45).
[306] Dazu unten § 9 III 1.
[307] So *Hadding*, JuS 1977, 242.
[308] Dazu unten V.
[309] Siehe dazu allg. oben § 1 V 1.

fung der dort und in den Zitaten angegebenen Meinungen – nicht immer genügt, um einen umfassenden Überblick über den Meinungsstand zu erhalten. Dies gilt namentlich für Hausarbeiten im öffentlichen Recht, in denen die Bearbeitung eines aktuellen Themas verlangt wird. In einem solchen Fall wird erwartet, daß auch Äußerungen aus jüngster Zeit, die in Kommentaren und Lehrbüchern naheliegenderweise noch nicht berücksichtigt werden konnten, in die Argumentation einbezogen werden. Beim Auffinden neuerer Äußerungen hilft die Durchsicht der letzten Fundhefte der NJW sowie der Karlsruher Juristischen Bibliographie (KJB)[310]. Gerade bei der letztgenannten Publikation ist auffallend, daß viele Studenten – selbst Examenskandidaten – von deren Existenz offenbar keine Kenntnis haben. In einer Anfängerübung im Öffentlichen Recht wurde im Sommersemester 1990 eine Hausarbeit ausgegeben, in der zu untersuchen war, ob ein Land durch Gesetz das Kommunalwahlrecht für Ausländer einführen könne. Wer die Presse verfolgt hatte, wußte, daß es sich seinerzeit um einen aktuellen politischen Streitpunkt handelte, der inzwischen freilich durch Urteile des BVerfG vom 30. 10. 1990 (vgl. DVBl. 1990, 1397 u. 1401) seine verfassungsrechtliche Klärung gefunden hat. Die schon länger geführte Diskussion um die Frage des Kommunalwahlrechts für Ausländer[311] war namentlich durch die Einführung eines aktiven und passiven Wahlrechts zu den Kommunalvertretungen für ausländische Einwohner in Schleswig-Holstein[312] und Hamburg[313] neu belebt worden. Auch im nordrhein-westfälischen Landtag wurde – anläßlich der Landtagswahlen 1990 – erneut der Vorschlag diskutiert, Ausländer unter bestimmten näheren Voraussetzungen ab 1994 an den Kommunalwahlen zu beteiligen.[314] Es war daher zu vermuten, daß es im juristischen Bereich weitere Äußerungen zu dieser Frage gegeben hatte, so daß sich ein Blick in die letzten Ausgaben der KJB anbot. Dennoch entdeckten nur wenige Bearbeiter relevante neuere Zeitschriftenaufsätze, die in der Arbeit zu behandelnde rechtliche Aspekte ansprachen und zudem eine Fülle wei-

---

[310] Dazu oben § 4 XI; vgl. auch *Klein*, Gutachten und Urteil im Verwaltungsprozeß, 3. Aufl. 1987, S. 21 f.

[311] Der seinerzeitige Beauftragte der Bundesregierung für Ausländerfragen, der ehemalige Ministerpräsident von Nordrhein-Westfalen *Heinz Kühn*, hatte in einem Memorandum schon 1979 ein Ausländerwahlrecht für diejenigen Personen gefordert, die sich bereits längere Zeit in der Bundesrepublik aufhielten. („Stand und Weiterentwicklung der Integration der ausländischen Arbeitnehmer und ihrer Familien in der Bundesrepublik Deutschland", 1979, S. 45).

[312] Gesetz vom 21. Februar 1989 (schl.-h. GVBl. S. 12); dazu auch schon BVerfG, DVBl. 1989, 1146.

[313] Gesetz vom 20. Februar 1989 (hamb. GVBl. S. 29).

[314] Zu den sich hinter diesem Vorschlag verbergenden verfassungsrechtlichen Fragen vgl. die Stellungnahmen von *Isensee*, *Papier*, *Zuleeg* und *Rittstieg* beim Hearing zur Verfassungsmäßigkeit einer landesweiten Einführung des Kommunalwahlrechts für Ausländer im Landtag NW am 11. November 1987, abgedruckt in: Kritische Vierteljahresschrift für Gesetzgebung und Rechtswissenschaft 1987, 299 ff.

terführender Literaturhinweise enthielten.[315] Natürlich war die Aufgabe auch ohne diese Aufsätze zu lösen, aber ein Blick in die KJB hätte Argumentationsmuster erschlossen und zugleich geholfen, Arbeit zu sparen.

Bei aktuellen Themen empfiehlt sich des weiteren eine Durchsicht der in den jüngsten Ausgaben der gängigen Fachzeitschriften (im öffentlichen Recht z.B. DVBl., DÖV, NVwZ, BayVBl., NWVBL)[316] behandelten Aufsatzthemen. Je nach dem betroffenen Rechtsgebiet sollte sich die Literatursuche zusätzlich auf *spezielle* Fachzeitschriften (z.B. Umwelt- und Planungsrecht – UPR, Rundfunk und Fernsehen – RuF, Zeitschrift für das gesamte öff. und zivile Baurecht – BauR) erstrecken. Für die Sammlung der unterschiedlichen zu einem Rechtsproblem vertretenen Ansichten sind auch Monographien mit entsprechendem Schwerpunktthema oder Dissertationen von nicht zu unterschätzendem Wert, weil sie regelmäßig umfassende Zusammenstellungen des Schrifttums zu dem abgehandelten Thema enthalten und Lösungsmöglichkeiten erörtern.

Im Interesse einer umfassenden Übersicht vor allem über einschlägige Rechtsprechung der Instanzgerichte zu einem Thema empfiehlt sich schließlich die Benutzung der JURIS-Datenbank, die dem Studenten an den meisten Universitäten (Universitätsbibliotheken) gegen Gebühr zugänglich ist.[317] Unter Eingabe bestimmter Suchbegriffe oder §§-Angaben sind hier besonders auch bisher nicht veröffentlichte Urteile zu ermitteln.

Bereits vom Teilnehmer an einer Anfänger-Übung ist zu verlangen, daß er in der zur Verfügung stehenden Zeit (meist drei bis vier Wochen) die Gelegenheit nutzt, die speziellen Fallprobleme unter Zuhilfenahme nicht nur von allgemeinen Lehrbüchern und Kommentaren, sondern auch von Zeitschriftenaufsätzen und selbständigen Monographien anzugehen.

Beispiel:

Wenn im Rahmen einer öffentlich-rechtlichen Anfänger-Übung ein verfassungsrechtliches Gutachten über den Entwurf eines „(Bundes-)Gesetzes zur Sicherung der Pressefreiheit" erbeten wird, in dem u.a. Höchstgrenzen für die Druckauflage von Tageszeitungen enthalten waren, so genügt es nicht, wenn – wie geschehen – das Literaturverzeichnis nur folgende vier Werke aufweist: „1. *Doehring*, Staatsrecht der Bundesrepublik Deutschland, 3. Aufl. 1984, 2. *Heller/Gerhardt,* Öffentliches Recht AT, 2. Aufl. 1978, 3. *Hesse*, Grundzüge des Verfassungsrechts der Bundesrepublik Deutschland, 16. Aufl. 1988, 4. *Schwerdtfeger*, Öffentliches Recht in der Fallbearbeitung, 8. Aufl. 1986." Der Bearbeiter, der außer den angegebenen Schriften in der Ausarbeitung lediglich noch einige Gerichtsentscheidungen verwertete, hielt es augenscheinlich nicht für nötig, auch nur einen Grundgesetzkommentar (Probleme bei Art. 5 I 2, Art. 12 I und 14 GG) zu Rate zu ziehen. Auch die sich geradezu aufdrängende

---

[315] Vgl. etwa *Zuleeg*, Die Vereinbarkeit des Kommunalwahlrechts für Ausländer mit dem deutschen Verfassungsrecht, in: Ausländerrecht und Ausländerpolitik in Europa 1987, 153 ff.; *Wollenschläger*, Zur verfassungsrechtlichen Zulässigkeit der Einführung eines kommunalen Wahlrechts für Ausländer in Nordrhein-Westfalen, VR 1988, 269 ff. Hinweise auf die genannten und andere Aufsätze finden sich etwa in KJB 1988 unter dem Stichwort „Kommunalwahl", Nrn. 9527 und 16627. Weiter fündig werden konnten die Bearbeiter mit Hilfe des Stichwortregisters der JZ. Unter dem Suchbegriff „Ausländer" erfolgten hier Hinweise auf *Bryde*, Ausländerwahlrecht und grundgesetzliche Demokratie, JZ 1989, 257 ff. Siehe zur Problematik etwa auch *P.J. Tettinger* (o. Fußn. 78), S. 25 f. m.w.N.

[316] Vgl. im übrigen die Übersicht oben § 4 IX.

[317] Siehe hierzu bereits oben § 1 V 2.

Auseinandersetzung mit dem zahlreichen Schrifttum zur Pressekonzentration ersparte er sich.

Häufig läßt also schon der Blick in die Literaturübersicht Rückschlüsse auf die (mangelhafte) Qualität der Bearbeitung zu. Der vorgenannte Bearbeiter hat den Begriff „Hausarbeit" augenscheinlich zu wörtlich genommen und sich nur der zu Hause verfügbaren Hilfsmittel bedient.

2. *Nachvollziehen der der jeweiligen Meinung zugrundeliegenden Argumente*

Voraussetzung für die richtige Einordnung der gesammelten Ansichten innerhalb des Meinungsspektrums ist das Verstehen des Gelesenen. Dies ist vor allem bei Gerichtsentscheidungen, die ja keine systematisch geschlossene theoretische Abhandlung enthalten, sondern einen konkreten Fall lösen und die dogmatische Einordnung des tragenden Rechtsgrundes oft nicht auf Anhieb erkennen lassen,[318] nicht immer leicht. Der Bearbeiter muß überprüfen, ob die Argumentation des Gerichts überzeugend und der zugrundeliegende Fall mit dem in der Hausarbeit zu behandelnden vergleichbar ist. Wertvolle Hilfe bei der kritischen Würdigung leisten die in den Fachzeitschriften abgedruckten Urteilsanmerkungen, die Ansatzpunkte dafür enthalten, an welchen Stellen eine zu prüfende Argumentation möglicherweise angreifbar ist.[319] Kommentierende und kritische Erläuterungen zu zentralen Problemen findet man vielfach auch in den speziell der juristischen Ausbildung dienenden Zeitschriften.[320]

Bei Theorienstreit oder anderen innerhalb des Schrifttums oder zwischen Schrifttum und Rechtsprechung umstrittenen Fragen ergeben sich Argumentationshilfen daraus, daß diesbezügliche Stellungnahmen oft nicht nur Argumente zur Begründung der jeweils für richtig gehaltenen Auffassung, sondern auch solche zur Widerlegung entgegenstehender Ansichten enthalten.

Im Rahmen der Lösung des „Megaphonfalles"[321] müßte sich der Bearbeiter beispielsweise bei der Prüfung der Vereinbarkeit von § 10 nw.LImSchG mit Art. 8 GG sowohl mit der (ganz überwiegenden) Meinung auseinandersetzen, die das grundsätzliche Verbot (mit Erlaubnisvorbehalt) des Lautsprechereinsatzes bei Versammlungen für zulässig hält,[322] als auch (insbesondere) mit der abweichenden Meinung,[323] wonach der Betrieb eines Lautsprechers als adäquates Verständigungsmittel bei Veranstaltungen unter freiem Himmel erlaubnisfrei ist.

---

[318] Dazu *Schneider* (o. Fußn. 10), S. 66.

[319] Vgl. etwa zur Grundrechtsfähigkeit gemischtwirtschaftlicher Energieversorgungsunternehmen BVerfG, JZ 1990, 335 mit krit. Anm. *Kühne*; *Schmidt-Aßmann*, BB, Beilage 34 zu Heft 27/1990, S. 1 ff. m.w.N.

[320] Siehe zur vorgenannten Problematik etwa *Sachs*, JuS 1990, 755 f.; *Zimmermann*, JuS 1991, 294 ff.

[321] S. oben I.

[322] Vgl. oben Fußn. 296 und 297.

[323] *Ott*, Gesetz über Versammlungen und Aufzüge, 5. Aufl. 1987, Einf. Rdnr. 11; desgl. in früheren Aufl. (o. Fußn. 300).

Das Nachvollziehen der erstgenannten Ansicht dürfte nicht schwerfallen. Es bietet sich wegen der Wirkungen auf Unbeteiligte an, den Lautsprechereinsatz nur dann zuzulassen, wenn anders wegen der Größe der Veranstaltung die Versammlungsteilnehmer nicht zu erreichen sind, bei Versammlungen mit nur wenigen Teilnehmern jedoch, über die grundsätzlich abschließende Regelung des Versammlungsgesetzes hinaus, ein Verbot bzw. eine Einschränkung des Lautsprechereinsatzes als verfassungsgemäß anzusehen.[324] Bei der Beschäftigung mit der weitergehenden Auffassung *Otts*, wonach der Einsatz von Lautsprechern ohne Genehmigung zulässig ist, sollte dem Bearbeiter auffallen, daß sich dessen Argumentation nur auf das straßenverkehrsrechtliche Verbot des Lautsprechereinsatzes (§ 33 I Nr. 1 StVO) bezieht. Das Grundrecht der Versammlungsfreiheit könne schon deswegen nicht durch die Straßenverkehrsordnung eingeschränkt werden, weil es sich bei ihr nicht um ein förmliches Gesetz i.S. von Art. 8 II GG, sondern nur um eine Verordnung handele. Dieses Ergebnis ändere sich auch nicht dadurch, daß die Straßenverkehrsordnung auf Grund eines Gesetzes (§ 6 I StVG) ergangen sei, da die gesetzliche Ermächtigung nur den Erlaß von Rechtsverordnungen und allgemeinen Verwaltungsvorschriften zu den dort (§ 6 I StVG) näher bezeichneten straßenverkehrsrechtlichen Regelungen zulasse, nicht aber Regelungen des Versammlungswesens.

Mit der Richtigkeit dieser Argumentation braucht der Bearbeiter sich nicht näher auseinanderzusetzen, da sich die Behörde im „Megaphonfall" nicht auf die straßenverkehrsrechtliche Ermächtigungsgrundlage (§ 49 I Nr. 28 i.V.m. § 33 I Nr. 1 StVO) beruft. Für die Vereinbarkeit des § 10 nw.LImSchG mit Art. 8 GG gibt die Argumentation *Otts* nichts her.

Das Nachvollziehen der den verschiedenen Meinungen zugrundeliegenden Argumente soll weiter noch an Hand des bereits in anderem Zusammenhang erwähnten, zwar schon länger zurückliegenden, aber aus didaktischer Sicht nach wie vor wertvollen „Fall Daniels"[325] dargelegt werden. Zur Erinnerung nochmals kurz der Sachverhalt: Vor der Bundestagswahl 1969 bewarb sich der damalige Bonner Oberbürgermeister *Daniels* um die Aufstellung als CDU-Wahlkreiskandidat im Wahlkreis Bonn. Die CDU nominierte jedoch nach heftigen innerparteilichen Auseinandersetzungen einen anderen Kandidaten. Als parteiunabhängiger Bewerber an der Bundestagswahl erhielt *Daniels* über 20% der gültigen Erststimmen, erreichte aber nicht das erstrebte Bundestagsmandat. Sein auf § 18 I PartG gestützter Antrag auf Wahlkampfkostenerstattung wurde vom Bundestagspräsidenten abgelehnt, da das Parteiengesetz seinerzeit die Erstattung derartiger Kosten nur an Parteien vorsah.[326] Der Wortlaut des § 18 PartG in der 1969 gültigen Fassung war eindeutig, so daß sich ein Anspruch auf Wahlkampfkostenerstattung auch nicht im Wege der Auslegung begründen ließ. Insoweit bestand

---

[324] Vgl. Beschluß des BVerfG vom 5. 4. 1979, EuGRZ 1979, 299.

[325] Vgl. oben § 6 V 3.

[326] § 18 IV PartG, der die Wahlkampfkostenerstattung an unabhängige Bewerber regelt, wurde erst am 21. 12. 1979 aus Anlaß dieses Falles rückwirkend (vgl. Fußn. in Sartorius I) in das Parteiengesetz eingefügt, sog. „lex Daniels"; s. hierzu *Versteyl*, NJW 1980, 925 ff.

zwischen den drei mit diesem Fall befaßten Gerichten im Ergebnis Einigkeit.[327] Unterschiedliche Auffassungen wurden aber zu der Frage vertreten, ob die bezüglich der Wahlkampfkostenerstattung für partei-unabhängige Bewerber bestehende Gesetzeslücke im Wege der Analogie geschlossen werden könne. Dafür kam es entscheidend darauf an, ob die fehlende Regelung vom Gesetzgeber als bewußte Beschränkung des Kreises der Erstattungsberechtigten gewollt war. Diese Frage wurde vom VG Köln mit folgenden Erwägungen verneint: „... Dies [gemeint ist: eine bewußte Beschränkung] läßt sich [hier] weder dem Wortlaut des Gesetzes noch dem systematischen und historischen Zusammenhang der Bestimmung des § 18 PartG entnehmen. Die Bestimmung der Wahlkampfkostenerstattung ist eingebettet in ein Gesetz, das sich ausschließlich mit den inneren und äußeren Angelegenheiten der politischen Parteien befaßt, die Rechte und Pflichten der parteilosen Kandidaten jedoch ungeregelt läßt. Neben der systematischen Stellung der Wahlkampfkostenerstattung spricht vor allem die Entwicklung der Parteienfinanzierung und des ParteienG dafür, daß der Gesetzgeber allein eine Regelung der Rechtsverhältnisse der Parteien gewollt hat und die Rechtsstellung unabhängiger Kandidaten weder positiv noch negativ hat regeln wollen ..."

Diese Argumentation ist in sich schlüssig und daher gut nachvollziehbar, sie ist aber nicht unbedingt zwingend. Weil es sich beim Parteiengesetz und hier insbesondere bei der Regelung der Wahlkampfkostenerstattung um eine Reaktion des Parlaments auf das Urteil des BVerfG zur Parteienfinanzierung[328] handelt, wonach die früher praktizierte Bezuschussung der gesamten Tätigkeit der Parteien aus Haushaltsmitteln des Bundes mit dem demokratischen Grundsatz der freien und offenen Meinungs- und Willensbildung vom Volk hin zu den Staatsorganen unvereinbar war, könnte der Gesetzgeber durchaus eine Beschränkung der Wahlkampfkostenerstattung nur an Parteien im Auge gehabt haben. In diesem Sinne führt das BVerwG aus:[329] „Die entsprechende Anwendung des § 18 PartG auf unabhängige Wahlbewerber im Wege der Lückenfüllung scheitert daher schon daran, daß es sich um eine Regelung in einem *Parteiengesetz* handelt, das nur die Parteien begünstigen wollte. Dafür spricht die Entwicklungsgeschichte dieser gesetzlichen Bestimmung. Ursprünglich erhielten die Parteien für ihre gesamte Tätigkeit im Bereich der politischen Meinungs- und Willensbildung aus Haushaltsmitteln Zuschüsse. Das geschah zunächst lediglich auf Grund von Ausgabenermächtigungen im Bundeshaushaltsplan. Das BVerfG (BVerfGE 20, 56) erklärte diese allgemeine Finanzierung zwar für unzulässig, hielt es jedoch mit dem Grundgesetz für vereinbar, den politischen Parteien aus Haushaltsmitteln die notwendigen Kosten eines angemessenen Wahlkampfes zu erstatten (aaO [97, 113 f.]). Erst daraufhin entschloß sich der Gesetzgeber, die Finanzierung auf die Erstattung der Wahlkampfkosten zu beschränken."

Ähnlich argumentierte das BVerfG:[330] „Aber auch eine entsprechende Anwendung des § 18 PartG, insbesondere von dessen Absatz 2 Nr. 2, auf unabhängige Wahlkreisbewerber verbietet sich, weil die Regelung der Wahlkampfkostenerstattung von dem erkennbaren Willen des Gesetzgebers getragen ist, daß nur Parteien, nicht aber einzelne Wahlbewerber an ihr teilhaben sollen. Dieser Wille kommt in dem eindeutigen Wortlaut der einschlägigen Vorschriften wie in deren systematischer Einordnung in ein Gesetz, das sich mit der verfassungsrechtlichen Stellung und den Rechten und Pflichten der Parteien befaßt, klar zum Ausdruck. Es ergibt sich aus deren Entstehungsgeschichte."

Auch die Argumentation dieser beiden Gerichte ist ohne weiteres nachvollziehbar. Gewisse Bedenken ergeben sich allerdings hinsichtlich der Berufung auf die Entstehungsgeschichte der Regeln über die Wahlkampfkostenerstattung.

---

[327] 1. VG Köln, DÖV 1972, 356 f.; 2. (Sprungrevision) BVerwGE 44, 187 ff. = NJW 1974, 514 f. mit Anm. *Henke*; 3. (Verfassungsbeschwerde) BVerfGE 41, 399 ff. = NJW 1976, 1193 ff.

[328] BVerfGE 20, 56 ff.

[329] BVerwGE 44, 187 (189).

[330] BVerfGE 41, 399 (411).

BVerfG und BVerwG beziehen sich auf den § 17 II des von einer interfraktionellen Arbeitsgruppe eingebrachten Entwurfes des Parteiengesetzes.[331] Dort war eine Erstattung der Wahlkampfkosten (berechnet nach den gültigen Erststimmen) auch dann vorgesehen, „wenn ein Abgeordneter als Wahlkreisbewerber für eine Wählergruppe oder Partei, für die keine Landesliste zugelassen war, aufgetreten war". Aus der Tatsache, daß in der endgültigen Gesetzesfassung die „Wählergruppe" keine Erwähnung mehr findet (§ 18 II Nr. 2 PartG), schließen beide Gerichte, der federführende Innenausschuß habe durch die Streichung eine Wahlkampfkostenerstattung für Einzelkandidaten ausschließen wollen. Die Stringenz dieser Schlußfolgerung ist nicht unbedingt einsichtig: Wenn von Parteien und Wählergruppen die Rede war, spricht einiges dafür, daß die Erstattung der Kosten von Einzelkandidaten bei den Beratungen gerade keine Rolle spielte.[332]

Wie der Bearbeiter sich in einem solchen Fall entscheidet, in dem die meisten der von den verschiedenen Seiten vorgetragenen Argumente nachvollziehbar sind, bleibt seiner Bewertung überlassen.

Der Bearbeiter muß sich bei der Beschäftigung mit einer Ansicht freilich immer vergegenwärtigen, zu welchen Konsequenzen die Auffassung führt. Dabei dürfen namentlich Gesetzeswortlaut und Normzweck nicht außer acht gelassen werden.

Stellt sich, nachdem die zu einer kontroversen Rechtsfrage vertretenen Ansichten gesammelt und die diesen jeweils zugrundeliegenden Argumente nachvollzogen wurden, nunmehr heraus, daß diese vom Ausgangspunkt her unterschiedlichen Auffassungen im konkret zu begutachtenden Fall zum gleichen Ergebnis kommen, so erübrigt sich eine definitive Entscheidung für eine der Meinungen. Streitfragen dürfen nicht um ihrer selbst willen dargestellt werden. Nur wenn sich ergeben hat, daß es zur Fallösung darauf ankommt, welcher Ansicht man folgt, sind weitere Arbeitsschritte erforderlich. Ansonsten genügt der Hinweis auf die unterschiedlichen Ansätze, ihre wesentliche Argumentationsbasis und die in concreto gleichlautenden Konsequenzen.

Die von den Justizprüfungsämtern herausgegebenen Merkblätter für die Anfertigung der häuslichen Examensarbeiten[333] weisen teilweise besonders auf diese Erfordernisse hin. So heißt es in einem Merkblatt des Niedersächsischen Landesjustizprüfungsamtes:

„... Deshalb sind Streitfragen, deren Beantwortung für die Fallentscheidung gleichgültig ist, rücksichtslos auszuscheiden. Gewisse Lehrmeinungen (z.B. zur Kausalität, zur positiven Vertragsverletzung) brauchen in ihren dogmatischen Grundlagen nicht mehr ausführlich behandelt, Streitfragen, die seit Jahrzehnten geklärt sind (z.B. ob die Sicherungsüberreignung im Konkurse des Schuldners ein Recht auf Aussonderung

---

[331] Vom 26. 1. 1967, BT-Drucks. V/1339.

[332] *Versteyl*, ZParl 1975, 345 in einer Besprechung des Urteils des BVerwG – oben Fußn. 329 – „Der unabhängige Kandidat bei der Bundestagswahl"; auch *Weiler*, DVP 1978, 108 Fußn. 35.

[333] Siehe im Anhang die Merkblätter der Justizprüfungsämter beim OLG Hamm und beim OLG Düsseldorf in jüngster Fassung. Bei *Pappermann/Vesper* (o. Fußn. 275) sind ferner im Anhang, S. 131 ff., diverse Merkblätter von Justizprüfungsämtern (Berlin, Hamburg, Niedersachsen, Nordrhein-Westfalen, Saarland und Schleswig-Holstein) abgedruckt.

oder abgesonderte Befriedigung gibt), dürfen als im Sinne der herrschenden Meinung gelöst betrachtet werden, sofern nicht gerade Besonderheiten des Sachverhalts Anlaß bieten, die Frage erneut zu überprüfen."

3. Bilden einer eigenen Auffassung

Folgt aus der Überprüfung der verschiedenen zu einem Problem vertretenen Ansichten, daß sich im gegebenen Kontext unterschiedliche Konsequenzen ergeben, so ist der Bearbeiter gezwungen, sich eine eigenständige Auffassung zu bilden. Da das Ergebnis dieser Meinungsbildung den Aufbau des Gutachtens beeinflußt, kann ohne sie mit der Niederschrift nicht begonnen werden. Es verbietet sich von selbst, „ins Blaue hinein" an die schriftliche Ausarbeitung zu gehen und an den verschiedenen Weichenstellungen eines Falles auf die jeweils richtige Eingebung zu hoffen.

Das Erfordernis der Bildung einer eigenen Auffassung bedeutet nicht etwa, daß die Meinung zuvor von niemand anderem vertreten worden sein darf.[334] Vielfach genügt es, wenn der Bearbeiter sich für eine der zu einer Streitfrage vertretenen Ansichten entscheidet, die eine sachgerechte Lösung ermöglicht.

So wäre es beispielsweise im „Megaphonfall", wo sich die zutreffende Lösung ohne übermäßige Mühen aus Kommentarliteratur und Rechtsprechung ersehen läßt, verfehlt, zu versuchen, unbedingt noch eigene Gedanken zu entwickeln. Die dort zu behandelnde Thematik ist weitgehend ausdiskutiert und wird ganz überwiegend nicht mehr kontrovers behandelt. Diejenigen Bearbeiter, die den auf diesen Fall zugeschnittenen Beschluß des BVerfG[335] gefunden haben, konnten sich demnach damit begnügen, die dort aufgeführten Argumente bezüglich der Vereinbarkeit des § 10 nw.LImSchG mit Art. 5 GG und Art. 8 GG zu übernehmen, zu vertiefen und sodann ihrer Lösung zugrunde zu legen.

Es sollte den Bearbeiter nachdenklich stimmen und zur nochmaligen Überprüfung seiner Auffassung veranlassen, wenn er zu dem Ergebnis kommt, keine der in Schrifttum und Rechtsprechung vertretenen Meinungen sei zutreffend, und deshalb selbst kreativ tätig werden möchte (Begründung einer neuen Theorie). Vor krampfhaftem Bemühen um Originalität kann nur gewarnt werden. Das Vorhandensein anerkannter Lehrmeinungen sollte nicht ohne Grund ignoriert werden, zumal es dem studentischen Bearbeiter nur in ganz seltenen Fällen gelingen dürfte, Auffassungen, die fachlich ausgewiesene Juristen als zutreffend angesehen haben, umzustoßen.[336]

In diesem Zusammenhang ist insbesondere auf die Bedeutung einer gefestigten höchstrichterlichen Rechtsprechung hinzuweisen. Zwar steht es dem Bearbeiter grundsätzlich frei, eine solche Rechtsprechung abzulehnen; das sklavische Wiederholen einer vorgegebenen Ansicht stellt sicher kein wissenschaftliches Arbeiten dar und vermag auch oftmals

---

[334] *Köbler* (o. Fußn. 28), S. 122; *Schwerdtfeger* (o. Fußn. 9), § 3 IV Rdnr. 27.
[335] BVerfG, EuGRZ 1979, 299.
[336] *Brühl* (o. Fußn. 14), S. 160.

nicht zu befriedigen.[337] Andererseits ist nicht zu verkennen, daß die aus qualifizierten Juristen bestehenden obersten Bundesgerichte angesichts ihrer Spezialisierung und ihres Überblicks über ein Rechtsgebiet durchweg gewichtige Gründe für ihre Ansicht vorzubringen haben. Da die Hausarbeit zudem als „praktische Aufgabe“[338] verstanden wird, empfiehlt sich eine Orientierung der Fallösung an der höchstrichterlichen Rechtsprechung auch deswegen, weil jedes Rechtsgutachten in der Praxis die Chancen der Parteien bei einem Streitfall vor Gericht aufzuzeigen hat.[339] Der Bearbeiter muß deshalb im Falle einer Ablehnung der höchstrichterlichen Rechtsprechung schon überzeugende Argumente vorbringen, für welche eine Chance besteht, die künftige Rechtsprechung zu beeinflussen. Das kann etwa dann der Fall sein, wenn eine bestimmte Judikatur im Schrifttum ganz überwiegend abgelehnt wird.

Als aktuelles Beispiel sei dafür die Rechtsprechung des Bundesverfassungsgerichts zur *Höchstgrenze* für die steuerliche Abzugsfähigkeit von Geldspenden an politische Parteien genannt.[340] Die Verfassungsrichter vertraten angesichts einer zuvor konstatierten „krassen Ungleichbehandlung“ hinsichtlich der Abzugsfähigkeit zwischen Spendern mit niedrigen und solchen mit hohem Einkommen[341] den Standpunkt, daß die den Streitgegenstand bildenden neuen steuerrechtlichen Bestimmungen[342] mit dem zuvor bereits aus dem allgemeinen Gleichheitssatz des Art. 3 I GG hergeleiteten Recht der Bürger auf gleiche Teilhabe an der politischen Willensbildung nicht zu vereinbaren seien. Mehrheitlich[343] sprach sich der Zweite Senat in dem Urteil daraufhin dafür aus, „eine steuerliche Begünstigung von Spenden bis zu 100000 DM noch für verfassungsrechtlich zulässig, eine darüber hinausgehende Förderung jedoch mit dem Grundsatz der gleichen Teilhabe der Bürger an der politischen Willensbildung nicht mehr für vereinbar“ zu halten.[344]

Die gegenüber einer solchen Höchstgrenze für die Steuerabzugsfähigkeit einsetzende massive Kritik monierte neben der faktischen Unmöglichkeit für viele kleine Spender, „ihren“ Parteien Beiträge in einer vergleichbaren Größenordnung zukommen zu lassen,[345] vor allem die Tatsache, daß das BVerfG die Abzugsfähigkeit von Parteispenden nicht auf *natürliche* Personen beschränkt habe, da nur diesen politische Mitwirkungsrechte zustünden; so sei es insbesondere großen Konzernen nach wie vor möglich, in steuerrechtlich privilegierter Weise über unterschiedliche *juristische* Perso-

---

[337] *Vogel*, Die verwaltungsrechtliche Hausarbeit, 1965, S. 17.

[338] *Schwerdtfeger* (o. Fußn. 9), § 3 I 2, Rdnr. 22.

[339] *Brühl* (o. Fußn. 14), S. 160.

[340] BVerfGE 73, 40 (75ff.) zum Parteienfinanzierungsgesetz 1984.

[341] Ebda., S. 76ff.

[342] Es handelte sich um die aufgrund des Gesetzes zur Änderung des Parteiengesetzes und anderer Gesetze vom 22. 12. 1983 (BGBl. I S. 1577) neu eingefügten §§ 10b und 34g EStG und die entsprechend geänderte Vorschrift des § 9 KStG, wonach nunmehr Mitgliedsbeiträge und Spenden an politische Parteien bis zur Höhe von insgesamt 5 v.H. des Einkommens bzw. 2 v.T. der Summe der gesamten Umsätze und der im Kalenderjahr aufgewendeten Löhne und Gehälter steuerlich absetzbar sein sollten.

[343] Siehe das Sondervotum des Richters *Böckenförde* (BVerfGE 73, 103ff.), dem sich der Richter *Mahrenholz* anschloß (ebda, S. 117).

[344] BVerfG, aaO, S. 84.

[345] Siehe vor allem die abw. Meinung des Richters *Böckenförde* (o. Fußn. 343), S. 113f. mit dem Hinweis, daß diese Summe dem Zweieinhalb- bis Dreifachen des jährlichen Durchschnitts-Einkommens entspreche.

nen innerhalb ihrer Unternehmensstruktur (rechtlich selbständige Tochtergesellschaften) ein Vielfaches des vom BVerfG genannten Höchstbetrages zu spenden.[346]

Auch der vom BVerfG im gleichen Urteil[347] für verfassungskonform erklärte *Chancenausgleich*, der nach dem neu eingefügten § 22a PartG darin besteht, kapitalschwächere Parteien in einem Umlageverfahren an den Spendeneinnahmen der großen Parteien partizipieren zu lassen, ist vor allem mit Blick auf den Grundsatz der Staatsfreiheit[348] der Parteienfinanzierung kritisiert worden.[349]

Als weiteres Beispiel umfassend kritisierter höchstrichterlicher Rechtsprechung kann das „*Peep-Show*"-Urteil des Bundesverwaltungsgerichts dienen.[350] Dort ging es um die Frage, ob die Darbietungen im Rahmen einer sog. Peep-Show einen Verstoß gegen die „guten Sitten" darstellen und deswegen deren Erlaubnis nach § 33a II Nr. 2 GewO zu versagen sei.[351] Zum gerichtlich voll überprüfbaren unbestimmten Rechtsbegriff der „guten Sitten" hat das BVerwG in diesem Zusammenhang die Ansicht vertreten, der freiwillig in einer Peep-Show (grds. Unterscheidung von Striptease-Darbietung: Atmosphäre eines mechanisierten und automatisierten Geschäftsvorgangs, Isolierung des Betrachters) auftretenden Frau werde eine „entwürdigende objekthafte Rolle" zugewiesen,[352] worin eine Verletzung der auch für sie selbst unverfügbaren Menschenwürde zu sehen sei, was den guten Sitten zuwiderlaufe.

Dieser Argumentation wurde in verwaltungsgerichtlicher Rechtsprechung[353] und Literatur[354] u.a. entgegengehalten, der Mensch würde damit zum Objekt eines staatlichen Werte-Absolutismus degradiert, der staatliche Schutz der Menschenwürde finde seine Grenze im primär gesicherten Recht auf personale Selbstbestimmung und im – grds. auch „sozial unwertige Tätigkeiten" erfassenden – Grundrecht der Berufsfreiheit. Außerdem spreche ein Vergleich mit dem polizei- und ordnungsrechtlichen Begriff der „öffentlichen Ordnung" für die zeitbedingte Wandelbarkeit auch des Bedeutungsinhalts der „guten Sitten". Mit dem Verbot von Peep-Shows werde schließlich einer Abdrängung von Frauen in die Prostitution Vorschub geleistet.

Die Einsicht, daß es bei der Versagung von Peep-Show-Etablissements letztlich um städtebauliche Zielsetzungen geht, spricht ebenfalls für die in der Literatur geäußerte Gegenmeinung.[355] Bei der Würdigung dieses Streits hätte der Bearbeiter zudem zu beachten, daß das BVerwG seine Auffassung zur Sittenwidrigkeit von Peep-Shows –

---

[346] So *Böckenförde* (o. Fußn. 343), S. 105 ff.; *Degenhart*, Staatsrecht I, 3. Aufl. 1987, Rdnr. 44 („der vom BVerfG genannte Betrag von 100 000,- entbehrt jedoch jeder rationalen Grundlage"); *Tiedemann*, NJW 1986, 2475 (2477 f.); siehe auch *Badura*, Staatsrecht, 1986, Anm. D 22; *v.Arnim*, Verfassungsfragen der Parteifinanzierung, JA 1985, 121 ff.; *Friauf*, Parteienfinanzierung im Spannungsfeld von Bürgergleichheit und staatlicher Neutralitätspflicht, in: Aus Politik und Zeitgeschichte, Bd. 8 (1984), S. 3 ff.

[347] AaO, S. 84 ff.

[348] Hierzu bereits BVerfGE 20, 56 (101 f.); 52, 63 (85).

[349] *Badura* (o. Fußn. 346); *Böckenförde* (o. Fußn. 343), S. 116; *Degenhart* (o. Fußn. 346).

[350] BVerwGE 64, 274 ff.

[351] Siehe auch VGH Bd.Wtt., GewArch. 1978, 263 sowie die späteren, ähnlich lautenden Entscheidungen des BVerwG (GewArch. 1985, 161 f; GewArch. 1986, 229 und EuGRZ 1987, 411).

[352] BVerwGE 64, 274 (279).

[353] Siehe etwa OVG Hamburg, NVwZ 1985, 841; VG Oldenburg, GewArch. 1985, 124; VG Stuttgart, GewArch. 1986, 90 (91 f.).

[354] *Gusy*, GewArch. 1984, 151 ff.; *v.Mangoldt/Klein/Starck*, Das Bonner Grundgesetz, Bd. 1, 3. Aufl. 1985, Art. 1 Rdnr. 75; *v.Münch* (o. Fußn. 294), Art. 1 Rdnrn. 17 und 32; *Pieroth/Schlink*, Grundrechte – Staatsrecht II, 6. Aufl. 1990, Rdnr. 410; *Gronimus*, JuS 1985, 174.

[355] Zum Diskussionsstand etwa *Sieg/Leifermann/Tettinger* (o. Fußn. 169), § 33a Rdnrn. 10 f.

trotz der bestehenden Kritik – erneut bekräftigt hat,[356] wogegen vom BVerfG – allerdings aus formellen Gründen wegen nicht ersichtlicher „spezifischer Verfassungsverletzung" – keine Einwände erhoben worden sind.[357]

Der Bearbeiter sollte im übrigen bei der Frage, ob er von der höchstrichterlichen Rechtsprechung abweichen will, die taktische Erwägung nicht außer acht lassen, daß sich unter den Korrektoren viele Praktiker befinden (das gilt insbesondere für das Referendarexamen, aber auch unter den Korrekturassistenten an den Universitäten sind oft Richter und Staatsanwälte), die sich nicht so schnell davon überzeugen lassen werden, daß die ihnen aus der täglichen Arbeit vertraute Argumentation unrichtig sein soll.

Der Student sollte auch daran denken, daß er – unabhängig von seinen speziellen Berufswünschen – nach Abschluß des Studiums höchstwahrscheinlich die Referedarausbildung durchlaufen wird, während der für die praktische Verwendbarkeit von Arbeiten die Umsetzung der höchstrichterlichen Rechtsprechung von entscheidender Bedeutung ist und erwartet wird. Im übrigen wird von einem im öffentlichen Dienst Tätigen erwartet, daß er sich bei seiner Tätigkeit an Gesetz und Recht (Art. 20 III GG) orientiert. Im Amtshaftungsrecht etwa ist anerkannt, daß der Kreis der zu beachtenden Amtspflichten i.S.v. § 839 BGB i.V.m. Art. 34 GG auch die Beachtung einschlägiger höchstrichterlicher Rechtsprechung umfaßt.[358] Es kann also nicht schaden, sich beizeiten mit einer ständigen Judikatur vertraut zu machen. Ungeachtet dessen ist es stets empfehlenswert, wenn sich der Bearbeiter der von ihm als einleuchtender empfundenen Lösung anschließt.

4. Darlegung des Streitstandes mit Nennung und Gruppierung der grundlegenden Auffassungen und ihrer Unterschiede

Nach Abschluß der geschilderten Vorarbeiten einschließlich der schwerpunktmäßigen Beschäftigung mit rechtlichen Streitfragen kann der Bearbeiter mit der Niederschrift beginnen. Allgemeingültige Angaben, wieviel Zeit im Rahmen der Gesamtbearbeitungsdauer für die Niederschrift zu veranschlagen ist, sind kaum möglich. Im Rahmen der Niederschrift ergeben sich erfahrungsgemäß auch bei einer sehr sorgfältigen klausurmäßigen Lösung und bei gewissenhafter Überprüfung von Literatur und Schrifttum noch neue Gedanken, die einen erneuten Einstieg in die Lite-

---

356 Urteil vom 11. 2. 1987, NVwZ 1987, 411.

357 BVerfG, NJW 1987, 3246 f.

358 Vgl. insoweit nur BGHZ 30, 19 (22); BGH, NJW 1963, 1453 (1454); OVG NW, NJW 1979, 2061 (2063).

ratur bedingen können,[359] so daß jedenfalls hierfür noch angemessene Zeit einzukalkulieren ist.[360]

Für die Länge einer Bearbeitung gibt es keine allgemeine Regel. Insoweit kommt es allein auf den konkreten Fall an.[361] Wenn einer Aufgabe allerdings ein Bearbeitungsvermerk über den Höchstumfang einer Niederschrift beigefügt ist,[362] so sollte man die vorgegebene Länge nicht ohne zwingenden Grund überschreiten. In jedem Falle ist eine umfänglichere Arbeit kritisch auf Streichungsmöglichkeiten durchzusehen. Möglicherweise hat der Bearbeiter Schwerpunkte nicht richtig gesetzt, Scheinprobleme erörtert oder nicht erforderliche Ausführungen gemacht.

Beim „Megaphonfall"[363] mußte im Zusammenhang mit der Frage, ob *P* in seinem Grundrecht aus Art. 8 GG verletzt worden ist, zunächst der Schutzbereich dieses Grundrechts bestimmt werden. Bereits an dieser Stelle war die Prüfung in Anlehnung an die Rechtsauffassung des BVerfG mangels Eingriffs in den Schutzbereich des Grundrechts abzubrechen. Offensichtlich aus Scheu vor einer zu knappen, jedoch in diesem geringen Umfang korrekten Grundrechtsprüfung erörterten zahlreiche Bearbeiter zunächst die Rechtmäßigkeit des Grundrechtseingriffs, bevor sie auf die logisch vorrangige Frage der Bemessung des Schutzbereichs eingingen. Ein solch fehlerhaftes Vorgehen kann leicht dazu führen, daß sich der Bearbeiter im Rahmen überflüssiger Abhandlungen noch zusätzliche Minuspunkte wegen falscher materiell-rechtlicher Ausführungen „einhandelt".

Viele Bearbeiter erliegen der Gefahr, daß sie solchen Fragen zu viel Platz einräumen, zu denen sich ohne großes Nachdenken viel (ab)schreiben läßt,[364] etwa abstrakt zum Geltungsbereich eines Grundrechts in Anlehnung an Lehrbücher, Kommentare oder Leitsätze der Judikatur, ohne aber jeweils den Bezug zum konkreten Fall herzustellen.

Deutlich zu warnen ist hier abermals[365] vor der Erörterung von Scheinproblemen bzw. solcher Probleme, die zur Lösung des Falles überhaupt nichts beitragen.[366]

So wäre es beispielsweise verfehlt, den im vorhergehenden Abschnitt[367] angesprochenen Streit zwischen Rechtsprechung und Literatur aufzurollen, ob die Abzugsfähigkeit von Parteispenden mit dem Recht der Bürger auf gleiche Beteiligung an der politischen Willensbildung vereinbar ist, wenn es im konkreten Fall um einzelne Spenden in *Millionenhöhe* geht. In einem solchen Fall gehen Rechtsprechung und Gegenmeinung in der Literatur übereinstimmend von der Verfassungswidrigkeit einer entsprechenden privilegierenden Vorschrift aus.

---

[359] Diese von *Vogel* (o. Fußn. 337), S. 11 und *Pappermann/Vesper* (o. Fußn. 275), S. 31 Anm. 48, für Examenshausarbeiten angesprochene Erfahrung gilt, wenngleich in geringerem Maße, auch für Übungshausarbeiten.

[360] S. auch *Rollmann* (o. Fußn. 275), S. 42 (47); *Brühl* (o. Fußn. 14), S. 135; *Schramm/Strunk* (o. Fußn. 4), S. 11.

[361] *Vogel* (o. Fußn. 337), S. 15.

[362] So enthielt z.B. der oben sub I abgedruckte „Megaphonfall" den Hinweis, daß der Höchstumfang einer Bearbeitung nicht über 25 Seiten hinausgehen sollte.

[363] Oben I.

[364] *Pappermann/Vesper* (o. Fußn. 275), S. 32 Anm. 57.

[365] Siehe bereits oben 2.

[366] Vgl. *Köbele/Zimmermann*, Jura 1990, 436 (437).

[367] S. oben 3.

Im „Megaphonfall" hielten mehrere Bearbeiter den Gedanken für erwähnenswert, ob nicht die Benutzung des Megaphons und die dadurch bedingte Störung der Anwohner den Rechtsfrieden beeinträchtigt habe, so daß die Demonstration als unfriedliche Versammlung angesehen werden könne. Die Erörterung eines derart weit hergeholten Problems bringt die Lösung nicht voran und läßt lediglich Rückschlüsse auf ein mangelndes Judiz[368] der Verfasser zu. Desgleichen wurde erörtert, ob das nordrhein-westfälische Landesimmissionsschutzgesetz ein Einzelfallgesetz i.S. des Art. 19 I 1 GG ist, obwohl sich auf den ersten Blick erkennen ließ, daß von ihm breite Anwendungsfelder abgedeckt sind. Eine Bearbeiterin glaubte, im Rahmen der Prüfung des Art. 5 I 1 GG auf den Unterschied zwischen Werturteilen und Tatsachen eingehen zu müssen. Das war jedoch verfehlt, da sich aus dem Sachverhalt beim besten Willen nicht entnehmen ließ, daß die Äußerungen des P nur einer der beiden Kategorien zuzurechnen waren.

Bei wirklich entscheidungsrelevanten Fragen ist der Streitstand genau und unverzerrt darzustellen sowie anschließend kritisch zu würdigen.[369] Verfehlt ist es aber, in der Rechtsprechung oder von einzelnen Autoren vertretene Meinungen zusammenhanglos aneinanderzureihen

Beispiel:
a) Auffassung des BGH
b) Auffassung anderer Zivilgerichte
c) Auffassung des BVerwG
d) Auffassung anderer Verwaltungsgerichte
e) Auffassungen in der Literatur

und sich dann

Krönung der Darstellung: f) Eigene Meinung

mit dürren Worten lediglich einer Auffassung anzuschließen.[370] Die einzelnen Ansichten müssen vielmehr sachlich nach dem argumentativen Gehalt ihrer Aussagen geordnet und unter komprimierter Angabe ihrer (literarischen) Vertreter aufgeführt werden. Fast immer läßt sich der Meinungsstand zu zwei oder drei Grundansichten zusammenfassen.[371]

Vielfach: Meinung X, Gegenmeinung Y, vermittelnde Auffassung Z

Gebräuchlich und argumentativ geschickt ist es, zunächst die abzulehnenden Meinungen und erst im Anschluß daran die für sachgerecht gehaltene Auffassung darzustellen.[372] Die eigene Meinung kann der Bear-

---

[368] Zu diesem Begriff *Schwerdtfeger* (o. Fußn. 9), § 53 I 1 c.

[369] *Kienapfel*, Strafrechtsfälle, Anleitung, Aufbaumuster, Falltechnik, 1967, S. 9.

[370] Siehe Ziff. II 4 b des im Anhang abgedruckten Merkblattes des JPA Hamm; vgl. auch *Schwerdtfeger* (o. Fußn. 9), § 54 IV, Rdnr. 975; *Erichsen*, in: ders. (Hrsg.), Studium und Examen (Jura-Extra), 2. Aufl. 1983, S. 149.

[371] *Pappermann/Vesper* (o. Fußn. 275), S. 34 Anm. 74.

[372] So u.a. *Vogel* (o. Fußn. 337), S. 16; *Schramm/Strunk* (o. Fußn. 4), S. 8 f.; *Schramm* (o. Fußn. 35), S. 177 f.

beiter freilich von Beginn an durchblicken lassen. Die für zutreffend gehaltenen Argumente können dabei zugleich zur Widerlegung der gerade dargestellten Gegenansicht herangezogen werden.[373]

Da die Lösung einer Rechtsfrage nicht personalisiert in der Auseinandersetzung mit Gerichten und Autoren erfolgt, sondern in der Diskussion ihrer Argumente, ist es gebräuchlich, nur die Ansicht als solche mit ihren zentralen Argumenten darzustellen und die entsprechenden Belegstellen in einer Fußnote aufzuführen.[374] Hierzu wird in einem Merkblatt des OLG Hamm für die Examenshausarbeit zutreffend vermerkt:

„Die Literatur ist Hilfsmittel für die sachliche Prüfung; sie darf daher in der Darstellung nur insoweit in Erscheinung treten, als sie diesem Zweck dient. Deshalb muß sie unter dem Gesichtspunkt ihrer Bedeutung für die Fallentscheidung gründlich verarbeitet werden. Es genügt nicht, die Äußerungen der einzelnen Autoren nebeneinander wörtlich oder dem Sinn nach zu zitieren und sich dann lediglich dem einen oder anderen anzuschließen. Der Prüfling sollte vielmehr die Argumente für und gegen eine bestimmte Lösung sachlich ordnen und die eigene Stellungnahme selbständig begründen. Soweit dabei fremde Ansichten herangezogen werden, ist eine wörtliche Wiedergabe möglichst zu vermeiden. Sind Herausgeber und Bearbeiter im Rahmen einer selbständig erschienenen Schrift nicht identisch, so ist der Name des Bearbeiters bei der Zitierung hinzuzufügen (z.B. *Staudinger/Honsell*, § 459 Rdnr. 10). Die Quelle ist, am besten in einer Fußnote, so zu bezeichnen, daß sie mit Hilfe des Literaturverzeichnisses aufgefunden werden kann."

Die wesentlichen in der Gliederung aufgeführten Punkte sollten im Text – wortgleich und mit übereinstimmender Kennzeichnung (Buchstaben oder Ziffern) – als Überschriften erscheinen.[375] Dabei sind aus Gründen der Übersichtlichkeit jeweils Absätze zu bilden. Um dem Leser die Nachvollziehbarkeit zu erleichtern, sollten wichtige Zwischenergebnisse kurz resümierend zusammengefaßt werden. Im Interesse des Lesers sind auch Vorausverweisungen („wie unten noch zu zeigen sein wird ...") zu unterlassen. Solche Verweisungen sind untrügliche Zeichen für einen nicht logisch strukturierten Aufbau.[376] Auch zum Aufbau selbst sind bei richtigem Vorgehen in der Regel keine Hinweise erforderlich.[377] Der Aufbau einer Arbeit ist kein Selbstzweck. Dem Leser muß an Hand der Darstellung bereits klar werden, warum der Bearbeiter die Lösung in der von ihm gewählten Art und nicht anders aufbaut.

---

373 Ähnlich *Brühl* (o. Fußn. 14), S. 160.
374 *Schramm/Strunk* (o. Fußn. 4), S. 9.
375 *Erichsen* (o. Fußn. 275), S. 148.
376 *Pappermann/Vesper* (o. Fußn. 275), S. 32 Anm. 61.
377 *Pietzner/Ronellenfitsch* (o. Fußn. 4), Rdnr. 8.

5. *Streitentscheidung mit eigener Begründung*

Entscheidungsrelevante Rechtsfragen dürfen niemals alternativ entschieden werden oder überhaupt offenbleiben.[378] Für den Fall, daß gleichwertige Argumente zwei verschiedene Lösungswege vertretbar erscheinen lassen, ist nach der Darstellung beider Möglichkeiten und ihrer Voraussetzungen eine endgültige Entscheidung zu treffen. Dabei sind vage Formulierungen wie „es dürfte richtig sein" oder „man kann wohl annehmen" nicht ausreichend.[379] Wer „wohl" sagt, dem ist bei seiner Argumentation meistens unwohl.[380]

Wenn der Leser dem nach sorgfältiger Darlegung des Streitstandes auf bestimmte Argumente gestützten Vorschlag des Gutachters auch nicht zu folgen vermag, so sind bei solider Prüfung doch immerhin auch die Argumente der Gegenmeinung aufbereitet. Damit sind die zentralen Anforderungen an eine häusliche Fallbearbeitung jedenfalls erfüllt. Wesentlich für den Wert einer solchen Fallbearbeitung ist letztlich nicht so sehr, welches Ergebnis erzielt wird, sondern der Weg, auf dem der Bearbeiter zu seinem Ergebnis gekommen ist.[381] Schließlich läßt sich über die Frage, welches Ergebnis als zutreffend anzusehen ist, oft durchaus trefflich streiten. Manchmal ist auch aus der höchstrichterlichen Rechtsprechung Unsicherheit erkennbar, ob aus einem konkreten Sachverhalt ein bestimmter Anspruch folgt.[382] Nicht streiten läßt sich dagegen darüber, ob ein Ergebnis logisch begründet ist. Eine Lösung, die zufällig das zutreffende Ergebnis getroffen hat, aber in der Begründung mangelhaft ist oder gar keine Begründung erkennen läßt, ist wertlos.[383]

Keine Begründung zu ersetzen vermag der lapidare Hinweis auf die herrschende Meinung (Lehre).[384] Mit solchen Feststellungen sollte ohnehin vorsichtig umgegangen werden, weil Maßstäbe dafür, wann eine Ansicht als herrschend angesehen werden kann, nicht vorhanden sind, und somit erhebliche Manipulationsgefahren bestehen.[385]

Vielfach bezeichnen die Vertreter entgegenstehender Auffassungen ihre Meinung jeweils als die herrschende.

Den an eine überzeugende Begründung zu stellenden Ansprüchen ge-

---

[378] *Erichsen* (o. Fußn. 370), S. 149; zur richtigen Schwerpunktbildung bei der Behandlung von Streitfragen siehe auch *P. Brühl* (o. Fußn. 14), S. 134 ff. Zur (nur äußerst selten erforderlichen) alternativen Lösung bei zweifelhaften *tatsächlichen* Umständen siehe oben § 6 II 7 und *Schwerdtfeger* (o. Fußn. 9), S. 311 f.

[379] Vgl. dazu *Berg/Zimmermann* (o. Fußn. 4), S. 10.

[380] *Pappermann/Vesper* (o. Fußn. 275), S. 36 Anm. 85.

[381] *Pappermann/Vesper* (o. Fußn. 275), S. 31 Anm. 51.

[382] Vgl. *Schneider* (o. Fußn. 10), S. 123.

[383] Auf die Bedeutung der zielstrebigen Begründung der gefundenen Lösung weist ausdrücklich das Merkblatt des OLG Hamm (JPA) unter Ziffer II 4 hin.

[384] *Erichsen* (o. Fußn. 370), S. 149.

[385] *Ders.*, ebda; *Schwerdtfeger* (o. Fußn. 9), § 54 III Rdnr. 974; siehe auch oben § 4 VIII.

nügen auch nicht die oft zu lesenden Hinweise auf die „überzeugenden", „zweifelsfreien" oder „richtigen" Ausführungen in einer Kommentierung oder Gerichtsentscheidung. Der Leser will durch Argumente überzeugt werden. Ihm ist nicht damit gedient, daß der Bearbeiter eine Meinung für richtig hält, nur weil sie vielfach vertreten wird.

Mitunter begnügen sich Fallbearbeiter mit der Widerlegung der von ihnen für unzutreffend gehaltenen Ansichten. Dadurch haben sie jedoch noch keine positive Begründung für die eigene Meinung gegeben, so daß auch eine solche Vorgehensweise zur Begründung des Ergebnisses nicht ausreicht.[386] Auch einfache Behauptungen vermögen nicht die gebotene Begründung zu ersetzen.

Das zeigt sich an folgendem Beispiel: „Nach § 40 I VwGO ist der Verwaltungsrechtsweg in allen öffentlich-rechtlichen Streitigkeiten nichtverfassungsrechtlicher Art gegeben. Das trifft hier zu." Im ersten Satz hat der Bearbeiter nur den Gesetzestext abgeschrieben. Die im zweiten Satz aufgestellte Behauptung war gerade zu beweisen. Die Begriffe „öffentlich-rechtliche Streitigkeit" und „nichtverfassungsrechtlicher Art" waren zu klären und anschließend zu prüfen, ob ihre Voraussetzungen vorliegen.

Desgleichen ersetzen Zitate keine Begründung.[387] Sie sind nur Belege für die Fundstelle von Darlegungen. Häufig wird zudem der Fehler begangen, ein Zitat in der Weise zu kennzeichnen, als ob der betreffende Schriftsteller oder das betreffende Gericht sich zum zu entscheidenden Fall geäußert hätte.[388]

So wäre es verfehlt, im „Megaphonfall" auszuführen: „Durch das Verbot der Benutzung des Megaphons wird *Pieps* in seinem Grundrecht auf Versammlungsfreiheit nicht betroffen, weil an der Versammlung lediglich 10 Personen teilgenommen haben, denen er sich auch ohne Lautsprecher mitteilen konnte."[389] In dieser Form ist das in der Fußnote genannte Zitat falsch. Zu der gutachtlich zu würdigenden Frage, ob *Pieps* in seinen Grundrechten verletzt ist, hat sich das BVerfG mit Sicherheit nicht geäußert. Es hätte heißen müssen: „Nehmen an einer Versammlung nur 10 Personen teil, so umfaßt das Grundrecht der Versammlungsfreiheit nicht die Benutzung eines Megaphons.[390] Pieps ist daher nicht in seinem Grundrecht aus Art. 8 I GG betroffen."

Die Streitentscheidung erfolgt bei der Hausarbeit ebenso wie bei der Klausur[391] im Gutachtenstil, das heißt, aufzubauen ist von der Hypothese zum Ergebnis (Schema: Fragestellung – Normbenennung – Subsumtion – Ergebnis)[392]. Genau wie bei der Klausur erfüllt dieser Stil aber auch hier keinen Selbstzweck. Er empfiehlt sich nur für die wirklichen Probleme, während alles einfach zu Beurteilende oder weniger Bedeutsame legitimerweise im Urteilsstil abgehandelt werden kann.[393] Vor allem

---

[386] Vgl. *Erichsen* (o. Fußn. 370), S. 149 f.
[387] *Schwerdtfeger* (o. Fußn. 9), § 54 III Rdnr. 974.
[388] *Brühl* (o. Fußn. 14), S. 152; *Schramm/Strunk* (o. Fußn. 4), S. 10.
[389] In der Fußnote steht dann der Text: „So BVerfG, EuGRZ 1979, 299."
[390] Zitat wie bei Fußn. 389.
[391] Dazu oben § 6 IV 3.
[392] Siehe auch *Rollmann* (o. Fußn. 275), S. 42 (47).
[393] *Schwerdtfeger* (o. Fußn. 9), § 44 II; *Rips*, JuS 1979, 44.

dann, wenn der Schwerpunkt der Fallproblematik erkennbar bei der Behandlung materiell-rechtlicher Fragen liegt, muß nicht jede formelle Voraussetzung im Rahmen einer Zulässigkeits- bzw. Zuständigkeitsprüfung bis ins kleinste Detail durchgeprüft werden.

So wäre es beispielsweise bei der Prüfung einer „öffentlich-rechtlichen Streitigkeit" im Rahmen des § 40 I VwGO verfehlt, die Frage nach Zuordnung der dem konkreten Fall zugrundeliegenden Norm etwa des Baugesetzbuchs oder der Gemeindeordnung zum öffentlichen Recht aufzuwerfen. Hier genügt die Formulierung: „Bei den streitentscheidenden Normen des BauGB (der GO) handelt es sich um solche des öffentlichen Rechts."

Zur Vermeidung von Mißverständnissen ist nochmals darauf hinzuweisen, daß die hier geforderte, oft mit erheblichen Mühen verbundene *eigene* Begründung nicht mit selbstgefundener Begründung gleichzusetzen ist. In fast allen Fällen reicht es aus, wenn die Argumente anerkannter Autoren oder der Rechtsprechung mit eigenen Worten in der Form einer eigenen Begründung wiedergegeben werden.[394]

III. Die Wiedergabe fremder Erkenntnisse (Zitate)

Bei der rechtswissenschaftlichen Fallbearbeitung ist die Verwendung fremder Erkenntnisse – sowohl bei wörtlichen Zitaten als auch bei nur sinngemäßer Übernahme – wie bei jeder wissenschaftlichen Untersuchung[395] durch genaue Quellenangabe deutlich zu machen. Insofern ist auf die ausführlichen, mit Beispielen versehenen Hinweise zur Themenarbeit (unten § 10 V) zu verweisen. Hier soll lediglich auf die wichtigsten Grundregeln aufmerksam gemacht werden.[396]

1. Werden fremde Gedanken benutzt, so ist dies durch ein *Zitat* kenntlich zu machen, dessen Herkunft so genau anzugeben ist, daß es ohne Mühe nachgeprüft werden kann. Wörtliche Zitate sind nur zulässig, wenn es auf den Wortlaut ankommt. Zitate sind überflüssig, wenn der Gesetzestext genügt oder die geäußerte Rechtsansicht selbstverständlich oder unbestritten ist.[397] Das Gesetz hat vor allen anderen Quellen den Vorrang, es ist im Text zu zitieren. Alle sonstigen Nachweise sind nicht im Text der Arbeit, sondern als Fußnoten am Schluß der betreffenden Seite zu bringen.

2. In den *Fußnoten* ist stets der Urheber der zitierten Äußerung anzugeben; dabei braucht der Titel des Werkes bei entsprechendem Hinweis im Literaturverzeichnis nur schlagwortartig genannt zu werden. Bei Na-

---

[394] Ebenso *Brühl* (o. Fußn. 14), S. 160; siehe auch vorstehende Ausführungen (unter 4 und 5).

[395] Zur Aussagekraft der Zitierweise für die „Wissenschaftlichkeit" einer Arbeit *Schwerdtfeger* (o. Fußn. 9), § 3 III Rdnrn. 24f.

[396] Vgl. *Erichsen* (o. Fußn. 370), S. 151 f.; siehe auch die „10 Regeln" bei *Brühl* (o. Fußn. 14), S. 151 ff.

[397] Vgl. *Schramm* (o. Fußn. 4), S. 178 f.

men mit Verwechslungsgefahr ist der Vorname hinzuzusetzen. Bei Werken, die von mehreren Autoren herausgegeben oder verfaßt werden (insbes. bei Kommentaren) ist zwecks Individualisierung der Zuordnung der Name des jeweiligen *Bearbeiters* hinzuzufügen.

Beispiel:
M. Gubelt, in: v. Münch (Hrsg.), GG-Kommentar, Bd. 1, 3. Aufl. 1985, Art. 3 Rdnr. 55.

Bei Loseblattkommentierungen ist der Stand der letzten Bearbeitung zu der betreffenden Vorschrift zu nennen, nicht der Stand der letzten Lieferung zu dem Gesamtwerk.

Beispiel:
Scholz, in: Maunz-Dürig, Grundgesetz, Komm., Art. 5 Abs. III (Bearb.: 1977), Rdnr. 79.

Der Leser erwartet schließlich Auskunft über die genaue zeitliche Einordnung der zitierten Kommentierung, da bei umfänglichen Werken zeitliche Divergenzen von mehr als einem Jahrzehnt zu konstatieren sind.
Im Literaturverzeichnis (dazu unten V 1) ist dagegen der Stand der letzten Lieferung zu dem Gesamtwerk anzugeben.

Beispiel:
Maunz-Dürig, Grundgesetz, Loseblatt-Komm., Stand: 28. Lfg. 1990.

3. Bei *Erläuterungsbüchern* sind der Paragraph und die Anmerkung, bei anderen Werken die Seitenzahl oder das Kapitel, der Abschnitt usw. anzuführen, so daß das Zitat ohne weiteres gefunden werden kann. Die Abkürzung „aaO“ darf nur verwendet werden, wenn die zitierte Schrift auf derselben oder der vorhergehenden Seite angeführt ist. „Ebda“ für „ebenda“ sollte nur dann verwandt werden, wenn auf genau dieselbe Fundstelle wie in der vorherigen Fußnote verwiesen werden soll. Soweit möglich, ist die letzte Auflage eines Werkes zu benutzen. Werden verschiedene Auflagen desselben Werkes verwandt, muß die jeweilige Auflage bei jedem Zitat angegeben werden.
4. *Entscheidungen*, die in amtlichen Sammlungen veröffentlicht sind, sollten nach diesen zitiert werden. Es sind Band, Anfangsseite der Entscheidung und in Klammern die Seite der herangezogenen Stelle zu vermerken. Handelt es sich um die Entscheidung des Großen Senats eines Gerichts, so sollte wegen der besonderen Bedeutung solcher Judikate auch dies angegebenen werden.

Beispiel:
BVerwGE (GS) 70, 356 ff. zur Frist für die Rücknahme begünstigender Verwaltungsakte

IV. Gliederung/Inhaltsverzeichnis

Die Gliederung, die der Hausarbeit voranzustellen ist, soll in gedrängter Kürze den Aufbau der Arbeit erkennen lassen und dabei übersichtlich die wesentlichen Prüfungsabschnitte und -gesichtspunkte aufzeigen.[398] Es darf sich jedoch nicht um eine gekürzte Inhaltsangabe handeln. In der Gliederung sind die Seitenzahlen, bei denen in der textlichen Ausarbeitung die entsprechenden Sacherörterungen beginnen, anzugeben. In der Arbeit selbst müssen die Gliederungszeichen und die Überschriften wörtlich wiederholt werden. Empfohlenes Unterteilungsschema: A I 1 a) aa).

V. Literatur- und Abkürzungsverzeichnis

1. In dem der Hausarbeit voranzustellenden *Literaturverzeichnis* ist die gesamte benutzte Literatur alphabetisch oder nach Gattungen geordnet aufzuführen. Dem Namen des Verfassers folgen der vollständige Titel des Werkes, der Band, die Auflage, das Erscheinungsjahr, bei Zeitschriften außerdem die Seitenzahlen. Die Bearbeiter von Erläuterungsbüchern sind, wie bereits betont, nicht im Literaturverzeichnis, sondern bei einzelnen Zitaten in der Arbeit zu nennen. Gerichtsentscheidungen sind nicht im Literaturverzeichnis aufzuführen, ebensowenig von Einzelpersonen betreute Sammlungen bestimmter Gerichtsentscheidungen (z.B. *Kottenberg/Steffens/Rehn/v.Mutius*, Rechtsprechung zum kommunalen Verfassungsrecht des Landes NW; *Buchholz*, Sammel- und Nachschlagewerk der Rechtsprechung des Bundesverwaltungsgerichts).

In das Literaturverzeichnis gehören *alle* benutzten Bücher und Aufsätze, sofern sie in Text oder Fußnoten der Arbeit wieder auftauchen. Werke, die der Verfasser zwar zur Vorbereitung benutzt, auf die er aber in der endgültigen Fassung der Arbeit nicht mehr Bezug genommen hat, sind nicht in das Literaturverzeichnis aufzunehmen.

2. Werden in einer Hausarbeit mehrfach Abkürzungen benutzt, die nicht als bekannt vorausgesetzt werden können, so ist auch ein *Abkürzungsverzeichnis* geboten. Der Bearbeiter sollte auf diesem Gebiet allerdings nicht gesteigerte Kreativität entfalten; als Abkürzungen sind vielmehr bei Gesetzen die amtlichen zu gebrauchen, im übrigen die bei *Kirchner*, Abkürzungsverzeichnis der Rechtssprache, 3. Aufl. 1983, angeführten.

---

[398] Vgl. Ziff. I 5 des Merkblatts des OLG Hamm (JPA).

VI. Zur äußeren Form[399]

Die unterschriebene Hausarbeit ist mit Seitenzahlen zu versehen und soll gelocht und geheftet bzw. fest geklammert abgeliefert werden. Loseblattsammlungen dagegen, die nur von Büroklammern zusammengehalten werden, sind stets in Gefahr auseinanderzuflattern. Die Schrift sollte deutlich und leserlich sein; bei Maschinenschrift darf der Zeilenabstand nicht zu eng eingestellt werden. Der Arbeit ist üblicherweise eine Abschrift der Aufgabe, ein Literaturverzeichnis, ein Abkürzungsverzeichnis (dazu vorstehend V) sowie eine Inhaltsübersicht (siehe oben IV) voranzustellen. In einem Merkblatt des *JPA Hamm* ist zum Text der Arbeit zutreffend vermerkt:

> „Der Prüfling soll in der häuslichen Arbeit zeigen, daß er imstande ist, juristische Gedanken einfach, klar und gewandt auszudrücken. Auf die Form der Darstellung ist daher besonderer Wert zu legen. Dabei sind Wiederholungen sowohl des Sachverhalts als auch bereits entwickelter Gedankengänge tunlichst zu vermeiden. Redewendungen allgemeiner Art (wie z.B.: „Nun wollen wir untersuchen", „Nun müssen wir prüfen" und dergleichen mehr) sind ungeschickt. Es empfiehlt sich im allgemeinen nicht, das Ergebnis der Ausführungen vorwegzunehmen. Die Regeln der Grammatik und der Rechtschreibung sind sorgfältig zu beachten. Vor der Abgabe ist die Arbeit gewissenhaft auf etwaige Schreib- und Interpunktionsfehler durchzusehen; die Verantwortung trifft insoweit den Prüfling, nicht die Schreibhilfe."

Besonderer Wert ist – mit Blick auf die Aufnahmefähigkeit von Prüfer oder Korrekturassistent – auf die äußere Gestaltung der Arbeit zu legen. Dichtbeschriebene Seiten („Bleiwüsten") ermüden und fördern Leseunmut. Empfehlenswert ist daher eine durch Absätze und Überschriften aufgelockerte Seitengestaltung. Wie in der Produktwerbung ist auch die wissenschaftliche Überzeugungskraft durchaus nicht unabhängig von dem Medium der Präsentation.[400]

Zum Umfang lassen sich keine fixen Zahlenwerte nennen, da er abhängt vom jeweiligen Sachgebiet,

> Bearbeitungen von Examenshausarbeiten aus dem Strafrecht oder dem öffentlichen Recht sind vielfach umfangreicher als solche aus dem Zivilrecht.

von der Art, der Menge und dem Schwierigkeitsgrad der anzusprechenden Rechtsprobleme. Für Hausarbeiten bei Universitätsübungen werden vielfach Limits gesetzt,

> **Beispiel:**
> Die Hausarbeit soll 25 Seiten bei maschinengeschriebenem Text nicht überschreiten.

an die man sich dann auch tunlichst halten sollte. Allgemein gilt, daß der Wert einer Arbeit nicht ohne weiteres mit ihrem Umfang steigt; ausgetragene Streitfragen langatmig zu erörtern, mindert ihn eher.

---

[399] Hierzu eingehend *Erichsen* (o. Fußn. 370), S. 147 ff.; *Brühl*, (o. Fußn. 14), S. 141 ff.; *Schramm* (o. Fußn. 4), S. 166 ff.; siehe auch *Theuersbacher*, JuS 1989, 768 ff.

[400] So *Rollmann* (o. Fußn. 275), S. 42 (47).

Noch einmal sei schließlich in diesem Zusammenhang auf die Vorzüge computergestützter Textverarbeitung verwiesen, welche gerade bei der Anfertigung von (Examens-)Hausarbeiten und auch von Themenarbeiten verstärkte Möglichkeiten zu übersichtlicher Gestaltung von Text- und Literaturdateien bietet und so Zeit und Geld zu sparen hilft.[401]

---

[401] Siehe dazu oben § 1 V 1.

4. Teil. Hinweise zur Themenarbeit

Bis Ende der 50er Jahre war eine Reihe von Anleitungsbüchern zum Abfassen von rechtswissenschaftlichen Themenarbeiten erschienen.[1] Seitdem herrscht auf diesem Felde mehr oder minder Funkstille.[2] Es ist hier nicht der Ort, der Frage nachzugehen, welches die Gründe für solche Abstinenz im einzelnen waren und sind; anscheinend fehlte jedoch in einer Zeit, in der sich juristische Eleven vermehrt als freischaffende Künstler verstanden, auch eine entsprechende Nachfrage. Wer freilich mit der Vorbereitung, Durchführung und Evaluation von Seminaren und mit der Betreuung von Doktoranden beschäftigt ist, wird häufig ein bedenkliches Defizit an juristisch-handwerklichen Fähigkeiten feststellen, das mit Kreativität und gutem Willen allein nicht abzudecken ist. Ähnlich wie die juristische Fallösung verlangt auch die rechtswissenschaftliche Themenarbeit hinsichtlich der Vorarbeiten und der Darstellungsweise die Einhaltung gewisser – vielfach übereinstimmender – Grundregeln, die für die mündliche oder schriftliche Auseinandersetzung unter Juristen allgemein prägend sind.

§ 8. Besonderheiten der rechtswissenschaftlichen Themenarbeit (Seminararbeit, Aufsatz, Dissertation)

Als gängige rechtswissenschaftliche Themenarbeiten, denen das primäre studentische Interesse gilt, sind die Seminararbeit, der zur Publikation bestimmte Aufsatz und die Dissertation zu nennen.[3]

Unter *Seminararbeit* wird dabei die schriftlich auszuarbeitende und

---

[1] *Wolff/Spitaler*, Ratschläge für die Anfertigung rechts- und wirtschaftswissenschaftlicher Dissertationen, 3. Aufl. 1957; *Thieme*, Die Anfertigung rechtswissenschaftlicher Doktorarbeiten, 1958 (2. Aufl. 1963); *Brinkmann*, Die rechtswissenschaftliche Seminar- und Doktorarbeit, 1959.

[2] Hinzuweisen ist lediglich auf *Rinken*, Einführung in das juristische Studium, 1977, S. 258 ff.; *Gerhards*, Seminar-, Diplom- und Doktorarbeit, 6. Aufl. 1987; in der Schweiz *Oftinger*, Vom Handwerkszeug des Juristen und seiner Schriftstellerei, 7. Aufl. 1986 (bearb. von *Forstmoser, Schluep, Bühler*). – Lesenswert aber etwa auch *Umberto Eco*, Wie man eine wissenschaftliche Abschlußarbeit schreibt (dt. Bearb. von *W. Schick*), 1988. – Letztens in komprimierter Darstellung speziell zur Seminararbeit *Huff*, JuS 1991, 214 ff.

[3] Zu weiteren Aufgabenstellungen wie Diskussionsprotokoll, Literaturrezension s. *Rinken* (o. Fußn. 2), S. 261 ff. – Bearbeitungshilfen für rechtsgestaltende Arbeiten gibt *Hoffmann-Riem*, in: ders., Sozialwissenschaften im Öffentlichen Recht, 1981, S. 59 ff.

meist – zumindest partiell – auch mündlich vorzutragende Arbeit in dem von einem Hochschullehrer geleiteten Seminar verstanden. Die Publikation eines oder mehrerer *Aufsätze* ist vielfach eine der Voraussetzungen, die trotz Nichterreichen des im Regelfall geforderten Prädikatsexamens ausnahmsweise eine Zulassung zur Promotion ermöglichen. Die *Dissertation* stellt herkömmlicherweise das zentrale Element der Promotionsleistungen dar.

Unterschiede zwischen den genannten juristischen Arbeiten bestehen weniger im methodischen Vorgehen als in funktionaler Hinsicht, etwa in Umfang und Intensität der Bearbeitung sowie in speziellen formellen Anforderungen bei der Dissertation einerseits und spezifischen, durch den Vortrag bedingten Erfordernissen bei der Seminararbeit andererseits.

I. Themenwahl

Während für die Seminararbeit die Thematik durchweg vorgegeben ist, zählt bei der Dissertation die Themenwahl zu den schwierigsten Punkten überhaupt. Nach Maßgabe der Promotionsordnung der jeweiligen Fakultät muß es sich bei der Dissertation um eine wissenschaftlich beachtliche schriftliche Arbeit aus dem Gebiet der Rechtswissenschaft handeln.[4] Der Bewerber steht also, sofern ihm nicht von einem Hochschullehrer die Bearbeitung eines diesem als geeignet erscheinenden Themas angeraten worden ist, vor der mühsamen Aufgabe, eine Thematik zu finden, welche es ermöglicht, die genannten Kriterien zu erfüllen.[5] Es gilt, unter Zugrundelegung der vorhandenen Gesetze, der Literatur und der Rechtsprechung ungelöste Streitfragen zu finden, die einer Bearbeitung bedürftig und zugänglich sind.[6] Die Dissertation darf sich nicht in einer Wiedergabe vorhandener Auffassungen erschöpfen, sondern gefordert sind eigenständige neue Gedanken oder zumindest Modifikationen bereits vorgetragener Auffassungen. Zur Frage der Themenwahl bedarf es einiger Anmerkungen. Zu Recht betont *Oftinger*[7]: „Selbst wenn alle Einzelheiten als solche nicht wirklich neu sind, so kann doch die Gesamtbetrachtung verdienstvoll und für außenstehende Leser interessant sein; ergeben sich überdies noch frische Gesichtspunkte, dann ist eine gültige wissenschaftliche Leistung entstanden."

Zum einen sollte der Bewerber sich nicht allein deshalb scheuen, ein Thema zu bearbeiten, weil er in Erfahrung gebracht hat oder mutmaßt, daß auch andere Kandidaten – an anderen Hochschulen – sich dem gleichen Fragenkreis widmen.

---

[4] So etwa §1 Abs. 2 u. 3 der Promotionsordnung der Juristischen Fakultät der Ruhr-Universität Bochum i.d.F. vom 3. 9. 1986.

[5] Gelegentlich scheinen manche Kreise in der „Promotion auf Inserentenbasis" eine Abhilfemöglichkeit zu sehen; vgl. dazu *Geck*, JuS 1981, 235.

[6] *Thieme* (o. Fußn. 1), S. 8.

[7] (O. Fußn. 2), S. 167.

Sofern es sich etwa um eine aktuelle Problematik handelt, die in unterschiedlicher Weise angegangen werden kann und verschiedene Betrachtungsweisen erlaubt, mag es sich durchaus als wissenschaftlich fruchtbar erweisen, wenn mehrere voneinander unabhängige Bearbeitungen vorgelegt werden. Im Zweifelsfalle sollte diesbezüglich allerdings mit dem betreuenden Hochschullehrer Rücksprache genommen werden.

Zum zweiten: Befürchtet der Kandidat, nach dem Stand seiner Erkenntnisse könne es sich bei einer in Literatur oder Rechtsprechung vieldiskutierten Frage letztlich um ein Scheinproblem handeln, so stellt dies nicht unbedingt einen Grund für ein Ablassen von der Thematik dar. Auch in der Entlarvung einer juristischen Fragestellung als Scheinproblem kann durchaus ein beachtliches wissenschaftliches Verdienst liegen.[8]

Als *drittes* sei schließlich vermerkt, daß ein Aspirant tunlichst ein Dissertationsthema aus einem Rechtsgebiet auswählen sollte, mit dem er sich während des Studiums bereits intensiver beschäftigt hat und dessen allgemeine Fragestellungen ihm schon vertraut sind. Namentlich bei übernahme einer Seminararbeit lassen sich vielfach Ansatzpunkte für eine spätere intensivere Behandlung des Themas gewinnen. Nicht zuletzt die Diskussionen im Anschluß an ein Seminarreferat können dem Referenten neue Perspektiven aufzeigen, deren Verfolgung lohnend erscheint.

Demgegenüber ist vor einer – freilich vielfach zu beobachtenden – opportunistischen Verfahrensweise zu warnen, nämlich einen Hochschullehrer ohne Rücksicht auf das von ihm vertretene Fach um Annahme als Doktorand zu ersuchen, nur weil die Mundpropaganda besagt, er sei „wohlwollend" und die von ihm angelegten Maßstäbe seien „bescheiden". Auf die Einhaltung von Mindeststandards wird die jeweilige Fakultät zu achten haben; im übrigen setzt die Übernahme einer Thematik auf einem dem Bewerber bislang mehr oder minder unbekannten Rechtsgebiet häufig erhebliche Vorarbeiten voraus, um die notwendigen allgemeinen Grundkenntnisse zu erlangen, ehe mit der eigentlichen Bearbeitung begonnen werden kann, so daß der Zeitaufwand allein hierfür oft sehr beträchtlich ist.

II. Themenformulierung

Unabhängig davon, ob das Thema selbst gewählt oder vorgegeben wurde, bereitet es durchweg Schwierigkeiten, die Thematik hinsichtlich der zu behandelnden Aspekte näher zu strukturieren und nach außen hin abzugrenzen. Bei zu großer Stoffülle besteht die Gefahr oberflächlicher Bearbeitung und des Weglassens wichtiger Gesichtspunkte, bei zu großer Kargheit die Versuchung, durch langatmige Überdehnung das vorhan-

---

[8] *Thieme* (o. Fußn. 1), S. 9.

dene Material zu „strecken". In einer solchen Situation ist jedenfalls bei einer Dissertation mit Nachdruck anzuraten, im ersten Falle auf eine Eingrenzung des Themas, im anderen Falle auf eine erweiterte Fragestellung zu dringen, so dies möglich ist. Die Formulierung eines Themas, auf das sich der Doktorand und sein Betreuer verständigen, ist im übrigen nicht gleichzusetzen mit der endgültigen Festlegung des Titels einer Dissertation, sondern bedeutet zunächst nur die Vorgabe eines vorläufigen, eines Arbeitstitels. Zur Vermeidung von Mißverständnissen oder zur Präzisierung und Erläuterung des Inhalts der Abhandlung ist oft die zusätzliche Einfügung eines Untertitels nützlich.[9]

Beispiele:
H. Knöchel, Die Preisaufsicht nach dem Energiewirtschaftsgesetz. Verfassungsrechtliche Vorgaben und verwaltungsrechtliche Probleme, Diss. Bochum 1988 (Bochumer Beiträge zum Berg- und Energierecht, Bd. 4, Stuttgart, München, Hannover 1989). – *R. Schäfer*, Mitbestimmung in kommunalen Eigengesellschaften. Die rechtsgeschäftliche Einführung und Erweiterung von Beteiligungsrechten der Arbeitnehmer im Aufsichtsrat aus verfassungsrechtlicher Sicht, Diss. Bochum 1987 (Schriften zum öffentlichen Recht, Bd. 538, Berlin 1988). – Siehe auch den Titel der Habilitationsschrift von *M. Nierhaus*, Beweismaß und Beweislast. Untersuchungsgrundsatz und Beteiligtenmitwirkung im Verwaltungsprozeß, 1989.

III. Thementypen

Art und Ausmaß der zu treffenden Vorarbeiten (dazu unten § 9) und die Darstellungsweise (unten § 10) müssen sich individuell an den jeweiligen Anforderungen der spezifischen Thematik ausrichten. Nichtsdestoweniger lassen sich mit *Thieme*[10] gewisse Thementypen unterscheiden:

(1) Die *konkrete Sachfrage*. Hier ist zu untersuchen, ob sich aus einer konkreten Norm eine bestimmte Rechtsfolge ableiten läßt. Gefordert ist also eine gutachtliche Stellungnahme zu einem speziellen Interpretationsproblem.

Beispiel:
Die Voraussetzungen der Zulässigkeit über- oder außerplanmäßiger Ausgaben (Art. 112 GG). – Hier ist eine Darlegung der Rechtsprechung des BVerfG (BVerfGE 45, 1 ff.) und eine kritische Auseinandersetzung mit ihr gefordert, die einmündet in eine konkrete Aussage zur Auslegung der in Art. 112 GG verwendeten Verfassungsbegriffe.

(2) Die *Frage nach Grenzziehungen*. Innerhalb dieser Themengruppe geht es um die Abgrenzung eines normativ bestimmten Wertes oder Prinzips gegenüber anderen, also nach verschiedenen Seiten hin, beziehungsweise um das Verhältnis zweier bestimmter Werte oder Prinzipien zueinander. Hier werden Güter- und Interessenabwägungen (zu ihnen näher oben § 6 V 2 c cc) im Vordergrund stehen.

---

[9] *Ders.* (o. Fußn. 1), S. 10.
[10] AaO (o. Fußn. 1), S. 14 f.

Beispiel:

Pressefreiheit und Persönlichkeitsschutz im Grundgesetz. – Aufgabe einer Ausarbeitung zu dieser Thematik wird es vornehmlich sein, die beiden Rechtsgüter nach Maßgabe der Verfassungsaussagen inhaltlich zu kennzeichnen, Konfliktfälle aufzuzeigen und typisierende Abschichtungen zu treffen. Eine Seminararbeit wird dabei angesichts der Stoffülle sinnvollerweise einen bestimmten Fall, eine gerichtliche Entscheidung oder eine typische Fallgruppe zum Ausgangspunkt der Erörterungen nehmen. Etwa: Pressefreiheit und Persönlichkeitsschutz im Grundgesetz unter besonderer Berücksichtigung der Rechtsprechung zum Fall *Böll ./. Walden.*[11]

Eine Dissertation wird dagegen in einem weiter gesteckten Rahmen auch aktuelle Diskussionen einzubeziehen haben.

Im Beispielsfalle wären dies etwa die Verhandlungen des 58. DJT 1990 in München.[12]

(3) *Die Frage nach einem Sach- oder Rechtskomplex.* Hier sind zunächst Ausführungen zur näheren Kennzeichnung des betreffenden Sachbereichs oder Rechtsinstituts zu treffen, prägende Strukturelemente herauszuarbeiten und gegebenenfalls einzelne spezielle Fragestellungen zu behandeln. Demgemäß liegt häufig die Untergliederung in einen allgemeinen und einen besonderen Teil nahe.

Beispiel:

Der horizontale Finanzausgleich in der Bundesrepublik Deutschland.[13] – Hier werden zunächst Begriff, verfassungsrechtliche Verortung und verfahrensmäßige Abwicklung dieses Finanzausgleichs zu behandeln sein, ehe einzelne Problemkomplexe, wie etwa einzelne Ausgleichsgrundsätze oder die verfassungsgerichtliche Kontrolldichte im Streitfalle, diskutiert werden.

Zu dieser Themenkategorie gehören auch *rechtsvergleichende* Unterchungen, also Arbeiten, die normative Regelungen oder Lösungsansätze zu einer Rechtsfrage durch vergleichende Darstellung zu analysieren suchen – sei es, daß ausländische Rechtsordnungen einbezogen werden oder auch nur divergierende landesrechtliche Regelungsmodelle verglichen werden.[14]

Beispiele:

Sommermann, Der Schutz der Grundrechte in Spanien nach der Verfassung von 1978, Diss. Bonn 1983 (Berlin 1984); *Beutler*, Das Staatsbild in den Länderverfassungen nach 1945, Diss. Bielefeld, Schriften zum Öff. Recht, Bd. 221, Berlin 1973.

Diese Unterscheidung soll freilich, ohne trennscharfe Abgrenzungen vornehmen zu wollen, nur Typen aufzeigen, die vielfache Verbindungslinien aufweisen.

---

[11] BVerfGE 54, 208 ff.; BGH, NJW 1978, 1797.

[12] Siehe dazu vorbereitend *Stürner*, Empfiehlt es sich, die Rechte und Pflichten der Medien präziser zu regeln und dabei den Rechtsschutz des einzelnen zu verbessern?, Gutachten A, 1990; ferner *Schwerdtner*, JZ 1990, 769 ff.

[13] Zu ihm näher *Stern*, Staatsrecht Bd. II, 1980, S. 1165 ff.

[14] Zur Aktualität solcher Themen vor allem mit Blick auf den europäischen Integrationsprozeß siehe *J. Schwarze* (Hrsg.), Europäisches Verwaltungsrecht, Bd. I u. II, 1988. – Zur Methodik der Rechtsvergleichung allg. *Oftinger* (o. Fußn. 2), S. 161 ff. m.w.N.

Von ihrer Funktion her ist die Themenarbeit notwendigerweise anders strukturiert als die in Klausuren und Hausarbeiten vorrangig geforderten Fallösungen, die sich streng am vorgegebenen Sachverhalt zu orientieren haben und nur Antwort auf die dort vorgegebenen Fragestellungen geben sollen. Sie bietet so denn auch sehr viel mehr Variationsmöglichkeiten und Raum für originelle Prüfungsansätze. Es ist freilich gefährlich, eine Themenarbeit, die durchaus in manchen Bundesländern auch als Examensklausur auftauchen kann, als Aufforderung zu ausgedehntem Fabulieren zu verstehen. Solche – von Studenten häufig als „Märchenklausur“ apostrophierten – Themenstellungen verlangen gleichfalls vom Kandidaten ein gewisses Maß an Selbstdisziplin und eine rechtswissenschaftlich überzeugende, zielorientiert strukturierte Darstellung.

§ 9. Die Vorarbeiten

Ebenso wie bei einer Fallbearbeitung ist bei der Themenarbeit ein möglichst effizientes und zugleich ökonomisches Vorgehen angebracht. Bei einer Seminararbeit liegt schließlich regelmäßig ein Abgabetermin fest. Hier wie bei der Dissertation empfiehlt es sich, im Gespräch mit dem Hochschullehrer bzw. dem betreuenden Assistenten um ergänzende Informationen nachzusuchen, ob etwa bestimmte Fragestellungen, die sich aus der Thematik ergeben, im Vordergrund stehen sollen, inwieweit bestimmten Rechtsauffassungen beim gegenwärtigen Streitstand zentrales Gewicht zukommt und dergleichen. Oft kann der Student in einem solchen vorbereitenden Gespräch auch nützliche Literatur- und Rechtsprechungshinweise entgegennehmen.

I. Erste Orientierung

Sodann sollte man versuchen, hinsichtlich der Thematik eine erste Orientierung zu gewinnen. Auf der Grundlage der Themenformulierung und der erhaltenen Hinweise bildet die eigene Themenreflexion den ersten Arbeitsschritt. Zu Recht empfiehlt *Rinken* eine Art brainstorming, wobei – zunächst ohne Literaturstudium – auf einem besonderen Blatt alle Assoziationen zum Thema, rechtliche Institute, normative Regelungen, Begriffe, Argumente, Verbindungslinien, die bei den ersten Überlegungen in den Sinn kommen, stichwortartig notiert werden.[15] Häufig werden dabei auch völlig unjuristische Überlegungen eine Rolle spielen, die nichtsdestoweniger wertvoll sind, weil sie später, bei ausgeformter

---

[15] AaO (o. Fußn. 2), S. 277. Eine solche Vorgehensweise ist im übrigen auch bei Fallösungen angebracht; siehe oben § 6 II 3.

und juristisch strukturierter Disposition, möglicherweise nützliche Hinweise auf Aspekte geben, die ansonsten aufgrund einer Verengung des Blickwinkels vernachlässigt worden wären. Es handelt sich hierbei gewissermaßen um eine interne Form der Kontrolle juristischer Ausführungen am Maßstab eines juristisch vorgebildeten Laien. Daneben sollte man sich in diesem frühen Stadium bereits bemühen, den tatsächlichen Hintergrund der zu diskutierenden Rechtsfragen im Auge zu behalten. Die umfassende Würdigung einer juristischen Thematik läßt sich oft nicht ohne Berücksichtigung historischer, politischer, soziologischer, wirtschaftlicher, medizinischer oder naturwissenschaftlich-technischer Aspekte und Daten bewerkstelligen. Es hängt vom konkreten Thema ab, inwieweit solche Zusammenhänge zu reflektieren sind.

Beispiel:
Eine rechtliche Erörterung der etwa in § 238 I 1 HGB angesprochenen „Grundsätze ordnungsmäßiger Buchführung" läßt sich heute kaum ohne Einbeziehung moderner (computer-)technischer Verfahren vornehmen.[16] – Bei der Thematik der Einbeziehung neuartiger Massenkommunikationsmittel wie eines TV-Bewegtbilddienstes auf individuellen Abruf ins Gerüst der vorhandenen Verfassungsaussagen, namentlich Art. 5 I 2 GG, bedarf es zunächst der Darlegung, welches essentielle Elemente der zur Diskussion gestellten neuen Medien (KabelTV, Bildschirmtext, Videotext etc.) sind und nach welchen Gesichtspunkten eine Abgrenzung vorzunehmen ist.[17]

Bei dieser ersten Orientierung werden jedenfalls eine Reihe von Fragestellungen auftauchen, die eine gezielte Literatursuche erfordern.

II. Stoffsammlung

Die Erfassung des einschlägigen Materials, die Stoffsammlung, stellt eine wichtige Etappe im Rahmen der Vorarbeiten zur Themenarbeit dar. Berücksichtigungsfähiges Material sind für den Juristen vorwiegend Rechtsnormen, gerichtliche Entscheidungen und literarische Stellungnahmen. Ziel des Studenten wird es dabei stets sein, auf praktikable Weise einen möglichst hohen Intensitätsgrad bei der Materialerfassung zu erzielen. Verfehlt ist es jedoch, sich wie ein Tiger auf greifbares Material zu stürzen und wahllos alle nützlich erscheinenden Werke zusammenzutragen. Sich hinter Bücherbergen einzugraben, verrät oft eher Unsicherheit als souveränen Arbeitsstil. Die Literaturbeschaffung sollte vielmehr von Anfang an gezielt und mit System erfolgen; es kommt darauf an, vorrangig wichtiges und im Lichte des Themas weiterführendes Material zu sichten.

---

[16] Vgl. EDV-Buchführung in der Praxis. Beiträge zur Verfahrensdokumentation (hrsg. von der Arbeitsgemeinschaft für wirtschaftl. Verwaltung), Berlin 1984; *Körner*, BB 1986, 1742 (1748).

[17] S. dazu allzu vereinfachend BVerfGE 74, 297 (350 f.); grundsätzlicher *Bullinger*, Kommunikationsfreiheit im Strukturwandel der Telekommunikation, 1980; *Tettinger*, Neue Medien und Verfassungsrecht, 1980, S. 9 ff.; *Gornig*, Äußerungsfreiheit und Informationsfreiheit als Menschenrechte, 1988, S. 174 ff., 214 ff., 559 f.

1. Den Einstieg sollte die neueste Darstellung zur betreffenden Thematik bilden, sei es nun eine spezielle Monographie, ein Zeitschriftenaufsatz oder ein allgemeineres Werk.[18] Dort findet man regelmäßig zumindest im Literaturverzeichnis oder in Fußnoten weiterführende Hinweise auf andere Stellungnahmen zum anvisierten Problemkreis, so daß schon ein gewisser Grundstock für die weitere Arbeit vorhanden ist, der nach dem Schneeballsystem seine sukzessive Erweiterung findet.

a) Die Suche nach einschlägiger Literatur wird unterstützt durch den Katalog der jeweils benutzten Universitäts-, Seminar- oder Institutsbibliothek. Grundkenntnisse der Bibliotheksbenutzung sollte sich der Student möglichst frühzeitig zu Beginn des Studiums aneignen (dazu näher oben § 1 IV). Entsprechende Möglichkeiten werden allerorten geboten (Bibliotheksführungen, Einführungsveranstaltungen, Merkblätter etc), aber wenig genutzt. Spätestens beim Seminarreferat oder bei der Examenshausarbeit tragen diesbezügliche Fertigkeiten Früchte. Regelmäßig zur Verfügung stehen dürften ein alphabetischer Katalog (nach Verfassernamen und Buchtiteln), ein systematischer Katalog (nach Sachgebieten) und ein Schlagwortkatalog (nach häufig auftauchenden juristischen Stichworten geordnet). Namentlich die beiden letztgenannten Kataloge werden in diesem detektivischen Stadium der Vorarbeiten zu einer Themenarbeit hilfreich sein. Vervollständigen läßt sich der erste Überblick zudem durch die Inanspruchnahme juristischer Datenbanken (z. B. JURIS; dazu oben § 1 V 2).

b) Sodann ist auf die vorhandenen Standardlehrbücher zu dem entsprechenden Rechtsgebiet zurückzugreifen. Zu Recht fordert *Thieme*, daß anerkannte Werke dabei sämtlich zu berücksichtigen sind, was freilich nicht heißen soll, daß alle im Text der Arbeit eine Rolle spielen oder zitiert werden müssen; es ist lediglich sicherzustellen, daß dortige Aussagen überhaupt zur Kenntnis genommen worden sind.[19] Heranzuziehen ist dabei stets die neueste Auflage,[20] sofern nicht, was freilich erst eine intensivere Lektüre erweist, eine Rechtsauffassung, auf die der Student rekurrieren will, nur in älteren Auflagen vertreten wurde. Soweit es um Rechtsprobleme im Zusammenhang mit der Interpretation bestimmter Rechtsnormen geht, bieten des weiteren Kommentare einen detaillierten Überblick über Schrifttum und Rechtsprechung. Schließlich können, was von Studenten viel zu wenig beachtet wird, auch Artikel in Lexika, Handbüchern und Festschriften für Themenarbeiten eine nützliche Informationsbasis bieten.[21]

---

[18] So *Oftinger* (o. Fußn. 2), S. 127.
[19] AaO (o. Fußn. 1), S. 20.
[20] *Oftinger* (o. Fußn. 2), S. 112f., spricht von einer „eisernen Regel".
[21] Zu den Literaturgattungen im juristischen Schrifttum ausführlicher oben § 4.

Beispiele:

Lerche, Art. Presse, Pressefreiheit (rechtlich), in: Evangelisches Staatslexikon, 3. Aufl. 1987, Sp. 2626 ff. – *Hoppe*, Raumordnung und Landesplanung, in: Kimminich/von Lersner/Storm (Hrsg.), Handwörterbuch des Umweltrechts (HdUR), Bd. II (1988), Sp. 228 ff. – *Schmidt-Aßmann*, Kommunen und örtliche Energieversorgung, in: Berg- und Energierecht vor den Fragen der Gegenwart, Festschrift für F. Fabricius, 1989, S. 251 ff.

Die interessantesten Nachschlagewerke dürften für den Juristen neben dem Münchener Rechtslexikon (3 Bände, 1987) und dem Ergänzbaren Lexikon des Rechts (Loseblattsammlung, hrsg. v. Luchterhand-Verlag) das Evangelische Staatslexikon und das Staatslexikon der Görres-Gesellschaft (7. Aufl., 5 Bände, 1985 – 1989), das Handwörterbuch der Sozialwissenschaften (HDSW, 12 Bände, 1956 – 1965), das Rechtswörterbuch von *Creifelds* (10. Aufl. 1990) und das Staatsbürgertaschenbuch von *Model/Creifelds* (24. Aufl. 1989) darstellen.

c) Zur Ermittlung potentiell einschlägiger Gerichtsentscheidungen und Aufsatzliteratur empfiehlt sich die Durchsicht der Register und der Generalregister von amtlichen Entscheidungssammlungen und Fachzeitschriften.

d) Um einen vollständigen Überblick über Stellungnahmen zu einem bestimmten Problemkreis zu gewinnen, wie dies insbesondere für eine Dissertation zu fordern ist, sind einschlägige Bibliographien zu Hilfe zu nehmen (z. B. *Markert/F. Schneider*, Bibliographie zur Verfassungsgerichtsbarkeit des Bundes und der Länder, 1971/76; *Badenhoop* [Hrsg.], Bibliographie zur Organisation von Staat, Verwaltung, Wirtschaft, Bd. I, 1966; *Lansky*, Bibliographisches Handbuch der Rechts- und Verwaltungswissenschaften, 1987; *Bermbach/Esche* [Hrsg.], Hamburger Bibliographie zum parlamentarischen System der Bundesrepublik Deutschland, 1973 [4. Erg.-Lfg. 1978]; weitere diesbezügliche Nachweise oben § 4 XI 3). Umfassende Informationen über Neuerscheinungen bietet dem Juristen dabei die seit 1965 monatlich (mit Jahresregister) erscheinende Karlsruher Juristische Bibliographie (KJB), deren letzte Hefte auch der Seminarreferent, jedenfalls bei einer aktuellen Thematik, einsehen sollte, um sicherzugehen, daß etwaige wichtige Neuerscheinungen nicht unberücksichtigt geblieben sind. Lohnen kann auch der Besuch von Spezialbibliotheken und die Durchsicht der dort vorhandenen Schlagwort- und/oder systematischen Kataloge[22].

Namentlich bei Dissertationen wird alsbald das Problem auftauchen, ob und inwieweit älteres Schrifttum, das unter Inanspruchnahme der aufgeführten Hilfsmittel ermittelt wurde, bei der Bearbeitung einzubeziehen ist. Diese Frage kann kaum generell

---

[22] Z.B. im Max-Planck-Institut für ausländisches öffentliches Recht und Völkerrecht in Heidelberg. Das Institut gibt regelmäßig eine Spezialbibliographie heraus: „Public International Law – A current Bibliography of Articles" (erscheint seit 1975 – halbjährlich).

beantwortet werden.[23] Während manche Bearbeitungen den Eindruck hinterlassen, als ob ältere Literatur nur dankbar als „Füllmasse" einbezogen wurde, ohne daß dies für die Gedankenführung fruchtbar gewesen wäre, erweist sich teilweise gerade das Zurückgehen zu ursprünglichen Fragestellungen, denen sich die Literatur vor oder nach Inkrafttreten bestimmter gesetzlicher Regelungen gewidmet hatte, die dann aber – etwa infolge einer anders strukturierten Rechtsprechung – in Vergessenheit gerieten, als lohnend (so z. B. die Berücksichtigung der Literatur aus den 50er Jahren – vor Erlaß des Gesetzes gegen Wettbewerbsbeschränkungen 1957 – zu prinzipiellen Fragen eines Kartellverbots im Zusammenhang mit kartellrechtlichen Novellierungsbestrebungen).

2. Ist das im ersten Anlauf als potentiell juristisch relevant ermittelte Material beschafft, wozu nicht selten auch das Instrument der Fernleihe[24] in Anspruch genommen werden muß, so sollte die Lektüre beginnen. Es hängt weitgehend von der Themenstellung und der präsenten Literatur ab, ob man sich zunächst allgemeineren Darstellungen zur Gewinnung abstrakter Grundeinsichten widmet oder einzelnen Spezialfragen, die im Rahmen der Gesamtthematik zu erörtern sind, zuwendet. Zutreffend weist jedoch *Thieme* auf den Erfahrungssatz hin, daß das Verständnis für abstraktere Gedankengänge wächst, wenn bereits konkrete Vorstellungen zu Teilfragen vorhanden sind, und daß – anders gewendet – die Gefahr des Überlesens wichtiger Einzelheiten besteht, wenn man sich zu früh auf ein hohes Abstraktionsniveau begibt.[25]

3. Es wäre allerdings eine überflüssige Fleißarbeit, wollte man die gesamte gesammelte Literatur von A bis Z durchackern. Notwendig ist vielmehr eine *selektive* Lektüre.[26] Soweit nicht schon infolge anderer Stellungnahmen Hinweise auf Charakter und wissenschaftliche Bedeutung einer herangezogenen Schrift vorliegen, sollte man zunächst den Titel, das Vorwort und das Inhaltsverzeichnis genauer unter die Lupe nehmen. Schon daraus sowie aus dem Verlag, dem Erscheinungsjahr oder der Schriftenreihe, innerhalb derer das Werk erschienen ist, läßt sich vielfach entnehmen, ob es sich um eine für die Thematik zentrale Studie handelt, die vollständig zu lesen ist, um eine nur mittelbar oder in Randbereichen hilfreiche Stellungnahme, bei der die Lektüre einzelner Passagen angezeigt ist, oder um einen rechtswissenschaftlich eher wenig ertragreichen Beitrag, den man allenfalls „diagonal lesen" sollte.[27] Nur bei den als wertvoll erkannten Ausführungen ist eine intensivere, dann auch zum Teil mehrmalige Lektüre angeraten.

Ein anderes Vorgehen empfiehlt sich freilich bei Gerichtsentscheidungen, soweit nicht ein bloßes Auslegungs*ergebnis* interessiert, sondern der entschiedene Fall eine für

---

[23] So schon *Thieme* (o. Fußn. 1), S. 20. Bei rechtshistorischen Arbeiten ist die Einbeziehung freilich selbstverständlich.

[24] Über ihre Verfahrensweisen und Tücken sind bei den Beratungsstellen der Universitätsbibliotheken nähere Auskünfte zu erhalten; siehe dazu auch oben § 1 IV 2.

[25] AaO (o. Fußn. 1), S. 26 f.

[26] *Oftinger* (o. Fußn. 2), S. 177; *Thieme* (o. Fußn. 1), S. 27 f.

[27] *Thieme* (o. Fußn. 1), S. 27 f.

die zu behandelnde Thematik bedeutsame Sach- und Rechtslage widerspiegelt. Solche Judikate sind tunlichst vollständig zu lesen, um einerseits sicherzugehen, daß die für die rechtlichen Folgerungen maßgeblichen tatsächlichen Umstände, der spezielle Sachverhalt, ausreichend beachtet werden, und um andererseits die genaue Entwicklung der Gedankenfolge, die zu bestimmten Interpretationsergebnissen führt, nachvollziehen zu können. Vor dem gerade auch bei Studenten beliebten „Leitsatz-Kult" kann nicht nachdrücklich genug gewarnt werden.[28]

III. Systematisieren

Bei der Stoffsammlung sollte man sich von Beginn an bemühen, systematisch vorzugehen. So ist es kaum anzuraten, zunächst einen umfangreichen Literaturbestand zusammenzustellen, um dann erst die Lektüre zu beginnen. Die den Einstieg bildende Monographie, Standardlehrbücher, ggf. Kommentierungen und neuere Aufsätze sollten in einer ersten Phase (gewissermaßen einem Schnelldurchgang) vorab auf inhaltliche Schwerpunkte und Verweisungen auf weiterführendes Material hin durchgesehen werden.

1. Zur Vermeidung späteren mühsamen Nachsuchens ist es empfehlenswert, bereits in diesem ersten Stadium für jedes Werk eine Karteikarte anzulegen und auf dieser die später bei der Ausarbeitung benötigten bibliographischen Angaben zu vermerken (wie Name, Vorname, Titel, Auflage, Erscheinungsjahr und Seitenangabe, ggf. auch die Bibliothekssignatur). Auch erste Eindrücke über Sachinhalte und Verwendbarkeit der Schrift, die dann bei späteren Arbeitsgängen ergänzt werden können, sowie Angaben über das Bearbeitungsdatum sollten auf der Karteikarte nicht fehlen; letzteres verhindert dann falsche Schlüsse, wenn der Student zu einem späteren Zeitpunkt einen neuen Gesichtspunkt als wichtig erkannt hat und überprüfen will, ob in der bereits verwendeten Literatur diesbezügliche Aussagen zu finden sind.

Beispiel:
v. Gamm, O.-F. Frhr., Persönlichkeits- und Ehrverletzungen durch Massenmedien, 1969. NJW-Schriftenreihe; auf Praxis ausgerichtete umfassende Darstellung mit umfangreichen Literatur- und Rechtsprechungsnachweisen. Verfassungsrechtliche Grundlagen: S. 6ff. Interessenabwägung nach Maßgabe von Art. 5 GG: S. 14ff. 1. Durchsicht: 3. 9. 1990

Es gibt Anleitungsbücher, die bis ins einzelne ausgefeilte Kartotheken mit diffizilen Einordnungskriterien entwerfen.[29] Darauf sei hier verzichtet; es sollte vielmehr dem individuellen Arbeitsstil und der Zielsetzung – bei einer Dissertation werden hier umfassendere Anstrengungen zu fordern sein – überlassen bleiben, in welcher Form eine solche Kartei

---

[28] Siehe schon oben § 3.

[29] Siehe etwa die Beispiele bei *U. Eco*, Wie man eine wissenschaftliche Abschlußarbeit schreibt, 1988, S. 150ff.

geführt wird; nur *daß* sie geführt wird, sollte allgemeines Gebot sein.[30]

2. Bei der ersten Lektüre wird der Bearbeiter in der von ihm durchgesehenen Literatur Passagen entdecken, die für seine Gedankenführung wichtig erscheinen und auf die er sich später bei der Ausarbeitung stützen will. Die einfachste Methode, in einem Buch solche Stellen für später vorzumerken, sofern es nicht täglich wieder an den Standort zurückgestellt werden muß, sondern im sog. Handapparat auf den Arbeitsplatz verbleiben kann, ist – neben der Notiz auf der Karteikarte – die Benutzung von Lesezeichen. Daneben werden häufig – einer verbreiteten Unsitte folgend – in Büchern Randvermerke und sonstige Kennzeichnungen angebracht, schlimmer noch: entsprechende Seiten kurzerhand herausgerissen. Solches Verhalten verstößt nicht nur formal gegen einschlägige Benutzungsordnungen – man riskiert damit empfindliche Sanktionen –, sondern zeugt zugleich von mangelnder Kollegialität gegenüber denjenigen, die zu einem späteren Zeitpunkt das gleiche Buch zur Hand nehmen. Wenn freilich bestimmte Ausführungen als so wichtig erscheinen, daß man auf sie mit Sicherheit zurückgreifen wird, ist eine Fotokopie angeraten, die heute nahezu überall zu erschwinglichen Preisen erstellt werden kann. Empfohlen wird demnach nicht wahlloser und exzessiver, sondern dosierter Einsatz dieses technischen Hilfsmittels. Auf der Kopie können dann nach Belieben mehrfarbige Kennzeichnungen angebracht werden. Das früher vielfach übliche zeitraubende Abschreiben von Texten[31] ist demgegenüber in den Hintergrund getreten und empfiehlt sich nurmehr bei kürzeren wörtlichen Zitaten. Sinnvoll kann es hingegen sein, eine kritische Auseinandersetzung mit einem bestimmten Text bereits vorab schriftlich zu fixieren. Zu diesem Zweck werden die wesentlichen Aussagen einer Schrift in knapper Zusammenfassung und die Stellungnahme des Bearbeiters hierzu sofort zu Papier gebracht. Solche Passagen sind dann später bei der Abfassung der Themenarbeit in den Text zu integrieren.

3. Systematisches Vorgehen bedingt des weiteren die Existenz eines Arbeitsplanes. Der Bearbeiter sollte sich schon frühzeitig bemühen, den ihm vorgegebenen oder bei Dissertationen sinnvollerweise selbstgesetzten Zeitraum in Abschnitte einzuteilen und Zielvorgaben zu fixieren. Zwar wird es häufig vorkommen, im Verlaufe der Bearbeitung aus Sachnotwendigkeiten heraus Verschiebungen oder Umstellungen vornehmen zu müssen, die Orientierung an einem Arbeitsplan dient jedoch der ständigen Selbstkontrolle und verhindert unliebsame Überraschungen im Gewande starker Zeitnot für die Niederschrift. Nichts anderes gilt im übri-

---

[30] Vgl. *Oftinger* (o. Fußn. 2), S. 172 f.; *Rinken* (o. Fußn. 2), S. 281 f.

[31] Zum sog. Exzerpieren näher *Thieme* (o. Fußn. 1), S. 28 ff.; *Rinken* (o. Fußn. 2), S. 283; siehe auch oben § 7 II 1.

gen auch für Examenshausarbeiten. Es muß genügend Zeit verbleiben für die erste Niederschrift, eine sich daran anschließende kritische Reflexion (u.U. verbunden mit rigorosen Streichungen oder Neuformulierungen) und die Reinschrift einschließlich Korrekturlesung. Daraus ist abzuleiten, daß Ermittlungs- und reine Lesephase nicht übermäßig lang sein sollten und daß bereits frühzeitig mit ersten Formulierungsarbeiten zu beginnen ist.

IV. Erstellen einer Disposition

Sobald der Bearbeiter nähere Vorstellungen über die Thematik, die wichtigsten Fragestellungen und den jeweiligen Streitstand besitzt, empfiehlt es sich, eine systematische Gliederung zu entwerfen. Zunächst geht es ganz einfach darum, festzuhalten, welche Fragestellungen sich aus der Thematik ableiten lassen, ob diese in Teilprobleme aufgegliedert werden können und in welcher Reihenfolge (logisch zwingend oder lediglich darstellungstechnisch naheliegend) diese erörtert werden sollen. Hieraus entwickelt sich eine Disposition mit selbständigen Abschnitten und Untergliederungen. Wie *Thieme* zutreffend festgehalten hat,[32] gibt es kein global passendes Schema für Gliederungen von Themenarbeiten. Es hängt von der jeweiligen Thematik ab, ob ein historischer Aufbau,

Beispiel:
Die Stellung der Bundeswehr nach dem Grundgesetz der Bundesrepublik Deutschland. – Hier empfiehlt sich eine historische Betrachtungsweise in Anlehnung an die ursprüngliche Textfassung und die jeweiligen Novellierungen.[33]

eine von der Methodenlehre bestimmte Abfolge

Beispiel:
Die volkswirtschaftliche Förderungswürdigkeit als Rechtsbegriff des Wirtschaftsverwaltungsrechts. – Hier sind zunächst methodische Aussagen zur Verwendung nichtjuristischer Begriffe im Gesetzestext, namentlich solcher wirtschaftswissenschaftlicher Herkunft, angebracht.[34]

oder – wie üblich – eine argumentativ-problemgeprägte Darstellung gewählt wird.

Beispiel:
Die Voraussetzungen der Zulässigkeit über- oder außerplanmäßiger Ausgaben (Art. 112 GG). – Hier sind zunächst die einzelnen Tatbestandsmerkmale zu interpretieren und sodann Standort und Stellenwert des ministeriellen Notbewilligungsrechts im Kompetenzgefüge des Finanzverfassungsrechts zu beleuchten.

---

[32] *Berg* (o. Fußn. 20), S. 68, 195.
[33] Dazu beispielhaft *Stern* (o. Fußn. 13), S. 855 ff.
[34] Vgl. *Tettinger*, Rechtsanwendung und gerichtliche Kontrolle im Wirtschaftsverwaltungsrecht, 1980, S. 142 ff.

Da die ursprüngliche, noch skelettartige Gliederung bereits zu Beginn der Themenbearbeitung entworfen wurde, ist sie im Laufe der weiteren Arbeit ständig zu verfeinern, zu verändern, zu ergänzen. Neue Erkenntnisse zu Einzelfragen zwingen vielfach zu einer Umstellung im Aufbau der Darstellung. Die strenge Orientierung an der Gliederung verhindert aber, daß der Bearbeiter seine kostbare Zeit Überflüssigem widmet und daß über den Einzelpunkt die Gesamtheit verlorengeht. Zutreffend stellt *Thieme* fest:

„Von der richtigen Gliederung hängt vieles für das Gelingen der Arbeit ab. Daher sollte der Bearbeiter es sich angelegen sein lassen, immer wieder über die Gliederung seiner Arbeit nachzudenken und in jedem Abschnitt der Bearbeitung an ihr feilen."[35]

Wenn die Gliederung so weit gediehen ist, daß der Bearbeiter in Orientierung an ihr die Niederschrift beginnen kann, empfiehlt es sich sowohl bei einer Seminararbeit als auch bei der Dissertation, dem Hochschullehrer bzw. dem betreuenden Assistenten die Disposition vorzulegen und eventuelle Zweifelsfragen zu besprechen. Zu diesem Zeitpunkt lassen sich auch ohne größeren Zeitverlust noch Fehler oder Mißverständnisse ausräumen, was in einem späteren Stadium schon mit erheblichen Schwierigkeiten verbunden sein kann.

V. Angemessene Proportionierung

1. Wie auch bei der Fallösung (siehe oben § 6 VI 3) wächst der Wert einer Themenbearbeitung mit der angemessenen Proportionierung auf der Grundlage einer klaren und ausgefeilten Disposition. Die wesentlichen Streitfragen müssen präzise und umfassend dargestellt werden, während Nebensächliches nur auf engem Raum abgehandelt sein sollte. Diesem Erfordernis für die Darstellung ist bereits bei den Vorarbeiten Rechnung zu tragen. Bei zentralen Rechtsproblemen, die streitig sind, kommt es darauf an, sorgfältig alle Argumente pro und contra zu sammeln, sie zu gewichten und am Ende eine eigene Stellungnahme auf der Grundlage der vorgenommenen Abwägung abzugeben. Entsprechend genau müssen die Recherchen sein und entsprechend akribisch sollte auch die Umsetzung des Gelesenen in die Bearbeitung erfolgen. Dabei ist darauf zu achten, daß größere Sachkomplexe tunlichst nicht auf zu hohem Abstraktionsniveau abgehandelt werden, sondern sich vielfach in mehrere Teilaspekte zerlegen lassen, die jeweils einzeln und danach in ihren jeweiligen Querbezügen zueinander zu prüfen sind. Soweit möglich, ist hier ein kasuistisches Vorgehen zu empfehlen.[36]

2. Gerade im Hinblick auf diese Anforderungen, die meist über das jeweils erreichbare Prädikat entscheiden, ist es ratsam, wenn der Bearbei-

---

[35] AaO (o. Fußn. 1), S. 16.
[36] Vgl. *Oftinger* (o. Fußn. 2), S. 169 f., 192.

ter – sinnvollerweise schon, bevor er in seine Themenarbeit „einsteigt", – sich die gelungene Bearbeitung eines Kollegen zu einer anderen Thematik des gleichen Rechtsgebietes vornimmt und in Ruhe daraufhin durchsieht.[37]

§ 10. Zur Darstellungsweise

I. Etappen der Niederschrift

Nach Beendigung der Vorarbeiten beginnt die für viele schwierigste Phase der Themenarbeit, nämlich die eigenständige schriftliche Formulierung der zuvor mühsam erarbeiteten Erkenntnisse. In Anleitungsbüchern finden sich diesbezüglich die verschiedensten Vorschläge, etwa der, einerseits nicht „zu früh" mit der Niederschrift zu beginnen – unter Hinweis auf später noch gewonnene neue Erkenntnisse und das Gesetz der Trägheit, welches dazu verführt, am einmal Geschriebenen möglichst festzuhalten[38] –, andererseits aber auch nicht „zu spät" zu formulieren, um die Lesephase nicht über Gebühr auszudehnen und nicht die Chance zu versäumen, bei der Niederschrift noch Auslassungen oder Unklarheiten der Argumentation zu entdecken, die dann ohne Zeitdruck durch weiteres Lesen und Ergänzungen bzw. Änderung der Gedankenführung bereinigt werden können.[39] Demgegenüber sei hier auf subtile Empfehlungen verzichtet. Anzuraten ist lediglich, die Niederschrift in Etappen vorzunehmen. Der erste Entwurf ist niemals die Endfassung.[40] Man sollte bei der Themenarbeit wie bei einer Fallbearbeitung versuchen, den Leser von der Fragestellung über die Diskussion der einzelnen Teilaspekte bis hin zum überzeugenden Ergebnis zu führen. Dies bedingt zum einen, daß die Gedankenführung straff und systematisch ist, des weiteren aber auch, daß die schriftliche Abfassung dem gedanklichen Gerüst folgt, m.a.W., die jeweils erörterten Gedankenfolgen müssen sich nahtlos an die vorherigen Passagen anschließen und dürfen keine Argumentationsbrüche oder gar Widersprüche enthalten. Dies erfordert mehrfaches selbstkritisches Überarbeiten, aber auch eine sukzessive Abfassung des Textes in der von der Gliederung vorgegebenen Reihenfolge, also beginnend mit den Einleitungssätzen und endend mit der zusammenfassenden Formulierung des Ergebnisses. So läßt sich auch ein häufiger Fehler vermeiden, daß nämlich beim Leser die Kenntnis spezieller Ausführungen

[37] *Oftinger* (o. Fußn. 2), S. 171.
[38] So *Thieme* (o. Fußn. 1), S. 31; *Wolff/Spitaler* (o. Fußn. 1), S. 9.
[39] *Thieme* (o. Fußn. 1), S. 32.
[40] So zu Recht *Thieme* (o. Fußn. 1), S. 36.

vorausgesetzt wird, die im Text erst später folgen, vom Bearbeiter aber bereits zu einem früheren Zeitpunkt geschrieben worden waren.[41]

Sollten bereits Ausführungen zu einem Spezialproblem vorab schriftlich fixiert worden sein, so ist darauf zu achten, daß sie sachgerecht in den Text integriert werden, was regelmäßig einige Änderungen oder Umstellungen (insbesondere auch bei Verweisungen im Text oder in den Fußnoten) bedingt. Insgesamt sollte man um eine flüssige und kontinuierliche, nicht von anderen Arbeiten unterbrochene Niederschrift des Textes bemüht sein; die für notwendig gehaltenen Anmerkungen zum Text und ausführliche Literaturangaben sollten (etwa durch Ziffern) lediglich kurz vorgemerkt, aber erst später (nach Abfassung einer zusammenhängenden Passage) im Detail formuliert werden.

II. Systematische Bearbeitung

1. Die in den Anleitungsbüchern für juristische Fallösungen regelmäßig ausgesprochene Warnung vor allgemeinen Vorbemerkungen, einem *Vorwort* oder Hinweisen zum Aufbau der Bearbeitung gilt prinzipiell auch für die Themenarbeit.[42] Ob systematische Grundsätze, rechtlich oder logisch zwingend vorgegebene Abstufungen beachtet sind, soll aus der Bearbeitung selbst hervorgehen, ohne daß diesbezügliche Erläuterungen des Autors vorweggeschickt werden müßten. Bei umfassenden monographischen Darstellungen wie etwa einer Habilitationsschrift hat es seinen guten Sinn, wenn vorab grundsätzliche Aussagen zum Anlaß der Schrift, zur thematischen Einordnung der Arbeit in ein dogmatisches Gerüst, zum angesprochenen Adressatenkreis oder zum Zeitpunkt des Abschlusses der Bearbeitung gemacht werden. Bei einer Seminararbeit wird erwartet, daß sie auf dem neusten Stand von Literatur und Rechtsprechung basiert, ebenso bei einer Dissertation. Lediglich wenn aus drucktechnischen Gründen sich die Publikation einer Dissertation verzögert und sich *zwischenzeitlich* bedeutsame neue Entwicklungen ergeben haben, etwa durch ein höchstrichterliches Urteil, das nicht mehr einbezogen werden kann, so ist ein entsprechender Hinweis im Rahmen eines Vorworts gerechtfertigt.[43]

2. Die schriftliche Ausarbeitung hat sich strikt an die ihr Gerüst bildende, vorher entworfene und im Laufe der Vorarbeiten, oft auch noch während der Niederschrift abgeänderte *Gliederung* zu halten.[44] Auf diese Weise werden weitschweifige Erörterungen zu Nebensächlichkeiten vermieden und logische Zusammenhänge übersichtlich zum Ausdruck ge-

---

[41] *Oftinger* (o. Fußn. 2), S. 175. – Häufig wird bei solcher Vorgehensweise nicht zu vermeiden sein, dann nach unten, auf die noch folgenden Ausführungen zu verweisen; dazu unten V 3.

[42] Zurückhaltender *Oftinger* (o. Fußn. 2), S. 195.

[43] Zu den Nacharbeiten bei einer Dissertation s. u. § 12.

[44] Vgl. *Wolff/Spitaler* (o. Fußn. 1), S. 11 f.; *Oftinger* (o. Fußn. 2), S. 190 ff.

bracht. Die Gliederung sollte insbesondere bei der Dissertation im Text durch Aufteilung in Abschnitte, Kapitel und/oder Paragraphen deutlich hervortreten.

Beispiel:

A. Große Buchstaben für Hauptteile
  I. Römische Zahlen für Teile
    1. Arabische Zahlen für Kapitel
      a) Kleine lateinische Buchstaben für Abschnitte
        aa) Verdoppelte Kleinbuchstaben für Unterabschnitte

Neue Gedanken sollten durch Absätze und Einrückung auch im Schriftbild zum Ausdruck kommen. Dabei ist die Übernahme der Gliederungssymbole (A, I, 1, a, aa, α) in die Ausarbeitung hilfreich,[45] vor allem aber die Verwendung geeigneter, aussagekräftiger Überschriften (nicht: I. Allgemeines, II. Besondere Fragen).[46]

Beispiel:

Aus einer Arbeit zum Thema: „Verfassungsrechtliche Probleme einer gesetzlichen Marktanteilsbegrenzung für Tageszeitungen“:

B. Vereinbarkeit einer Marktanteilsbegrenzung mit Art. 5 GG
  I. Der Inhalt der Meinungsfreiheit nach Art. 5 I 1 GG
  II. Der Schutzbereich der Pressefreiheit nach Art. 5 I 2 GG
    1. Das Verlegerrecht auf ungehinderte Verbreitung des Presseorgans
    2. Nur beschränkte Grundrechtsgeltung für Großverleger?
  III. Die Schranken der allgemeinen Gesetze (Art. 5 II GG)
    1. Anwendbarkeit der Schranke auch bei einem Schutzgesetz zugunsten der Pressefreiheit?
    2. Der Begriff des allgemeinen Gesetzes
      a) Art. 5 II GG als genereller Gesetzesvorbehalt
      b) Der Wertgehalt des Grundrechts der Pressefreiheit im Gegenüber zu anderen Rechtsgütern
    3. Gewichtung im Rahmen einer Güterabwägung
      a) Die Ermittlung des durch das Gesetz geschützten Rechtsguts
        aa) Das Sozialstaatsprinzip (Art. 20 I GG)
        bb) Die Pressefreiheit
          α) Liberale Grundrechtsinterpretation
          β) Pressefreiheit als Wertentscheidung
          γ) Das Rechtsinstitut „Freie Presse“
          δ) Zwischenergebnis
      b) Gewichtung der relevanten Rechtsgüter
        aa) Besonderheiten einer Güterabwägung bei einem Gesetz gegen die Pressekonzentration
        bb) Rangverhältnis der Teilaspekte der Pressefreiheit im Rahmen der Abwägung
          α) Eignung einer Marktanteilsbeschränkung zur Sicherung der Meinungsvielfalt
          β) Verhältnismäßigkeit des Eingriffs in Verlegerrechte
        cc) Ergebnis der Güterabwägung
  IV. Zusammenfassende Betrachtung

---

[45] Hiergegen freilich *Wolff/Spitaler* (o. Fußn. 1), S. 12.

[46] Wenn Überschriften verwendet werden, so sollte dies freilich *durchgängig* bei allen Abschnitten der Arbeit geschehen und nicht nur vereinzelt. Zur Bildung der Überschriften *Oftinger* (o. Fußn. 2), S. 192 f.

Hierzu sei noch vermerkt, daß namentlich in Natur- und Wirtschaftswissenschaften sich angesichts einer zunehmenden Mathematisierung inzwischen weitgehend eine numerische Codierung als Gliederungsform durchgesetzt hat, daß diesbezüglich in juristischen Kreisen jedoch vielfach eine nach wie vor eher skeptische Haltung besteht. Für den Ungeschulten wird durch solche Zählweise die Übersichtlichkeit nicht gerade gefördert.

Muster einer solchen Dezimalklassifikation: Die Hauptabschnitte werden von 1. an fortlaufend numeriert, jeder Hauptabschnitt kann in beliebig viele Unterabschnitte unterteilt werden, die man ebenfalls fortlaufend numeriert. Nach jeder Abschnittsnummer in jeder Untergliederungsstufe wird ein Punkt gesetzt, der Schlußpunkt kann entfallen.

Beispiel:

1. Hauptteil
   1.1
         Teile
   1.2
   1.2.1
   1.2.2   Kapitel
   1.2.3 ...
2. Hauptteil
   2.1
   2.1.1
   2.1.2

3. Sofern eine Thematik *methodische* Fragen aufwirft, hat der Autor über seine Vorgehensweise Rechenschaft abzulegen. Stehen etwa die Möglichkeiten einer Sozialisierung nach Art. 15 GG zur Diskussion, so sind im Hinblick auf den Verfassungsbegriff „Produktionsmittel" auch der volkswirtschaftliche Sprachgebrauch und die Nomenklatur der marxistischen Wirtschaftstheorie zu beleuchten, vor deren Hintergrund dann die Auslegung nach Maßgabe der anerkannten juristischen Auslegungselemente vorzunehmen ist.

Bei der Niederschrift sollte darauf geachtet werden, daß die verwendeten *Begriffe* klar und eindeutig sind. Jede für die Thematik wichtige und nicht als allgemein bekannt voraussetzbare Bezeichnung ist zu definieren.[47] Im Falle der Mehrdeutigkeit oder eines bewußten Abweichens von einem allgemeinen oder juristisch üblichen Sprachgebrauch – was nicht ohne Not, lediglich zur (vermeintlichen) Profilierung geschehen sollte – bedarf es der begründeten Klarstellung.[48] Diese einmal erfolgte Festlegung ist dann aber auch im gesamten Text durchzuhalten.

4. Wie bereits betont, bedarf nicht jede Themenarbeit, auch nicht jede Dissertation, eines *historischen* Teils als Einleitung und Grundlegung für aktuelle Probleme. Zwar trifft es zu, daß der Autor nach der Präzisierung

---

[47] *Oftinger* (o. Fußn. 2), S. 179.
[48] So zu Recht *Wolff/Spitaler* (o. Fußn. 1), S. 12.

des von ihm zu behandelnden Problemkreises tunlichst darlegen sollte, wie es in der historischen Entwicklung zu dieser aktuellen Problematik gekommen ist und auf welche Weise die rechtswissenschaftliche Lehre bislang bemüht war, die aufgeworfenen Fragen zu beantworten. Aber:

„Bei der Wiedergabe wissenschaftlich bekannter und bereits an anzugebendem Ort zusammengestellter Tatsachen und Lehrmeinungen ist jedoch nicht weit auszuholen. Viele Dissertanden machen den Fehler, daß sie in einer zu breiten historischen Einleitung das zusammenschreiben, was sie im Schrifttum zum Thema gefunden haben. Fast immer ist dies ein Zeichen geistiger Bequemlichkeit und der Angst des Verfassers, das Thema könnte nicht hinreichend ergiebig sein. Noch ärger ist es, wenn der Dissertand mangels ausreichender Literaturkenntnisse Gedankengänge, die längst Gemeingut der Wissenschaft sind, breit auswalzt. Umfangreiche historische Einleitungen rechtfertigen sich nur bei eigener Quellenforschung."[49]

5. Eine kurze Bemerkung sei noch angefügt zu den gerade bei Themenarbeiten beliebten Exkursen (lt. *Duden*: Abschweifung; einer Abhandlung beigefügte kürzere Ausarbeitung; Anhang). Solche sind nur dann angebracht, wenn der Verfasser auf eine vergleichbare Problematik hinweisen will, aus deren Lösung (positive oder negative) Ansätze für die von ihm zu behandelnde Thematik entnommen werden, wenn eine Ergänzung zur Abrundung sinnvoll erscheint

Beispiel:
H. Weber, Der Rechtsschutz der Kirchen und Religionsgemeinschaften durch die staatlichen Gerichte, in: Handbuch des Staatskirchenrechts der Bundesrepublik Deutschland, Bd. I, 1974, S. 729 ff. (Exkurs: Rechtsschutz im internationalen Bereich, S. 756 f.).

oder wenn übergreifende (rechtliche, politische, wirtschaftliche) Zusammenhänge dargelegt werden, die bei der Behandlung der konkreten Thematik nicht unberücksichtigt bleiben sollten.

Beispiel:
Die Thematik der Justitiabilität des Art. 112 GG („unvorhergesehenes und unabweisbares Bedürfnis") und allgemeine Ausführungen zur Stellung des BVerfG zwischen Recht und Politik.

Solche Darlegungen lassen sich freilich oft unschwer in den Text integrieren, ohne eine Zuflucht zu verselbständigten Exkursen nehmen zu müssen.

III. Angemessene Proportionierung

Eine qualitativ hochstehende Bearbeitung ist daran erkennbar, daß alle einschlägigen Sachfragen auf der Grundlage einer klaren und überzeugenden Gedankenführung mit vertretbaren Ergebnissen abgehandelt werden. Das Schwergewicht sollte dabei auf sorgfältige Argumentation bei zentralen Streitpunkten einer Thematik gelegt werden. Im Rahmen

---

[49] *Wolff/Spitaler* (o. Fußn. 1), S. 10 f.; s. auch *Thieme* (o. Fußn. 1), S. 14.

der Beurteilung der Themenarbeit erweist sich eine angemessene Proportionierung der Ausführungen für die Erzielung eines Prädikats als unabdingbare Voraussetzung.

1. Bei der Darlegung des Streitstandes lassen die Verfasser häufig nur wenig Kreativität erkennen. Vielfach wird, wie bereits im Rahmen der Fallbearbeitung (s. oben § 7 II 4) aufgezeigt, ein Aufbau wie folgt gewählt:

Beispiel:
a) Auffassung des BGH
b) Auffassung anderer Zivilgerichte
c) Auffassung des BVerwG
d) Auffassung anderer Verwaltungsgerichte
e) Auffassungen in der Literatur
f) Eigene Stellungnahme.

Es ist wissenschaftlich wenig ertragreich, die verschiedensten Rechtsansichten unkoordiniert (etwa alphabetisch oder in zeitlicher Abfolge) nebeneinander auszubreiten, um dann als krönenden Abschluß seine eigene Meinung kundzutun, sei es, daß man einer der zitierten Stimmen beitritt, eine vermittelnde Lösung propagiert oder mit Verve für eine völlig neue Sicht der Dinge plädiert. Nur wenn sich ein Rechtsproblem in verschiedenen Zeitabschnitten unterschiedlich darstellt, etwa wenn der Gesetzgeber oder die Judikatur mehrfach Korrekturen vorgenommen haben, empfiehlt sich eine historisch angelegte Darstellung des Streitstandes. Ansonsten sind nicht jeweils Einzelmeinungen in mehr oder minder willkürlicher Reihenfolge nachzuformulieren, sondern sachorientierte Meinungsgruppen zu bilden, soweit sich die Aussagen von Autoren im wesentlichen decken. Diese sind sodann einander gegenüberzustellen und hinsichtlich der Argumentationsstärke zu gewichten. Entscheidend ist die Auseinandersetzung mit Argumenten, nicht mit Personen oder Institutionen. In dieser Phase kommen nunmehr die eigenständigen Überlegungen des Verfassers zum Tragen, ohne daß es des hochtrabenden Abschnittes: „Eigene Meinung“ bedürfte (s. dazu ausführlich oben § 7 II).

2. Soweit im Rahmen der Darlegungen zu einer rechtlichen Streitfrage an einer bestimmten Meinung *Kritik* geübt wird, sollte Zurückhaltung in der Form (nicht in der Sache!) und Fairneß geübt werden.[50] Es ist ein Zeichen von Überheblichkeit und wissenschaftlicher Stillosigkeit, Auffassungen verdienter und vielfach als Sachkenner ausgewiesener Autoren als „unsinnig“, „völlig abwegig“ oder „unverständlich“ abzustempeln. Überzeugender wirkt die Kritik, wenn sachlich der Vorzug einer Argumentation im Gegenüber zu anderen Auffassungen, denen man nicht folgen will, dargelegt wird. Überzogene Kritik fällt vor allem dann auf den Kritiker zurück, wenn sich herausstellen sollte, daß die kritisierte

[50] Dazu *Wolff/Spitaler* (o. Fußn. 1), S. 182 f.

Auffassung mit ihren Implikationen von ihm nicht vollständig erfaßt und somit fehlgedeutet wurde.

IV. Stilistische Fragen

Überrascht muß der Leser von Seminararbeiten und Dissertationen wiederholt feststellen, wie wenig Sorgfalt auf die Einhaltung der Grundregeln der deutschen Sprache gelegt wird. Dieser Vorwurf trifft den jeweiligen Autor höchstpersönlich, denn schließlich sollte der Universitätslehrer bei allem Wehklagen über die Ausbildungspotenz des Schulwesens erwarten dürfen, daß jedenfalls elementare Grundkenntnisse vermittelt worden sind. Bei der Abfassung von Arbeiten sollte vermehrt auf Rechtschreibung, Grammatik und Zeichensetzung geachtet werden. Dabei ist es keineswegs als Zeichen von Schwäche oder Unsicherheit, sondern vielmehr als ein Gebot der Sorgfalt zu betrachten, wenn in Zweifelsfällen der Rechtschreibungs-Duden oder ein Fremdwörterbuch zu Rate gezogen werden. Des weiteren ist eine durchgängige Kontrolle auf stilistische Unebenheiten (wie ständige Wiederholungen der gleichen Worte, Substantivsucht, Schachtelsätze etc.; dazu bereits oben § 6 VI 1) hin angebracht. Ohne hier nochmals umfänglich auf Details eingehen zu wollen, sei nur auf einzelne Punkte hingewiesen:

1. Sich zu präzisen Formulierungen durchzuringen, erweckt bei manchem Autor erhebliches Unbehagen. Stattdessen findet man häufig eine Aneinanderreihung von Füllwörtern und Leerformeln.

Extrem-Beispiel:
Will man nunmehr hieraus gewissermaßen ein vorsichtiges Resümee ziehen, so scheint es in der Tat durchaus möglich, die im folgenden näher umschriebene Aussage mit der gebotenen Zurückhaltung hier treffen zu können: ... *Statt:* Als Konsequenz hieraus ergibt sich, daß ...

2. Unnötig in einer Abhandlung sind auch Formulierungen wie „meines Erachtens“, „meiner Meinung nach“.[51] Was die Auffassung des Verfassers ist, ergibt sich auch ohne solche Beifügungen aus dem Text selbst. Jene Wendungen lassen lediglich Unsicherheit erkennen. Wenn rechtliche Streitfragen in einer Arbeit auftauchen, so sind sie entweder – wenn nebensächlich – offenzulassen oder mit sorgfältiger Begründung einer Entscheidung zuzuführen. Wendungen wie die obengenannten sind in beiden Fällen unangebracht.

3. Vielfach finden sich in Bearbeitungen schließlich Sätze wie:

„Wir wollen uns nun mit diesem Zentralproblem einmal etwas näher befassen“. „Wir werden jetzt erkennen, daß ...“

---

[51] So auch *Thieme* (o. Fußn. 1), S. 35.

Anders als noch vor Jahrzehnten ist die heutige Schriftsprache stärker von Nüchternheit und Realitätssinn geprägt. Insofern verursachen in einer juristischen Themenarbeit plumpe Regieanweisungen sowie die anbiedernde Verwendung des Plurals eher Unbehagen, was allerdings nicht heißen soll, daß auch im mündlichen Vortrag auf diese – Gemeinsamkeiten von Vortragendem und Zuhörer bei dem Gang der Erörterung betonenden – Formulierungen zu verzichten wäre.[52]

V. Der Anmerkungsapparat

Bei Durchsicht des bundesdeutschen rechtswissenschaftlichen Schrifttums muß man den Eindruck gewinnen, als ob die Dimensionierung des Anmerkungsapparates ein erstrangiges Kennzeichen für die Qualität der Bearbeitung sei. Der Autor vermag auf diese Weise seine Belesenheit und seine Übersicht über den Gesamtstoff eines Rechtsgebietes zu demonstrieren. In der Tat gehört ein entsprechender „Apparat" zu jeder wissenschaftlichen Schrift. Über den angemessenen Umfang läßt sich jedoch vielfach streiten. In einer Themenarbeit wird es regelmäßig eher als bei Fallbearbeitungen nötig sein, Ausführungen in einer Anmerkung unterzubringen.

1. Zunächst ist zu überlegen, ob bestimmte *Sachaussagen* in den Text integriert oder in einer Anmerkung niedergelegt werden sollen. Hierfür sind folgende Grundregeln zu beachten:

a) Längere wörtliche Zitate, auf die der Autor nicht verzichten will, die zwar das Verständnis der Darlegungen fördern, aber zur Gedankenführung nicht unbedingt notwendig sind, sondern den Fluß der Erörterungen eher stören würden, sollten in einer Anmerkung erscheinen.

b) Streitfragen, die für die konkrete Thematik nur nebensächlichen Charakters sind, auf die der Verfasser aber hinweisen will, sollten unter Angabe des Streitstandes in einer Anmerkung behandelt werden.

Beispiel:
Im Text werden aus grundrechtsdogmatischem Blickwinkel die vom BVerfG an die Rundfunkorganisation gestellten Anforderungen erläutert. Dazu in *Anmerkung*: Ob diesen Grundsätzen in der Rundfunkpraxis überall Rechnung getragen wird, ist strittig; vgl. etwa zur früheren Zusammensetzung des Rundfunkrates des NDR OVG Lüneburg, DÖV 1979, 170 (m. Anm. *Kewenig*).

c) Soweit im Text getroffene Aussagen nach Auffassung des Autors einer näheren Erläuterung bedürfen, ohne daß eine solche für die weitere Gedankenführung unabdingbar ist – dann in den Text! –, empfiehlt sich ein kurzer Hinweis in einer Anmerkung.

---

[52] Dazu unten § 11 I.

Beispiel:

Im Text werden die prägenden Merkmale des Pressebegriffs abgehandelt. In *Anmerkung* dazu: Zu der historischen Entwicklung, die zu diesem Pressebegriff geführt hat, näher *F. Schneider*, Presse- und Meinungsfreiheit nach dem Grundgesetz, 1962, S. 58 ff.; *Löffler*, Presserecht, 3. Aufl. 1983, Bd. I, § 1 LPresseG Rdnrn. 23 ff.; *Löffler/Ricker*, Handbuch des Presserechts, 2. Aufl. 1986, S. 21 ff.

d) Ansonsten sind in den Anmerkungen Nachweise zu im Text verwendeten wörtlichen Zitaten oder sonstigen Anlehnungen an Äußerungen anderer Autoren unterzubringen, also *Quellenangaben*.

2. Die vorbezeichneten Quellenangaben, Ergänzungen und Erläuterungen des Textes werden in Fußnoten plaziert, die unten[53] auf die jeweils zugehörige Seite gesetzt werden.[54] Die Verbindung von Zitat bzw. Text und Fußnote wird hergestellt, indem das Ende des Zitats und der Beginn der Fußnote die gleiche Kennzeichnung erhalten. In der Regel werden hochgestellte oder in Klammern eingeschlossene Zahlen verwendet. Die Numerierung der Fußnoten kann auf jeder Seite neu erfolgen oder für die gesamte Arbeit fortgeführt werden.[55] Wird aus zweiter Hand zitiert, so ist in der Fußnote zuerst die Quellenangabe zu nennen; mit dem Vermerk „zitiert nach ..." wird dann zusätzlich die benutzte Hilfsquelle angegeben. Eine solche Zitierweise ist jedoch nur dann angebracht, wenn das zitierte Originalwerk selbst dem Bearbeiter nicht zugänglich war. Überhaupt gilt, daß prinzipiell nur Primärliteratur, die eigenständige Lösungsansätze zu Rechtsproblemen enthält, im Rahmen einer wissenschaftlichen Themenarbeit zu verwenden ist. Auf Sekundärliteratur, die sich lediglich auf die Wiedergabe, Erläuterung und Kommentierung anderwärtig gefundener grundlegender Aussagen beschränkt, sollte man daneben nur noch ergänzend zurückgreifen.[56] Will der Verfasser in einer Fußnote eine Vielzahl von Schrifttumsangaben unterbringen, so müssen diese in eine sinnvolle Ordnung gebracht werden, wobei entweder die chronologische Reihenfolge einzuhalten ist oder eine Gewichtung zu erfolgen hat.

---

[53] Manchmal werden Anmerkungen auch innerhalb einer Klammer in den Textteil gestellt. Darunter leidet allerdings die Lesbarkeit in nicht unerheblicher Weise, so daß man auf diese Technik allenfalls bei ganz kurzen Angaben zurückgreifen sollte; so auch *Thieme* (o. Fußn. 1), S. 40. *Beispiel*: Das geltende Kartellrecht (Gesetz gegen Wettbewerbsbeschränkungen i.d.F. der Bekanntm. vom 24. 9. 1980 [BGBl. I S. 1761]) ...

[54] Im rechtswissenschaftlichen Schrifttum findet man freilich auch Werke, bei denen sich die Anmerkungen gesammelt am Ende eines Kapitels bzw. der gesamten Schrift befinden. Dadurch wird ein ständiges Umblättern provoziert, so daß man als Student im Sinne der Übersichtlichkeit tunlichst auf solches Vorgehen verzichten sollte.

[55] Letzteres hat nur den Nachteil, daß bei längeren Arbeiten drei- und vierstellige Zahlen vorkommen können. In solchen Fällen empfiehlt es sich, jeweils bei einem neuen Kapitel mit der Zählung der Fußnoten neu zu beginnen.

[56] Vgl. *Brinkmann*, Die rechtswissenschaftliche Seminar- und Doktorarbeit, 1959, S. 133 ff.; siehe auch *Thieme* (o. Fußn. 1), S. 39, der darüber hinaus noch eine dritte Kategorie als überhaupt nicht zitierfähig erwähnt, nämlich die sog. didaktischen Leitfäden.

Beispiel:
Dazu grundlegend ...; siehe ferner ...

Will man bei einer in der Literatur stark umstrittenen Frage, die nur als Randproblem auftaucht, darauf verzichten, dem Leser umfangreiche Schrifttumsnachweise zu geben, so empfiehlt es sich, eine jüngere Schrift zu zitieren, bei deren Durchsicht man sich sofort die Gesamtpalette des vorherigen Schrifttums erschließen kann.

Beispiel:
Zur Diskussion um den Grundrechtsschutz gemischtwirtschaftlicher Unternehmen nach Art. 19 III GG siehe zuletzt *Schmidt-Aßmann*, BB, Beilage 34 zu Heft 27/1990, m.w.N.

Konträre Auffassungen sind zu sammeln und einander gegenüberzustellen.

Beispiel:
So ...; a.A. ...; vermittelnd ...

3. Um überflüssige Wiederholungen zu vermeiden und auf bestehende Zusammenhänge aufmerksam zu machen, ist es durchaus legitim, auf frühere (siehe oben ...) oder spätere Ausführungen (siehe unten ...) zu verweisen, sei es im Text oder in den Fußnoten. Solche Verweisungen müssen aber so genau sein, daß die betreffende Passage ohne Mühe aufzufinden ist.

Beispiel:
Dazu näher bereits oben S. 28 (m. Fußn. 37). Siehe oben A III 2 a bb.

Vorsicht ist freilich bei der Verweisung nach unten, auf spätere Ausführungen, geboten, da den Verfasser hier leicht der Vorwurf fehlerhafter Gedankenführung und damit eines verfehlten Aufbaus seiner Darstellung trifft. Manchmal läßt sich jedoch eine solche Verweisung nicht vermeiden, namentlich wenn bei der systematischen Einordnung einer Rechtsfrage Teilaspekte in mehrfacher Verzahnung auftauchen.[57]

4. Die Detailarbeiten am Anmerkungsapparat sollten tunlichst erst nach Abschluß der Niederschrift eines Textabschnittes erfolgen.[58] Würde der Verfasser an jeder Stelle, wo ein Nachweis oder eine Erläuterung in einer Fußnote angebracht ist, stoppen, um in Büchern oder Notizen nach den betreffenden Sachausführungen zu suchen oder die notwendigen Angaben aufzufüllen und zu kontrollieren, wäre der Gedankenfluß dahin. Allenfalls kurze Randnotizen, welche die spätere Arbeit mit dem Anmerkungsapparat erleichtern, sind bei der Niederschrift anzuraten.[59]

5. Bei jeder rechtswissenschaftlichen Arbeit ist die Verwendung frem-

---

[57] So auch *Thieme* (o. Fußn. 1), S. 40.
[58] Vgl. *Thieme* (o. Fußn. 1), S. 41 f.
[59] Dazu bereits o. I.

den geistigen Eigentums – sowohl bei wörtlichen Zitaten als auch bei nur sinngemäßer Übernahme – durch genaue Quellenangabe deutlich zu machen. Diese muß so ausführlich sein, daß sie jederzeit nachprüfbar ist, sie hat also gegebenenfalls auch Auflage, Erscheinungsjahr und genaue Seitenzahl zu umfassen.

Beispiel:

So *Hesse*, Grundzüge des Verfassungsrechts der Bundesrepublik Deutschland, 17. Aufl. 1990, S. 27.

Bei einem wörtlich wiedergegebenen Zitat muß für die völlige Identität Sorge getragen werden (z. B. auch Übernahme von veralteter Schreibweise oder Interpunktion!). Die Auslassung von Worten ist durch Punkte anzudeuten. Zufügungen sind durch eckige Einklammerungen nachzuweisen.

Beispiele:

„Staatliche Hilfeleistung darf ... nur subsidiär und nur dann gegeben werden, wenn Aussicht besteht, damit die Wettbewerbsfähigkeit des betroffenen Wirtschafts- oder Produktionszweiges ... zu erreichen" (BT-Drucks. V/2469, S. 4). – BVerfGE 4, 7 (26): „Auch wenn man mit der herrschenden Meinung annimmt, daß Art. 2 Abs. 1 oder 9 Abs. 1 GG einen verfassungsrechtlichen Schutz vor Zwangsinkorporierungen in *bestimmte* Vereine oder Gesellschaften gewähren [Hervorhebung im Original], würde dieses Grundrecht der ‚negativen Vereinsfreiheit' durch die Zwangszuteilung von Aktien nicht verletzt werden."

Wörtliche Zitate sind freilich nur angebracht, wenn es auf den konkreten Wortlaut einer Äußerung ankommt. Anfang und Ende des Zitats markieren doppelte Anführungsstriche („..."). Zitate innerhalb des Zitats stehen in einfachen Anführungsstrichen (‚...').

Beispiel:

Die Deutsche Bundesbank „fungiert unter anderem als ‚Bank der Banken' und ist das zentrale geldpolitische Entscheidungsorgan im Staate"[1].

1) So *K. Stern*, Das Staatsrecht der Bundesrepublik Deutschland, Bd. II, 1980, S. 481 f., unter Bezugnahme auf *H. Rittershausen*, Die Zentralnotenbank, 1962, S. 41 ff.

Die nur sinngemäße Wiedergabe fremder Gedanken wird nicht durch Anführungsstriche gekennzeichnet, die Quellenangabe hat jedoch in gleich detaillierter Weise wie beim wörtlichen Zitat zu erfolgen. Zitate sind allerdings immer dann überflüssig, wenn sich eine Aussage bereits dem Gesetzestext entnehmen läßt oder die geäußerte Rechtsansicht selbstverständlich oder unbestritten ist. Das Gesetz hat im übrigen vor allen anderen Quellen den Vorrang; es ist stets im Text selbst zu zitieren, während andere Nachweise üblicherweise in einer Fußnote zu bringen sind. Die folgenden Zitierregeln haben sich in der Praxis bewährt und werden auch hier empfohlen:

(1) Akademische Grade und sonstige Titel der zitierten Verfasser werden weder in den Text noch in die Fußnote aufgenommen.

(2) Die Fußnote enthält bei Büchern folgende Angaben: Name (weit-

hin üblich mit Vorname – zumindest dessen Anfangsbuchstabe, bei Verwechslungsgefahr ausgeschrieben [etwa: *Werner Weber*] –), vollständiger Titel des Buches, Auflage, Erscheinungsjahr, Band, Seite oder Spalte; der Erscheinungsort kann unmittelbar vor dem Erscheinungsjahr eingefügt werden.

Beispiele:

1) *Stern, Klaus*: Verwaltungsprozessuale Probleme in der öffentlich-rechtlichen Arbeit, 6. Aufl. München 1987, S. 28 f.

2) *F.O. Kopp*, Verwaltungsverfahrensgesetz, Kommentar, 4. Aufl. 1986, § 43 Rdnr. 11.

(3) Bei Dissertationen ist außer dem Namen, Vornamen und vollständigen Titel noch aufzuführen: Diss., Hochschulort, Jahr, Seite.

Beispiel:

E. Berger, Bundesbank und Stabilitätsgesetz, (iur.) Diss. Köln 1977, S. 51 ff.

Ist die Dissertation in Buchform erschienen, empfiehlt sich die Bezugnahme auf diese Publikation.

Beispiel:

Coburger, Die währungspolitischen Befugnisse der Deutschen Bundesbank, Untersuchungen über das Spar-, Giro- und Kreditwesen, Abt. B: Rechtswissenschaft, Bd. 53, 1988 (zugleich Diss. Bochum 1987).

(4) Bei Beiträgen aus einer Zeitschrift oder einem Buch muß die Fußnote enthalten: Name (mit Vorname); Titel des Beitrages, in: Vollständiger Titel der Zeitschrift, Erscheinungsjahr (gegebenenfalls auch Band oder Jahrgang), Seite. Ein abgekürzter Titel darf verwendet werden, wenn ein Abkürzungsverzeichnis mit entsprechenden Hinweisen der Arbeit vorangestellt wird oder der abgekürzte Titel als allgemein bekannt gelten kann.

Beispiele:

Dietlein, Zur Problematik der Föderativstruktur eines geeinten Deutschlands in der Europäischen Gemeinschaft, Nordrhein-Westfälische Verwaltungsblätter (NWVBL) 1990, 253 ff. – *Ossenbühl*, Die Quellen des Verwaltungsrechts, in: Erichsen/Martens (Hrsg.), Allgemeines Verwaltungsrecht, 8. Aufl. 1988, S. 63 ff. – *Dürig*, Zu Grundfragen des Postrechts, in: Die Verwaltung Bd. 11 (1978), S. 84 ff.

(5) Ist der Verfasser einer Schrift nicht angeführt oder nicht in Erfahrung zu bringen, so ist vor dem Sachtitel die Abkürzung o.V. zu vermerken.

Dies ist häufiger etwa bei Verbandspublikationen der Fall.

(6) Wenn das Erscheinungsjahr nicht angegeben ist, wird an dessen Stelle der Vermerk o.J. empfohlen.

(7) Für das Zitat maßgebend ist der innere Titel des Buches (Haupttitel), nicht der – u.U. verkürzte – Titel des Schutzumschlages oder der des Einbandes.

(8) Sofern die zitierte Stelle erst auf der der angegebenen Seite folgenden Seite endet, ist der Seitenangabe ein „f." hinzuzufügen. Erstreckt sich

die angeführte Stelle auf mehrere Seiten, dann ist der Fußnote „ff." zuzusetzen.[60]

(9) Bei Beiträgen in Sammelwerken empfiehlt es sich ebenso wie bei Gerichtsentscheidungen, die in amtlichen Sammlungen publiziert sind, sowohl den Beginn der Ausführungen als auch die konkrete Fundstelle (diese dann in Klammern) aufzuzeigen.

Beispiel:
Raiser, Wirtschaftsverfassung als Rechtsproblem (1950), in: Scheuner (Hrsg.), Die staatliche Einwirkung auf die Wirtschaft, 1971, S. 109ff. (131f.); BVerfGE 4, 7 (17).

(10) Ist bei Werken in regelmäßigen Abständen eine Neuauflage zu erwarten, so sollte – um spätere Mißverständnisse und umständliches Suchen zu vermeiden – statt einer Seitenangabe die Fundstelle mit den Gliederungssymbolen der betreffenden Schrift oder – soweit vorhanden – eine entsprechende Randziffer vermerkt werden.

Beispiel:
Vgl. *Maurer*, Allgemeines Verwaltungsrecht, 6. Aufl. 1988, § 7 II 5 oder § 7 Rdnrn. 11ff. zu den Ermessensfehlern.

(11) Möglichst ist die letzte Auflage eines Werkes heranzuziehen. Werden verschiedene Auflagen des gleichen Werkes benutzt, so muß die jeweilige Auflage bei jedem Zitat angegeben werden.

(12) Wenn eine Literaturangabe sich auf die unmittelbar vorher genannte Quelle bezieht, lautet die Fußnote: „Ebenda" oder „aaO".

Beispiel:
1) *Maurer*, Allgemeines Verwaltungsrecht, 6. Aufl. 1988, S. 248ff.
2) *Ders.*, aaO, S. 265.
3) Ebenda (wenn das Zitat genau die gleiche Fundstelle betrifft).

Es ist freilich unzumutbar, den Leser mit der Angabe „aaO" (oder „a.a.O.") auf ein Zitat mehrere Seiten vorher zu verweisen. Die Abkürzung „aaO" darf ohne erläuternden Zusatz

Beispiel:
Maurer, aaO (o. Fußn. 1), S. 35.

nur verwendet werden, wenn die zitierte Schrift auf der gleichen oder der vorhergehenden Seite angeführt ist.

(13) Zitate in englischer und französischer Sprache werden nicht übersetzt, sofern sie leicht verständlich sind. Zitate in anderen Fremdsprachen sind im Text in deutscher Übersetzung wiederzugeben. In der Fußnote wird dann der Urtext vermerkt.

---

[60] Die Fundstelle sollte möglichst genau nachgewiesen werden. Dieser Mühe entziehen sich Autoren vielfach durch globale Zitate („S. 115ff." oder „passim"), die dem Leser zumuten, ganze Passagen zu lesen, um die genaue Fundstelle zu ermitteln.

VI. Zusammenfassungen

Zur Erleichterung der Lektüre ist es bei umfangreichen Themenarbeiten, namentlich bei Dissertationen, angebracht, im Anschluß an konsistente Abschnitte der Arbeit den bisherigen Gedankengang zusammenfassend kurz zu skizzieren und Zwischenergebnisse zu formulieren. Vor allem aber am Ende der Ausarbeitung sollte eine Zusammenfassung der wichtigsten Ergebnisse, die erarbeitet wurden, mit Hinweisen auf die jeweiligen Detailausführungen stehen.

Beispiel:
Die in der Praxis beobachtbare Tendenz, daß Zweckzuweisungen zunehmend an die Stelle allgemeiner Finanzzuweisungen treten und daß im Wege der Dotationsauflagen vermehrt auf konkrete Detailplanungen einer Gemeinde Einfluß genommen wird, stellte sich als mit Art. 28 II GG unvereinbar heraus (vgl. oben S. 125 ff.).

Abgesehen von der Möglichkeit einer Selbstkontrolle hinsichtlich der Stringenz und Adäquanz der Gedankenführung erlaubt eine solche Zusammenfassung dem Leser eine rasche Vorabinformation darüber,
- ob die Schrift für den von ihm anvisierten Problemkreis überhaupt einschlägig ist,
- welche Rechtsfragen ausführlich behandelt wurden und
- welche Ergebnisse erzielt wurden.

Ein solcher „Service" bietet zugleich die zeitsparende Möglichkeit, die Lektüre nur auf einzelne Passagen zu beschränken.[61]

VII. Inhaltsübersicht, Literatur- und Abkürzungsverzeichnis

1. Grundsätzlich sollte jeder Themenarbeit eine Inhaltsübersicht vorangestellt sein, die auf der Basis der Gliederungspunkte die genaue Gedankenfolge (mit Seitenangaben) aufzeigt. Die in der Inhaltsübersicht verwandten Formulierungen müssen mit den im Text selbst gewählten Überschriften identisch sein; darüber hinaus sollten auch zu den Gliederungssymbolen, die im Text der Arbeit nicht mit gesonderten Überschriften versehen sind, inhaltsbezogene Angaben erfolgen. Es ist darauf zu achten, daß die Überschriften und die weiteren für das Inhaltsverzeichnis bestimmten Angaben aussagekräftig sind (dazu bereits oben II 2). Die diesbezüglichen Empfehlungen *W. Thiemes* sind nach wie vor zu beherzigen:

„Die Überschriften sollen möglichst kurz und treffend sein. Das journalistische Kunstmittel, Überschriften geheimnisvoll, vieldeutig oder unklar zu gestalten, um beim Leser eine gewisse Spannung zu erzeugen und ihn in das Buch hineinzulocken, ist der wissenschaftlichen Abhandlung nicht gemäß; es sollte daher vermieden werden.

---

[61] Ähnliche Zwecke erfüllt ein Sachregister, dessen zusätzliche Erstellung insbesondere bei umfangreichen Dissertationen, die im Rahmen einer Schriftenreihe publiziert werden sollen, anzuraten ist; dazu näher *Oftinger* (o. Fußn. 2), S. 198 ff.

Zuweilen wird es nicht möglich sein, eine Überschrift knapp zu fassen. Dann sollte man sich ... nicht scheuen, auch eine längere Überschrift zu bilden, unter Umständen auch statt einer Überschrift eine genau formulierte Frage zu verwenden."[62]

2. Die im Text und in den Fußnoten angegebenen Quellen sowie zusätzliche Literatur, die berücksichtigt, aber nicht im einzelnen in Bezug genommen wurde, sind in einem Literaturverzeichnis gesammelt aufzuführen. Je nach Inhalt der Themenarbeit kann die Ordnung der Literatur nach verschiedenen Gesichtspunkten vorgenommen werden. Die gebräuchlichsten sind dabei:

- alphabetische Gliederung nach Verfassernamen;
- Ordnung nach Literaturgattungen (Lehrbücher, Kommentare, Monographien, Dissertationen, Zeitschriftenaufsätze u.ä.) und innerhalb dieser Gruppen in alphabetischer Reihenfolge.

Ein solches Literaturverzeichnis dient zum einen der Dokumentation, zum anderen erlaubt es dem kritischen und sachverständigen Leser die Feststellung, ob und inwieweit vorhandenes Schrifttum berücksichtigt worden ist. Es ist freilich davor zu warnen, aus Prestigegründen ein Literaturverzeichnis „aufzubauschen" und um klangvolle Namen und Schriften anzureichern, ohne daß diese in der Arbeit berücksichtigt wurden; dies wird selten unbemerkt bleiben. Im übrigen aber erleichtert ein sorgfältig zusammengestelltes Literaturverzeichnis die Zitierweise, da in den Fußnoten dann vereinfachte Angaben möglich sind.

Beispiel:
Im Literaturverzeichnis *Roellecke*, Meinungskampf und allgemeines Persönlichkeitsrecht, JZ 1980, 701 ff. – In den Anmerkungen: 5) So *Roellecke*, JZ 1980, 703.

Handelt es sich um Werke, die innerhalb einer Schriftenreihe erschienen sind, so werden auch diesbezüglich umfassende Nachweise erwartet.

Beispiel:
Grabbe, Verfassungsrechtliche Grenzen der Privatisierung kommunaler Aufgaben, Schriften zum öffentlichen Recht, Band 359, 1979.

Im übrigen sind die bereits dargelegten Zitierregeln auch hier zu beherzigen. Bearbeiter von Kommentaren sind nicht im Literaturverzeichnis, wohl aber bei den einzelnen Zitaten in der Arbeit zu nennen.

Beispiel:
Im Literaturverzeichnis: *Maunz/Dürig*, Grundgesetz, Komm., Stand: 28. Lfg. Dezember 1989; im Anmerkungsapparat: 15) *Herzog*, in: Maunz/Dürig, Grundgesetz, Komm., Art. 98 Rdnr. 10.

Gesetze, Gesetzessammlungen und Gerichtsentscheidungen sind nicht im Literaturverzeichnis aufzuführen, wohl aber Anmerkungen zu Gerichtsentscheidungen.

---

[62] AaO (o. Fußn. 1), S. 46.

Beispiel:
Steiner, Anm. zu BVerwG, DVBl. 1980, 299; in: DVBl. 1980, 417f.

3. Das Abkürzungsverzeichnis sollte alle die in der Arbeit benutzten fachspezifischen und umgangssprachlichen Abkürzungen aufführen, die nicht als allgemein bekannt vorausgesetzt werden können (wie etwa BGB, GG, sog., z.B., etc.). Bei Gesetzen sind stets die amtlichen bzw. allgemein üblichen Abkürzungen zu verwenden, wie sie in den bekannten Gesetzessammlungen wie Schönfelder, Sartorius usw. vorzufinden sind.

Beispiele:
GWB – Gesetz gegen Wettbewerbsbeschränkungen. BImSchG – Gesetz zum Schutz vor schädlichen Umwelteinwirkungen durch Luftverunreinigungen, Geräusche, Erschütterungen und ähnliche Vorgänge (Bundes-Immissionsschutzgesetz).

Die individualistische Kreation ausgefallener Abkürzungen fördert gewiß nicht die Lesbarkeit. Insbesondere sollte man sich davor hüten, im Text eine Vielzahl von Abkürzungen aneinanderzureihen, um den Leser nicht zu zwingen, dauernd das Abkürzungsverzeichnis zu Rate zu ziehen.

Negativbeispiel:
„Für die GrRe im GrR-Teil des GG sind die f. gem. Krit. maßgeblich: ..."

Tauchen einzelne Werke, bei denen stets voluminöse Angaben notwendig wären, innerhalb einer Arbeit mehrfach auf, so ist die durchgängige Verwendung einer im Abkürzungsverzeichnis vermerkten Kürzel durchaus legitim.

Beispiele:
GKÖD – Gesamtkommentar Öffentliches Dienstrecht (hrsg. v. W. Fürst)
HdbDStR – *G. Anschütz/R. Thoma*, Handbuch des Deutschen Staatsrechts, 2 Bde, 1930/32
BRS – *Thiel/Gelzer*, Baurechtssammlung
HdUR – *Kimminich/von Lersner/Storm* (Hrsg.), Handwörterbuch des Umweltrechts, 2 Bde., 1986/88.

Wenn vom Autor oder Herausgeber eines Werkes selbst eine Abkürzung vorgeschlagen wird, sollte man dies tunlichst beherzigen. Im übrigen sei auf die Angaben bei *Kirchner*, Abkürzungsverzeichnis der Rechtssprache, 3. Aufl. 1983, verwiesen.[63]

VIII. Sonstige Formalia

Daß die Seiten einer Themenarbeit fortlaufend mit arabischen Ziffern durchnumeriert werden, sollte eigentlich eine Selbstverständlichkeit sein. Inhalts-, Literatur- und Abkürzungsverzeichnis erhalten zweckmäßiger-

---

[63] Weitere Hinweise bei *Oftinger* (o. Fußn. 2), S. 17ff.

weise angesichts ihrer Ergänzungsfunktion und aus Gründen der Arbeitsökonomie, da diese Teile regelmäßig erst nachträglich angefertigt werden, römische Seitenzahlen. Es empfiehlt sich, die Seiten nur einseitig zu beschreiben. Zur Korrektur ist dabei ein angemessener Rand zu lassen.

Für die Gestaltung des Titelblattes bestehen bei Dissertationen durchweg von den Fakultäten erlassene Vorschriften. Bei Seminararbeiten ist der Autor diesbezüglich freier gestellt. Nicht fehlen sollten auf der Titelseite jedoch die folgenden Angaben:

- Name des Verfassers
- Angaben zur Person (Semesterzahl, Martikelnr. bzw. Adresse)
- Thematik
- Genaue Bezeichnung der Lehrveranstaltung
- Dozent
- Semester.

Bei Dissertationen sind im übrigen nach Maßgabe der jeweiligen Promotionsordnung weitere Formvorschriften zu beachten (etwa die mit eigenhändiger Unterschrift versehene Erklärung über die selbständige Anfertigung der Arbeit sowie Beifügung eines Lebenslaufes[64]).

§ 11. Der Seminarvortrag

Seminararbeiten werden regelmäßig – zumindest partiell – auch mündlich vorgetragen. Besondere Bedeutung gewinnt der Seminarvortrag heutzutage zusätzlich im Hinblick auf den nunmehr generell üblichen Aktenvortrag oder Kurzvortrag[65] in der mündlichen Prüfung des Assessorexamens.[66] Dabei soll der Prüfling zeigen, daß er die Befähigung besitzt, einen entscheidungsreifen Akteninhalt in freier Rede lebendig darzustellen, auf seinen wesentlichen Sachverhalt zurückzuführen, eine praktisch brauchbare Rechtsentscheidung daraus abzuleiten und diese knapp und überzeugend zu begründen.[67] Die früheren Gepflogenheiten gegenüber

---

[64] Zu Inhalt und Form des letzteren s. *Gerhards* (o. Fußn. 2), S. 143 ff.

[65] Diese Bezeichnung ist, worauf *Brühl*, Die juristische Fallbearbeitung in Klausur, Hausarbeit und Vortrag, 2. Aufl. 1989, S. 173, hinweist, widersprüchlich, da nicht der Vortrag, sondern die Vorbereitungszeit kurz ist.

[66] Vgl. z. B. die Regelung in § 37 I nw.JAO; dazu *Rehborn/Schäfer/Tettinger*, Die Juristenausbildung in Nordrhein-Westfalen, Erl., 6. Aufl. 1986, Anm. 1–5. Zum Vortrag selbst näher *Berg/Zimmermann*, Gutachten und Urteil, 14. Aufl. 1988, S. 209 ff., Anhang: Der Vortrag; *Pietzner/Ronellenfitsch*, Das Assessorexamen im öffentlichen Recht, 6. Aufl. 1987, § 1 III 3; *Sattelmacher/Sirp*, Bericht, Gutachten und Urteil, 31. Aufl. 1989, Vierter Abschnitt: Der mündliche Vortrag; ferner *Teubner*, Die mündliche Prüfung im ersten und zweiten juristischen Examen – der Akten-(Kurz-)Vortrag, 1985; allgemein auch *Brühl* (o. Fußn. 65), S. 161 ff.

[67] So oder ähnlich lauten die Weisungen der Landesjustizprüfungsämter zur Anfertigung des Aktenvortrags; vgl. etwa die Weisungen des LJPA Düsseldorf (Anhang).

nunmehr erheblich gekürzte Vorbereitungszeit[68] beim Aktenvortrag zwingt die Examenskandidaten in besonderer Weise zu innerer Ruhe, Konzentrationsfähigkeit und effektivem Arbeiten[69] – Qualitäten, mit deren Training nicht früh genug begonnen werden kann. Aber auch mit Blick auf das „normale" Prüfungsgespräch im Rahmen des Ersten und Zweiten Juristischen Staatsexamens ist es sinnvoll, möglichst früh seine Gestaltungsfähigkeiten im mündlichen Vortrag zu testen sowie ständig zu verbessern, ganz abgesehen davon, daß eine geschickte mündliche Ausdrucksweise für das spätere berufliche Fortkommen unabdingbar ist.[70]

Für eine entsprechende praktische Einübung bietet sich im Rahmen des Hochschulstudiums vorzugsweise ein Seminarreferat[71] an, für dessen Vortrag hier einige zusätzliche Hinweise gegeben werden sollen:

I. Zur Vortragsweise

Vielfach zu beobachtende Praxis ist, daß die *Seminarreferenten* den Text ihres schriftlichen Exposés schlicht mehr oder minder monoton vorlesen. Daß solches Verhalten weder den Dozenten noch die Kollegen begeistert, liegt auf der Hand. Ohne rhetorische Meisterleisungen zu verlangen, sollten doch zumindest einige Grundanforderungen zur Vortragsweise beherzigt werden. Es ist durchaus korrekt, wenn die schriftliche Ausarbeitung als Grundlage für den mündlichen Vortrag herangezogen wird. Einige Veränderungen sind jedoch notwendig:

- Der Vortrag bedingt den Verzicht auf umständliche Schachtelsätze.
- Bei komplizierten Gedankengängen sind knappe Zusammenfassungen und Erläuterungen zum gegenwärtigen Standort in der Abfolge der Ausführungen angebracht.
- Im Anmerkungsapparat enthaltene Aussagen können die textlichen Ausführungen erläutern und sind gegebenenfalls einzufügen.
- Wörtliche Zitate sind beim Vortrag ausdrücklich zu vermerken.
- Das Auditorium sollte beim Vortrag durchaus unmittelbar in die Gedankenführung einbezogen werden.

Beispiel:
„Daraus ergibt sich für uns nunmehr die folgende Konsequenz: ..."

---

[68] Nach § 37 I 2 nw.JAO beträgt die Vorbereitungszeit eine Stunde.

[69] So *Brühl* (o. Fußn. 65), S. 174.

[70] Hierauf weist zu Recht nachdrücklich *Brühl* (o. Fußn. 65), S. 161, hin; vgl. auch *Huff*, JuS 1991, 214.

[71] Aber nicht nur im Rahmen eines Seminars, sondern auch in den übrigen Universitätsveranstaltungen (Vorlesungen, Übungen etc.) sollten die Studenten von vorhandenen Möglichkeiten mündlicher Beteiligung verstärkt Gebrauch machen. Zur Übung juristischer Artikulation in ergänzenden (privaten) Arbeitsgruppen siehe bereits oben § 1 II 1.

– Die Verwendung von Beispielen macht den Gedankengang plastischer.

Der Vortrag sollte lebendig gehalten sein. Dies wird umso eher gelingen, je mehr der Referent in der Lage ist, sich vom Vortragsmanuskript zu lösen.

II. Begleitmaterial

Um die sich üblicherweise an ein Seminarreferat anschließende Diskussion vorzubereiten, empfiehlt es sich, den übrigen Seminarteilnehmern zusätzliches Begleitmaterial an die Hand zu geben. Auf diese Weise wird es möglich, allen Beteiligten vorab Informationen über den Inhalt, die wesentlichen Streitfragen und die Ergebnisse eines Referates zu übermitteln. Zu nennen sind hier insbesondere Thesenpapier, Literaturhinweise und Datenzusammenstellungen.

1. Thesenpapier

Das vom Referenten anzufertigende und angemessene Zeit vor dem Termin des Referates – am besten bereits bei der vorherigen Seminarsitzung – zu verteilende Thesenpapier[72] sollte in prägnanter Kürze (auf keinesfalls mehr als einer Seite) die wesentlichen Ergebnisse des Referenten und dezidierte Positionen zu den zur Diskussion stehenden Streitfragen aufzeigen. Aus seiner Zwecksetzung, der Förderung der Diskussion, ergibt sich bereits, daß weder langatmige Formulierungen noch eine Wiedergabe der Gliederung, sondern vielmehr knappe, pointierte, u.U. sogar provozierende Statements gefragt sind. Zur Verdeutlichung ein gelungenes Beispiel aus einem Seminar:

Stephanie Blanc
Thesenpapier zu dem Thema:
„Die Garantiewirkungen des Art. 6 EMRK"

1. Teil: Anwendungsbereich des Art. 6 I EMRK
- Es muß sich um „zivilrechtliche Ansprüche und Verpflichtungen" oder aber um die „Stichhaltigkeit einer strafrechtlichen Anklage handeln". Im klassischen Zivilprozeß ist diese Voraussetzung unproblematisch. Schwierigkeiten ergeben sich dagegen bei der Verwaltungsgerichtsbarkeit.
- Diese können nur durch Auslegung gelöst werden. Dabei muß von den Originalfassungen ausgegangen werden, da nur der englische und der französische Text maßgebend sind.
- Der Europäische Gerichtshof für Menschenrechte entschied, daß es nicht darauf ankommt, ob beide Parteien des Rechtsstreits Privatpersonen sind. Ebenso wenig kommt es darauf an, welche Rechtsqualität das Gesetz hat, nach dem der Rechtsstreit entschieden wird. Wichtig ist nur, ob der Ausgang des Verfahrens für Rechte und Verpflichtungen von privatrechtlicher Natur entscheidend ist.
- Auch der Begriff der strafrechtlichen Anklage darf nicht wörtlich genommen wer-

---

[72] Zur Anfertigung eines Thesenpapiers als selbständiger wissenschaftlicher Leistung s. *Rinken* (o. Fußn. 2), S. 262.

den. So sind darunter auch Verfahren über Ordnungswidrigkeiten zu verstehen. Es kommt vielmehr auf die Zuwiderhandlung im Zusammenhang mit der Natur der darauffolgenden Sanktion an.

2. Teil: Darstellung der Verfahrensgarantien
- Das Recht auf Zugang zu den Gerichten ist nicht ausdrücklich in Art. 6 I EMRK enthalten, läßt sich aber aus Sinn und Zweck des Anspruchs auf ein unabhängiges Gericht herleiten.
- Grundlegendes Element in den Gerichtsverfahren ist der Grundsatz der Waffengleichheit. Beiden Parteien muß ausreichend Gelegenheit zur Stellungnahme gegeben werden. Keine Partei darf der anderen gegenüber benachteiligt werden.
- Im Hinblick auf die angemessene Verfahrensdauer sind auch Konventionsverletzungen der Bundesrepublik Deutschland festgestellt worden. Die Angemessenheit der Verfahrensdauer wird durch Abwägung des Parteiverhaltens unter Berücksichtigung der Schwierigkeit des Falles festgestellt.
- Es wird ein Anspruch auf Öffentlichkeit und Mündlichkeit des Verfahrens garantiert sowie – zumindest im Strafverfahren – auf persönliche Teilnahme.
- Die Absätze 2 und 3 des Art. 6 stellen besondere Verfahrensgrundsätze für das Strafverfahren dar, von denen die Unschuldsvermutung des Absatz 2 der bekannteste und wohl auch bedeutendste ist.

3. Teil: Die Europäische Konvention vor den nationalen Gerichten
- Die EMRK ist durch Zustimmungsgesetz in das innerstaatliche Recht transformiert worden. Da dieses Transformationsgesetz nur einfaches Bundesgesetz ist und daher nicht mehr umsetzen kann, als ihm selbst an Rang zukommt, hat die Konvention keinen Verfassungsrang.
- Eine Verfassungsbeschwerde kann nicht durch Berufung auf eine Verletzung der Konvention begründet werden.
- Die Entscheidungen des EGMR binden den Vertragsstaat nur formell. Durch die Einhaltungspflicht der Vertragsstaaten wirken sich die Urteile aber doch im innerstaatlichen Bereich aus.
- Der Gerichtshof der Europäischen Gemeinschaften (EuGH), der gleichfalls auf die EMRK rekurriert, hat sich mehr und mehr zu einem Verfassungsgerichtshof entwikkelt.

Literaturhinweise:
Jochen A. Frowein/Gerhard Ulsamer, Europäische Menschenrechtskonvention und nationaler Rechtsschutz, Heidelberg 1985, S. 9 und 35
Jochen A. Frowein/Wolfang Peukert, Europäische Menschenrechtskonvention, Kommentar, Kehl, Straßburg, Arlington 1985, zu Art. 6 I.

2. *Literaturhinweise*

Ergänzend zum Thesenpapier sollten einige Hinweise auf die für die Thematik zentrale Literatur und/oder Rechtsprechung gegeben werden (siehe vorstehendes Bsp.). Dabei genügt oft die Angabe einer Gerichtsentscheidung und/oder eines Zeitschriftenaufsatzes. Sinn dieses Literaturhinweises ist nur, die Teilnehmer des Seminars mit den Grundproblemen der jeweiligen Thematik vertrauter zu machen und ihr Informationsniveau dadurch anzuheben, daß sie die Möglichkeit erhalten, ohne aufwendige zeitliche Anstrengungen in der Diskussion verwertbare Argumente vorab selbst kennenzulernen.

3. Datenzusammenstellungen

Je nach Themenstellung kann sich auch eine Sammlung von Daten bzw. rechtlichen Aussagen, eine Synopse von Parallelvorschriften oder ein Schaubild zur Förderung des Verständnisses der Darlegungen des Referenten und als Anregung für die Diskussion als fruchtbar erweisen.

Beispiel:
Für die Bearbeitung des Themas „Die gegenwärtige Organisation des öffentlich-rechtlichen Rundfunks in der Bundesrepublik Deutschland" empfiehlt sich die Anfertigung einer Synopse der wesentlichen Vorschriften in den einschlägigen Rundfunkgesetzen und Staatsverträgen bezüglich der Zusammensetzung der Kollegialorgane der Rundfunkanstalten (insbesondere Rundfunkrat, Verwaltungsrat) und ihrer Kompetenzen.

Namentlich bei historischen oder auch rechtsvergleichenden Themen kann sich eine Abschrift zentraler Urkunden oder Rechtsvorschriften, soweit diese nicht ohne weiteres zugänglich sind, anbieten.

Beispiel:
Art. 18 I der Verfassung der Republik Portugal v. 2. 4. 1976, geändert am 7. 7. 1989, enthält folgende Aussage zur Grundrechtsgeltung: „Die Verfassungsbestimmungen über die Rechte, Freiheiten und Garantien finden unmittelbare Anwendung und binden die öffentlich-rechtlichen und privatrechtlichen Einrichtungen."

§ 12. Nacharbeiten

Abgesehen von den ohnehin notwendigen sorgfältigen Korrekturen in sachlicher und sprachlicher Hinsicht ist bei Dissertationen und sonstigen Themenarbeiten, soweit diese – etwa als Zeitschriftenaufsatz – zur Publikation bestimmt sind, darauf zu achten, inwieweit inhaltliche Aussagen von der zwischenzeitlichen Rechtsentwicklung (Erlaß von Gesetzen, Veröffentlichung von Gerichtsentscheidungen oder literarischen Stellungnahmen) überholt wurden und einer Erläuterung, Vertiefung oder Modifizierung bedürfen. Eine Aktualisierung bis zur Drucklegung ist also erwünscht, sofern nicht eine Berücksichtigung neuerer Geschehnisse dazu führen würde, daß eine ganze Arbeit umzuschreiben wäre; ist die Bearbeitung auch auf ihrem alten zeitlichen Stand noch von wissenschaftlichem Wert, so erscheint ausnahmsweise eine unveränderte Drucklegung mit dem Vermerk des genauen Abschlusses der Arbeiten als zulässig.

Beispiel:
Rechtsprechung und Literatur konnten nur bis zum 1. 4. 1990 berücksichtigt werden.

Bei Dissertationen ist im übrigen durchweg eine vorherige Druckerlaubnis des Dekans auf der Basis der Erklärung der Druckreife seitens der Berichterstatter erforderlich; etwaige Auflagen an den Autor (inhaltliche

Korrektur, Ergänzung einzelner Punkte) müssen hier vor Drucklegung erfüllt werden.

Anlagen:

A. Merkblatt des JPA bei dem OLG Hamm (Fassung: 1. 1. 1989)

I. Formales

1. Die Arbeit muß in einen Umschlag geheftet und mit Seitenzahlen versehen, ihre Schrift deutlich und gut leserlich sein. Die einzelnen Seiten müssen einen breiten Korrekturrand aufweisen und deshalb nur ½-spaltig beschrieben werden. Bei Maschinenschrift dürfen die Zeilen nicht zu eng sein (1 ½- oder 2-zeiliger Abstand) und die Buchstaben nicht zu fein gedruckt werden (möglichst keine Pika-Schrift).
2. Der Arbeit ist voranzustellen
   a) ein Deckblatt mit der Überschrift: „Hausarbeit zur ersten juristischen Staatsprüfung" sowie der Angabe der Kennziffer
   b) eine Abschrift der Aufgabe
   c) ein Verzeichnis der benutzten Schriften (vgl. Ziffer. I 3)
   d) ein Abkürzungsverzeichnis (vgl. Ziff. I 4)
   e) eine Gliederung (vgl. Ziff. I 5).
   Die Teile b) – e) sollten mit fortlaufenden römischen Zahlen versehen werden.
3. Das Literaturverzeichnis ist entweder sachlich (nach Kommentaren, Lehr- und Handbüchern etc.) oder alphabetisch nach Verfassernamen zu ordnen. Wenn möglich, sind die neuesten Auflagen eines Werkes zu benutzen. Ein Rückgriff auf ältere Auflagen ist nur ausnahmsweise angebracht, etwa dann, wenn dort eine von den neuesten Auflagen abweichene Auffassung vertreten wurde und der Prüfling sich dieser anschließen will. Die Vornamen des Verfassers sind jedenfalls dann anzugeben, wenn in der Arbeit Verfasser gleichen Namens zitiert werden. Selbständig erscheinende Schriften (Kommentare, Lehr- und Handbücher, Monographien, Gesetzesmaterialien) sind unter genauer Angabe von Verfasser, Titel, Auflage, Erscheinungsort und Jahr (bei Fehlen ohne Jahresangabe) aufzuführen. Dissertationen sind zusätzlich durch den Hinweis „Diss." und die Angabe der Universität, an der die Promotion erfolgte, sowie das Promotionsjahr zu kennzeichnen. Soweit bei mehrbändigen selbständigen Schriften nur einzelne Bände (Teillieferungen) benutzt werden, ist auch dies kenntlich zu machen.
   Aufsätze, Urteilsanmerkungen, Buchbesprechungen und andere nicht selbständige erscheinende Beiträge sind unter Angabe von Verfasser,

Titel des Beitrags und der Fundstelle nach Titel der Zeitschrift und Band und/oder Erscheinungsjahr aufzuführen. Entscheidungen (Entscheidungssammlungen) sind nicht in das Literaturverzeichnis aufzunehmen.

4. Für die in der Arbeit verwendeten Abkürzungen ist grundsätzlich ein Abkürzungsverzeichnis anzufertigen. Abkürzungen der Umgangssprache (wie z. B. = zum Beispiel; s. o. = siehe oben) sind nicht aufzunehmen. Abkürzungen aus der juristischen Fachsprache sind entweder vollständig oder nur insoweit aufzunehmen, als sie von den Abkürzungen abweichen, die in einem anerkannten Abkürzungsverzeichnis verwendet werden; letzterenfalls ist anzugeben, welches Abkürzungsverzeichnis benutzt wurde (z. B.: Kirchner, Hildebert; Abkürzungsverzeichnis der Rechtssprache, 3. Auflage, Berlin, New York 1983).
   Soweit eine vollständige Übereinstimmung zwischen den dort aufgeführten und den vom Prüfling gebrauchten Abkürzungen besteht, reicht ein entsprechender Hinweis am Ende des Literaturverzeichnisses.
5. Die kurz zu haltende Gliederung muß die Disposition der Arbeit (Hauptteil, Unterteil) erkennen lassen; sie darf nicht zu einer Inhaltsangabe oder einem Auszug aus der Arbeit werden. Der Beginn eines jeden Abschnittes ist durch die Seitenzahl auszuweisen. Die in der Inhaltsübersicht zum Ausdruck gebrachte Disposition der Arbeit ist auch im Text durch Buchstaben und Ziffern kenntlich zu machen. Die Gliederungspunkte sind – soweit sie nicht untergeordnet sind – als Überschriften zu den jeweiligen Prüfungspunkten in den Text der Arbeit zu übernehmen.

II. Darstellungsweise

1. Der Prüfling soll in der häuslichen Arbeit zeigen, daß er imstande ist, juristische Gedanken einfach, klar und gewandt auszudrücken. Auf die Form der Darstellung ist daher besonderer Wert zu legen. Dabei sind Wiederholungen sowohl des Sachverhalts als auch bereits entwickelter Gedankengänge tunlichst zu vermeiden. Redewendungen allgemeiner Art (wie z. B.: „Nun wollen wir untersuchen“, „Nun müssen wir prüfen“ und der gleichen mehr) sind ungeschickt. Es empfiehlt sich im allgemeinen nicht, das Ergebnis der Ausführungen vorwegzunehmen. Die Regeln der Grammatik und der Rechtschreibung sind sorgfältig zu beachten. Vor der Abgabe ist die Arbeit gewissenhaft auf etwaige Schreib- und Interpunktionsfehler durchzusehen; die Verantwortung trifft insoweit den Prüfling, nicht die Schreibhilfe.
2. Die gestellten Fragen sind genau zu beachten. Ist nach den Ansprüchen einer Person gegen eine andere gefragt, so ist zu prüfen, was verlangt

werden kann (z. B. Herausgabe, Schadensersatz usw.) und wie dieses Verlangen rechtlich zu begründen ist. Ist nach der Rechtslage gefragt, sind die Ansprüche jeder einzelnen Person gegen die übrigen Beteiligten zu erörtern.

3. Der Sachverhalt ist sorgfältig zu analysieren. Der Gang der Untersuchung ist aber nicht an den – meist chronologisch geordneten – Text der Aufgabe gebunden.
4. Verlangt die Aufgabe die Entscheidung eines praktischen Falls, so muß die ganze Arbeit das Ziel haben, diese Entscheidung zu finden und zielstrebig zu begründen. Bei der Erörterung ist auf eine zutreffende Schwerpunktbildung zu achten.
   a) Deshalb sind Rechtsfragen, deren Beantwortung für die Fallentscheidung gleichgültig ist, auszuscheiden. Dagegen sind Probleme, auf deren Lösung es ankommt oder ankommen könnte, eingehend zu behandeln. Fehlerhaft ist es unter allen Umständen, Lehrbücher abzuschreiben, also etwa aus Anlaß der Prüfung eines Anspruchs aus § 985 BGB Begriff und Wesen des Eigentums zu erörtern.
   b) Die Literatur ist Hilfsmittel für die sachliche Prüfung; sie darf daher in der Darstellung nur insoweit in Erscheinung treten, als sie diesem Zweck dient. Deshalb muß sie unter dem Gesichtspunkt ihrer Bedeutung für die Fallentscheidung gründlich verarbeitet werden. Es genügt nicht, die Äußerungen der einzelnen Autoren nacheinander wörtlich oder dem Sinn nach zu zitieren und sich dann lediglich dem einen oder anderen anzuschließen. Der Prüfling sollte vielmehr die Argumente für und gegen eine bestimmte Lösung sachlich ordnen und die eigene Stellungnahme selbständig begründen. Soweit dabei fremde Ansichten herangezogen werden, ist eine wörtliche Wiedergabe möglichst zu vermeiden. Sind Herausgeber und Bearbeiter im Rahmen einer selbständig erschienenen Schrift nicht identisch, so ist der Name des Bearbeiters bei der Zitierung hinzuzufügen (z. B. Staudinger-Honsell, § 459 Rn. 10). Die Quelle ist, am besten in einer Fußnote, so zu bezeichnen, daß sie mit Hilfe des Literaturverzeichnisses aufgefunden werden kann.

      Alle aus der Literatur und der Rechtsprechung entnommenen Stellen sind in der wissenschaftlich üblichen Weise durch ein Zitat kenntlich zu machen. Wird ausnahmsweise wörtlich zitiert, so ist das deutlich durch Anführungszeichen hervorzuheben. Bei der Benutzung der JURIS-Datenbank enthält die Zitierung neben der Quellenangabe die Dokumentennummer (JURIS, Dokument Nr. ...). Außerdem sind bei den nach JURIS zitierten Entscheidungen aus der Rechtsprechung unbedingt das Datum und Aktenzeichen anzugeben.

      Datum und Aktenzeichen sind auch bei anderen, nicht veröffentlichten Entscheidungen der Rechtsprechung zu benennen; außer-

dem sollen vollständige Ablichtungen dieser Entscheidungen der häuslichen Arbeit beigefügt werden.
Wer diesen Regeln zuwiderhandelt, verstößt gegen das Gebot wissenschaftlicher Ehrlichkeit und kann sich eines Täuschungsversuchs (s. nachfolgend zu III.) schuldig machen.

III. Allgemeines

Der Prüfling hat die Arbeit selbständig und ohne fremde Hilfe anzufertigen.
Als unselbständig gilt eine Bearbeitung insbesondere dann, wenn der Prüfling
1. andere Bearbeitungen der Hausarbeit, wenn auch nur auszugsweise, benutzt;
2. die Aufgabe mit einem anderen Bearbeiter oder einem Repetitor bespricht;
3. die Hilfe dritter Personen, auch von studentischen Arbeitsgruppen, in Anspruch nimmt. Dies gilt auch für Hilfe bei Zusammenstellung der einschlägigen Literatur etwa durch eine Mietbücherei.

Wer eine unselbständig angefertigte Arbeit abgibt, macht sich eines Täuschungsversuchs schuldig. Wegen der Folgen wird auf § 17 Abs. 3 und 4 Juristenausbildungsgesetz verwiesen.
Es ist unzulässig, die Lösung der häuslichen Arbeit einem Repetitor zur Verfügung zu stellen oder einem Dritten zugänglich zu machen, der entweder dieselbe Aufgabe bearbeitet oder die Lösung an einen anderen Bearbeiter weiterleiten will oder weiterleiten läßt. Der Aufgabentext darf nicht veröffentlicht oder gewerbsmäßig benutzt oder zu diesen Zwecken Dritten überlassen werden.
Wird festgestellt, daß besondere Anleitungen, die gerade die Lösung der zu bearbeitenden Aufgabe betreffen, in einer Zeitschrift oder in sonstiger Weise veröffentlicht worden sind, so ist der Vorsitzende des Justizprüfungsamtes unverzüglich zu benachrichtigen. Der Vorsitzende entscheidet über die weitere Verfahrensweise.

IV. Nichterbringung von Prüfungsleistungen

. . . .

B. JPA bei dem OLG Düsseldorf: Merkblatt für die Anfertigung der Hausarbeit

Die Hausarbeit ist in leserlicher Reinschrift (möglichst Maschinenschrift, 1½- oder zweizeilig) zu fertigen und in einen festen Umschlag zu heften. Die Seiten sollen einseitig beschrieben und mit Seitenzahlen versehen sein. Links ist mindestens ein Drittel der Seite als Rand freizulassen. Der Arbeit sind ein Titelblatt mit Angabe der Kennziffer des Kandidaten sowie eine Abschrift des Aufgabentextes voranzustellen. Ferner ist eine den Gedankengang anzeigende, knapp gehaltene „Anordnung" vorauszuschicken, in der auf die Seitenzahlen der Arbeit verwiesen wird. Es folgt ein vollständiges und genaues Verzeichnis aller benutzten Schriften. In der Arbeit selbst sind alle aus Schrifttum und Rechtsprechung entlehnten Stellen in der üblichen Weise durch eine Fußnote kenntlich zu machen.

Die Benutzung der JURIS-Datenbank ist zulässig. Unveröffentlichte Entscheidungen, die Sie zitieren, sind in Ablichtung in einem Anlagenhefter der Hausarbeit beizufügen.

Der Hausarbeit ist eine vorgedruckte Erklärung beigefügt. Diese ist auszufüllen und mit Ihrer Unterschrift versehen an das Justizprüfungsamt zurückzusenden. Nehmen Sie die dort abgegebene Versicherung sehr ernst. Im Falle einer Täuschung können Sie für immer von der Prüfung ausgeschlossen werden; auch noch innerhalb einer Frist von fünf Jahren seit dem Tage der mündlichen Prüfung kann die Täuschung zur Aufhebung der Prüfungsentscheidung führen und damit aller späteren Arbeit die Grundlage entziehen (vgl. § 17 JAG). Es besteht ferner Veranlassung, darauf aufmerksam zu machen, daß die Aufgaben für die häusliche Arbeit in der Regel an mehrere Kandidaten ausgegeben werden. Jede Zusammenarbeit ist unzulässig und kann als Täuschungsversuch zu den in § 17 JAG vorgesehenen Maßnahmen führen.

Auch die Inanspruchnahme sogenannter Mietbüchereien zwecks Erforschung und Zusammenstellung des einschlägigen Schrifttums ist unzulässig.

Ferner sind die Veröffentlichung oder gewerbsmäßige Benutzung des Aufgabentextes sowie dessen Weitergabe an Dritte zwecks Veröffentlichung oder gewerbsmäßiger Benutzung untersagt. Die Abgabe von Abschriften der von Ihnen gefertigten Hausarbeit an dritte Personen ist ohne ausdrückliche Genehmigung des Justizprüfungsamtes verboten.

Sollten Sie feststellen, daß besondere Anleitungen zur Lösung gerade Ihrer Aufgabe in einem Lehrbuch, einer Fallsammlung oder in sonstiger Weise veröffentlicht sind, so sind Sie verpflichtet, dem Justizprüfungsamt hiervon unverzüglich Mitteilung zu machen. Der Vorsitzende entscheidet, ob Sie dessen ungeachtet die Aufgabe weiter bearbeiten dürfen oder ob Ihnen eine andere Aufgabe zuzuteilen ist.

C. Der Präsident des Landesjustizprüfungsamtes in Nordrhein-Westfalen: Weisungen für den Aktenvortrag

1. Durch den Vortrag soll der Prüfling zeigen, daß er befähigt ist, nach kurzer Vorbereitung in freier Rede den Inhalt einer Akte darzustellen sowie einen praktisch brauchbaren Vorschlag zu unterbreiten und zu begründen. Der Vortrag soll aus einem kurzen Bericht, dem wesentlichen Entscheidungsvorschlag, einer knapp gefaßten Begründung dieses Vorschlags sowie einer abschließenden Mitteilung der zu treffenden Entscheidung oder Maßnahme bestehen. Von einer Entscheidung über die Kosten und die vorläufige Vollstreckbarkeit ist abzusehen, soweit es sich dabei um Nebenentscheidungen handelt.
   Es ist vom Standpunkt eines in der Praxis tätigen Juristen auszugehen, der die Sache zur Beratung vorträgt. Der Zuhörer muß in die Lage versetzt werden, den Vortrag ohne weiteres aufzunehmen und alles wesentliche im Gedächtnis zu behalten.
2. Zur Vorbereitung des Vortrags dürfen nur die zur Verfügung gestellten Gesetzessammlungen und Kommentare als Hilfsmittel benutzt werden. Ohne Rücksicht auf den Zeitpunkt des von dem Aktenstück erfaßten Geschehens sind die gesetzlichen Vorschriften in der Fassung anzuwenden, die in den jeweils zur Verfügung gestellten Gesetzessammlungen abgedruckt ist, soweit sich nicht aus dem Bearbeitervermerk etwas anderes ergibt.
   Im Interesse der Nichtraucher ist das Rauchen während der Vorbereitung des Vortrags nicht gestattet.
3. Beim Vortrag kann der Prüfling Stichwortzettel benutzen und bei Mitteilungen von Anträgen, Zeit- oder Zahlenangaben sowie von Urkunden, auf deren Wortlaut es ankommt, die Akten heranziehen. Das Ablesen einer schriftlichen Ausarbeitung ist nicht gestattet.
   Der Vortrag soll die Dauer von 10 Minuten nicht überschreiten. Unter keinen Umständen darf er länger als 12 Minuten dauern. Nach dieser Zeit wird er in jedem Fall abgebrochen. Dem Prüfling werden keine Fragen zur Ergänzung oder Klarstellung seiner Ausführungen gestellt. Das Aktenstück ist dem Vorsitzenden des Prüfungsausschusses im Anschluß an den Vortrag auszuhändigen.

Sachregister